Andrea Koppensteiner

DU bist eine großartige Persönl**ICH**keit

„Meine Lebensqualität hat sich spürbar verbessert. Viele Ängste konnte ich lösen und vor allem die Anspannung. Mich hat besonders die Einfachheit beeindruckt.“
Erich, 41 Tulln

„Ich fühle mich sehr stark und spüre ich habe eine Meinung zu vertreten, ich bin sozusagen präsent. Anderen Menschen bringe ich jetzt mehr Wertschätzung entgegen und auch mir selbst. “
Yvonne, 44 Köln

„Ich habe bemerkt, dass die Energiesymbole wirken, denn die körperlichen Beschwerden haben sich aufgelöst, die Unruhe und der emotionale Stresszustand haben sich gelöst.“
Johannes, 54 Wien

„Meine Orientierung hat sich gebessert. Ich empfinde eine Entschlossenheit die von innen kommt. Am meisten hat mich beeindruckt , wie einfach man etwas auflösen kann, wenn man will und dazu bereit ist.“
Gabriele, 43 Wien

Andrea Koppensteiner

DU bist eine großartige PersönlICHkeit

... entwickle sie mit der Kraft der Energie-Symbole

Koppensteiner Verlag

AE Koppensteiner Verlag
www.aekoppensteiner.com

Andrea Koppensteiner

Diplomierte Heilmasseurin
Körper- und Energiearbeit für
ganzheitliche Gesundheit

Benjowskigasse 26/3
1220 Wien
andrea.koppensteiner@aon.at
www.energiesymbole.com

Gestaltung: www.waltergrafik.at
Druck: Ing. Janetschek
November 2007

ISBN: 978-3-9502442-0-5

Inhaltsverzeichnis

Dieses Buch ist gewidmet...

allen Menschen, die an sich arbeiten und ihre Persönlichkeit entwickeln, sich ständig verändern und damit große Dienste für sich und andere leisten.

all meinen Freunden und Begleitern im Leben.

allen meinen jetzigen, vergangenen und zukünftigen Klienten.

allen Menschen, die andere führen und ungewöhnliche Wege einschlagen.

allen Menschen, die dieses wunderbare Werkzeug der Energie-Symbole zur Ursachenfindung, Veränderung und Selbstentwicklung nutzen wollen.

Und es ist auch meinem Mann gewidmet.
Er ist mein größter Förderer und auch mein größter Forderer. Unsere Beziehung fördert immer unsere Persönlichkeiten. Es wird niemals zu Ende sein, es wird immer etwas geben sich zu entwickeln und zu verändern. Jeder ist der Spiegel des anderen. Manchmal ist es nicht leicht hinein zu schauen. Hiermit bedanke ich mich bei ihm dafür, dass er mir sein Innerstes offenbart hat und ich ihn meine innersten Seiten, im Sinne von gegenseitiger Entwicklung, zeigen durfte. Manchmal waren es wirklich abscheuliche persönliche Seiten, aber auch dafür danke ich, denn auch diese dienen der Entwicklung. Nur wenn sie sich zeigen dürfen, können wir sie überwinden. Für die schönen Seiten, für die vielen schönen Stunden danke ich, hier bedarf es keiner Entwicklung mehr, wir dürfen sie als Lohn unserer Persönlichkeitsarbeit gemeinsam genießen.
Er ist meine Lebensliebe.

Danksagung

Danke an alle, die an mich geglaubt und mich ermutigt haben dieses Buch zu schreiben. Danke an meine geistigen Helfer, die immer an meiner Seite waren wie ein Teil von mir selbst, ohne sie wäre ich nicht ganz. Danke an jene geistigen Helfer, die mich inspiriert haben, so dass ich die Texte aufschreiben und die Energie-Symbole entwickeln konnte. Danke an meinen lieben Mann, der immer wieder Geduld aufgebracht und mit mir Texte durchgearbeitet hat. Danke liebe Birgit und liebe Brigitte für die Überarbeitung der Texte.

Zum Titel des Buches

„**Du** bist eine großartige Persönl**ICH**keit!"

Jeder, der diesen Satz liest, ist angesprochen und kann darauf vertrauen, dass dies der Wahrheit entspricht. Im Innersten hat jeder Mensch einen guten Kern und wahrlich Göttliches in sich verborgen. Bringe es nach außen mit der Kraft der Energie–Symbole!

Der Einfachheit halber schreibe ich dieses Buch, in der Du- und in der Ich-Form. Im Grunde sind alle Menschen eins, dienen dem großen Ganzen und stammen von der gleichen, göttlichen Essenz ab.

Wiederholungen, die in diesem Buch vorkommen, sind beabsichtigt. Sie unterstreichen die Wichtigkeit mancher Themen. Damit bleiben sie wesentlich länger im Gedächtnis. Diverse Informationen, Empfehlungen und Methoden sind nach bestem Wissen und Gewissen erklärt und sollen ärztlichen Rat und ärztliche Hilfe nicht ersetzen. Wenn hier von Therapie und Therapeuten die Rede ist, sind damit alle Formen der Heilungsarbeit im feinstofflichen Sinn gemeint.

Vorwort

In meiner langjährigen Tätigkeit mit Menschen bin ich mit meinen Möglichkeiten der energetischen Methoden auf Grenzen gestoßen. Durch die Energie-Symbole und ihre Themen ist es gelungen diese Grenzen zu überwinden, weiter voranzukommen und einfühlsam neue Wege für die Klienten aufzuzeigen. Durch meine starke Verbindung zu meiner Intuition wurde es mir erleichtert diese Symbole zu entwickeln und die Texte zu schreiben. Zu den Themen für Menschen wurde ich geführt und deutlich ihre Wichtigkeit aufgezeigt.

Dieses Buch mit seinen Energie-Symbolen ist entstanden aus der Überzeugung heraus, dass im Grunde jeder Mensch selbst in sich das Wissen gespeichert hat, was für ihn persönlich am besten ist. Wird die Intuition gestärkt und das Vertrauen in sich selbst aufgebaut, ist es möglich den persönlichen Weg zu erkennen und zu gehen. Welche Themen gerade jetzt in dieser Phase wichtig sind und einer Lösung bedürfen, die Antwort hat jeder in sich. Wie kann sie gefunden werden? Für jede Aufgabe die einem vom Leben gestellt wird gibt es eine Lösung. Wie in der Schule bei der Prüfung, wenn die Aufgabe noch so schwierig ist, der Lehrer kennt die Lösung, es gibt für jeden die persönliche Lösung, sie muss nur erkannt und umgesetzt werden. Es gibt in der Lebensschule keine falsche Lösung, denn jede Lösung ist eine Erfahrung.

Sehr praxisnahe werden Möglichkeiten aufgezeigt wie mit den Energie-Symbolen an der persönlichen Entwicklung und Veränderung gearbeitet werden kann. Wie dies auch im Alltag integriert und umgesetzt werden kann und den Wachstumsprozess fördert, wird nachvollziehbar erklärt. Der Leser und Anwender macht dabei einen Schritt der Befreiung und Reifung.

Einfühlsam und sehr verständlich ist in diesem Buch dargestellt, wie es möglich ist Blockaden zu lösen, auf körperlicher, emotionaler und mentaler Ebene. Ursachen von Blockaden können gefunden werden um die stauende Energie aufzulösen. Dies macht es möglich, mehr Wohlbefinden, Kraft und Ausgeglichenheit zu finden und in der persönlichen Entwicklung enorm voranzuschreiten. Ursache jedes körperlichen Geschehens ist in der Psyche zu sehen. Zu erkennen was der Körper damit sagen will, ist notwendig um die Selbstheilung zu aktivieren. Entspannung und Balance kann jetzt einsetzen, Potential zu entwickeln und die innere Weisheit zu finden ist durch die Arbeit mit den Symbolen an der Persönlichkeit möglich.

Dieses Buch dient der Persönlichkeitsentwicklung, um mehr Weisheit erlangen und sich besser kennen lernen zu können. Letztendlich kommt es darauf an zu wissen was mein Lebensplan ist, wo die Potentiale die jeder noch entwickeln kann sind und wie ich an dieses Potential herankomme damit es mir dienlich ist. Dieses Buch mit den Energie-Symbolen ist dazu da diesen Prozess in Gang zu setzen und eine Fülle von Möglichkeiten zu integrieren, auf einfache Weise dient es, Erkenntnisse in die Tat umzusetzen.

Im ersten Teil des Buches werden Zusammenhänge und Wirkungsweisen erklärt und ausgeführt. Möglichkeiten wie man die Symbole nutzen und sie in den Alltag integrieren kann werden sehr anschaulich dargestellt: Was ist Energie wirklich, wie können Energien ausgeglichen werden und wie kann ich Energien selbst für meine Zukunft einsetzen? Im zweiten Teil folgen die Energie-Symbole, welche 55 verschiedenen Lebensthemen zugeordnet sind. Eine Geschichte hilft, jedes Thema zu unterstreichen und anschaulich darzustellen. Die aufgestellten Thesen vertiefen nochmals und zeigen mögliche Sichtweisen und ihre Bedeutung auf, Erkenntnisse können gewonnen werden.

> Jung ist jemand mit 20,
> liebevoll „überwuzelt“ ist jemand mit 40,
> alt ist jemand der keine Ziele mehr hat!
>
> *Andrea Koppensteiner*

Energie-Symbole für Menschen

Dieses Buch mit den Energie-Symbolkarten ist für Menschen, die sich selbst und anderen helfen, geschrieben. Es ist auch für Menschen, die therapeutisch tätig sind, die helfen zu heilen und die beraten.

Es gibt mannigfaltige Möglichkeiten mit diesen kraftvollen, energetischen Symbolen zu arbeiten. Einige davon werde ich anführen und erläutern. Mit den Symbolen kann alles geschehen, was deiner Vorstellungskraft entspringt und dem großen Ganzen dient (nicht im egoistischen Sinne). Deiner Fantasie sind keine Grenzen gesetzt.

Willst du mit diesem Buch arbeiten, so werden dich helfenden Energien leiten. Du wirst sie an deiner Seite spüren. Höre und folge deiner Intuition, sie wird dadurch geweckt und enorm gestärkt. Lass dich von deinem Gefühl und der Liebe leiten. Wer Energiesymbole verwendet, öffnet sich für die helfenden Energien des Universums.

Das Buch als Werkzeug

Dieses Buch mit seinen Energie-Symbolkarten ist ein Werkzeug zum Heilwerden auf körperlicher, geistiger und seelischer Ebene. Heil sein ist gleichzusetzen mit Balance, von Körper, Geist und Seele.

Bin ich bereit an der Persönlichkeit zu arbeiten, oder Hilfe anzunehmen, suche ich intuitiv eine Karte aus, pendle sie aus oder wähle das entsprechende Kapitel. Die feinstofflichen Energien der Symbole wirken auf die Energiekörper und den materiellen Körper, fördern und aktivieren die Selbstheilung.

Insbesondere machen sie Zusammenhänge bewusst und bringen Unbewusstes ins Bewusstsein, sodass sie bearbeitet werden können, Erkenntnisse gewonnen und diese bearbeitet werden können. So kann Balance wieder hergestellt werden. Die Symbole wirken wie eine Information die vom Körper aufgenommen wird und die Prozesse der Heilwerdung in Gang setzt. Diese Information wird durch Auflegen der Symbole übertragen und gespeichert.

Was sind Energie-Symbole?

Das Wort ‚Symbol' kommt aus dem Griechischen (‚Symbolon') und bedeutet ‚verbinden'. Das Symbol verbindet Körper und Bewusstsein mit dem dahinter liegenden Thema. Die Energien des Symbols helfen dieses Thema zu bearbeiten. Es richtet dich immer wieder auf dein Ziel aus, das dein Thema beinhaltet. Solange du es bei dir trägst, erinnert es dich immer wieder daran, wo du hin willst. Schreibe dir zu deinem Thema zwei oder drei positive Sätze heraus und nutze ihre positiven Energien. Auch Schrift ist ein Symbol, hinter jedem Wort steht dessen Energie. Darum gehe achtsam mit deinen Worten um, ihre Energie beeinflusst dich. Nutze die positive Energie der Worte für deine Ziele.

Energie-Symbole sind geballte positive Energie, quasi ein Turbo-Beschleuniger, um deine Ziele zu erreichen. Sie geben dir einen Energieschub, den du nutzen kannst. Sie bewirken ein schnelleres, leichteres und entspannenderes Lernen und Vorankommen. Selbstheilungsprozesse werden aktiviert und erleichtert.

Was steht hinter den Symbolen?

Das Thema selbst ist die Energie des Symbols. Sprache, Worte und Gedanken sind eine sehr starke Energie, die sich durch das Symbol ausdrückt und überträgt. die sich durch das Symbol ausdrückt und überträgt. Viele Wissenschaftler, wie z. B. der Japaner Masaru Emoto (Buch: Die Botschaft des Wassers) oder der Österreicher Dipl. Ing. Peter Pfaffenbichler, haben das bewiesen, in dem sie Wasser, das mit Symbolen oder Worten energetisiert wurden, untersucht haben.

Wasserenergie kann fotografiert werden. Deutliche Unterschiede von normalen Wasser und energetisierten Wasser werden sichtbar.

Unten sehen sie ein Energiebild Leitungswasser von Frauenkirchen und Leitungswasser mit einem Bild von Hitler energetisiert.

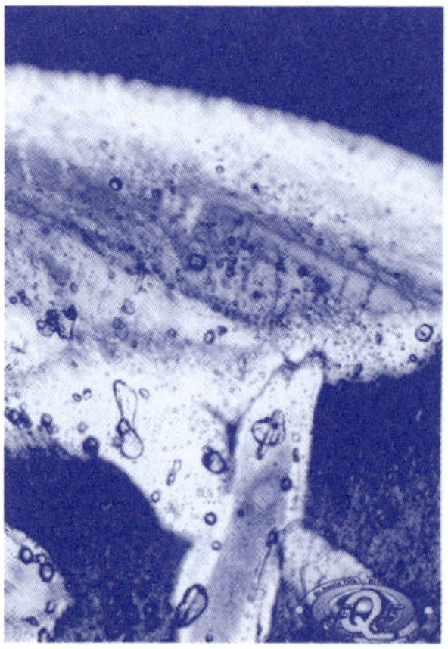

Leitungswasser von Frauenkirchen

(Siehe Bild in Farbe als Beilage – Einstecktasche letzte Seite)

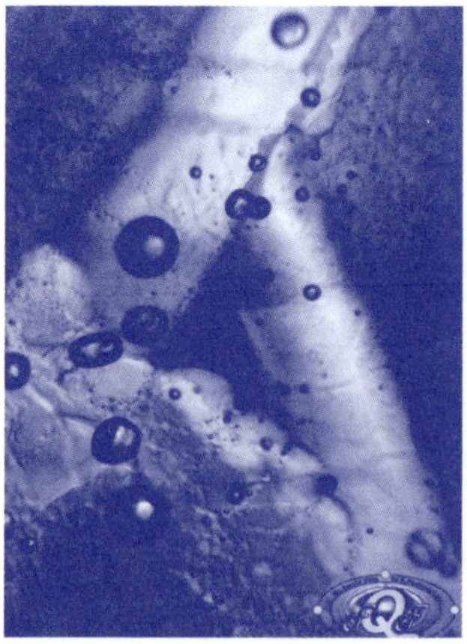

Leitungswasser mit einem Bild von Hitler energetisiert.

(Siehe Bild in Farbe als Beilage – Einstecktasche letzte Seite)

Lasse die Bilder energetisch auf dich wirken und fühlend die Qualität spüren. Geordnete Strukturen, Farben und Symbole haben eine stark ausstrahlende Wirkung auf die energetische, seelische und körperliche Ebene des Menschen. Daher können Energieausstrahlungen radiästhetisch (z.B. Pendel, Wünschelrute) gemessen werden.
Unten sehen sie das Energiebild von Leitungswasser mit Symbolen energetisiert:

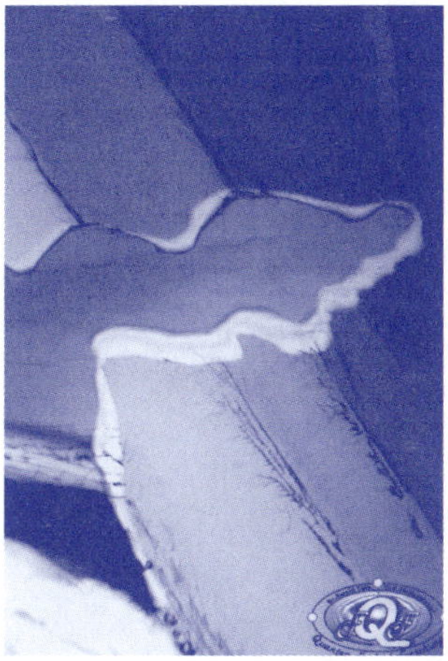

Leitungswasser mit dem Bild von Innerer Stärke energetisiert.

(Siehe Bild in Farbe als Beilage – Einstecktasche letzte Seite)

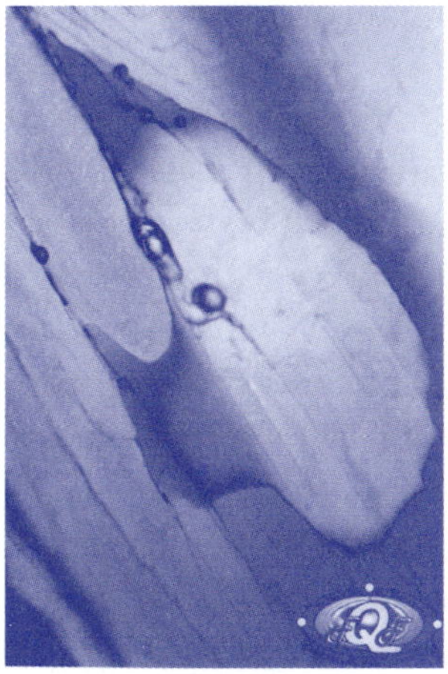

Leitungswasser mit dem Bild von Fülle energetisiert.

(Siehe Bild in Farbe als Beilage – Einstecktasche letzte Seite)

Wie wirken Energie-Symbole?

Die Energie des Symbols wirkt als Information für den Körper und die Seele. Sie wird durch die Aura aufgenommen und unterstützt die Bearbeitung des dahinter liegenden Themas. Sie erleichtert es, sich damit auseinander zu setzen. Die Aura überträgt die Energie auf den Körper und die Seele. Die Information, die mit dem Symbol verbunden ist, wird aufgenommen. Weil Körper und Seele eine Einheit bilden, ist die Übertragung durch die Aura möglich. Energie ist Information. So verschieden wie die Themen, so unterschiedlich sind die entsprechenden Energien.

Wenn ein Symbol verwendet wird, gibt jemand die Einwilligung, dass sich diese Energie entfaltet und genutzt wird. Dieser Entwicklungsprozess kann beschleunigt werden indem intensiv mit dem Thema gearbeitet und das Symbol verwendet wird. Themen und Stellen des Textes, die wichtig sind, können aufgeschrieben und verinnerlicht werden. Ehrlichkeit zu sich selbst ist eine Grundvoraussetzung. Der Körper sagt und zeigt die Wahrheit früher oder später, er ist immer ehrlich. Ein Thema, das verleugnet, verdrängt oder nicht für wahr angenommen wird, wird sich später wieder zeigen. Es ist wichtig es anzunehmen, sobald es innerlich gefühlt wird. Will jemand ein Thema verdrängen, ist es oft leichter mit einem ähnlichen Thema anzufangen und sich langsam zum Schwerwiegenden vorzuarbeiten. Löst sich erst ein kleiner Teil, ist der nächste große Teil leichter.

Symbole sind Informationsmedizin (im Sinne der Energiearbeit). Das gleiche Prinzip machen sich auch die Homöopathie und die Bachblütentherapie zunutze. Die Wirkung von Symbolen haben schon alte Hochkulturen (wie die Ägypter) genutzt und im Alltag eingesetzt. Für sie war es selbstverständlich Symbole in Form von Talismanen zu nutzen und bei Heilungsriten mit Heilungssymbolen zu arbeiten. Diese Symbole hatten ein hohes und kraftvolles Energiepotential. Dieses Wissen wird jetzt wieder von vielen Menschen neu entdeckt, auf neue Weise dem jetzigen Leben angepasst, kombiniert und mit neuem Wissen ergänzt.

Das Symbol verbindet den Körper und die Seele mit dem dahinter liegenden Thema. Genau dieses Thema ist wichtig und muss behandelt werden, um die Ursache von Beschwerden zu lösen und Heilwerdung auf Dauer zu erreichen. Die Persönlichkeit kann sich weiter entwickeln, das Bewusstsein erweitern. Hinter dem Symbol stehen liebevolle Energien, die helfend einwirken um das Ziel zu erreichen. Schwierigkeiten können überwunden werden man behält das Ziel immer im Auge. Mut und Ausdauer werden gestärkt, durch die helfenden Energien der Symbole.

Das Ziel des Buches

Dieses Buch soll dir helfen, deine Persönlichkeit weiterzuentwickeln, dein Potential zu erkennen und zu nutzen. Du kannst den Sinn deines Lebens erkennen und deine Lebensaufgabe leben. Du wirst ein erfülltes Leben auf allen Ebenen führen.

Es gibt eine Ursache für jedes körperliche Leiden oder sonstige Probleme, es steckt ein tiefer psychischer Sinn dahinter. Diese Ursache gilt es zu erkennen und in weiterer Folge zu bearbeiten und zu verändern. Das Leben ist Veränderung. Nur so kannst du auf Dauer gesund werden. Wenn etwas in unserem Leben nicht stimmt, sendet unser Körper Signale. Es betrifft alle Bereiche – unsere Gesundheit, unser Verhalten, unsere Sprache, es entsteht ein Problem in deinem Energiehaushalt. Es kommt zuerst zu einem Ungleichgewicht in deinen verschiedenen feinstofflichen Körpern, deine Aura wird geschädigt. Änderst du immer noch nichts an den Ursachen, kann dies zu körperlichen Problemen führen. Der Körper gibt dir ein Signal, meist in Form von Schmerzen. Deshalb sollen Schmerzen egal welcher Art immer beachtet werden. Sie sind ein Hilfeschrei des Körpers und auch der Seele. „Mach endlich etwas, ändere etwas in deinem Leben. Mach was du schon immer machen wolltest!“

Hierbei ist dieses Buch, dieser Text, sind diese Karten, diese Symbole, diese wunderbaren Energien eine große Hilfe. Gehe in dich, denke über dein Problem nach und finde die Ursache. Behandle sie, indem du mit ihr arbeitest. Nimm dir eine Karte – intuitiv oder pendle sie aus, du findest die richtige. Schau dir die Themen an und du erkennst, wo du in deinem Leben etwas verändern kannst. Dann nimm dir das Symbol dazu und nutze seine Energien. Diese wunderbaren helfenden und stärkenden Energien unterstützen dich bei der Suche nach den Ursachen und bei deiner Veränderung. Nimm die Affirmation zur Hand, verinnerliche sie und lies sie immer wieder oder formuliere dir eigene Affirmationen zum Thema. Arbeite mit den Fragen. Schreibe alles auf, was dir dazu einfällt.
Trage das Symbol bei dir solange du es brauchst, lege es in der Nacht unter deinen Kopfpolster bis du das Neue in dein Leben integriert hast. Wenn du dich wirklich verändern und in deinem Herzen gesund werden willst, wirst du die Ursachen finden, du hast alles in dir. Sei ehrlich zu dir selbst, dann werden dich die starken Energien spürbar unterstützen.

Integrieren der Energie-Symbole

Die Symbole helfen dir deinen Alltag zu erleichtern, besser mit Stress umzugehen, mehr Energie zu haben und kreativ zu sein. Sobald die Symbole in deiner Aura sind, entfalten sie ihre Wirksamkeit und gleichen deine Energie dort, wo es notwendig ist, aus.

Trage das Symbol bei dir – in deiner Handtasche, deiner Geldbörse, am Körper, lege es unter dein Wasserglas und du trinkst energetisiertes, kraftvolles Wasser, lege das Symbol auf dein Nachtkästchen, unter dein Kopfpolster; deiner Phantasie und deinen Möglichkeiten sind keine Grenzen gesetzt. Stell deine Kosmetika oder deinen Teller mit einer guten Mahlzeit darauf, oder leg es unter die Schreibtischunterlage. So unterstützt dich die Energie des Symbols jederzeit im Alltag. Durch die optische Anwesenheit wirst du immer wieder an dein Thema erinnert und du nimmst die stärkende Energie auch über die Augen bewusst auf.

Schreib dir eine kurze Zusammenfassung der für dich wichtigen Themen und trage diese Sätze bei dir. Du kannst die Wirkung auch intensivieren indem du dir diese Sätze ab und zu am Tag durchliest und in dein Bewusstsein zurückholst. Die Sätze müssen positiv formuliert und für dich glaubwürdig sein. Auch sie helfen dir Eigenschaften zu deinem Thema zu entwickeln und Ängste abzubauen. Was immer dein Thema ist, es ist wichtig mehr Selbstliebe zu entwickeln, selbstbewusster zu sein, deine Selbstzweifel, Angst verlassen zu sein oder Existenzängste abzubauen.

Die Vorgehensweise ist immer die gleiche. Nimm alle Helfer in Anspruch, Veränderung zu integrieren ist harte Arbeit. Die alte Gewohnheit wird sich wehren, sie möchte nicht, dass du dich veränderst und weiterentwickelst, sie fragt immer wieder: „Gilt das Neue wirklich? Willst du das Neue, diese Veränderung wirklich?“ Darf die alte Gewohnheit wiederkommen, trittst du auf der Stelle und deine Entwicklung stagniert. Rufe dir im Alltag die Veränderung, das Neue, wofür du dich entschieden hast, immer wieder wach und ins Bewusstsein. So wird das Alte immer blasser und immer mehr verlöschen. Nach einiger Zeit wird das wunderbare Neue, deine Entwicklung, für die du dich entschieden hast, zur Gewohnheit und du bist wieder einen großen Schritt in deinem Leben weitergegangen.

Suche intuitiv ein Symbol aus

Suche dir ein Thema aus, eine Überschrift mit der du arbeiten möchtest. Ziehe intuitiv oder mit geschlossenen Augen ein Symbol: Atme dazu drei Mal tief durch und verbinde dich mit deinem innersten Kern im Bauch. Lege deine Hand auf den Bauch, dann gelingt es dir besser, Kontakt aufzunehmen und in dir zu ruhen.

Hast du das Symbol gewählt, schlage im Buch die dazugehörige Seite auf und lies dir langsam, immer noch in Verbindung mit dem Innersten, das Hauptthema durch. Die Stellen, die dir überhaupt nicht gefallen oder dir zuwider sind, sind wichtig für dich. Daran ist es sinnvoll zu arbeiten, es sind unbewusste Themen. Natürlich sind auch jene Stellen von Wichtigkeit, wo du bewusst weißt, dass du genau damit ein Problem hast. Lies den Text ein paar Mal durch und schreibe dir deine Lernprozesse in deinen eigenen Worten auf.

Jetzt nimm dir Zeit. Lausche ruhiger Musik und meditiere darüber. Leg dir dabei das Symbol auf den Körper und nutze seine Energien. Sie unterstützen den Heilungsprozess um dieses Thema. Die Heilung wird auf körperlicher und seelischer Ebene erleichtert und die Selbstheilung in Gang gesetzt. Bleib so lange in dieser Meditation wie du es möchtest oder es für gut empfindest. Danach trage das Symbol einige Zeit bei dir und lege es in der Nacht unter deinen Kopfpolster. Lies auch immer wieder den Text und nimm die Affirmation zu deiner Arbeit dazu. Nach und nach wird die negative Energie und die Blockaden gewandelt werden. Wenn ein Thema ganz besonders tiefe Blockaden beinhaltet hilft es noch intensiver daran zu arbeiten. Du kannst alles aufschreiben, was dir dazu einfällt, auch wenn es noch so banal oder unzusammenhängend scheint. Schreib es dir von der Seele!

Arbeit mit Text und Energie-Symbol

Beschäftige dich mit dem Text, bleibe dabei in der inneren Wahrnehmung. Jenes Thema, das du besonders ablehnst oder wo ein negatives Gefühl auftaucht ist genau dein Thema. Schreib es dir vielleicht heraus in Form eines positiven Satzes. Setze dich kurz damit auseinander, gehe die Fragen durch, mach dir alles bewusst und sprich die negativen Gefühle an. Nimm es an, es ist da, aber analysiere es nicht.

Jetzt nimm das dazugehörige Symbol, es verbindet dich mit der Energie, die du brauchst, um die negativen Gefühle oder körperlichen Probleme zu heilen. Lege dir eine entspannende sanfte Musik ein, entspanne dich, sorge aber dafür, dass du nicht einschläfst.

Du bist immer in der inneren Wahrnehmung, du fühlst deinen Unterbauch. Du intensivierst den Kontakt zu deinem Hohen Selbst, du bist in der göttlichen Energie, du aktivierst damit deine Selbstheilung. Du kannst es fühlen als Kribbeln, Wärme oder Hitze, im Bauch, in den Beinen, in den Armen oder am ganzen Körper.

Jetzt transformierst und neutralisierst du negative Gefühle, Blockaden oder Krankheitsenergie. Lasse die negativen Gefühle zu, vertraue, lass dich in diese wunderbare Transformationsenergie fallen. Lass es einfach geschehen, vertraue darauf dass es geschieht.

Intuitiv wirst du wissen wie lange du in dieser Heilmeditation bleiben sollst, es können zehn Minuten sein, eine halbe Stunde oder noch länger, nimm dir diese Zeit. Manchmal wirst du auch mehrere Sitzungen brauchen.

Tue deinen Willen kund, vertraue und lasse es geschehen. Die Energien arbeiten für dich, für deine Heilwerdung.

Trage die nächsten Wochen das Symbol bei dir, oder lege es unter deinen Kopfpolster sobald es sich in deiner Aura befindet, entfaltet es seine Wirkung mit deinem Einverständnis. So kannst du die Energie des Symbols auch im Tagesbewusstsein und im Schlaf nutzen.

Auch negative Gefühle sind Krankheit, leider werden sie erst als solche erkannt, wenn sie ganz massiv sind wie z. B. Depressionen oder lähmende, existenzbedrohende Ängste. Es ist wichtig alle negativen Gefühle aufzulösen und zu transformieren um heil und ganz zu werden.

„Wenn ich im göttlichen Sein bin, in meiner Intuition, in meinem Gefühl, dann ‚bin ich einfach nur'. Ich bin wichtig, alles andere verliert an Bedeutung."

Wenn du Therapeut bist und du die Karten und das Buch einsetzt, arbeite gemeinsam mit deinem Klienten so wie oben beschrieben. Gehe auch du als Therapeut in deine Intuition und transformiere gemeinsam mit deinem Klienten das Negative.

Dabei kann nach auflegen des Symbols deine Behandlung wie immer erfolgen.

Dieser Vorgang ist eine Selbstheilung. Transformation bedeutet, dass alle negativen Gefühle wie Angst, Schuld, Ärger, Zorn, Hass, Neid und Scham ohne neuerliche Unterdrückung gewandelt (neutralisiert) werden und sich unser *göttliches Potential* mehr und mehr auf der Körperebene integrieren kann. Diese Umwandlungsfunktion hat jeder in sich und kann jederzeit aktiviert werden.

Andere Anwendungen

Hast du dir ein Symbol gewählt, behalte die **Affirmation** in deinem Bewusstsein. Lies sie immer wieder durch und rufe sie dadurch in dein Tagesbewusstsein. Die Affirmation ist eine Zusammenfassung des Themas und sorgt dafür, dass du auf deine Veränderung ausgerichtet bist.

Die **Hintergrundthemen** können für dich zutreffen, können Bereiche in deinem Leben betreffen, wo du Veränderung schaffen solltest. Wahrscheinlich werden aber nicht alle Punkte für dich wichtig sein. Lies dir die für dich bedeutenden Themen durch, sei ehrlich zu dir selbst, lass es zu, auch wenn es schmerzlich ist, nur so kommst du weiter. Gestehe dir deine Schwachstellen ein, erkenne sie als wahr, hier ist dein großes Entwicklungspotential.

Forme dir dazu positive Sätze und trage sie immer bei dir, damit du immer wieder an dein Thema erinnert wirst und es nicht aus den Augen verlierst. Trage das Symbol bei dir, seine Energie wird dich zusätzlich unterstützen den Veränderungsprozess durchzuhalten und Neues zu integrieren.

Das **neue Denkmuster** drückt die Veränderung und das neue Verhalten aus. Es hilft dir das Ziel zu formulieren und zu fokussieren. Auch hier kannst du dir die Sätze, die du dir immer wieder vorliest und verinnerlichst, herausnehmen.

Die **Zuordnungen zu den Chakren** drücken aus, welche Energiewirbel (für die Aufnahme und Abgabe von Energie) besonders durch die Arbeit mit diesem Symbol und dem Thema gestärkt werden. Du kannst das Symbol auch auf das Chakra auflegen.

Auch nicht alle **Körperzuordnungen** müssen unbedingt zutreffen. Lies sie durch und beschäftige dich mit ihnen, auch wenn du keine Beschwerden in diesem Bereich hast. Du kannst die Zusammenhänge besser erkennen und vieles klarer sehen. Viele Redensarten, die im Volksmund existieren, werden bestätigt. Nimm diese Redewendungen ernst und arbeite mit ihnen.

Gehe auch zu deinen Ahnen zurück. Welche körperlichen Muster hatte schon deine Mutter, dein Vater oder andere Verwandte? Nach dem Motto „Gleich und gleich gesellt sich gerne!“ treffen sich die Verwandten mit gleichen Lernprozessen und gleichen Verhaltensmustern. Manchmal erkennt man ein Verhalten bei anderen leichter und schneller als bei sich selbst. Wo willst du aus dem Muster aussteigen? Welche körperlichen Beschwerden zeigten sich schon bei deinen Eltern? Wo kannst du diese Reihe durchbrechen und verändern? Gestehe es dir ein und der nächste Schritt wird leichter sein.

Anwendung der Fragen zum Symbol

Wenn du dich entschieden hast, an einem Thema zu arbeiten, dich zu diesem Thema weiterzuentwickeln und das entsprechende Symbol gezogen hast, hast du die Möglichkeit mit den Fragen deine Antworten und neue Wege zu finden. Die Fragen sind bewusst sehr abstrakt und in der Möglichkeitsform gestellt. Sie sollen dich wirklich auf Ideen und Wege bringen, die du bisher noch nicht gesehen hast.

Nimm dir eine Frage zur Hand und schreibe alles auf, was dir dazu einfällt und überdenke es als neue Möglichkeit für dich. Nimm jeden deiner spontanen Gedanken ernst. Sieh dir an, wie deine Umwelt reagieren würde, sei darauf vorbereitet, so kann sie dich nicht von deinem Weg abbringen. Mache dir Gedanken was nach der Veränderung geschehen wird und schreib es auf. Notiere was dir auf deinem Weg helfen könnte und fahre in dieser Art mit den Fragen fort. Du kannst klarer sehen und Wege entdecken, die du bis jetzt für unrealistisch gehalten hast. Mache dir Gedanken, wie du deine Entwicklung und Veränderung erkennen könntest. Mache dir mit den Fragen bewusst, was du schon getan hast und was du noch tun musst und noch nicht umgesetzt ist, um dein Ziel, deine Veränderung zu erreichen. Du wirst sehen, mit ein paar Gedanken, Bleistift und Papier gelingt es dir.

Fragen lassen Hintergründe erkennen

Mit Hilfe der Fragen können die Hintergründe verstanden werden. Die Wichtigkeit der Persönlichkeitsentwicklung tritt in den Vordergrund und ermöglicht die Heilwerdung. Die Vorteile einer Veränderung werden erkannt. Wird nichts getan, verändert sich auch nichts an den Beschwerden, Verschlimmerung oder chronische Zustände können eintreten.

Die Fragen helfen die Zusammenhänge, die die Beschwerden auslösen, zu erkennen. Sie beleuchten wie es wäre, wenn eine negative Situation nicht mehr aktuell ist oder wie es noch schlimmer werden könnte.

Arbeit mit den Chakren

Die Themen werden verschiedenen Chakren zugeordnet, die einer Reinigung und Heilung bedürfen. Farben können heilenden Einfluss auf unsere Chakren haben, die angegeben Farben wirken sich vorteilhaft auf die Chakren des Themas aus. Die Frequenz der Farbe wirkt sich auch auf alle feinstofflichen Körper des Menschen aus. Die Farbe aufnehmen und sie über die Augen wirken lassen, das Unterbewusstsein nimmt dies wahr und die Energien werden erneuert. Die Chakren nehmen diese Energie ebenso auf und versorgen den Körper mit Energie. Dadurch wird Balance und Friede im Gefühlskörper gefördert. Anstehende Themen aus Vergangenem kommen an die Oberfläche und werden aufgelöst, sodass Freiheit und Gesundheit sich auf allen Ebenen manifestieren können. Fördere diesen Vorgang, indem du das Symbol auf das geschwächte zugehörige Chakren legst und in die Entspannung oder meditative Haltung gehst.

Oder male in den angegebenen Farben ein Bild und lasse es in deiner Aura, in deiner Umgebung, die Frequenz der Farben wird über die Chakren und Meridiane aufgenommen und genutzt. Farben können in einem Prozess unterstützend und die Energie des Symbols stärkend wirken. Sind mehrere Farben angegeben wähle intuitiv aus welche benötigt werden und heilend wirken. Kreativität ist hier gefragt um die Farben in verschiedensten Lebenssituationen zu nutzen und einzusetzen. Kleidung, Handtücher, Blumen, Bettwäsche, Kerzen, Farbglühbirnen in den entsprechenden Farben unterstützen den Prozess.

Farbe wirkt über die Augen, Farbe strahlt eine Frequenz aus, diese wird über die Augen aufgenommen und an das Gehirn weitergeleitet, sofort weiß jede Zelle bescheid. Der Körper reagiert sofort auf die Farbe je nachdem wie die Farbe wirkt und auf dich wirkt. Die Frequenz wird auch über die Haut über die Chakren und über die Meridiane aufgenommen und setzt sich fort und setzt seine Wirkung frei.

Es wirkt auch mit geschlossenen Augen und in der Nacht. Auch Blinde und Farbenblinde haben eine Farbvorstellung und das Licht wirkt auch bei diesen Menschen auf alle Körper heilend. Farbe nimmt auch immer Einfluss auf das Raumklima und die Strahlkraft der Umgebung. Je nach der Farbe kann ein Raum harmonisch, aufbauend, kraftgebend, aufheiternd, energieraubend, kalt, oder ungemütlich wirken. Die Farbe trägt wesentlich für ein heilendes Raumklima bei. Die wichtigsten Farben und ihre Zuordnung, die jeweilige Farbe hilft die Eigenschaften und Qualitäten zu entwickeln.

Grün: Fördert Heilung durch Wachstum und Weiterentwicklung, grün ist die Farbe der Balance, wirkt erfrischend belebend. Grün schafft Ausgleich wischen Ruhe und Bewegung, grün hilft bei Wachstum und Veränderung, grün hilft bei Starrheit und Unsicherheit, hilft die Wahrheit zu finden, bringt Lernfreude und Zufriedenheit, Freiheit, Grenzenlosigkeit, Harmonie, aber auch ein Gefühl der Einengung

Orange: empfindsame innere Tätigkeit, bringt Optimismus und Begeisterung die etwas weiterbringt, weckt den Willen zu Veränderung, gleicht Nervosität aus, gleicht ein zuviel auf allen Ebenen aus, Heiterkeit Lebendigkeit, innere Weisheit, aber auch Schock, Süchte, Nervosität, Ängste

Gelb: ist die sonnenhaft strahlende Farbe, verschafft Belebung und Glücksgefühl, hilft schwierige Lebenssituationen mit Humor zu meistern, hilft Verantwortung zu übernehmen, hilft Oberflächlichkeiten und Ablenkungen in den Griff zu bekommen, gibt Hoffnung, fördert Geist, Reife und Verstandeskraft, eröffnet die Sicht auf neue Möglichkeiten, Macht, Lebensfreude Heiterkeit, aber auch tiefsitzende Ängste

Gold: Farbe der Heilung, hohe Energiefarbe, hilft Visionen umzusetzen, göttlichen Willen zu leben, fördert die spirituelle Entwicklung, hilft den Lebensweg zu erkennen, Transformation

Rot: Farbe der Aktivität und Kraft, hilft Aggressionen rauszulassen, Gesundheit, Lebenslust, fördert die Emotionalität, drängt vorwärts und sucht Veränderung, mit beiden Beinen fest am Boden stehen, Mut, Leidenschaft, Sexualität, Aber auch Wut, Aggression

Violett: Veränderung, Verwandlung, Trauerarbeit, Meditation, Altes verliert an Bedeutung neue innere Werte entstehen, Visionen folgen, Violett erhöht die Liebesschwingung, Liebe, Toleranz und Gnade leben, hilft die Energie zu heben und Verspanntheit loszulassen, stärkt die Verbindung zum Geistigen, Spiritualität, Heilung, fördert die meditative Haltung

Blau:	Farbe der Belehrung, der großen Lehrer, der Heilung durch Belehrung, blau wirkt beruhigend, entspannend, schmerzstillend, erhöht den Sauerstoffpegel, ist die Farbe des Schutzes, hilft Gefühle zuzulassen und mitzuteilen, Sinn für Gerechtigkeit, unterstützt bei Veränderungen, Ruhe, Geborgenheit, Ausgeglichenheit, Entspannung, Umbruch
Türkis:	Ausdruckskraft und Kreativität in der Sprache, ganzheitliches Bewusstsein, Gedanken und Gefühle gleichzeitig mit anderen wahrnehmen zu können (Delphinbewusstsein), klare Gedanken haben und auch ausdrücken können, authentisch aufrichtig ohne Verstellung, Zusammenhänge leicht erkennen, besänftigend, friedfertig, andere sein lassen wie sie sind, Leichtigkeit leben, Kommunikation, Kreativität, Selbstausdruck, Inspiration, Intuition
Weiß:	Reinigung, Klärung, Lösung, hohe Energie, geistige Instinkte aktivieren, löst Energiestau auf, innere Stärke, bringt Balance, hilft Authentizität zu leben, machtvolle Reinheit in der mächtigen Ich bin Gegenwart, Loslassen, Reinwaschen, Karmaerlösung
Rosa:	Farbe des Herzens, Rosa verbindet die Reinheit und die Kraft, die Farbe der Nächstenliebe, hilft bei aufdringlichen Menschen, Liebe, Selbstliebe, Liebesfähigkeit, Gefühle, weibliche Sexualität
Lachs:	Sinnlichkeit, verletzte Sexualität, Geborgenheit, Heilung seelischer Verletzungen
Magenta:	„Den Himmel auf die Erde holen“, Traumarbeit, Göttliche Liebe, All-Liebe, Hilfsbereitschaft, umfassende überirdische Freude, unangreifbar, Feingefühl, hohe Ideale, Eigenständigkeit, Selbstvertrauen, Freiheit

Die Aura des Menschen

Die Aura ist das Energiefeld, der feinstoffliche Körper des Menschen, in dem alles gespeichert ist, was die Seele jemals erlebt hat. Alle Entwicklungen, Erlebnisse, Erfahrungen und Abenteuer sind darin zu finden. Die Aura ist bereits mit sensiblen Geräten messbar und kann mit Kirlianfotografie sichtbar gemacht werden. Hellsichtige Menschen können die Aura in all ihrer Farbenpracht wahrnehmen und sehen.

► *so kann eine gesunde Aura aussehen, sie verändert sich Augenblicklich durch Gedanken und Gefühle, ein Aurabild ist immer einen Momentaufnahme. Aufgenommen mit Kirlianfotografie. Mit freundlicher Genehmigung von Frau Karin E. J. Kolland darf dieses Bild von ihr abgebildet werden.* ***www.hanael.at*** *Fotografiert von: Gudrun Bielefeld [gudrun.bielefeld@onlinehome.de]*

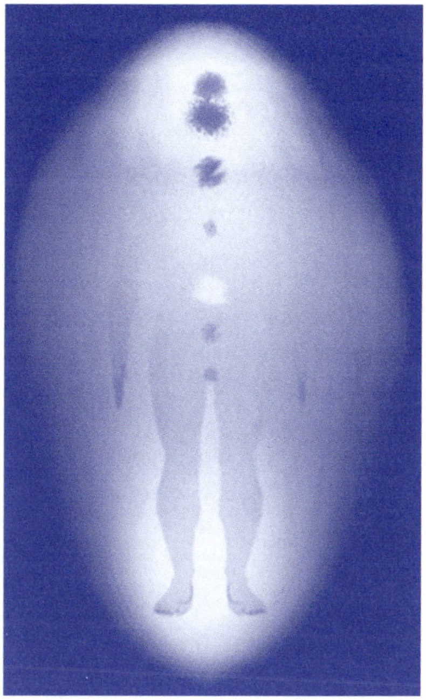

(Siehe Bild in Farbe – Einstecktasche letzte Seite)

In der Aura kann man körperliche und seelische Krankheiten erkennen, bevor sie sich körperlich manifestieren. Löcher oder dunkle, schmutzige Farben weisen darauf hin. Wenn du hier rechtzeitig eingreifst und die Ursache löst, muss die Krankheit im Körper oder in der Psyche erst gar nicht entstehen. Ist die Ursache gelöst, verliert die Krankheit ihren Sinn und das Loch in der Aura wird sich wieder mit Farbe füllen, wird hell und klar.

Auch unsere Erde hat eine Aura, die Atmosphäre. Sie ist ein Lebewesen wie wir und hat eine Seele. Die Schutzhülle der Erde hat bereits Löcher, wenn wir nicht umdenken, werden wir Menschen mit unserer Umweltverschmutzung die Erde krank machen und letztendlich zerstören. Wenn wir unser Verhalten jetzt ändern wird die Aura der Erde wieder gesunden, bevor größerer Schaden entsteht.

Bevor im Körper Krankheit entsteht ist ein Ungleichgewicht in der Aura, wenn wir schon in dieser Phase die Ursache erkennen und uns dementsprechend verändern und weiterentwickeln, so hat die Krankheit keinen Sinn mehr und wir sind frei. Wir leben in Gesundheit bis ins hohe Alter und wenn wir alles, was wir uns vorgenommen haben, erledigt haben, können wir in Ruhe, Frieden und Freude in andere Dimensionen gehen. Welch schöne Zukunft, das Paradies auf Erden!

Unsere Aura hat verschiedene Schichten, die den Energiekörpern zugeordnet werden, wie der

	Die wichtigsten Aufgaben
1. Mental-Körper	Gedanken, eine positive Lebenseinstellung
2. Emotional-Körper	Gefühle, Selbstannahme, Selbstwert
3. Äther-Körper	Die physischen Bedürfnisse
4. Astral-Körper	Austausch auf zwischenmenschlicher Basis
5. Ätherische Blaupause	eigenen Wahrheit erkennen, Kreativität entwickeln
6. Himmlischer Körper	göttlichen Willen erkennen, spirituelle Erfahrungen
7. Kausaler Körper	Lebenssinn und Lebensplan erkennen, Zugang zum universellem Wissen

Es gibt wesentlich mehr feinstoffliche Körper, erforscht sind bis jetzt sieben davon. Über die Energiekörper nehmen wir alle Eindrücke auf und leiten diese auch an den physischen Körper weiter, auf diese Art und Weise nehmen wir z. B. die Energie der Symbole auf die feinstofflichen Körper der Aura sind mit den Chakren verbunden, durch sie erfolgt der Energieaustausch und die Reinigung der Energiekörper. Erst 7 Chakren sind wirklich gut erforscht, obwohl es wesentlich mehr gibt. Ist ein Chakra blockiert, kann der Mensch durch das Ungleichgewicht im Energiehaushalt krank werden.

► *7 wichtigsten Chakren*

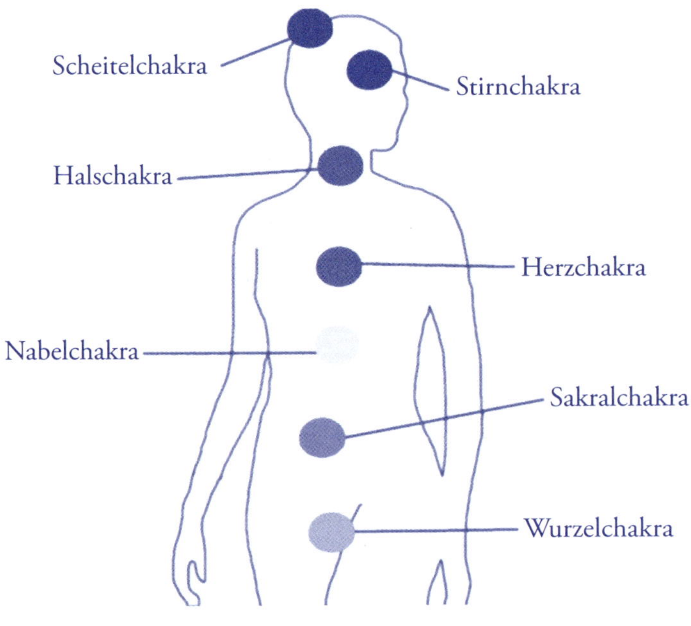

	Verbindung	Aufgabe des Chakras
Wurzelchakra	1. Körper	Überleben des physischen Körpers
Sexualchakra (Sakral)	2. Körper	Gefühle
Solarplexus (Nabel)	3. Körper	Denken
Herzchakra	4. Körper	Nächstenliebe
Halschakra	5. Körper	Kreativer Ausdruck
Stirnchakra (3. Auge)	6. Körper	All-Liebe, Spiritualität
Scheitelchakra	7. Körper	Höheres Bewusstsein, Zugang zu allem Wissen

Unser physischer Körper wird von unserem feinstofflichen Körper durchdrungen. Die Information und Energie der Energie-Symbole wird von der Aura aufgenommen und auch auf den physischen Körper bis in die letzte Zelle übertragen.

Die Reinigung der feinstofflichen Körper ist ebenso notwendig und wichtig, wie die tägliche Dusche des physischen Körpers. Durch negative Energien die uns begegnen und negative Erlebnisse verschmutzen und blockieren unsere Chakren und funktionieren nur mehr eingeschränkt.

Wie reinige ich die Chakren und feinstofflichen Körper?

1. Durch Feuer: das heißt sich in der Nähe eines Feuers aufhalten, wenn ich die Möglichkeit habe. Oder verwende Kerzen, zünde eine Kerze an und stelle sie in deine Nähe, erfreue dich so dieser Flamme und an dem angenehmen Schein. Auch wenn diese Flamme dir klein erscheint, hat sie eine enorme positive Wirkung auf deine Energiekörper und Chakren. Wann immer es möglich ist entzünde eine Kerze und stelle sie in deinen Umkreis, bis zu 4-5 Metern wirkt sie reinigend auf deine Aura.

2. Durch Wasser: Wasser ist ebenso wie für den physischen Körper auch für den feinstofflichen Körper und Chakren reinigend. Dusche täglich und stelle dir dabei vor, wie sich auch deine Aura dabei reinigt. Nimm so oft wie möglich ein Vollbad, diese wirkt noch intensiver auf deinen Aura, die Wirkung des Bades erhöhst du noch mit Badesalz (Meersalz unbehandelt oder Kristallsalz. Baden in natürlichen Gewässern wirkt ebenso reinigend auf unsere Aura und Chakren.

3. Bitte deine geistigen Helfer um die Reinigung deiner Aura und Chakren. Diese dürfen nur helfen wenn du sie darum bittest, sie tun es gerne und mit Liebe für dich. Insbesondere Erzengel Michael ist ein besonderer Helfer in diesen Belangen. Gerne trennt er alle negativen Energien und Verbindungen von dir ab und reinigt dich wenn du ihn darum bittest.

4. Halte deine Energien im Fluss, löse alle Blockaden ehestmöglich auf, (Konflikte, Ärger) dies ist eine Reinigung und ein energetisches Sauberhalten. Suche die Verbindung zur Erde gleichermaßen wie zum Himmel. Bewegen, aufstampfen mit Mutter Erde verbinden, Wurzeln wachsen lassen von den Füssen. Und nach oben greifen und strecken sich zum Himmel empor strecken, nach den Sternen greifen, eine Antenne zum Himmel herstellen. Energien fließen lassen zwischen Himmel und Erde, dass ist ebenfalls Reinigung und der Selbstheilungsprozess wird aktiviert.

Selbsterziehung

Wir alle sind das Ergebnis der Erziehung in unserer Kindheit. Sie hat uns geprägt. Wir haben uns vieles abgeschaut, das Leben unserer Eltern als Vorbild genommen und ihre Einstellungen, ihre Wertvorstellungen und ihr Verhalten übernommen. Früher oder später werden wir uns dessen bewusst und es ist an der Zeit uns selbst zu erziehen, alles in Frage zu stellen, abzuladen, was wir nicht gut heißen, und für uns neu zu definieren. Wir dürfen uns dadurch eine große Last, die wir von unseren Ahnen übernommen haben, abladen. Unser Leben kann leicht werden. Wir können unsere eigenen Einstellungen und Sichtweisen in unserem Bewusstsein gestalten. Dies funktioniert mit Wachsamkeit. Alles, was uns begegnet will uns etwas sagen und wir können daraus lernen. Wenn uns etwas nicht mehr gefällt, können wir unser Verhalten ändern. Das ist Selbsterziehung und Seelenentwicklung im Sinne unseres Plans, den wir uns vorgenommen haben.

Der bewusste Erwachsene ist sich selbst Mutter und Vater. Er hat diese Qualitäten entwickelt. Erwachsen-Sein bedeutet die Verantwortung für sein Handeln zu übernehmen und Entscheidungen zu treffen. Der Erwachsene ist für seine Entscheidungen und für deren Folgen eigenverantwortlich. Er kann mit dem Allein-Sein umgehen, er fühlt sich nicht einsam, denn er ruht gefestigt in sich selbst. Er gestaltet sein Leben selbst und ist seines Glückes Schmied. Sein Glück hängt nicht von anderen Menschen ab. Dieser gefestigte Erwachsene braucht keine Scheinwelten, in die er sich flüchtet, um der Realität nicht ins Auge sehen zu müssen. Erwachsen-Sein bedeutet die Wahrheit anzunehmen, auch wenn sie hart ist. Auch wenn sie noch so schlimm ist, man kann das Jetzt nicht ändern. Der Erwachsene hat sein Leben in der Hand. Wie die Redewendung schon sagt, kann er tun und handeln, um Dinge, die nicht seinen Vorstellungen entsprechen, für die Zukunft zu ändern.

Was ist dein Ziel im Leben?

Ziele sind wichtig! *„Jung ist man mit 20, ‚liebevoll überwuzelt' ist man mit 40, aber alt ist man, wenn man keine Ziele mehr hat!!"* - Ich hoffe, niemals alt zu werden!

Wenn du mit dem Auto losfährst und du weißt nicht wohin, wohin soll dich dein Auto bringen? Genau das gleiche gilt für dein Leben. – Wo ist dein Ziel? Genau dorthin wird dich dein Leben bringen. Definiere deine Ziele genau, deine privaten Ziele, berufliche Ziele, Ziele der Selbstverwirklichung, kreative Ziele, kleine und große, kurzfristige und Lebensziele.

Wohin soll deine Seele im Leben gehen?

Wenn du es nicht genau weißt, ist es ein Wunsch und noch kein Ziel. Setze dich mit deinen Wünschen und Visionen auseinander, definiere sie klar und setze dir einen Zeitpunkt, an dem dein Wunsch erfüllt sein soll. So wird das Ziel konkret und kann sich verwirklichen. Durch deine Taten wird es real und auf die Erde gebracht. Dein Leben kann dich dort hinbringen, das „Auto des Lebens" weiß jetzt genau, wo es hinfahren muss. Wenn du deine Ziele definierst, bekommst du deinen Kopf frei. Klarheit kann dich begleiten und du bist in deiner Mitte und in Harmonie, denn du weißt wo du hinfährst. So kannst du auch erkennen, wenn einmal eine Umleitung notwendig ist, manchmal ist der längere Weg der bessere. Vielleicht liegt auf dem längeren Weg ein wichtige Information oder Erfahrung. Nur wenn du entspannt bist, kannst du erkennen. Vertraue deinen Fähigkeiten und dem Leben!

Persönlichkeitsentwicklung und Bewusstsein

Mache dir bewusst, in welchem Bereich deines Lebens es wichtig ist, deine Persönlichkeit weiter zu entwickeln und zu verändern. Ängste, Minderwertigkeitskomplexe, Mangel an Selbstliebe oder fehlender Glaube an dich selbst und deine Fähigkeiten können dich lähmen. Bis du erkannt hast, dass es in einem Punkt der Veränderung bedarf und dein Wille dazu groß genug ist, werden dich diese Charaktereigenschaften und -eigenheiten immer wieder blockieren und dich in deiner Weiterentwicklung behindern.

Zur Veränderung bedarf es eines sehr starken Willens, denn der Körper und das Wesen will Altgewohntes nicht hergeben, es fühlt sich dabei wohl, auch wenn es noch so negative und destruktive Eigenheiten deines Charakters sind. Diese negativen Energien gilt es zu durchtrennen und abzulegen, es gelingt, wenn die positive Energie des „sich-verändern-Wollens" mindestens so groß ist wie sein negativer Gegenspieler. Je größer die positive Energie ist, desto leichter gelingt die Veränderung. Die Kraft der Veränderung bedarf auch der Energie der Disziplin und der Ausdauer. Immer wieder wird die Energie des Alten und Gewohnten versuchen, sich ihren Platz zurückzuerobern. Die Energie der Symbole hilft zu transformieren, hilft Altes und Verbrauchtes in Neues und Hilfreiches zu wandeln.

„Die einzige Aufgabe, die wir hier auf Erden haben, ist unser Tun, um unsere Persönlichkeit zu entwickeln!"

Kryon, Band IV

Setze dich mit deiner Persönlichkeit auseinander, erkenne wo und in welchen Bereichen es einer Entwicklung bedarf. Sehr gut kannst du es an dem Verhalten deiner Mitmenschen erkennen, wo du dich verändern sollst. Immer dann, wenn dich an deinen Mitmenschen etwas ärgert, frag dich, was das mit dir zu tun hat und beginne hier mit der Selbstentwicklung.

„Wenn dich bei einem anderen etwas ärgert, oder du den anderen verändern möchtest, dann ändere es zuerst bei dir!"

Gertrud und Richard Neges, „Kompaktwissen Management"

Denke an das Thema, das du bearbeiten möchtest und ziehe intuitiv ein Symbol. Intuitiv heißt ohne nachzudenken, aus dem Bauch heraus oder mit geschlossenen Augen, ziehe jenes, das dich „anspricht". Deine Seele (dein Wesen) weiß welches Symbol du brauchst. Trage es in deiner Aura und lege es während du schläfst zu dir ins Bett, so kann es seine Energie entfalten, dich unterstützen und die positive Energie der Veränderung vergrößern und die alte Energie in das neue Verhalten und das neue Denkmuster wandeln.

Nimm dir auch den Text zu Hilfe, schreib dir die für dich wichtigen Stellen heraus, formuliere sie immer positiv, auch das sind positive Energien, die dich unterstützen und die Veränderung herbeiführen. Lies dir diese wichtigen Zeilen öfters am Tag durch, verinnerliche sie und halte sie dir vor Augen, damit dieses neue Verhalten und Denken deine neue Gewohnheit wird.

Im Durchschnitt wirst du dazu zwei bis vier Wochen benötigen, bis das Neue in dein Leben dauerhaft integriert ist. Die Symbol-Energien unterstützen dich dabei. Behalte das Symbol noch länger bei dir, um wirklich sicher zu gehen, dass du es dauerhaft geschafft hast.

Gratuliere, du hast es geschafft, dich zu verändern und dich weiter zu entwickeln! Das wichtigste an der Persönlichkeitsentwicklung ist, Erkenntnisse zu gewinnen. Frage dich immer was bedeutet diese Situation dieses Geschehen für mich, welche Erkenntnisse ziehe ich daraus, und was heißt das in Zukunft für mich. Welche Schlüsse ziehe ich daraus und welche Veränderung ist durch diese Erkenntnis notwendig. Ohne Erkenntnis keine anhaltende Veränderung. Eine Veränderung ohne vorangegangene Erkenntnis ist nur halbherzig und wird früher oder später scheitern. Das Muster des Verhaltens wird durch verinnerlichte Erkenntnisse verändert und bewusst gemacht. Denn sehr vieles ist unbewusst, vieles haben wir einfach übernommen vom Elternhaus oder von Menschen die uns prägen. Die Erkenntnis: „Warum habe ich das einfach übernommen?" bringt dich meilenweit vorwärts dadurch kannst du auch verändern, wenn es nicht mehr deinem Idealen entspricht. Erkenntnisse begleiten uns tagtäglich, mehrmals am Tag erfüllen sie unser Dasein mit Sinn, bringen inneren Frieden und Zufriedenheit ins Leben.

Was ist Energie?

Alles ist Energie. Energie kann nicht verloren gehen. Energie kann ihren Zustand verändern.

Schon Albert Einstein hatte dieses Wissen und sagte: „Alle Materie besteht aus Energie." Energie = plus und minus Ladungen (Spezielle Relativitätstheorie) Es gibt verschiedene Formen von Energie und verschiedene Zustände.

Materie ist eine Form von Energie, sehr dichter Energie. Energie kann verändert und transformiert werden. So wie Wasser fest sein kann oder auch gasförmig werden kann, dies sind die verschiedenen Zustände von Wasser. Energie kann Information aufnehmen, transportieren und auch abgeben. Symbole sind Energie, Energie ist Information und kann auf andere Energieformen übertragen werden, an anderer Stelle wieder gespeichert und getragen werden. Energie hat Bewusstsein und kann sich dadurch verändern. Die Information der Energie kann vervielfacht und intensiviert werden. Jeder Mensch hat unbewusst Zugang zu allen Energieformen die ihn umgeben. Auch wenn Energie weit weg ist und jemand davon weiß kann er sich diese Energie nutzbar machen und aufnehmen. Umgekehrt kann ein Mensch kraft seines Bewusstseins Energie weit weg schicken, an einen entfernten Ort senden. Speziell Heilungsenergie kann so weit weg zu einem lieben Angehörigen gesendet werden, der diese Energie gerade für seinen Heilungsprozess benötigt. Heilungsenergie zu senden ist wie ein Gebet, starke positive Frequenzen werden ausgesendet zur Heilwerdung für einen bestimmten

Menschen. Gebete sind segensreich und eine sanfte aufbauende Energie. Auch gute Wünsche, wirklich aus tiefstem Herzen ausgesprochen, bauen den Empfänger des Wunsches auf und bringen ihn in seiner Entwicklung weiter.

Wenn alle Menschen ihr Bewusstsein einsetzen würden um gute aufbauende Energien zu stärken würde die Welt heute anders aussehen. Die Mutter Erde könnte die Wunden wieder und schneller heilen. Die Welt wäre freudvoller, friedlicher und frei von Krankheit, wenn jeder nur seinen engsten Angehörigen positive Energien und Wünsche schenken würde. Leider funktioniert das auch im Negativen, viele Menschen sind voller Hass, Missgunst und Eifersucht, verstärken dies jeden Tag und schenken diese Wünsche den sie umgebenden Menschen – wie traurig. Nutzen wir Energien um unsere Wünsche kraft unseres Bewusstseins positiv aufzuladen und auf unsere Mitmenschen zu übertragen. Diese Energien können uns tragen, heilen und weiterbringen.

Beginnen wir im Kleinen, senden wir positive Wünsche an unsere Mitmenschen, schenken wir ihnen die wundervolle Energie. Im Moment des Denkens, Aussprechens und Aussendens des positiven Wunsches werden wir vom Schenkenden zum Beschenkten. Wir dürfen diese Energie zurückempfangen, sie kehrt spürbar verstärkt zu uns zurück und trägt uns selbst durchs Leben. Vorausgesetzt der Wunsch war ehrlich und aus tiefstem Herzen! Hüte dich vor negativen Wünschen und Verwünschungen, denn auch diese kehren zu dir zurück.

Beginnen wir sofort aus tiefstem Herzen ehrliche Wünsche auszusenden.
Ich wünsche dir von Herzen: …

… einen wunderschönen Tag,
… gute und erfolgreiche Geschäfte,
… einen guten Ausgang deiner Besprechung,
… ein interessantes Seminar,
… gute Gesundheit,
… gute Besserung,
… dass deine Krankheit wieder heilen darf,
…e inen schönen Geburtstag,
… einen gelungenen Abend,
… eine wohltuende Sportstunde.

Was immer wir wünschen ist wohltuende, wunderbar stärkende Energie, wenn es von Herzen kommt und ehrlich ausgesprochen wird. Beginnen wir jetzt damit. Jetzt ist der wichtigste Augenblick. In dem Moment, in welchem der Wunsch ausgesprochen wird, steht die starke Energie für den lieben Menschen bereit, den wir damit bedacht haben. Diese Energie geht nicht verloren. Wenn er sie gerade nicht braucht, wird sie in seiner Aura gespeichert und stärkt ihn. Es ist egal ob wir mit dem Menschen sprechen oder an ihn denken, es hat die gleiche Kraft, wenn es von Herzen kommt. Wie schön wäre die Welt, würden Millionen von Menschen positive Energien nutzen, verstärken und aussenden. Der Mensch ist wie ein Verstärker. Je mehr Herzensgefühl er in etwas hineinlegt, umso stärker wird die Kraft der Verwirklichung des Zieles, des Wunsches oder Gebetes.

Wer sind wir „selbst"?

Wir sind unsere Seele, sie ist ewig, im Gegensatz zu unserem Körper. Wir bewohnen ihn hier auf der Erde. Er ist unser Tempel, unsere Seele bewohnt ihn, um auf Erden wandeln, leben und sich entwickeln zu können. Unsere Seele kann auf Erden verschiedene Erfahrungen und Lernprozesse durchmachen. Die Seele hat sich bestimmte Aufgaben vorgenommen, die sie gerade jetzt zur Reifung und zum Vorankommen braucht. Es ist unsere einzige Aufgabe hier auf Erden, unser „Selbst" und unsere Seele zu entwickeln und zu wachsen.

Jeder kommt irgendwann an dem Punkt an, wo er sich die Frage nach dem Sinn seines Lebens stellt. Diesen Punkt nennt man „Aufwachen" oder „Bewusst-Werden". Meist geht es mit einer großen Unzufriedenheit im Leben einher, nach dem Motto: „Das kann doch nicht alles sein!" Oder man hat eine große Lebenskrise – wie Krankheit, Arbeitslosigkeit, Partnerverlust oder eine schwere Niederlage zu verkraften. Diese Krise hat den Sinn, die Seele zum Nachdenken anzuregen, das eigentliche Ziel, das man erreichten wollte, die Aufgaben, die man erfüllen wollte, wieder an die Oberfläche zu bringen. Je schneller man erkennt und nachdenkt, desto schonender und schmerzloser kann dieser Prozess vor sich gehen. Früher war diese Wende of erst im Alter von 35 bis 40 Jahren, jetzt kommt dieser Prozess schon oft mit 20 bis 25 Jahren in Gang. Die Menschen sind jetzt schon viel früher reif, so dass sie schon früher bereits sind, ihr „Selbst" zu entwickeln.

Verantwortung übernehmen

Jeder ist selbst verantwortlich für sein Leben nach dem Gesetz von Ursache und Wirkung. Nach dem Gesetz: geerntet wird was gesät wurde. Die Ernte kann nur so gut sein wie die Saat. Wenn jemand beschließt neues, besseres Saatgut zu verwenden so wird auch die nächste Ernte neu, anders und besser ausfallen. Verantwortung zu übernehmen für das was passiert, für Situationen die ins Leben treten auch Unglücksfälle und Herausforderungen. Dieses Leben hat sich jeder selbst ausgesucht mit all seinen Lernprozessen. Jedoch hat jeder immer seinen freien Willen, jeder kann jederzeit frei entscheiden stelle ich mich der Herausforderung oder lehne ich ab, auch das ist okay. Das Leben wird jeden Menschen mehrmals für eine bestimmte Lernaufgabe die er sich vorgenommen hat Gelegenheit geben. Wird sie beim ersten Mal nicht angenommen, kommt die Chance wieder und auch ein drittes Mal bis ich bereit bin, oder soweit bin und mich dieser Situation gewachsen fühle. Das Leben bringt nur solche Situationen denen man auch gewachsen ist, es überfordert nie, sie gleich anzunehmen bringt die Entwicklung um Riesenschritte voran. Die Persönlichkeit kann wachsen und sich der nächsten Aufgabe stellen. Mit jedem Erfolg gelingt es schneller wieder Erfolge zu haben. Mit dem freien Willen habe ich die Wahl, jeder kann selbst entscheiden, wird nichts entschieden und alles auf die lange Bank geschoben, so entscheiden andere Menschen über jemanden oder das Leben trifft die Entscheidungen. Diese Menschen sind sozusagen führerlos, ihr Körper und Geist ihr ganzes Wesen wird von außen gesteuert. Wie ein Schiff ohne Steuer, es wird von Wind, Wellen von außen gesteuert und irrt am Ozean des Lebens umher.

Jeder hat die Wahl zu leiden und zu jammern oder sich zu verändern und das Steuer in die Hand zu nehmen, sich zu erheben und den Karren aus dem Schmutz zu ziehen. Die Absicht muss kundgetan werden, die Absicht glücklich zu Leben. Auch im Alltag der täglichen Herausforderungen und Schwierigkeiten kann jemand Glücklichsein, wenn er sich dafür entscheidet. Freudvoll ans Tageswerk gehen.

Jedoch kann jemand auch für alles was passiert die Schuld abschieben und andere oder anderes dafür verantwortlich machen, auch hier wird nicht die Verantwortung übernommen. Den anderen die Schuld in die Schuhe zu schieben ist leider sehr weit verbreitet und schlecht für alle Beteiligten. Jemanden zu beschuldigen heißt: „Der andere, der Schuldige muss etwas tun, muss handeln denn ich kann ja nichts dafür ich bin unschuldig." Man gibt sein Leben in die Hand des Schuldigen. Ein Weiterentwickeln ist hier nicht möglich, diese Personen stagnieren in ihrer Entwicklung. Für alle Situationen im Leben trägt jeder die Verantwortung selbst, jeder hat dich selbst in diese Lage gebracht. Jeder hat die Schwierigkeit in der er gerade steckt selbst hervorgerufen, hat selbst in der Vergangenheit die Saat gesät.

Auch für die wunderbaren, schönen Dinge im Leben, hat jeder selbst die Saat gesät. Da fällt es leicht dies auch anzunehmen. Wenn jemand beschließt Hilfe anzunehmen und zu einem Therapeuten geht, so heißt es auch hier Verantwortung übernehmen. Ich bin verantwortlich für das was ich mitnehme, oder Verantwortung abgeben: „Therapeut tue etwas ich lehne mich zurück, mache mich gesund",

und so weiter das ist Verantwortung abgeben. Will ich gesund werden oder will ich weiterleiden, etwas lernen, etwas verändern und tun, so bekomme ich vom Leben die Werkzeuge und die Möglichkeiten und Selbstheilung kann einsetzen. Ich nehme Hilfe an, ich will und ich tue, ich tue jeden Tag einen Schritt in Richtung meines Zieles.

Die Heilung schreitet voran jeden Tag bis zum Ziel. Jeder heilt sich selbst indem jemand Verantwortung übernimmt und nicht der Therapeut. Der Therapeut und Arzt gibt die Hilfestellung dabei und nimmt nicht die Verantwortung ab, für Heilung und Lebenssituationen.

Unser göttliches Potential

Wir haben alle göttliches Potential in uns, es ist unser wahres Sein und unsere Seele. Durch unser Erdendasein wurde es verschleiert, um zu lernen. Wir haben uns vorgenommen, verschiedene Lernprozesse durchzumachen, hier auf Erden verschiedene Erfahrungen zu machen. Deshalb musste unser Bewusstsein verschleiert werden. Aber durch Nutzen der eigenen Intuition, durch „in-sich-gehen“ und annehmen, können wir den Zugang zu unserem göttlichen Potential herstellen. Wir bekommen immer wieder kleine Einblicke in unser Göttliches und wir sollen es auch nutzen und diese Einblicke und Ausschnitte für unsere Entwicklung in unserem Leben verwenden.

Hätten wir Zugang zu unserem gesamten göttlichen Potential, würden wir sofort alles erkennen. Wir sind eine unendlich reiche, wertvolle Seele und sind im Göttlichen mit allem Verbunden und haben Zugriff auf das gesamte Wissen und auf unsere gesamten Erfahrungen. All das muss verschleiert werden, um die Erfahrungen, die wir uns für dieses Leben vorgenommen haben, machen zu können.

Übernimm die Verantwortung dafür, dass du dir dein Leben selbst ausgesucht hast. Bewerte es nicht, es ist nicht wichtig, was du machst, was du bist, an welchen Platz du dich befindest, sondern es ist wichtig wie du diesen Platz ausfüllst, wie du deine Chancen nutzt um zu lernen. Lebe alle deine Chancen und Lernprozesse ganz und voll, so kannst du zum nächsten weitergehen und fortschreiten. Lebe jede Sekunde ganz und gar mit Haut und Haar und lerne daraus. Was du jetzt gerade tust ist das wichtigste im Leben, ist der wichtigste Augenblick im Leben. Konzentriere dich voll und ganz auf das Jetzt. Konzentriere dein göttliches Potential und dein Gefühl auf dein Jetzt.

Jetzt ist der wichtigste Augenblick!!!

Die Zelle

Jede Zelle hat ein Bewusstsein, jede Zelle hat jede erdenkliche Information deines Körpers und Geistes. Wenn es einem bestimmten Teil deines Körpers schlecht geht, weiß es jeder andere Teil in deinem Körper und will mithelfen diesen Umstand schnellstmöglich zu bereinigen. Du kannst nichts verheimlichen. Jede Zelle ist daran interessiert, dass es dem ganzen Körper gut geht. Alle Zellen sind miteinander verbunden, Krankheit im Körper hat auf jede Zelle eine Auswirkung.

Wenn du krank bist, arbeite ganzheitlich auf allen Ebenen. Im Körper kann alles mobilisiert werden, um Gesundheit zu erreichen. Wenn du glaubst, wenn du am Kopf arbeitest, hätte das keine Auswirkungen auf dein krankes Bein, liegst du falsch. Alles steht miteinander in Verbindung und du tust auch deinem Bein etwas Gutes und Heilung kann einsetzen.

Der Transport der Informationen im Körper geht blitzschnell, alles wird weitergeleitet, damit jede Zelle Bescheid weiß. Das ist das kollektive Bewusstsein des Körpers. So wie es auch zwischen den Menschen eine Vernetzung gibt. Manchmal wird gleichzeitig auf verschiedenen Teilen der Erde die gleiche Erfindung gemacht oder die gleichen Erkenntnisse gewonnen. Das ist das kollektive Bewusstsein. Wir sind alle miteinander in Verbindung. Wenn du an dir arbeitest und deine Heilwerdung in Gang setzt, wirkt sich das auf die gesamte Menschheit aus. Alle werden informiert, alle profitieren von der Erhöhung deiner Lebensenergie, die Menschen, die dir nahe stehen, genau so wie die Menschen weit weg auf anderen Kontinenten.

Die Energie-Symbole helfen dir bei der Entwicklung deiner Persönlichkeit, deines Bewusstseins, bei körperlichen und seelischen Leiden und Beschwerden und unterstützen dich in Balance zu bleiben.

- Persönlichkeitsentwicklung
- Bewusstseinserweiterung bis zu Erreichung der Ganzheit
- Körperliche und seelische Leiden loslassen
- In Balance sein und bleiben, in seiner Mitte sein

Krankheit ist Luxus, du brauchst sie nicht mehr! Möchtest du dir Krankheit leisten oder verzichtest du darauf? Brauchst du Barock- oder Biedermeiermöbel in deiner Wohnung? Sie sind teuer, unpraktisch und alt. Möchtest du sie trotzdem haben, sind sie Luxus. Auch Krankheit ist Luxus, möchtest du sie trotzdem haben?

Wenn du willst, kannst du aus Leid und Krankheit aussteigen. Lebe bewusst, alles was dir begegnet hat eine Bedeutung für dich. Erkenne sie, handle und lebe danach. Du kannst daraus lernen und dich entwickeln. Du brauchst die Krankheit nicht mehr, du reagierst bevor dein Körper reagieren muss. Halte inne in jedem Moment deines Lebens und erkenne den Spiegel im Außen. So lebst du 100 % bewusst und im Jetzt, du bist präsent! In diesem Moment ist Krankheit unnötig und du erkennst rechtzeitig deine Lernschritte.

Zu wie viel Prozent lebst du bewusst?

Ca. 40 % der Menschen leben bewusst, das bedeutet wir brauchen noch zu ca. 60 % Krankheit und Negatives, um zu lernen. Wenn Krankheit auftritt und wir Krankheit immer noch wollen so hat Krankheit den Sinn, uns etwas zu lehren, wir wollten es vorher nicht sehen oder erkennen.
Lebe in jedem Moment im Hier und Jetzt bewusst in Freude und Liebe und jegliche Krankheit wird sich auflösen und jedes Leid ist unnötig!

Die Energie-Symbole helfen dir, deine Lernschritte zu erkennen und die Hintergründe zu bearbeiten. Das Bewusstsein wird erweitert, wir sehen klarer und wissen was zu tun ist. Die Energien der Symbole unterstützen dich bei der Entwicklung deiner Persönlichkeit. Sie wirken unterstützend zu jeder anderen Therapiebehandlung. Lege die passenden Symbole vor deiner Behandlung auf und verstärke damit die Therapie.

Das Hohe Selbst

Das Hohe Selbst ist unser göttlicher Kern unsere Seele die ewig ist und alles Wissen und alle Erfahrungen unserer früheren Leben ist hier gespeichert. Diese Schätze dienen uns und gehen nie verloren. Unser Hohes Selbst ist unser großartiges wertvolles goldenen Sein, der Engel der wir sind. Jeder kann es schaffen mit ihm in Verbindung zu treten, sprich es an, wenn es dein Wille ist. Wenn es deine Absicht ist, höre nach innen und du wirst Antwort bekommen. Durch deine Absicht kannst du die Verbindung herstellen und deinen goldenen Engel mit deinem Gesicht der du bist, kennen lernen. Erkenne deine wichtige und wertvolle Seele, erkennen deinen Selbstwert, denn du bist ein wichtiger Teil des großen Ganzen. Dein Rädchen bewegt viele Rädchen im Leben und nur so kann das ganze große Uhrwerk laufen und gut funktionieren und weiterentwickelt werden. Nimm deine Arbeit und dich selbst wichtig, deine Auswirkung auf andere, durch deine Gedanken, Worte und dein Tun sind wichtig. Übe Gedankenkontrolle, du denkst deine Gedanken nicht deine Gedanken denken dich. Sei dir bewusst was du sagst und sage die Wahrheit auch wenn es manchmal nicht angenehm ist für dich und andere, verbreite keine Unwahrheiten. Das was du am meisten ablehnst wird dir im nächsten Leben begegnen, übe Toleranz. Und sei achtsam was du tust, üble Taten wo du andere schädigst, du musst auch dafür die Verantwortung übernehmen und es wiedergutmachen. Jeder löst durch sein Sein, in Gedanken, Worten und Werken eine Folge von Veränderungen aus, für die er auch verantwortlich ist. Gute Veränderungen werden ausgelöst, nur wenn du in Verbindung mit deinem guten Gefühl, mit deinem Hohen Selbst, mit deinem Herzen lebst.

Tritt mit deinem Gott, mit dem göttlichen in dir in Verbindung, gehe mit deinem Hohen Selbst eine Partnerschaft ein. Höre die Inspiration des Hohen Selbst und lebe danach, erfülle dein Leben. Es ist nicht wichtig an welchen Platz wir stehen im Leben, es ist wichtig wie wir diesen Platz ausfüllen. Im heutigen Energieniveau der Erde, ist es an der Zeit wie großartig und machtvoll wir sind. Wir können wenn wir die Absicht haben unsere Kraft für Positives nutzen. Es ist an der Zeit zu erkennen wie sich vieles verändert in der neuen Energie. Wir haben die Macht die Erde und unser Leben ins Positive zu verändern und uns den Himmel auf Erden zu gestalten. Unsere Persönlichkeit zu entwickeln, heißt zu erkennen was wichtig ist im Leben, bevor Krankheit entsteht. In der Absicht die Persönlichkeit zu entwickeln und alle Lernaufgaben anzunehmen ist Krankheit nicht mehr notwendig, da der Körper keine Signale mehr senden muss um gehört zu werden. Die Person hört schon vorher die Stimme des Hohen Selbst und weiß die Schritte die zu tun sind.

Eine Möglichkeit sich mit dem Hohen Selbst zu verbinden:

Meditation mit meinem goldenen Engel

Symbol bereitlegen: (euer Symbol das ihr gewählt habt)

Mach es dir bequem…

Schließ deine Augen...

Und atme ein paar Mal tief durch…

Gehe in dein Gefühl, in deinen Bauch, in deine Intuition,
in dein göttliches Selbst, lasse es geschehen,
gib dich hin, vertraue.

Dein Körper ist entspannt die Poren sind geöffnet
und du fühlst dich wohl und geborgen.

Du kannst es spüren, als Wärme in deinem Bauch, als Pulsieren oder Kribbeln, fühle einfach nur, sei einfach nur.

Du bist geschützt, und beschützt von deinen Geist. Helfern.

Wenn du im Gefühl bist, bist du geerdet denn du bist vollkommen im Jetzt, wenn du es dennoch möchtest Erde dich.
Stell dir ein dickes Seil vor, von deinem Wurzelchakra bis zum Erdmittelpunkt, wo du es fest verknotest.

Atme ein paar Mal tief durch und verbinde dich nochmals intensiv mit deinem Gefühl. Fühle deinen Kraftspender, freue dich, dass du diese Kraft gefunden hast, dehne die Kraft aus.

Wir laden Wertfreiheit, Schuldfreiheit, Raumfreiheit ein.

Wir betreten den goldenen Raum.

In der Mitte steht ein goldener Stuhl,
darin sitzt ein wunderschöner goldener Engel,
er hat dein Gesicht.
Er ist dein Hohes Selbst,
er gibt dir die Liebe die du brauchst.
Nimm sie auf lass dich durchfluten es fühlt sich wunderbar an.
Er ist dein Berater, er ist deine Weisheit.

Nimm dein Symbol in deine Hand spüre wie die Symbolfrequenz sich auf dich überträgt und den Körper durchflutet.

Atme in deinem eigenen Rhythmus
spüre wie die Frequenz des Symbols dich durchflutet und stärkt.

Du dehnst dich aus in dieser Stille.

Du erkennst für dich wichtige Themen.
Du kannst dir auch die Seite im Buch zur Hand nehmen die zu deinem Symbol gehört und nachlesen. Sicher erkennst du deine Themen,
sie wiederholen sich in deinem Leben.
Es sind Themen die du mit deinen Eltern gleich hast.

Du darfst sie lösen und erkennst sie jetzt.
Sicher erkennst du jetzt die Themen die für dich wichtig sind.
Berate dich mit deinem goldenen Engel,
und du wirst es wissen.

Dein Ziel wird vertieft und du wirst darauf ausgerichtet damit du es verwirklichen kannst.

Du bedankst dich noch bei deinem Hohen Selbst.

Nun komm in deinem Tempo in dieses Haus, in diesen Raum, an deinen Platz hierher zurück.

Arbeit mit dem Hohen Selbst

Wann haben wir ein neues Leben? Wenn wir das alte egoistische, schmerzhafte, unharmonische, mit Krankheiten, Angst und Sorgen behaftete Leben aufgeben, verändern und transformieren.

Es ist in der menschlichen Geschichte realistisch möglich geworden, uns von unserem superegoistischen Zustand zu lösen und die Wurzeln des Egoismus aufzulösen. Diese sind die vererbten egoistischen Urmuster, die bei der ursprünglichen Trennung unserer ersten Ahnen vom göttlichen Urzustand entstanden sind. Ohne die Auflösung dieser egoistischen Urmuster können alle superegoistischen Zustände in uns und in unseren Beziehungen nicht gelöst werden.

Die Art und Weise diese egoistischen Urmuster zu transformieren, die die Wurzel aller egoistischen Illusionen sind, wird immer einfacher. Dieser Vorgang ist nach wie vor eine geistige Selbstheilung. Transformation heißt, dass alle negativen Gefühle wie Angst, Schuld, Ärger, Zorn, Hass, Neid ohne neuerliche Unterdrückung gewandelt (neutralisiert) werden und dadurch sich unser göttliches Potenzial mehr und mehr auf der Körperebene integrieren kann. Diese Umwandlungsfunktion hat jeder in sich, und sie kann jederzeit aktiviert werden. Unser göttliches, vollkommenes Wesen kann zur Zeit im Tagesbewusstsein nur ganz wenig erlebt werden. Wenn wir nicht voll aus dem Egoismus aussteigen, dessen Grundlage, die Angst und das Eigenwollen, auf unserer mentalen und emotionalen Ebene sind, können wir unser göttliches Potenzial nicht voll zur Entfaltung bringen. Wir müssen unser mentales und emotionales egoistisches Illusionsleben, das unser falsches Ich momentan darstellt, absolut verlassen, um in das wahre Ich-Sein zu kommen. Diese Zeit ist eine Zeit, in der wir von der mentalen und emotionalen Ebene zur intuitiven Wahrnehmung kommen, in der wir dann erst wirklich das Göttliche erleben.

Praktische Tipps für die Arbeit mit dem Höheren Selbst: wähle dir vorher ein passendes Symbol aus und behalte es bei dir.

1. Geh vom Kopf, vom Verstand in den Bauch, in die Intuition, ins Gefühl. Leichter gelingt Dir das mit Musik, Abschalten, Meditation, Stille, Hautstreicheln am Handrücken. Du lässt Dich ins göttliche Sein sinken und startest so die Transformation. Dadurch wird Kraft frei zum Transformieren. Bleib in der Hingabe, geh weg vom Eigenwillen. „Dein Wille geschehe“, jedoch ohne religiöses Konzept. Hingabe ins Nichts, den Eigenwillen ausschalten. Beobachte deine negativen Gefühle, du wirst immer sensibler. Sei dir immer bewusst, dass jedes negative Gefühl nicht du selbst bist, sondern sieh es als Krankheit, die du zur Heilung freigibst.

2. Benütze deine Umgebung, dein soziales Umfeld, Familie, Arbeitsplatz als Heilsituation. Nicht das, was zu mir kommt, verletzt mich, sondern das, was in mir ist, meine Konzepte, mein Erinnerungsspeicher verletzt mich. Gelingt mir die Transformation eines negativen Gefühls, dann entsteht keine Resonanz mehr mit den auslösenden Faktoren oder bestimmten auslösenden Situationen. Dadurch berührt es mich nicht mehr. Es verletzt mich nicht mehr und ich kann solchen Situationen neutral begegnen ohne Aufkommen der bisher gewohnten negativen Gefühle. Jede Lebenssituation wird zur Heilsituation.

Energien ausgleichen

Die Energie-Symbole gleichen die Energien im Körper aus und bringen sie in Balance, lösen Blockaden und Energiestaus auf, sodass die gebundenen Energien wieder fließen können. Je nachdem in welchen Chakren die Blockade ist gelingt es dadurch wieder mit den Erdenergien in Verbindung zu treten. Ebenso ist es möglich wieder mit der universellen Energie und mit dir selbst mit deinem Gefühl wieder angeschlossen zu sein. Vielen Menschen fehlt die Verbindung zur Mutter Erde, da sie nur mehr am Denken sind und alle Energie im Kopf gestaut ist. Die Symbiose ist gestört die Einheit mit der Erde ist entzweit, funktioniert die Verbindung mit Mutter Erde so sind wir im ständigen Erdheilungsprozess im ständigen Austausch. Unser Energiefluss zur Erde stärkt und heilt die Erde und umgekehrt werden wir durch die gereinigte Erdenergie die zu- und zurückfließt geheilt und gestärkt. Sehr häufig ist auch die Verbindung zu uns selbst und zu unserem Gefühl blockiert, die Selbstheilung ist dadurch blockiert und die Kreativität. Der Zugang zur Intuition und zur inneren Weisheit fehlt. Fehlt die Verbindung ins Universum, fehlen die Heilimpulse der Universellen Energien, Ideen und Visionen sind blockiert. Erst wenn diese Energien ausgeglichen sind, das heißt die Verbindung nach außen (Erde, Universum) und nach innen (Gefühl, Intuition) hergestellt ist, kann die eigene Selbstheilung einsetzen. Dies kann durch die Symbole geschehen und aktiviert werden.

Jeder Heiler und Therapeut ist auch ein sogenannter „Energieausgleicher". Bei der Behandlung bringt er die Energien ins Fließen, löst Blockaden und Staus auf und stellt Verbindungen her, jetzt kann der Körper sich selbst heilen und aktivieren. Je nachdem wie geübt der Therapeut ist funktioniert dieser Ausgleich schneller, langsamer, besser oder schlechter. Was möglich ist bestimmt auch der Klient selbst mit, indem er bereit ist für diesen Vorgang der Selbstheilung, indem er bereit ist gesund zu sein und die Krankheit oder Beschwerden nicht mehr benötigt. Hat der Klient die Ursache gelöst, den Sinn seiner Beschwerden erkannt und umgesetzt so ist der Sinn gelöst und Heilung kann einsetzen.

Hinter jedem Symbol steck ein Thema, behandle es, sodass auch die Ursache gelöst ist, der Energiestau ist jetzt dauerhaft gelöst. Jedoch ist die Ursache nicht oder nur teilweise gelöst wird die Blockade, der Schmerz oder die Krankheit sich erneut zeigen, um Lernprozesse einzuleiten und Veränderung zu fördern.

Der Energieausgleichsprozess (Selbstheilung) ist eine angeborene Gabe die wir in der heutigen Zivilisation verlernt haben. Solange wir es nicht wieder lernen, brauchen wir Hilfsmittel oder Hilfspersonen die dieses für uns tun. Wie Symbole die uns helfen, Ursachen, Themen und Veränderungsprozesse die notwendig sind aufzuzeigen.

Erst dann können wir unsere Selbstheilung nutzen und wirksam werden lassen. Sind deine Energien im Fluss, funktionieren alle Chakren gut Verbindungskanäle nach außen und innen sind frei und die wunderbare Selbstheilung die jeder Mensch hat ist aktiv. In optimaler Energiebalance; der Mensch ist vollkommen mit sich und seiner Umwelt im Reinen und in Frieden, kann Krankheit nicht entstehen. Ist jemand in Verbindung mit sich selbst, erkennt er auch jederzeit wo es einer Veränderung bedarf und handelt auch danach, so ist dies ein Vorbeugen von Blockaden, Beschwerden, Krankheiten.

Gedanken und Energien einsetzen für eine gute Zukunft

Alles ist Energie und hat eine Auswirkung, so auch unsere Gedanken. Du bist was du in der Vergangenheit erschaffen hast. In der Vergangenheit hast du gesät jetzt erntest du, deine Saat die du jetzt säst erntest du in deiner Zukunft. Du bist was du in der Vergangenheit dachtest, denn aus deinen Gedanken entstehen Gefühle, Worte und Taten. In der Vergangenheit hast du deine Jetztzeit gestaltet, du hast gestaltet was du jetzt hast. Wenn dir dein Jetzt nicht gefällt, verändere es und so veränderst du deine Zukunft. Fange jetzt an bei deinen Gedanken und sag nicht das kann ich nicht. Denke deine Gedanken und wenn du dich dabei ertappst, wenn deine Gedanken irgendwo herumschwirren und sich selbstständig machen, verändere es sofort wieder und denk wieder so wie deine Zukunft aussehen soll. Je öfter es dir auffällt, umso bewusster und sicherer wirst du darin werden. Schließlich wird es dir gelingen deine Gedanken zu kontrollieren und du kannst mehr und mehr deines Glückes Schmied werden. Gedanken haben eine große energetische Kraft und Macht, hellsichtige Menschen können diese kraftvollen Energien sehen. (Buch: Gedankenformen, Charles W. Leadbeater) Jetzt gestaltest du, mit deinen Gedanken über dich, dein Thema und dein Tun, deine Zukunft. Gedanken wie: ich bin zu nichts nutze, ich bringe nichts zuwege, das was ich mache ist sinnlos, senden zerstörerische Energien aus. Wandle solche Gedanken und kontrolliere dich selbst dabei, man kann es lernen, bis es automatisiert ist. Gedanken wie: Meine Werke dienen dem Großen Ganzen, ich erreiche freudvoll meine Ziele, meine kreativen Werke dienen dem Wohl der Menschen. Beginne täglich deinen Tag mit wunderbaren positiven Gedanken, so hüllst du dich schon am Morgen in eine stärkende Energiewolke ein und gehst kraftvoll an dein Tagwerk. Denke auch liebevoll an deinen Mitmenschen, die vielleicht ganz besonders heute einen positiven Gedanken brauchen. Es liegt in deiner Hand mit Gedankenkontrolle deine schöne Zukunft jetzt zu gestalten. Der nächst Schritt ist das Sprechen, achte auf deinen Worte. Kannst du über etwas nichts Positives berichten, so bedarf es einer Veränderung, gehe hier ans Werk und verändere bis du positiv berichten kannst. Sprich von deiner Zukunft positiv und freudvoll, es stärkt dich selbst. Der nächst Schritt, setzte positive Handlungen. Setze positive Taten für deine Zukunft. Ist etwas verbunden mit nicht legalen Tätigkeiten nimm sofort Abstand davon, dies kann dir nichts Gutes in der Zukunft bringen, denn du trägst die Verantwortung dafür. Auch hier erntest du deine Saat in der Zukunft. Setzt deine Lernprozesse und Erkenntnisse aus der Vergangenheit jetzt um. Was nützt dir alles Wissen und Erkennen, wenn es nicht getan wird. Es gibt nichts Gutes wenn du es nicht tust. Große Vorsätze sind weniger Wert als kleine Taten.

Tue nur Gutes, tue nie deinem Nächsten an, was du nicht willst das man dir antut! Sag nicht das kann ich nicht, wo ein Wille auch ein Weg. Fange an mit deinen Gedanken, wenn deine Gedanken immer wieder abschweifen, da du es nicht gewöhnt bist, schreibe Kärtchen mit Botschaften die du dir bereitlegst, im Arbeitsbereich sodass du immer wieder darüber stolperst. So erinnern diese dich immer wieder bei Gelegenheit. Früher oder später aber bald lernst du so Gutes zu denken. Trag die Guten Gedanken und Sätze die du dir auf Kärtchen aufschreibst, in der Handtasche, Hosentasche, Auto, beim PC, am Nachtkästchen, wo immer dein Arbeitsbereich ist, stecke deine Mitmenschen damit an. Ertappst du dich wieder einmal bei unkontrollierten Gedanken, so hast du gleich einen Guten parat. Bald ist der Gute Gedanke zur Gewohnheit geworden so wie vorher das Abschweifen automatisch war, jetzt sendest du kraftvolle Energien aus.

Liebe ist Objektivität

Subjektivität ist selbstbezogen und Lieben und Selbstbezogenheit können nicht miteinander existieren. Auch Selbstliebe ist objektiv, ich liebe mich um des Wesens willen, nicht weil ich die Eigenschaft oder dieses Aussehen habe oder eine bestimmte Leistung voll bringe. Liebe ist ohne Bedingungen, sie ist Objektiv.
Liebe ist: Sachlichkeit, Vorurteilslosigkeit, Unvoreingenommenheit, Unparteilichkeit, Überparteilichkeit, Neutralität,

Liebe kann nicht erzwungen werden, sie entsteht aus der inneren Wärme und der Zufriedenheit heraus, die eine persönliche Reife voraussetzt. Wer sich selbst objektiv lieben kann, kann auch andere lieben, das Leben eines solchen Menschen wird erfüllt sein von Liebe. Die eingewurzelte Subjektivität (Unsachlichkeit, Willkür) und die Beschäftigung mit dem egoistischem Selbst, ist eines der größten Hindernisse für das Geben und Empfangen von Liebe. Im Grunde reduziert sich alles im Leben auf die Liebe, kann die Liebe empfunden werden und fließen, so ergibt sich alles andere von selbst. Es fließt dir sozusagen zu, dies ist ein Zustand der Weisheit, dieser Mensch tut intuitiv das Richtige, denn er ist einfach Liebe. Im Zustand der Liebe kann jede noch so schwierige Aufgabe gemeistert werden. Die Liebe ist auch stärker als jede Angst. Wer schafft es immer in diesem Zustand der Liebe zu bleiben? Nur wahre Meister, die sehr viel an ihrer Persönlichkeit aufgearbeitet haben, und das Vertrauen in sich selbst jederzeit haben.

Wer an sich arbeitet, muss sich öffnen, solange er verschlossen ist wie ein Buch wird er stagnieren. Öffnen heißt keine Angst haben davor, ich offenbare etwas von mir das auch andere sehen, denn nur so kann ich es auch selbst sehen. Wie mit einem Buch, wenn ich es nicht öffne kann ich nicht lesen was darin steht. Ist das Buch aufgeschlagen können auch andere darin lesen. Will ich das? Oder will ich um gar keinen Preis etwas zeigen?

Kann ich richtig in meinem inneren lesen, dann kommt es von ganz allein, dass ich auch im Inneren anderer lesen kann. Andere Menschen erscheinen nur so lange wie ein verschlossenes Buch, wie ich mich vor mir selbst verschließe und verstecke. Wenn diese Fähigkeit als Nebenprodukt der Selbsterkenntnis entsteht, ist sie natürlich und kann nicht von Negativität missbraucht werden, da die nötige persönliche Reife Hand in Hand mit der erworbenen Fähigkeit geht. Ohne objektive Liebe entsteht diese Fähigkeit nicht und kann nicht entwickelt werden.

Kann jemand die objektive Liebe empfinden, sich selbst und anderen gegenüber, so kann er auch niemals sich selbst etwas antun und seinem Leben ein Ende setzen. Das Leben ist ein Geschenk und es ist der ärgste Verstoß, es zu beenden oder ein anderes Leben zu beenden. Das Leben hat einen Sinn und nach karmischen Regeln muss etwas erledigt oder gelernt werden, es wäre ein großer Rückschritt dies zu beenden. Im nächsten Leben müsste alles was daraus entstanden ist wieder gutgemacht werden auch alles was dadurch anderen Menschen angetan wurde. Die karmischen Last wäre dadurch um vieles gestiegen muss wieder gutgemacht werden und die Ursache die dazu geführt hat, muss erkannt werden.

Selbstmord löst keine Probleme im Gegenteil es macht viele zusätzliche Probleme, jeder hat sich selbst in diese Situation gebracht und kann sich daraus befreien indem er sich verändert und weiterentwickelt. Es gibt für jede noch so missliche Lage eine Lösung. Jeder bekommt solche Aufgaben die er auch bewältigen kann im Leben.

Wie in der Schule bei einer Prüfung, die Lösung gibt es für jede noch so schwierige Schularbeit, der Lehrer kennt sie bereits. Ebenso im Leben: für jede Prüfung gibt es eine oder viele Lösungen.Will ich die Lösung sehen, sie ist nicht immer einfach, die beste Lösung ist nicht immer der direkte Weg. Oftmals erscheint es Menschen bequemer und leichter nichts zu verändern in der Hoffnung es wird schon besser, nur was soll sich verändern wenn ich selbst nichts verändere. Rein gar nichts wird sich dann verändern und bessern. Nimm die Prüfung an und suche die richtige Lösung. Der Lohn, du verbesserst dein Leben. Das Ergebnis ist eine gute Note und du darfst in die nächste Klasse aufsteigen.

Botschaft des Herzens

Liebe ist das Wichtigste im Leben. Das Herz öffnen für die Gefühlsbotschaften und für die Intuition, das Herz öffnen für die Mitmenschen, das ist Liebe, in erster Linie das Herz öffnen für sich selbst, dann können wir auch unsere Mitmenschen lieben und annehmen. Um lieben zu können ist es notwendig die Angst abzubauen, sie zuzulassen und umzuwandeln. Angst blockiert die Liebe und macht das Herz zu. Angst ist das Gegenteil von Liebe, wo Angst ist kann keine Liebe sein und wo Liebe ist, da ist alles hell und licht. Eine große Herausforderung für viele Menschen, gerade jetzt in dieser Zeit ist es ihr Herz zu heilen, bis es rein und klar ist und nur mehr schwingt im Gefühl der Liebe, jetzt ist das Herz offen.

Sich selbst annehmen, wer bin ich wirklich, sich selbst lieben ohne wenn und aber, das heißt sein Herz öffnen für sich selbst. Zu wollen, was die Seele will, ist eine sehr sanfte, harmonische Energie abseits des Egos.

Erfahrungsberichte

Meine Arbeit mit den Energetischen Symbolen:

Ich fühlte mich vor der Anwendung meines Themas, das ich bearbeitet habe, sehr verkrampft. Meine Hintergrundthemen waren, Angst Gefühle zuzulassen, eigene Entscheidungen zu treffen und mir meine Fehler bewusst zu machen. Dass die Energie wirkte, bemerkte ich dadurch, dass ich gegenüber meinen Problemen immer lockerer und gelassener wurde. Ich konnte meine Unzufriedenheit und meinen Frust lösen und lernte Gefühle zuzulassen. Meine Wirbelsäulenbeschwerden (speziell Nacken und Schulter) haben sich aufgelöst.

Das Symbol habe ich einige Monate unter der Arbeitskleidung getragen und jetzt befindet es sich unter meine Kopfpolster! Das Gespräch über das Symbol hat mich besonders beeindruckt. Ich wurde mir meiner Fehler und unterdrückten Gefühle bewusst. Ich lernte, besser mit meinen Gefühlen umzugehen sowie Wissen und Gefühle in die Tat umzusetzen, negative Gedanken und Gefühle in die Mitte des Bauches zu bringen und abzubauen.

Sagt: Gerlinde, 58 Jahre aus Wien

Vor der Anwendung fühlte mich unzufrieden und verspannt. Ich wollte meine Anspannungen lösen, Gefühle ausdrücken und „Altes“ entsorgen. Dass die Energien gewirkt haben, bemerkte ich indem ich eine Verbesserung meiner gesundheitlichen Probleme feststellte. Ich wurde entspannter und selbstbewusster. Meine Unzufriedenheit und Verspanntheit haben sich gelöst. Meine Darmträgheit wurde behoben und die nächtlichen Verkrampfungen haben sich gelöst.

Ich hatte das Symbol an der Pin up Wand hängen und 6 Monate lang, täglich angesehen. Damit wurde ich erinnert, dass ich meine Verhaltensweise ändern möchte. Besonders beeindruckt hat mich, dass meine gesundheitlichen Probleme behoben werden konnten.

Sagt: Gerda, 61 Jahre aus Groß Enzersdorf

Es war leise in mir, ein bisschen chaotisch, 1000 Möglichkeiten und ich wusste nicht wo ich anfangen sollte. Manchmal hoffnungsvoll, dann wieder hoffnungslos. Ich wollte meine Kraft zielgerichtet einsetzten, Ordnung ins Chaos bringen, die Wahrheit erkennen. Dass die Energie wirkte bemerkte ich, weil ich sofort ruhiger wurde und bereit war mir die nächsten wichtigen Schritte zu überlegen. Ich bin in dem was ich tue sicherer geworden; ich weiß jetzt was ich will und was ich nicht mehr will. Ich bin in meinen Zielen konkreter. Meine Ängste, Unzufriedenheit, Unsicherheit und Traurigkeit haben sich gelöst! Der Muskelfaserriss verheilte nach der Anwendung gegenüber meinem Thema.

Ich habe das Symbol ca. 3 Wochen am Körper getragen und ich würde jederzeit wieder ein Problem mit Symbolen aufarbeiten. Die rasche und so spürbare beruhigende Wirkung hat mich wirklich beeindruckt.

Sagt: Charlotte, 30 Jahre aus Wien

Vor der Anwendung fühlte ich mich angespannt und unwohl gegenüber meinem Thema. Ängste zum Thema Vertrauen in meine Fähigkeiten habe ich bearbeitet. Durch mehr Entspannung und Freiheitsgefühl habe ich bemerkt dass sich was tut. Meine Lebensqualität hat sich spürbar verbessert. Viel Ängste konnte ich lösen und vor allem die Anspannung. Meine Nackenschmerzen und Kopfschmerzen haben sich deutlich verringert. Ich kann nicht genau sagen wie lange ich das Symbol verwendet habe aber es war nur eine kurze Zeit. Sofort wieder würde ich ein Thema mit dieser Möglichkeit bearbeiten. Mich hat besonders die Einfachheit beeindruckt.

Sagt: Erich, 41 Jahre aus Tulln

Vor der Anwendung gegenüber meines Themas fühlte ich mich ausgeliefert, unwohl und wollte alles verdrängen. Ich hatte die alleinige Verantwortung für alles in der Familie, sehnte mich nach persönlicher Freiheit. Meine Wechselbeschwerden wie Wallungen und Atemnot machten mir zu schaffen. Dass die Energie wirkt habe ich bemerkt weil ich ruhiger wurde und mich beschützt gefühlt habe. Ich kann jetzt delegieren und übernehme nicht mehr für alles die Schuld wenn mal was misslingt! Meine Unzufriedenheit und der Frust haben sich gelöst. Meine Schulterschmerzen haben sich wesentlich gebessert, mein Hautproblem habe ich ihm Griff. Die Hitzewallungen treten nur mehr ganz selten auf und Atemnot ist kaum mehr vorhanden.

Ich trug das Symbol so oft es ging, meist tagsüber in meiner Tasche. Es hat mich sehr beeindruckt, dass das tragen eines „Stück Plastik", mir so ein Gefühl des Geborgenseins und des Schutzes geben kann.

Sagt: Elisabeth, 46 Jahre aus Wien

Ich fühlte mich verloren, vom „Weg" abgekommen, in die Enge getrieben und hatte Angst vor der Zukunft. Ich hatte mit der Kündigung die vor einem Jahr stattfand zu kämpfen. Ich wollte mich selbst und andere so nehmen wie sie sind. Ich sehnte mich nach Fülle und Aufrichtigkeit. Meine Orientierung hat sich wesentlich gebessert und ich sehe klarer. Ich empfand eine Entschlossenheit die von innen kam und konnte die Themen die ich aufzuarbeiten hatte abschließen. Alle negativen Gefühle haben sich gelöst und ich fühle mich frei! Die Rückenschmerzen im Brust- und Lendenbereich habe sich gebessert bzw. aufgelöst.

Ich trage das Symbol immer noch bei mir. Was mich besonders beeindruckt hat war, wie einfache man etwas auflösen kann, wenn man will und bereit dazu ist. Die Kraft und die schönen Farben der Symbole und dass man zum richtigen Zeitpunkt das richtige Symbol nimmt. Danke, dass mich mein Weg zu Ihnen geführt hat!

Sagt: Gabriele, 43 Jahre aus Wien

Gleich der Erste Satz des Arbeitsblattes Selbstwert ist mir nicht mehr aus dem Sinn gegangen. Ich habe die Erfahrung gemacht, dass ich in meinem Leben meinen Gefühlen und Gedanken ruhig vertrauen kann. Hätte ich es auch immer umgesetzt wäre vieles in meinem Leben anders gelaufen.

Mit dem Energiesymbol sind in den letzten Wochen sehr viele Dinge geschehen. Ich fühle mich sehr stark, brauche weniger Schlaf und meine Lebensfreude die ich zum letzten Mal vor meiner Ehe gespürt habe kehrt wieder zurück. Ich fühle mich immer öfter in mir zuhause. Ich lerne plötzlich neue Leute kennen und werde auch als Frau wieder wahrgenommen. Meine sportliche Begeisterung hat eine neue Qualität bekommen, ich schöpfe sehr viel Kraft daraus, bin leistungsfähiger auf spielerische Art und weise. Neue Erfolge und auch Chancen haben sich daraus ergeben. Laut einigen Kollegen wurde meine Leistungsfähigkeit nie in Frage gestellt, also muss es unter anderem an meine Sichtweise liegen, die sich geändert hat. Gerade in letzter Zeit habe ich gute Erfolge erzielt ohne mich zu verbiegen oder zu verkrampfen, einfach aus Freude und weil ich bei meiner Arbeit mit dem Herzen dabei bin. Ich spüre, ich habe eine Meinung zu vertreten und bin sozusagen präsent. Ich bringe nicht nur anderen Menschen mehr Wertschätzung entgegen sondern immer mehr auch mir. Alles ist noch sehr fragil, ich muss noch an mir arbeiten, Gott schickt mir die Lernaufgaben und macht mich damit aufmerksam wo noch meine Schwächen liegen.

Sagt: Yvonne, 44 Jahre aus Köln

Ich habe mehrere Themen mir Symbolen bearbeitet. Vorher fühlte ich zumeist eine innere Unruhe, Gefühlschaos und verschiedene körperliche Beschwerden. Ich habe bemerkt dass die Energie-Symbole wirken, denn die körperliche Beschwerden haben sich gelöst, die Unruhe und der emotionale Stresszustand haben sich gelöst. Muster und Glaubenssätze haben sich verändert. Handlungsweisen in gewissen Situationen haben sich verändert. Die Zuordnung und die Besetzung der Themen haben sich verändert. Angst und Frust haben sich meistens sehr bald gelöst. Verschiedene Körperlichen Beschwerden im Schulter und Rückenbereich haben sich gebessert.

Zwischen 1 Woche und 1 Monat habe ich die Symbole verwendet. Sehr gerne würde ich wieder bei einem persönlichen Thema, Energie-Symbole zur Veränderung anwenden. Besonders beeindruckt hat mich die energetische Wirkung der Energie-Symbole. Und auch das Zusammenspiel der Farben und der Energie.

Sagt: Johannes, 54 Jahre aus Wien

Ich habe ein Symbol gezogen, das Thema wurde erst durch das Symbol aktuell. Nach dem Dankanstoß gehe ich sehr vielfältig an das Thema heran. Durch die Energie und die Beschäftigung mit dem Thema geht es mir teilweise wie auf der Hochschaubahn, Himmelhochjauchzend zu Tode betrübt. Teilweise verschieben sich die Wertigkeiten wichtig wird weniger wichtig und umgekehrt. Durch die Beschäftigung mit dem Thema sehe ich Dinge jetzt distanzierter. Zeitweise haben sich auch die körperlichen Beschwerden gebessert, ich hab mich leichter und entlastet gefühlt. Ich würde wieder ein Thema mit den Symbolen bearbeiten. Durch die persönliche Arbeit habe ich den Eindruck, dass das Symbol mehr Kraft ausstrahlt und ich denke zielführender.

Sagt: Irmgard, 62 Jahre aus Wien

1. Fülle auf allen Ebenen

Ich verdiene es im Überfluss zu leben. Es ist im reichen Maß für mich gesorgt, alles fließt mir zu. Ich vertraue in Freude, dass für mich gesorgt ist.

Ich lasse alle meine Ängste los, seien es Ängste der Existenzbedrohung, vor Versagen, dem verlassen Werden, vor Armut oder Verlust, denn ich erkenne mein Recht auf Fülle.

Das Universum versorgt alle im Überfluss, wenn ich in die Natur blicke, sehe ich überall Überfluss und Fülle. Ich bin reich auf allen Ebenen, denn ich werde vom Leben großzügig beschenkt. Alles, was das Leben mir gibt, nehme ich gerne an, ich lasse die Fülle in mein Leben. Erlaube ich mir diesen Überfluss, oder sehe ich es als Verschwendung?

Auch die Natur ist verschwenderisch in ihrer Fülle, in ihrer Farben- und Formenvielfalt. Überfluss ist nicht „überflüssig".

Meinen inneren Reichtum bringe ich kreativ nach außen und lebe danach. Mein Leben ist erfüllt und abwechslungsreich. Ich vertraue darauf, dass immer für mich gesorgt ist, so kann ich meinen Lebensauftrag erfüllen.

Ein neugeborenes Baby liegt im Schoß seiner Mutter. Es macht sich keine Sorgen um Nahrung, Schutz, Wärme und Liebe. Es vertraut und freut sich, dass ihm das Leben geschenkt wurde. Dieses Urvertrauen nehme ich jetzt in mich auf!

Die Sexualität ist etwas Reiches und Erfüllendes. Ich gehe sorgsam mit dieser wunderbaren, stärkenden und reinigenden Energie um. Diese Energie dient dem Wohl jedes Menschen und will gelebt werden. Ich gehe sorgsam damit um und verbinde die körperliche immer mit der geistigen Liebe. Dadurch können wir unsere Kreativität entwickeln und nach außen bringen.

Mögliche Ursachenthemen

Ängste, nicht versorgt zu sein
Ängste vor dem verlassen Werden
Reichtum nicht annehmen können oder wollen
Überfluss als Verschwendung sehen
Mangelndes Vertrauen

Neues Denkmuster

Es ist reich für mich gesorgt, ich erlaube Fülle in meinem Leben auf allen Ebenen. Im Urvertrauen lebe ich meinen Lebensplan. Ich lebe meine stärkende Sexualität in der Liebe. Ich entwickle meine Kreativität und meine Stärken, lebe sie und bringe sie dadurch nach außen. Mit Freude nehme ich an, was mir das Leben schenkt – und es beschenkt mich reich!

Affirmation

Ich bin reich auf allen Ebenen und bringe meine innere Kreativität nach außen!

Farben orange, grün
Chakren Sexualchakra, Herz
Körperzonen Sexualorgane, Herz, Kreuzbein, Kreativität

Die einzelnen Körperzonen:

Sexualorgane
Männliche und weibliche Kreativität will gelebt werden
Konflikt um die eigene Kreativität
Unerschöpfliche Fülle und Liebe entdecken
Kreativität ausleben
Sich auf eigene Ideen und Phantasien verlassen

Herz
Großherzigkeit
In seiner Mitte ruhen
Sich der Schöpfung hingeben
Die Angst aufspüren
Offen werden für den Strom der Lebensenergie

Kreuzbein
Existentielle Ängste
Vertrauen im materiellen Bereich versorgt zu sein
Materielle Unterstützung
Überflüssige Bürden loslassen

Kreativität
Lasse ich Kreativität zu
Ausdruck meiner inneren Fülle in allen Bereichen meines Lebens

Fragen

- Könnte ich Reichtum genießen?
- Wie würde es sich anfühlen, wenn ich plötzlich 1 Mio. Euro hätte?
- Was würde sich verändern, wenn ich meine innere Fülle und Kreativität ausleben würde?
- Was habe ich schon alles versucht, um das Urvertrauen zu erreichen?

Vertrauen in das Leben

„Sanara, was denkst du ist Urvertrauen?", fragt Agnes. Agnes ist Sanaras Freundin. „Ich denke, nein, ich fühle, es ist das Vertrauen in das Leben.", antwortet Sanara. „So, wie ein Baby vertraut, das alles da ist was es braucht. Es hat noch keine Erfahrungen gemacht, es vertraut einfach. Es wird geliebt ohne etwas geben zu müssen, es wird von seinen Eltern umsorgt. Und genauso dürfen wir vertrauen, dass wir alle Fähigkeiten in uns haben, wir dürfen aus dieser Fülle schöpfen. Das Leben schenkt uns alles, es ist für uns gesorgt. Wir dürfen darauf vertrauen, dass uns die Mittel zufließen." – „Ja, du hast recht, es ist alles im Überfluss da, wir müssen es nur erkennen. Genauso ist es doch auch in der Natur. So wie eine Blume viele Blütenblätter, ein Baum Millionen von Blättern hat, oder der Artenreichtum unendlich groß ist. Wir kennen gar nicht alle Tier- und Pflanzenarten in der Natur, kennen wir alle Arten unserer Fähigkeiten?" „Nehmen wir die Fülle an!", ruft Sanara, nimmt Agnes an der Hand und sie gehen in den Wald.

Mögliche Erkenntnisse:

Vertrauen ist notwendig um Lebenswichtiges zu bekommen.
Liebe darf angenommen werden auch wenn nichts gegeben wird.
Jeder hat eine Fülle an Fähigkeiten
Alles ist im Überfluss da, man muss es nur annehmen können
Kenne ich alle meine Fähigkeiten?

Thesen

- Grundsätzlich kann davon ausgegangen werden, dass genug von allem vorhanden ist. Jeder kann sich darauf verlassen, dass für ihn gesorgt ist. Vertraue darauf, dass genug für dich da ist!

- Der Mensch braucht Beziehungen, Beziehungen prägen ihn und bringen ihn weiter. Die Ängste allein zu sein und verlassen zu werden sind oft hoch. Auch hier ist Vertrauen notwendig. Es ist jemand da in deinem Leben!
- Im Vertrauen, es ist für dich gesorgt, bist du es wert im Reichtum zu leben. Jeder ist es wert reich zu sein!
- Überfluss hat seine Berechtigung, auch die Natur produziert Überfluss. Überfluss ist nicht zu verwechseln mit Verschwendung!
- Vielen mangelt es an Vertrauen, Vertrauen auf Fülle im Leben, Vertrauen, dass es einem auch zusteht. Oft stehen überholte Denkmuster im Raum, die uns hindern an die Fülle zu glauben.

2. Gesundheit

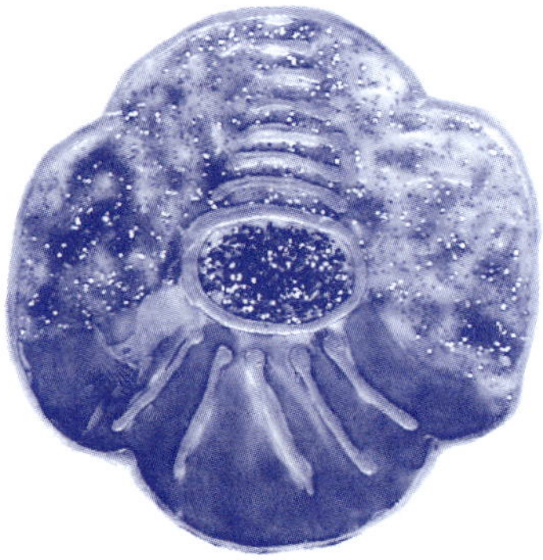

Krankheit wird als Manipulation der Mitmenschen benutzt. Es geht mir gut, wenn ich krank bin, denn dann werde ich umsorgt. „Jetzt nimmt mich jemand ernst!“ Ich werde beachtet. Wenn ich am Boden bin kann ich endlich loslassen. Tiefer kann ich nicht mehr fallen, so bekomme ich von anderen Mitleid und Mitgefühl. Mit Leid kann ich Druck auf andere ausüben und etwas durchsetzen was ich schon immer haben wollte.

Unbewusst hole ich mir von anderen Mitmenschen Energie, lade mich damit auf und fühle mich besser. Ich hole mir was ich brauche auf Kosten meiner Umwelt. Aber ich bin von meinen Mitmenschen abhängig und beraube sie ihrer eigenen Kraft. Nach einem Zusammentreffen mit mir fühlen sie sich müde, erschöpft und ausgebrannt und können sich nicht erklären warum.

Mein Ziel sollte es sein, meine Energie aus mir selbst zu holen, aus dem unerschöpflichen Reservoir meiner Mitte.

Aufmerksamkeit bekomme ich durch positive Dinge in meinem Leben, ich brauche das Leid nicht mehr um Energie und Anerkennung zu bekommen. Die Gesundheit ist jetzt mein Ziel und ich lenke mein Augenmerk auf positive Energie. In Liebe und in Freude gebe ich mir selbst die Aufmerksamkeit, die ich brauche. Mit positiver Denkweise und positiven Gefühlen erzeuge ich Gesundheit in mir selbst. Ich fühle mich als Mittelpunkt in meinem Leben und werde geliebt. Ich nehme das Gute in mir und den anderen an. Ehrliche Aufmerksamkeit richte ich auf mich selbst und meine Umwelt

Mögliche Ursachenthemen

Leid als Druckmittel einsetzen
Sich selbst Aufmerksamkeit geben und aufmerksam sein
Sich in eine Scheinwelt flüchten (Krankheit)
Selbstliebe
Gutes erkennen
Erst im Krankheitsfall ist man bereit sich zu verändern
Angst verlassen zu sein

Neues Denkmuster

Ich bin frei von Leid. Aufmerksamkeit bekomme ich durch positive Dinge. Ich spüre mich in meiner Gesundheit. Ich gebe mir selbst die Aufmerksamkeit, die ich brauche. Ich erzeuge Gesundheit und bin von frei von Leid. Ich fühle mich im Mittelpunkt meines Lebens. Ich fühle mich geliebt. Ich gebe anderen ehrliche Aufmerksamkeit. Ich nehme das Gute in mir an.

Affirmation

Ich gebe mir die Aufmerksamkeit, die ich brauche durch alles Positive und durch Gesundheit!

Farben grün, lila, gelb
Chakren Solarplexus, Herz, 3. Auge
Körperzonen Thymus, Herz, Brustwirbelsäule, Schultern, Augen, Tränen

Die einzelnen Körperzonen:

Thymus	Gesundheit erhalten Sich gegen Angriffe auf die Gesundheit wehren
Herz	Energetische Mitte In Balance sein Lernen auf das Herz zu hören und ihm zu folgen
Brustwirbelsäule	Sich durchs Leben schlängeln wollen Probleme wieder einrenken An echter Aufrichtigkeit arbeiten Verspannungen in bewusste Spannungen und Handlungen wandeln
Schultern	Belastbarkeit Sich seiner Belastungen bewusst werden Befreiung von drückenden Lasten
Augen	Einsicht Die Wirklichkeit wahrnehmen Achtsamkeit auf die eigene optische Wahrnehmung Klarer Blick für das Wesentliche
Tränen	Emotionaler Gefühlsausdruck Sich mutig auf Schmerz und Freude einlassen Reinigung der Seele

Fragen

- Wie könnte ich meine Angst verlassen zu werden lösen?
- Ich stelle mir vor, die anderen schenken mir Aufmerksamkeit, könnte ich sie annehmen?
- Warum geben mir die anderen nicht genug Aufmerksamkeit?
- Was ist das Positive am Leiden und will ich es überhaupt loslassen?

Die Bühne der Gesundheit

Sanara läutet an der Wohnung von Paula, einer Freundin, die sie schon lange nicht besucht hat. Paula öffnet die Tür und sie begrüßen sich freudig und innig. Sie machen es sich auf dem großen Sofa gemütlich und trinken Tee.

„Wir haben uns schon so lange nicht mehr gesehen, wie geht es dir?" richtet Sanara die Frage an Paula. Die Antwort ist wenig erfreulich: „Na, was soll ich dir sagen, wie immer schlecht. Mit tut alles weh, der Rücken, jeder einzelne Wirbel und alles ist verkrampft und verspannt. Luft bekomme ich auch keine mehr, alles schnürt und drückt mich ab. Das Herz tut mir weh und manchmal rast es fürchterlich schnell. Alles wird von Tag zu Tag schlimmer....". Sanara unterbricht den Redeschwall, dem sie aufmerksam zugehört hat. „Wie lange hast du diese Beschwerden schon? Als wir uns das letzte Mal sahen, vor ca. 3 Jahren, hast du mir das Gleiche erzählt.", fragt sie. Paula's Antwort folgt: „Die ganzen Beschwerden hab ich sicher schon 6 Jahre und es wird von Tag zu Tag schlimmer." „Glaubst du überhaupt an Heilung? Kannst du dir ein Leben ohne Krankheit und Schmerzen vorstellen?", mahnt Sanara. Paula ist betroffen und erwidert: „Ich weiß nicht, es ist so lange her, wie fühlt sich das an – ein Leben ohne Schmerzen?" Sanara hat sofort einen Rat für ihre Freundin: „Du musst einen neuen positiven Lebensinhalt finden und dir selber Gesundheit erlauben, sie einladen und zulassen." Paula runzelt ihre Stirn, sie muss nachdenken, das Ganze erscheint ihr sehr schwierig.

Paulas einziger Lebensinhalt ist ihre Krankheit, sie spricht ständig darüber wie schlecht es ihr geht. Sie lässt keinen Arztbesuch aus, die Krankheit ist ihre einzige Beschäftigung. Dadurch holt sie sich die Energie und die Aufmerksamkeit der anderen, die sie braucht um sich besser zu fühlen. In Wahrheit genießt sie es, im Mittelpunkt zu stehen und fühlt sich wie der Star auf der Bühne.

„Paula, ", Sanara hat eine Idee, „ich helfe dir, Positives in deinem Leben zu finden, in allem was dich umgibt! – Die wunderschöne Natur, deine Kinder, dein liebevoller Mann, deine wertvolle Arbeit – du bist durch und durch ein wertvoller Mensch." Paula ist begeistert und hört aufmerksam zu, was Sanara weiter zu sagen hat: "Stell all das auf deine Lebensbühne, es ist wunderbar das zum positiven Lebensinhalt zu machen. All die schönen Dinge des Alltags, nimm sie mit auf deine Bühne, sprich darüber – über den Sonnenaufgang, die Anwesenheit lieber Menschen, einen Spaziergang, deine liebevoll zubereitete Mahlzeit – all das kannst du auf deiner Bühne des Lebens inszenieren!"

Und langsam lösen sich die Runzeln auf der Stirn der Freundin, Sanara spricht weiter: „Setze dir Ziele, jedes mit einem Datum, überlege dir auch, was du brauchst, um dieses Ziel zu erreichen. Und dann schreite mit Freude in diese Richtung auf deiner Bühne voran. Für jedes erreichte Ziel, für jeden Schritt zur Gesundung, bekommst du Applaus! Wieder ist ein Akt vorbei und der nächste folgt sogleich. Du bekommst dein Leben positiv auf die Bühne, wenn du es willst und wenn du es dir selbst erlaubst – Vorhang auf!!"

Mögliche Erkenntnisse:

Krankheit wird oft als gegeben hingenommen ohne dass an Heilung geglaubt wird.

Krankheit wird der Lebensinhalt im Laufe der Jahre, kann es einen anderen Lebensinhalt geben?

Der Schmerz wird als normal angesehen, ist ein Leben ohne Schmerz vorstellbar?

Gesundheit kann eingeladen und zugelassen werden.

Ein neuer Sinn und Mittelpunkt im Leben kann gefunden werden.

Ich kann mein Leben selber inszenieren auf der Bühne des Lebens.

Will ich ein positives Leben inszenieren oder ein Lebensstück voller Leid und Schmerzen? In beiden Fällen kann ich mir die Aufmerksamkeit die ich gerne will holen.

Thesen

- Alle Menschen wollen Aufmerksamkeit, Liebe und Selbstliebe und setzen vielleicht auch Druck ein, um diese zu bekommen. Leid, Mitleid und Krankheit sind gebräuchliche Mittel dafür. Alle kümmern sich um den Kranken, nicht zuletzt weil sie selbst Angst haben, von ihm verlassen zu werden.
- Es ist wichtig, auch sich selbst Aufmerksamkeit zu schenken, nur dann erkennt man die Zeichen seines Körpers wie z. B. Krankheit.
- Scheinwelten gibt es viele, manche Menschen können ihre Wirklichkeit nicht ertragen, flüchten in eine andere Welt und bauen sich diese mit Krankheit auf. Sie sehen die Krankheit als einzige Möglichkeit.
- Nur ein Fehlen an Selbstliebe erlaubt es, sich in Krankheit zu flüchten. Wer sich selbst wirklich liebt, wird eine Krankheit auf Dauer nicht zulassen und eine Möglichkeit, sich aus der misslichen Lage zu erheben, finden.
- Krankheit wird auch von vielen benutzt um zu erkennen, wo es einer Veränderung bedarf.

3. Selbstwert

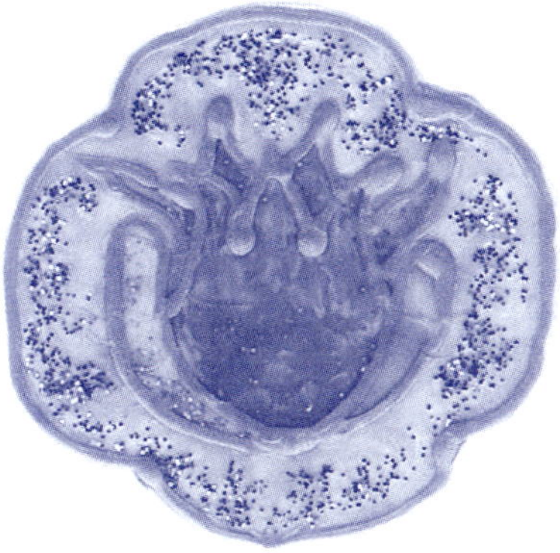

Selbstwert heißt „sich selbst vertrauen". Traue ich mir selbst, traue ich meinen Gefühlen, meinem Körper, meinen Gedanken?

Jeder Mensch ist etwas Außergewöhnliches, etwas Besonderes, etwas Geniales auf seinem Gebiet. Darum sind wir alle gleich groß und gleich viel Wert. Wir sind alle ein gleich großer Teil des Ganzen.

Ich kann sicher sein und darauf vertrauen, dass ich das was ich brauche in mir zur Verfügung habe. Alles was ich brauche ist für mich bereit. Ich traue mich, ich vertraue mir! Ich bin gleich viel Wert wie andere.

Es kommt nicht darauf an was ich mache, oder wie viel ich tue, oder wie viel Geld ich verdiene. Ich bin es wert, geliebt und geachtet zu werden. Ich stehe zu mir und vertrete mich selbst vor den anderen, ich bin wichtig.

Mögliche Ursachenthemen

Sich selbst und anderen Wertschätzung entgegenbringen
Zu sich selbst stehen
Jeder ist ein gleich wichtiger Teil des Ganzen
Vertrauen in die eigenen Fähigkeiten
Sich selbst unwichtig sehen
Angst vor der eigenen Größe
Angst ganz oben zu stehen

Neues Denkmuster

Ich bin auf meine Weise einzigartig und genial, weil ich wertvoll bin steigere ich meinen Selbstwert auf 100%. Ich stehe in Selbstsicherheit zu mir. Ich liebe und achte mich als bedeutender Teil des Großen Ganzen. Es ist wichtig, was ich denke, fühle und tue. Ich teile dies meiner Umwelt mit.

Affirmation

Ich liebe mich selbst, ich bin ein wertvoller und wichtiger Teil des Ganzen!

Farben erdrot, grün, gelb
Chakren Wurzel, Herz, Solarplexus
Körperzonen Beine, Magen, Herz, Lymphe, Nieren

Die einzelnen Körperzonen:

Beine	Standfestigkeit Weitergehen auf seinem Weg Vertrauen, den eigenen Weg zu finden Anker
Magen	Gefühl Verantwortung übernehmen Unabhängigkeit Durchsetzungsvermögen Die eigene Geborgenheit aufbauen und leben
Herz	Sitz der Seele Sich ein Herz fassen und es über sich selbst hinauswachsen lassen Festigkeit und Bestimmtheit an den Tag legen
Lymphe	Wasser Gefühl Grenzen in Liebe überwinden Sich über eigene und fremde Normen hinwegsetzen sich erneuern, rein waschen und stärken
Nieren	Gleichgewicht Seine Mitte finden Erneuerung zulassen und bewusst anstreben

Fragen

- Fühle ich mich so groß wie die anderen?
- Was habe ich für Vorteile, wenn ich wenig Selbstwertgefühl habe?

- Angenommen ich hätte 100% Selbstwert, was wäre anders? Woran könnte ich es merken?
- Wie könnte ich mir selbst gegenüber meine geringe Achtung und Wertschätzung erklären?
- Wie würde ein Außenstehender meinen Selbstwert beschreiben?

Die Umsatzsteigerung

„Hallo Sanara", ruft Igor begeistert „ ich muss dir unbedingt etwas erzählen. Ich habe mein Projekt erfolgreich abgeschlossen, die Umsatzsteigerungen in meiner Abteilung sind gigantisch, dank meiner neuen Methoden. Ich bin im Hochgefühl, ich fühle mich wertvoll. In letzter Zeit habe ich enorm viel geleistet, viele Stunden in der Firma verbracht und jetzt ist mein Wert gigantisch gestiegen. Das Beste daran ist, dass mein Chef heute zu mir gekommen ist und das getan hat, was ich erwartet habe. Ich habe eine Gehaltserhöhung bekommen! Was sagst du dazu?"

Nun antwortet Sanara, denn bis jetzt ist sie nicht zu Wort gekommen, der Redeschwall von Igor war zu heftig: „Ich gratuliere dir von Herzen lieber Igor!"

Sanara umarmt ihn spontan. Sie haben sich zufällig in einem Einkaufszentrum getroffen.

„Aber eines möchte ich dir sagen – du bist für mich unendlich viel wert, unabhängig von deiner Leistung! Es gefällt mir nicht, dass dein eigener Wert für dich von deiner Leistung abhängig ist und deine Selbstliebe erst dadurch steigt. Liebe dich selbst unendlich, egal was du leistest, du bist es wert geliebt zu werden!", führt Sanara ihre Gedanken in liebevoller Weise aus. Man spürt richtig, wie die Liebe von Sanara zu Igor fließt.

„Aha, so siehst du das!", sagt Igor und setzt fort: „Ich fühle mich wertlos, wenn ich nichts leiste und meine Stimmung hängt davon ab, wie die anderen meine Erwartungen erfüllen, eigentlich traurig! Mein Chef hat die volle Leistung erwartet und ich die Gehaltserhöhung. Die gegenseitige Erwartung macht abhängig. Hätte einer die Erwartungen nicht erfüllt, hätte sich der andere schlecht gefühlt und der Selbstwert wäre ins Bodenlose gefallen."

„Genau, du hast es richtig erkannt!", ruft jetzt Sanara begeistert. „Du kannst dich permanent gut fühlen und ein Hoch erleben, wenn du von den anderen nichts erwartest, erfülle deine eigenen Erwartungen an dich selbst, in dem du dich selbst liebst, weil du es wert bist. Komm, wir feiern jetzt deinen unendlichen Wert!"

Sanara und Igor gehen nach Hause und feiern, sie gestalten ein riesiges Plakat und hängen es an die Wand in Igors Wohnzimmer. Es ist darauf zu lesen:

Mein unermesslicher Wert ist unabhängig von meiner Leistung!!!
Ich liebe mich!!!

Mögliche Erkenntnisse:

Ich bin es Wert geliebt zu werden um meines Wesens willen.
Erwartungen machen abhängig, sie schränken die persönliche Freiheit ein.
Mein Selbstwert ist groß und unabhängig von meinem Erfolg.
Selbstbewusstsein ergibt sich aus der Erwartungsfreiheit.
Objektive Selbstliebe ist frei von Bedingungen.

Thesen

- Selbstwert ist der Schlüssel zur Entwicklung. Erst das Gefühl „Ich bin wertvoll!" ermöglicht ein Voranschreiten.
- Um zu seinem eigenen Potential stehen und es nach außen vertreten zu können muss man die stärkende und harmonisierende Kraft des eigenen Selbstwertes spüren.
- Wenn man erkannt hat, wie wichtig man selbst als Teil von etwas Großartigem ist, kann man auch anderen ihren Wert zugestehen.
- Im Selbstwert ist es möglich Vertrauen zu sich selbst zu entwickeln und dieses auch auszustrahlen und weiterzugeben.
- Der Selbstwert ermöglicht es jedem einzelnen ganz oben zu stehen und seine Ängste zu überwinden. Wenn jemand seinen Wert erkennt, schwinden seine Ängste und großes kann in eigener Verantwortung vollbracht werden.
- Selbstwert ist nicht mit Größenwahn zu verwechseln! Es liegen nur wenige Schritte dazwischen.

4. Ausdruck durch Sprache

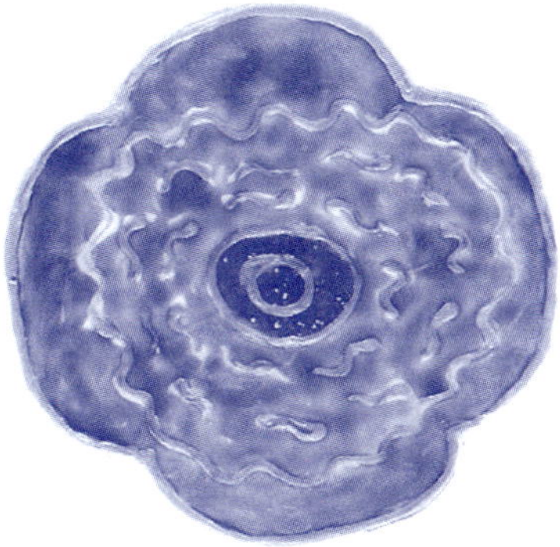

Ich spreche aus, was ich will, um meinen Willen, meine Ansichten und Meinungen mit anderen zu teilen, damit sie Klarheit haben wohin mich mein Weg führt und sie entsprechend darauf reagieren und mir vielleicht Hilfe anbieten können. Um in schwierigen Situationen richtig reagieren zu können, ist es wichtig, dass Klarheit herrscht und alle Beteiligten wissen wohin es geht. Ich gebe die Richtung und das Ziel klar an. Auch in Beziehungen spreche ich aus was mir besonders gefällt und was mich stört, damit der Partner dementsprechend handeln und sein Verhalten ändern kann. Ich begründe meine Meinung, damit mich mein Gegenüber versteht und sich in die Situation einfühlen kann.

Ich habe viel zu sagen und ich sage es auch. Mein Gespräch ist wertvoll. Es ist wichtig meine Meinung zu hören und zu sagen. Wenn ich im richtigen Moment die richtige Botschaft kundtue, kann mein Gesprächspartner erkennen, wo und wie er seinen Weg fortsetzen kann. Andere lernen durch meine Sprache, meine Worte. Das Gehörte ist ein wichtiges Instrument zu lernen und sich weiterzuentwickeln. Egal ob im Alltag oder bei einer Schulung, über die Ohren aufgenommenes Wissen ermöglicht tiefe Lernprozesse und Erkenntnisse, wenn der Zuhörer dazu bereit ist.

Sprache ist Manipulation. Sobald man spricht manipuliert man – positiv und negativ. Ich bin mir dessen bewusst und achte darauf, welche Worte meinen Mund verlassen. Das Verstehen der Botschaft liegt in der Verantwortung des Sprechers. Wenn mich mein Gegenüber nicht versteht, fühle ich mich in ihn hinein. Ich spreche erneut und benutze andere Worte bis ich mein Gegenüber erreichen und mit meinen Worten berühren kann. Die Energie der Sprache erreicht sein Ziel. Meine Sprache ist Energie! Sprache ist Heilung. Sprache ist Ausdruck meiner Gefühle, Verwirklichung meines Wesens im Außen. Sprache kann Veränderung herbeiführen und heilen. Durch die Erkenntnisse kann ich die Veränderung, die notwendig ist, in die richtigen Worte kleiden und ihre Energie hilft, mir sie herbeizuführen. Ich schaffe es!

Ich spreche meine Gefühle aus. Ich spreche Wahrheit, was ich als Wahrheit empfinde. Ich lebe meinen Lebensplan. Ich lebe das, was ich mir vorgenommen habe.

Ich finde die richtigen Worte, um meine Gefühle auszudrücken. Ich vertrete meinen Standpunkt mit den richtigen liebevollen Worten. Sprache ist das Instrument der Menschen sich auszutauschen. In dem ich mich „mitteile", kann ich, wie das Wort schon sagt, Freud und Leid, meine Gedanken mit anderen teilen. Ich kann andere aufheitern und mein Wissen weitergeben. Ich achte die Sprache als großartige Möglichkeit der Kreativität und als Werkzeug zur Hilfe für meine Mitmenschen. Ich gehe achtsam mit meinen gesprochenen Worten um, die Sprache ist eine große Energie, die auch zum negativen Instrument werden kann, wenn ich sie zum eigenen Vorteil nutze, oder die Unwahrheit spreche.

Mögliche Ursachenthemen

Worte kontrollieren wollen
Angst davor, Gefühle auszudrücken
Angst vor sprachlicher Unterlegenheit
Sprache als Werkzeug einsetzen
Die Wichtigkeit der Sprache erkennen
Andere manipulieren
Sprache positiv einsetzen

Neues Denkmuster

Meine Meinung ist wichtig, ich tue sie kund und kehre damit mein inneres Wesen nach außen. Ich gehe verantwortungsvoll mit meiner Sprache und seiner Energie um. Sprache ist Ausdruck meiner Kreativität, ich nutze sie um anderen zu helfen. Worte unterstützen Veränderung und führen Heilung herbei. Ich achte darauf, welche Worte meinen Mund verlassen.

Affirmation

Ich bringe meine Gefühle und meine Wahrheit in Liebe zum Ausdruck!

Farben türkis, blau
Chakren Fremdsprachenchakra, Kehlkopfchakra
Körperzonen Hals, Kehlkopf, Schilddrüse

Die einzelnen Körperzonen

Hals	Einverleibung Verbindung Kommunikation Ungesagtes hinunterschlucken Entwicklung der eigenen Persönlichkeit vorantreiben
Kehlkopf	Sich sprachlich Ausdruck verschaffen Mut zur eigenen Verwirklichung Gefühle aussprechen
Schilddrüse	Entwicklung Reife Mutige Entwicklungsschritte machen Den eigenen Lebenssinn suchen Klarheit schaffen

Fragen

- Was könnte ich machen, um mich wertvoll zu fühlen?
- Wie könnte ich meine Worte zum Fließen bringen?
- Wie könnte ich meine Meinung wichtig nehmen?
- Wie kann ich meine Wahrheit erkennen?
- Was wäre beim Lösen der Sprachblockaden wichtig?
- Welche Themen meines Lebens wären mir wichtig?

Die Bühne des Lebens

„Liebe Petra, stell dich doch auf die Bühne, wir warten schon gespannt auf dich. Wir sind schon neugierig, was wir heute Interessantes von dir hören werden!“, begrüßt Sanara begeistert Petra, die heute hierher gekommen ist und von sich erzählen will. „All die vielen Menschen sind gekommen, um dir zuzuhören.“, setzt sie fort.

Begeistert und voller Vorfreude springt Petra auf die Bühne und unter tosendem Applaus begrüßt sie ihr Publikum: „Liebe Gäste, ihr werden heute hören wie wichtig mein Leben ist und könnt meine wichtige Botschaft vernehmen. Ich erzähle euch die Geschichte, die mein Leben schrieb und jeden Tag fortschreibt und berichte euch von den wunderbaren Herausforderungen, die ich angenommen und von den Gefühlen, die ich durchlebt habe. Ich weiß, meine liebevollen Worte werden euch erreichen, sie sind getränkt mit Gefühlen und werden euch berühren. Meine wichtigen Botschaften werden euch berühren und so trage ich sie in die Welt...“

Petra erzählt und erzählt, die Menschen hängen an ihren Lippen und saugen die wichtigen Worte richtiggehend auf. Nach etwa zwei Stunden kommt Petra wie folgt an das Ende ihres Vortrages: „Und das schönste daran ist, dass jeder wichtig ist und jeder seine Botschaft verbreiten und an andere weitergeben soll. Jeder einzelne hat seine eigenen wertvollen Botschaften, die andere Menschen hören wollen, es ist zu ihrem Wohl. Stell auch du dich auf deine Lebensbühne, teile dich mit und erzähle von dir. Öffne die Seiten deines Buches und gib von deinen Gefühlen damit wir wirklich wissen wer du bist, was du brauchst und was dich berührt!! Vielen Dank für euer Hiersein und eure Aufmerksamkeit. Ich bin schon neugierig, wer von Euch als nächstes sein Buch öffnet und sich auf der Bühne des Lebens seinen Mitmenschen mitteilt.“, beendet Petra den wundervollen Abend.

Mögliche Erkenntnisse:

Authentische Erlebnisse sind auch für andere Menschen wertvoll um zu lernen.
Meine Botschaft ist es wert erzählt zu werden.
Gefühlvolle Worte erreichen die Menschen.
Jeder Mensch hat wichtige Botschaften für andere.
Es ist notwendig sich zu öffnen und falsche Scham abzulegen, so erreicht deine Botschaft andere Menschen.

Thesen

- Sprache kann dazu dienen andere zu führen. Wer führt, dem folgt man und wer folgt führt.
- Sprache manipuliert andere im Positiven wie im Negativen. Wer manipuliert wird manipuliert und umgekehrt.
- Mit Sprache kann Kontrolle ausgeübt werden. Ich kontrolliere damit bewusst andere oder lasse mich kontrollieren.
- Es gibt verschiedene Gründe, warum Menschen nicht sprechen. Sprache ist das Kommunikationsinstrument der Menschen, die schwierige Aufgabe ist es Ängste anzunehmen, aufzulösen und über die Sprache mitzuteilen. Die Sprache bewusst zum Wohle aller einsetzen zu können ist eine besondere Gabe. Manchmal ist es schmerzlich die Wahrheit auszusprechen und anzunehmen, aber nur so kann die Entwicklung voranschreiten.

5. Reflexzonen

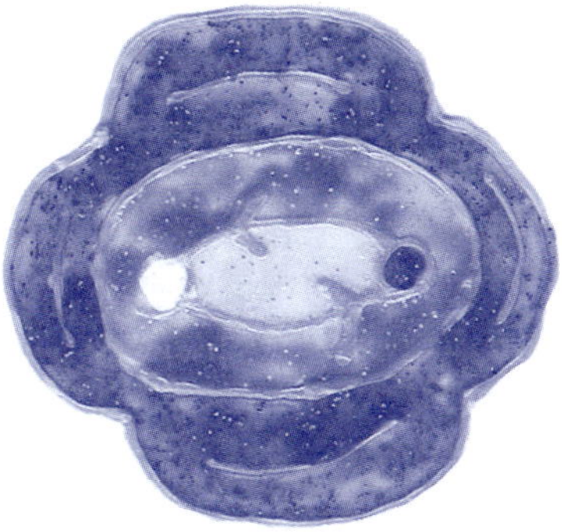

Ich gebe alles an andere Körperzonen weiter, ich gebe Liebe weiter. Ich nehme Energie auf, diese Energie kommt dort an, wo ich sie brauche. Ich nehme und gebe. Ich nehme gerne Geschenke an, ich gebe gerne etwas von mir. Ich bin gerne in Gesellschaft und tausche mich mit anderen aus.

Ich bin im Lebensstrom, alles ist im Fluss. Alles was positiv ist, ist auch negativ, ich akzeptiere die Dualität. Ich erkenne auch meine dunklen Seiten, ich akzeptiere sie und arbeite mit ihnen. Ich erlaube Heilung, die Heilenergie darf dorthin fließen wo sie gebraucht wird, egal welche Ebene und welche Zone. Die Heilenergie erreicht jedes Teilchen im hintersten Winkel meines Körpers. So kann ich Selbstheilung zulassen und aktivieren.

Mögliche Ursachenthemen

Gleichgewicht im Geben und Nehmen
Heilung zulassen
Im Fluss des Lebens sein
Negative Seiten erkennen und annehmen
Austausch mit anderen Menschen, andere Sichtweisen erkennen

Neues Denkmuster

In mir herrscht ein Gleichgewicht zwischen Nehmen und Geben. Wer gerne gibt, darf auch mit Freude annehmen. Im Fluss des Lebens werde ich heil und ganz. Meine Mitmenschen helfen mir, mich selbst mit meinen Stärken und Schwächen zu erkennen.

Affirmation

Ich bin im Lebensstrom und erlaube meine Heilwerdung!

Farben	rot, lila, weiß, gelb
Chakren	Solarplexus/Bauchorgane, Fuß- und Handchakren
Körperzonen	Füße, Hände, Bauchorgane

Die einzelnen Körperzonen

Füße
Verwurzelung
Sich seiner Fehltritte bewusst werden und daraus lernen
Mit den Füßen fest in Mutter Erde verwurzelt sein und den Kopf zum Vater Himmel erheben

Hände
Handlungsfähigkeit
Das Leben in den Griff bekommen
Kontakt zulassen
Lernaufgaben annehmen

Solarplexus/Bauchorgane
Aufnahmefähigkeit
Die Welt verdauen
Bereit sein zu ernten was man gesät hat
Aus dem Bauch heraus leben

Fragen

- Wie könnte ich ein Gleichgewicht zwischen Geben und Nehmen herstellen?
- Angenommen, ich bin im Fluss meiner Lebensenergie - wie würde sich das anfühlen?
- Ich stelle mir vor, ich erkenne meine negativen Seiten und nehme sie an – was hätte sich verändert?
- Was könnte ich machen, um mein Gleichgewicht zu erreichen?
- Was habe ich versucht, um andere Sichtweisen zu erkennen?

Die Einladung

„Ich kann meine Heilung zulassen und aktivieren? Was könnte das heißen, Sanara?" fragt Elisabeth, eine von Sanaras Nachbarinnen. „Ja, weißt du, ich stelle mir immer vor, dass ich jemanden einlade.", antwortet Sanara nachdenklich, so als würde sie

sich selbst fragen und ihre Frage nach innen richten und setzt fort: „Ich lade eine ganz liebe Person ein, die ich gerne bei mir und um mich haben möchte. – Ich möchte dich gerne einladen, könntest du morgen kommen? Hast du Zeit und Lust? – Wenn die Person verneint, dann schlage ich ihr einen anderen Termin vor, solange bis es passt. – Schön, dann kommst du am Samstag um 19:00, dann haben wir Zeit für uns, können plaudern und uns austauschen. Ich werde ein gutes Essen vorbereiten. Ich freu mich auf unsere gemeinsame Zeit!" Elisabeth lauscht gespannt den Worten von Sanara: „Und genau so ist es mit der Heilung?" „Ja, Elisabeth, genauso verhält es sich mit der Heilung, die immer Selbstheilung ist. - Ich lade dich ein, meine Selbstheilung, komm zu mir. Ich bin ab Morgen um 19:00 bereit! Ich bin bereit und vorbereitet für meine Selbstheilung und ich nehme sie an und nehme sie bei mir auf. Die Vorfreude ist groß und ich habe mich darauf eingestellt heil zu sein. – Ebenso wie eine Einladung von lieben Menschen will die Einladung der Selbstheilung vorbereitet sein, nur die Arbeiten sind andere. – Ich frage mich nicht, was ich kochen und einkaufen soll, was ich anziehe, wie ich den Raum dekoriere. Ich konzentriere mich auf die Veränderung, die eintreten wird. Wie ist ein Leben ohne Krankheit? Was mache ich anstatt mich mit dem Schmerz zu beschäftigen. Was kommt auf mich zu? Wenn es dir hilft kannst du eine Einladung verfassen, sie könnte so aussehen.", führt Sanara weiter fort und zeigt Elisabeth eine Einladungskarte.

Einladung an meine Selbstheilung

Am Samstag den 20.08.2005, 19:00 bei mir
bis zum Ende meines Erdenlebens

Ich erwarte dich gut vorbereitet und in Vorfreude auf ein wunderbares Zusammensein. Die Veränderung wird mein Leben großartig bereichern.

Zur Begrüßung gibt es ein Ritual, dann folgt eine Ursachenbehandlung

„Was hat es mit der Ursachenbehandlung auf sich?", fragt Elisabeth interessiert. „Gut, dass du das fragst. Die Behandlung der Ursachen einer Krankheit darf nicht vergessen werden, sie ist ein Teil der Aktivierung der Selbstheilung. Beispielsweise – Warum habe ich Schnupfen? Wen oder was kann ich nicht riechen? Oder wenn der Kopf schmerzt – Worüber zerbreche ich mir den Kopf? – Mach dir die Ursachenforschung zur Gewohnheit und setze die Antworten sofort um. Wenn du z.B. die Antwort gefunden hast, wen du nicht riechen kannst, dann trenne dich von ihm, oder ändere deine Einstellung ihm gegenüber und nimm ihn an wie er ist. Jetzt kann die Selbstheilung, die

du eingeladen hast, wirken und der Schnupfen wird vergehen.", erklärt Sanara weiter. „Das ist eine gute Vorstellung, ich kann es bildlich vor mir sehen, wie die Selbstheilung meiner Einladung folgt.", freut sich Elisabeth und Sanara schließt mit folgenden Worten ab: „Ja, es ist wichtig, sich dies bewusst zu machen und die Heilung ausdrücklich einzuladen. – Ich erlaube es mir, die Heilung einzuladen!"

Mögliche Erkenntnisse:

Heilung ist möglich wenn sie eingeladen und als vorstellbar angesehen wird.

Auch für Heilung bedarf es einer Vorbereitung so wie in allen Situationen im Leben.

Heilung annehmen können: „Kann ich mit Gesundheit umgehen?" „Was ist, wenn ich gesund bin?"

Eine neue Lebenssituation braucht ein Ritual. (wie Hochzeit, Geburt, Trennung, Begräbnis, erfolgreiche Ablegung einer Prüfung, Genesung)

Krankheit hat einen Sinn, sie will auf etwas aufmerksam machen, daher ist es wichtig, dass die Ursache gelöst wird damit die Krankheit sinnlos wird.

Finde ich selbst die Ursache nicht heraus, so gibt es viele Möglichkeiten Hilfe von geschulten Menschen anzunehmen.

Thesen

- Der Schlüssel für ein Gleichgewicht zwischen Geben und Nehmen ist das Geben. Wer aus freien Stücken gibt, ohne etwas zurückzuerwarten, wird reich beschenkt. Umgekehrt, wer reich beschenkt wird, ohne einen Hintergedanken dabei zu haben, und gerne annimmt wird dadurch zum Schenkenden.
- Krankheit ist energetischer Stillstand und Blockade. Heilung und Energiefluss müssen zugelassen werden, indem man seine Schleusen öffnet, sich fallen lässt, sich hingibt und vertraut.
- Negatives und Krankheit sind dazu da, damit man erkennen kann wo Veränderung notwendig ist und sich wandelt. Der Mensch ist hier, um Freude zu haben und im Paradies, das er sich selbst schaffen kann, zu leben. Immer wenn jemand aus dem Paradies in Schmerz und Krankheit zurückfällt, wird es Zeit für Veränderung. Dann kann er sein Paradies wieder finden.

6. Chakren

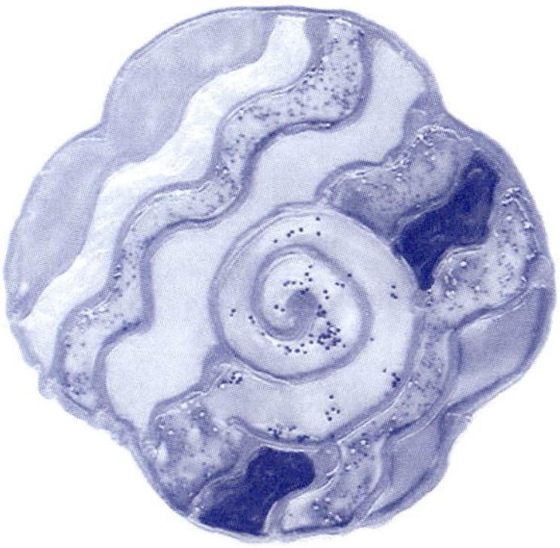

Ich öffne mich und nehme alles auf. Ich spüre die Energie um mich und bin bereit diesen Reichtum aufzunehmen. Ich versorge mich und meinen Körper mit Energie und Kraft.

Die 7 Haupt-Chakren des Körpers sind über die Drüsen mit dem physischen Körper in Verbindung.

1. Chakra Wurzel-Chakra – Keimdrüsen u. Nebennierenrinde
2. Chakra Sakral-Chakra – Drüsen des Nebennierenmark
3. Chakra Solarplexus-Chakra – Bauchspeicheldrüse
4. Chakra Herz-Chakra – Thymusdrüse u. Nebenschilddrüse
5. Chakra Hals-Chakra – Schilddrüse
6. Chakra Stirn- Chakra – Hirnanhangdrüse
7. Chakra Kronen Chakra – Zirbeldrüse

Die Energien dieses Symbols helfen, mich über die Energieräder des Körpers optimal zu versorgen. Ebenso helfen sie mir die verbrauchte und negative Energie über die Chakren abzuleiten und dadurch meinen Körper zu reinigen. Die Chakren sind wichtige Zentren für die Energieversorgung des Körpers. Es ist wichtig, dass sie frei schwingen können. Sind sie blockiert, kann sehr bald Krankheit entstehen. Genauso schlecht ist es, wenn einige zu langsam oder zu schnell schwingen. Der Gleichklang der Schwingung ist optimal, eine Erhöhung der Schwingung oder, wenn es notwendig ist, eine Verringerung des Tempos soll immer langsam und gleichmäßig erfolgen. Genauso groß soll das Augenmerk auf die regelmäßige Reinigung gelegt werden. Ich kann mir goldenes Licht vorstellen, das alle Chakren nacheinander von unten nach oben durchflutet und reinigt. Oder ich bitte den Erzengel Michael um Reinigung, er wird diesen Dienst gerne für mich tun, wenn ich ihn darum bitte.

Jedes Organ ist mit Energie versorgt.
Jede Drüse ist mit Energie versorgt.
Jede Zelle ist mit Energie versorgt.
Alle Chakren schwingen im Einklang.
Alle Chakren schrauben sich gegenseitig hinauf oder hinunter.
Alle Chakren sind gereinigt und frei.
Alle Gelenke sind frei und mit Energie versorgt.

So kann ich meine spirituelle Entwicklung fördern. Der Zugang zu meinem Hohen Selbst wird möglich, ich erkenne meinen Lebensplan. Ich lebe immer mehr so, wie ich es mir vorgenommen habe. Ich nehme viel auf und kann alles, was ich nicht mehr brauche und mich behindert, mit Leichtigkeit abgeben und loslassen!

Ich kann nur aus dem Vollen schöpfen, wenn ich mich traue mich zu öffnen. Wenn ich offen bin, kann ich unvorstellbar viel Energie aufnehmen. Ich kann mich optimal versorgen. Wie Rotoren und große Schaufelräder schöpfen sie unaufhörlich Energie in mich hinein, die ich gerne und mit Freude annehme und für die wichtigen Aufgaben in meinem Lebensplan verwende. Diese Energien lösen alle Blockaden meines Körpers und dienen meiner Entwicklung. Unaufhörlich stehen mir gewaltige Energien, die ich zur Verwirklichung meiner großen Ziele verwenden kann, zur Verfügung.

Mögliche Ursachenthemen

Ausgleich zwischen Ruhepausen und Arbeit
Durch ständigen Umgang mit Negativem lasse ich mich energetisch ausbeuten
Gehe ich gut mit meinen Kräften um oder verschwende ich sie?
Angst sich zu öffnen, Angst verletzt zu werden
Sich körperlich und geistig reinigen
Sich von negativen Energien reinigen
Sich verstopfen und überfüllen lassen

Neues Denkmuster

Ich traue mich jetzt mich für das Gute und Wahre zu öffnen und wahre dabei meine Grenzen. Wer arbeitet, darf sich auch Ruhe gönnen, um wieder Kraft und Energie zu tanken. Ich erlaube mir kraftvoll und energiegeladen zu sein. Meine Chakren sind meine Energieräder, sie bewegen sich und leiten die Energie in meinem Körper.

Affirmation

Ich öffne mich in Liebe und versorge mich optimal mit Energie!

Farben bunt
Chakren alle Chakren
Körperzonen Hypophyse, Herz, Drüsen, Energiehaushalt

Die einzelnen Körperzonen

Hypophyse
Steuerzentrale
Nehme ich genug Energie auf und nutze ich sie auch sinnvoll?
Ich selbst bin verantwortlich für meine Kraft

Herz
Liebe
Energetische Mitte
Lebenskraft
Konflikte im Hintergrund zehren an der Lebenskraft

Drüsen
Informationsfluss im Körper
Entwicklung und Wachstum vorantreiben
Kommunikation im Körper und nach außen

Energiehaushalt
Lebensgeschwindigkeit
Überforderung
Stress
Lasse ich mich energetisch ausbeuten?
Neuorientierung
Sich Ruhe gönnen

Fragen

- Ich stelle mir vor, ich öffne mich ohne Angst – was wäre anders?
- Woran merke ich, wenn mich jemand (energetisch) ausbeutet?
- Wie könnte ich einen Ausgleich zwischen Arbeit und Ruhe schaffen?
- Was könnte ich tun, um meine Energien und Kräfte besser einzuteilen und zu nutzen?

Das geheimnisvolle Haus

„Öffnen hat etwas mit Offenbarung zu tun.", philosophiert Sanara mit Jacek. Jacek ist ein guter Freund und wird von Sanara gecoacht. Sie setzt fort: "Stell dir ein geheimnisvolles, großes, wunderschönes Gebäude vor, alle Tore sind verschlossen. Du kennst es nur von außen und weißt nicht, wie schön es vielleicht im Inneren aussieht. Du kannst nicht hinein und nichts kann heraus. Das Gebäude offenbart nichts von seiner inneren Schönheit und kann nichts von den wunderbaren Dingen, den Sonnenstrahlen oder den Menschen um sich herum aufnehmen oder beschützen, weil es verschlossen ist. Es ist mit seiner Umgebung nur oberflächlich verbunden. Du bist wie dieses Gebäude, wenn ich mir diesen Vergleich erlauben darf. Bist du verschlossen und nur oberflächlich in Verbindung, so kannst du nichts von deiner inneren Schönheit geben und auch keine Energie, die auch du benötigst, aufnehmen. Mach deine Tore auf und zeige deine innere Schönheit, dein Wesen und nimm die Energie für deine Entwicklung von außen auf." Ein langer Monolog von Sanara endet, Jacek ist sehr interessiert und erwidert: „Aber die Gefahr einer Verletzung ist auch da, ist das Risiko nicht zu groß?" „Ja", antwortet Sanara, „dieses Risiko musst du eingehen. Wenn du es rechtzeitig erkennst, kannst du deine Tore noch schnell schließen. Gelingt es dir beim ersten Mal nicht gleich, kannst du daraus lernen – Wie ist dir das passiert? Was ist in deinem Inneren verletzt oder zerstört worden? Wie kannst du es wieder reparieren? – Mit einiger Übung wirst du sensibler und erkennst Situationen in denen du deine Tore wieder schließen musst. Es ist nicht sinnvoll, die Tore für immer zu schließen, denn dann bis du von der Umwelt und der Energie, die du brauchst abgeschnitten und kannst dich nur schwer weiter entwickeln. Öffne dich immer wieder in Liebe, werde feinfühliger und achtsamer, um dich selbst zu versorgen. Gib deine Gefühle und deine innere Schönheit preis und nimm von deiner Umgebung. Öffne dich und sei wie ein wunderschönes Haus mit geöffneten Fenstern, die die Wärme und das Licht der Sonne aufnehmen und mit geöffneten Toren, wo Menschen ein- und ausgehen und sich begegnen!"

Mögliche Erkenntnisse:

Geheimnisse verschließen vor der Umwelt, ein Miteinander ist schwer möglich.
Ist etwas verschlossen, kann nichts hinein und nichts heraus, Entwicklung ist nicht möglich.
Sich zu öffnen ist mit Risiko aber auch mit großen Möglichkeiten verbunden.
Feinfühliger werden ist nur möglich wenn man sich öffnet.
Nur durch Offenheit ist es möglich befriedigende Beziehungen zu führen.

Thesen

- Ruhe ist wichtig, um wieder auftanken zu können. Jeder Motor muss irgendwann abgestellt werden, sonst läuft er heiß und brennt durch. In der Arbeitswelt sprechen wir vom Burnout-Syndrom. Wenn jemand arbeitet, gehen seine Energie und Kreativität nach außen, in der Ruhe kehren sie wieder zurück ins Innere. Jeder Künstler braucht in regelmäßigen Abständen eine Schaffenspause, um Kreativität im Innen aufbauen und anschließend wieder nach Außen bringen zu können.
- Energie zu verschwenden ist ein Mangel an Selbstliebe. Wenn man permanent ausgebeutet wird ist, hat man zu wenig Energie. Derjenige, der meine Energie raubt schätzt jedoch diese Energie gar nicht. Jeder muss auf sich und sein Wohlbefinden achten.
- Man soll sich nicht alles aufladen lassen, denn jeder bricht irgendwann zusammen. Es muss Schluss sein mit Verunreinigungen. Reinigung ist angesagt, jeder Motor funktioniert nur, wenn er sauber ist.

7. Karma

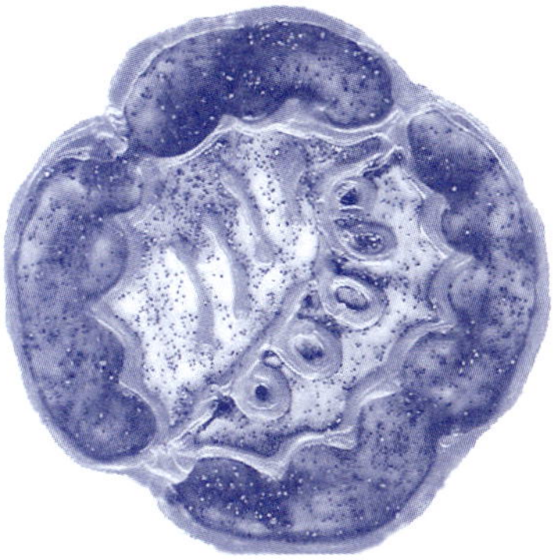

Die heilenden Energien des Symbols Karma helfen mir, mein Karma zu bearbeiten und aufzulösen.

Karma ist das geistige Gesetz von Ursache und Wirkung. Was ich säe, werde ich ernten. Solche Wirkungen habe ich vielleicht aus früheren Leben oder aus der Kindheit mitgebracht. Das bedeutet aber auch, dass ich jetzt säe, dass ich jetzt meine Zukunft gestalte. Ich bin für mein Leben selbst verantwortlich. Was mir passiert, habe ich selbst verursacht. Durch Liebe, Verzeihen und Erkennen kann ich Karma auflösen. Manchmal auch durch Gnade, wenn ich Gutes tue. Energie – Symbole können mir ebenso dabei helfen, um Verstrickungen, Muster, Verbindungen und die dazugehörigen Programmierungen aufzulösen. Wenn es erlaubt ist, frage ich immer mein Hohes Selbst und tue meinen Willen kund. Oft hilft es, einfach das Bewusstsein für Zusammenhänge zu öffnen und diese zu erkennen.

Unbegründete Ängste sind oft aus einem früheren Leben mitgenommen. Ich weiß nicht woher diese Ängste kommen. Ich fühle mich zu einem Menschen, Thema, Ding, besonders hingezogen, ich fühle eine besondere Verbindung.

Wenn ich Karma löse, kann ich neue Wege beschreiten und meine Energien erweitern. Hindernisse sind jetzt aus dem Weg geräumt und ich kann weitermachen, vielleicht auch schneller vorankommen. In meinem Bewusstsein kann sich Klarheit ausbreiten und meine Sichtweise ist um Vieles erweitert.
Durch Lösen von Karma wird auch die Aura geklärt, die Verbindung zum Hohen Selbst gestärkt und verbessert, dadurch kann ich die Intuition besser hören und wahrnehmen. Ich bin frei von Programmierungen und Gelübden, die ich in früheren Leben vorgenommen habe. Dadurch können sich Probleme in diesem Leben auflösen.

Mögliche Ursachenthemen

Nicht loskommen wollen oder können
Unbegründete Ängste
Verbindungen nicht lösen können oder wollen
Aus Erfahrungen nichts lernen
Situationen wiederholen sich
Unbegründet stoße ich immer wieder auf ähnliche Schwierigkeiten
Sichtweise ist unklar und ich erkenne keinen anderen Weg

Neues Denkmuster

Ich bin hier um in Freude zu leben und darf alle Ängste loslassen. Jede Erfahrung, die ich mache, bringt mich in meinem Lernprozess weiter. Ich erkenne den Sinn und die Bedeutung in jedem Problem. Ich löse Verbindungen, die nicht meinem Wohl dienen. Mein Bewusstsein wird klarer und ich fühle und lebe meine Intuition. Ich bin offen.

Affirmation

Ich löse mich von alten überholten Programmierungen und Sichtweisen, Gelübden und Verbindungen!

Farben lila, grün, gelb
Chakren Solarplexus, Herz, Schulterchakren
Körperzonen Rücken, Herz, Knochen, Schulter

Die einzelnen Körperzonen

Rücken	An der eigenen Lebensachse halt finden Herz und Kommunikationsbereich, Lunge öffnen (Lunge bedeutet Freiheit) Echte Demut wachsen lassen
Herz	Energetische Mitte Schwelle zwischen Diesseits und Jenseits Sich seinen Aufgaben stellen und mit Freude annehmen
Knochen	Festigkeit Vergangenheit Das Leben wagen und Herausforderungen sehen Sich bis auf die Knochen in Frage stellen Mut in die Tiefe zu gehen
Schulter	Belastbarkeit Befreiung von drückenden Lasten

Fragen

- Welche unbegründeten Ängste tauchen manchmal auf?
- Wie könnte ich mir die Verbindungen erklären, von denen ich loskommen möchte?
- Was ist das Positive an wiederkehrenden Problemen und Situationen?
- Was könnte ich versuchen, um andere Wege zu erkennen?

Das alte Gelübde

„Was ich säe, werde ich ernten! – Wie ist das gemeint, Sanara?" „Ganz einfach, du wirst den Erfolg oder die Folgen deiner Taten, Gedanken, Gefühle und Worte ernten" antwortet Sanara ganz spontan. „Ja, das verstehe ich schon, aber" erwidert Paul, ein befreundeter Nachbar, „was ist wenn jemandem etwas Schreckliches passiert, obwohl

er nie etwas Schlechtes getan hat? Oder wie ist das bei Menschen, die gut verdienen und genug Geld haben müssten, aber trotzdem immer pleite sind?" „Ja, dann ist das das Karma aus früheren Leben. Nehmen wir das Beispiel mit dem Geld. Früher gab es viele Mönche, Nonnen und Priester, die ein Armutsgelübde abgelegt haben. Es kommt oft vor, dass dieses Gelübde nicht gelöst wird und auf mehrere Leben wirkt. Diese Menschen können sich abrackern und sparen so viel sie wollen, es wird immer unvorhersehbare Ereignisse in ihrem Leben geben, Diebstahl, Brand, Steuern, und sie müssen ihr Geld ausgeben.", antwortet Sanara ruhig. „Gut, aber wie weiß ich, ob mich so ein Gelübde an die Armut bindet?", fragt Paul und Sanara hat sofort die Antwort parat: „Setz dich in einer ruhigen Stunde an einen schönen Ort, wenn du alleine bist, gehe in dich und entspanne dich. Stell dir vor, du bist eine Nonne, Priester oder Mönch. Wenn dir das gelingt, kannst du davon ausgehen, dass du einmal eine Person in diesem Beruf warst. Und jetzt durchtrenne alle Beziehungsbänder zu deinem früheren Selbst. Nimm eine Schere oder ein Messer und schneide sie durch, oder bitte deine Engel und geistigen Helfer die Bänder zu durchtrennen. Löse alle Bänder, die von deinem früheren Selbst ausgehen, auch die die nicht zu dir führen. So bist du frei von Gelübden und Energieverlusten, die in dein jetziges Leben führen. Bedanke dich dafür, freue dich und schau, was mit deinem Geld passieren wird!" „Das werde ich ausprobieren", freut sich Paul „ich habe einige Bekannte mit ähnlichen Problemen, ich werde ihnen davon berichten." „Und wenn es beim ersten Mal nicht gelingt, praktiziere diese Technik öfters, denn es kann auch sein, dass du mehrere Leben in Armut verbracht hast." „Danke, das ist ein guter Tipp, daran habe ich gar nicht gedacht!", antwortet Paul, er ist schon voller Tatendrang und möchte das Gelernte umsetzen. „Noch etwas: vielleicht warst du auch einmal reich, hast Unheil mit deinem Geld angerichtet und deshalb geschworen fortan arm zu sein. Es ist wichtig auch die Bänder zu diesem Schwur zu durchtrennen.", mahnt Sanara nachdenklich, „Das Leben hat unendlich viele Möglichkeiten und Varianten von Karma." Und so schließt Sanara ab: „Durchtrenne alle Bänder, damit du jetzt deine Saat aus diesem Leben ernten kannst und deinen dir zustehenden Reichtum genießen kannst." „Danke, Sanara, diese Erklärung war sehr wichtig für mich, sie hat mir sehr geholfen!"

Mögliche Erkenntnisse:

> Auch wenn ich den Sinn eines Erlebnisses oder Zustandes nicht gleich erkennen kann, gibt es einen, denn im Leben ist nichts sinnlos.
>
> Was ich säe werde ich ernten, in diesem Leben in der Vergangenheit und auch in der Zukunft, je nachdem ob die nötige Reife für die entsprechende Prüfung erreicht ist.

Karma kann gelöst werden, notwendig dafür ist die Absicht und der Wille.
Jedem Menschen steht Reichtum zu.
Es gibt unendlich viele Möglichkeiten und Varianten von Karma. Auch hier ist es möglich, Hilfe von geschulten Menschen anzunehmen, wenn es alleine nicht gelingt.

Thesen

- Karma ist das Gesetz von Ursache und Wirkung, vom Säen und Ernten. Jeder ist verpflichtet die Verantwortung für sein Leben zu übernehmen. Wer schlechten Samen sät muss die Verantwortung für die Ernte tragen.
- Ein Hinweis für Karma ist, wenn jemand von einer Person nicht loskommen will oder kann. Die Verpflichtung dieser Person gegenüber ist noch nicht erledigt. Dies gelingt nur in der Auseinandersetzung mit der Person, anschließend folgt der Loslösungsprozess von selbst.
- Immer wieder den gleichen Fehler zu machen heißt, nichts beziehungsweise noch nicht das Richtige daraus gelernt zu haben. Auch hier ist wieder die Auseinandersetzung mit dem Thema der Schlüssel, um die gleichen Erfahrungen und Situationen nicht mehr anzuziehen.
- Die Sichtweise kann geklärt und der Blick, der neue Wege erkennen lässt, geweitet werden, wenn jeder die eigene Verantwortung annimmt. Das Annehmen seines Weges löst Blockaden und lässt die Vielfalt der Möglichkeiten erkennen, im Zorn oder in der Angst ist der Blick verschleiert und verkrampft.

8. Innere Stärke

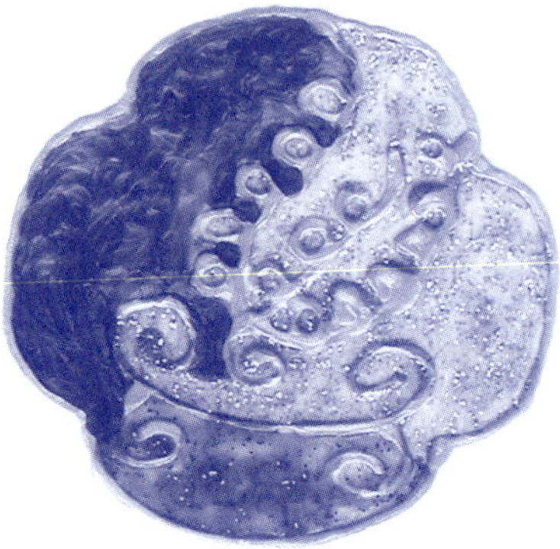

Ich erkenne die eigene Kraft und Stärke, entfalte sie und trage sie nach außen. Die Kraft und Stärke, die ich brauche, um mein Potential zu entfalten und meinen Lebensplan zu leben, ist in mir. Diese Kraft hilft mir, zu bearbeiten was ich mir vorgenommen habe. Die Lernprozesse und Prüfungen in meinem Leben kann ich durch meine eigene Kraft und Stärke bewältigen. Ich lebe aus meiner Mitte. Ich bin in Balance. Dies schaffe ich am besten, indem ich meinen eigenen Speicher an Kraft nutze.

Diese Kraft und Stärke ist unerschöpflich. Nutze ich sie in Liebe und Freude, überträgt sie sich auch auf meine Mitmenschen. Sie werden dadurch ebenfalls getragen, gestärkt und unterstützt.

Wenn ich meine Kraft in Liebe lebe, stärke ich gleichzeitig mich selbst und meine Umwelt. Unerschöpflich fließt diese Kraft aus meinem Innersten und dient meinem Aufstieg. Ich erhebe mich selbst und gleichermaßen meine Umgebung. Meine Kraft kann ich geballt und in Freude für meine Ziele aktivieren und jeden Tag einen Schritt in diese Richtung tun. In meiner Kraft erkenne ich was jetzt wichtig ist und fokussiere meine Energie mit Tatkraft und Begeisterung. Präsent in meiner Stärke erkenne ich meinen Weg.

Mögliche Ursachenthemen

Im Hier und Jetzt leben
Wachstum zulassen
Kraft für meine Ziele einsetzen
Verwurzelt und standfest sein, dennoch im ständigen Wachstum leben
Die Vergangenheit annehmen und loslassen
Sich zutrauen seine Lernprozesse durchzustehen
Sich dagegen wehren den nächsten Schritt zu tun
Seine Kraft an jemanden, der sie braucht, verschenken

Angst haben, stark zu sein
Andere mit der eigenen Stärke überrumpeln
Sich klein fühlen
Andere um Erfolg beneiden
Seiner inneren Kraft vertrauen

Neues Denkmuster

Ich lebe jetzt kraftvoll und stark. Meine Kraft dient mir zum ständigen Wachstum. Voll Optimismus und Kraft begegne ich meinen Herausforderungen. Voll Vertrauen denke ich an meine Zukunft. Alles was ich mir vorstellen kann und ich auch will, kann ich erreichen.

Affirmation

In Liebe und Freude lebe ich meine innere Kraft und Stärke, so entfalte ich in Klarheit meine Persönlichkeit!

Farben dunkelblau, sattes grün, erdiges rot
Chakren Wurzelchakra, Herz, Füße, Sexualchakra
Körperzonen Knöchel, Füße, Knochen, Herz, Hormone und Drüsen (männliche und weibliche)

Die einzelnen Körperzonen

Knöchel
Absprungbasis
Fortschritt in Frage stellen
an einem Ort ankommen, sich dort entwickeln
Entwicklung zu Ende führen
Wurzel schlagen
bleiben lernen

Füße
Standfestigkeit
Verwurzelung, aber auch Fortschritt

Knochen
Stabilität, Festigkeit
alte Strukturen in Frage stellen
Abwechslung ins festgefahrene Lebensgleis bringen

Herz
energetische Mitte
Kraftpunkt
Mut, Liebe, Hingabe in meinem Leben
mit Kraft über sich hinauswachsen
sich im Leben behaupten

Hormone, Drüsen

männliche/weibliche Kraft leben und lieben
unerschöpfliche Kraft leben
intuitiv und im Gefühl sein
Urkraft leben

Fragen

- Was habe ich schon alles versucht, um meine Kraft für meine Ziele einzusetzen?
- Angenommen ich stehe meine Prüfungen stark und standhaft durch, was hätte sich verändert?
- Wie beschreibt ein Außenstehender die Situation wenn ich Angst habe meine Stärke zu leben?
- Was könnte ich tun, um die Vergangenheit loszulassen und im Hier und Jetzt zu leben?
- Wie fühlt es sich an, wenn ich in schwierigen Situationen meiner Stärke vertraue?
- Angenommen die Maßnahmen sind erfolgreich und ich kann voller Freude meine Kraft und Stärke leben und fokussiert für mein Ziel einsetzen, welches andere Problem könnte jetzt auftreten?

Das Therapiezentrum

„Ich weiß es! Das ist mein Weg! Ich fühle es, es zieht mich hin, das Ziel pulsiert in meinem Bauch und gibt mir Kraft. Sanara, hast du das auch schon gefühlt?“, sagt Severin fragend und gleichzeitig begeistert. „Ich muss es tun, ich sehe es vor meinem geistigen Auge und fühle, als hätte ich es schon erreicht, das Bild ist klar, ich kann mir das Therapiezentrum vorstellen.“

Severin ist ein Freund Sanaras, er ist Veterinärmediziner und hat eine eigene Praxis. Sanara antwortet ihm: „Ja, klar, du kannst alles erreichen, wenn du es dir vorstellen kannst, wenn es dir von innen heraus Kraft gibt, dann ist es dein Weg!“ „Die Arbeit mit behinderten Kindern und Tieren funktioniert bestimmt. Jeden Tag beobachte ich in meiner Praxis wie Kinder auf Tiere reagieren. Ich werde mit Pferden, Hunden und Katzen arbeiten. Ich habe auch schon mit einigen Therapeuten Kontakt aufgenommen, sie haben alle bereits Erfahrung in diesem Bereich. Die Erfolge mit Therapietieren und behinderten Kindern sind bestimmt groß. Ich fühle, dass vielen Kindern geholfen werden kann.“, fährt Severin mit Begeisterung fort. Dieser Enthusiasmus springt auf Sanara über und sie setzt fort: „Deine innere Kraft wird dich führen und dient deinem

Wachstum, durch sie kannst du voll Vertrauen dein Ziel und deine Zukunft sehen." „In den schönsten Farben sehe ich mein Ziel bereits vor mir und spüre das wohlige Gefühl in meinem Bauch. Jetzt beginne ich mit der Planung. Ich werde alles zu Papier bringen und es den Behörden unterbreiten, um Förderungen und Sponsoren für dieses wundervolle Projekt zu bekommen. Tief in mir weiß ich, es wird gelingen!"

Sanara gibt ihm noch einen Rat: „Verbinde dich mit deiner inneren Kraft und das Leben wird dir die hilfreichen Menschen und Situationen bringen, im Vertrauen darauf erkennst du sie auch und ergreifst alle Hilfen. Übrigens habe ich vor kurzem gehört, dass die Stadt für Projekte, die der Allgemeinheit dienen, günstige Grundstücke zur Verfügung stellt. Ich kann dir den Kontakt herstellen und dich mit den zuständigen Personen bekannt machen." „Hervorragend, Sanara", antwortet Severin, „danke, du hast mich bestärkt an meine Vision zu glauben. Jetzt kann ich an meine innere Kraft glauben, sie fließen lassen und nutzen."

Die beiden umarmen und verabschieden sich herzlich. Sanara ruft Severin noch nach: „Nutze deine innere Kraft, so wie du deine Muskeln in der Kraftkammer nutzt und Hanteln hebst oder Lasten bewegst, so schwinge auch deine inneren Lasten und setze alles in Bewegung!"

Mögliche Erkenntnisse:

Ein Ziel das ich mir vorstellen und fühlen kann, kann erreicht werden.
Die wahre Kraft kommt von innen.
Die innere Kraft gibt Vertrauen und Führung.
Im Vertrauen an die innere Kraft, kommen hilfreiche Menschen und Situationen auf mich zu.
Mit meiner inneren Kraft kann ich alles bewegen.

Thesen

- Jeder kann seine Kraft und innere Stärke entwickeln und sie zu seinem Wohl nutzen, wenn er sie nicht mit Aggressivität und Macht verwechselt.
- Kraft bedeutet Wachstum, jeder kann seine Stärke für die eigene Entwicklung einsetzen, Aggressivität dagegen ist zerstörerisch.
- Jede Pflanze ist in der Erde verwurzelt und wächst beständig zum Himmel. Nehmen wir dies als Vorbild für unsere Entwicklung.
- Es ist notwendig, seine innere Stärke für Herausforderungen einzusetzen und wie eine Pflanze unter widrigen Bedingungen zu wachsen. Die nächste Schönwetterphase kommt auch für uns bestimmt.

- Die eigene Stärke für sein eigenes Weiterkommen mit Besonnenheit einzusetzen heißt nicht, andere zu übergehen oder vor den Kopf zu stoßen. Nein, auch die Umwelt profitiert davon, du erhebst auch deine Umwelt, deine Stärke strahlt aus. Die Pflanzen in deiner Umgebung wachsen auch besonders gut.
- Kraft ist lebensbejahend, Aggressivität ist tötend.

9. Weihnachten – Harmonie

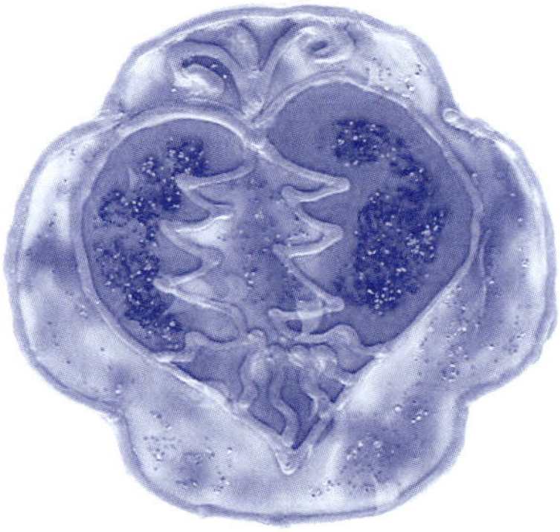

Zusammen sein im Kreise seiner Liebsten – es findet ein Austausch in gegenseitiger Freude statt. Weihnachten bedeutet Freude aus tiefstem Herzen bereiten – anderen und auch sich selbst Geschenke machen. Ich mache Geschenke als Ausdruck meiner tiefsten Gefühle. Der Beschenkte darf mit dem Geschenk machen, wozu er sich entscheidet. Er kann es in Freude annehmen, ablehnen oder weiterschenken. Es ändert nichts daran, welche Energie und Freude ich als Schenkender hineingelegt habe. Ich bin nicht enttäuscht, wenn der Beschenkte es nicht so verwendet wie ich es gedacht habe. Auch wenn er es weiterschenkt, hat es seinen Zweck erfüllt. Ich bin mit dem Geschenk und mit dem Beschenkten in Harmonie. Wenn das Geschenk in Freude gegeben wird, wird die Energie angenommen, auch wenn es im Moment nicht so aussieht. Die Energie eines selbstlosen Geschenks kommt wieder zum Schenkenden zurück. Ohne Bedingungen gebe ich meine Geschenke an meine Mitmenschen weiter. In bedingungsloser Liebe begegne ich ihnen und allen anderen Wesen.

Energetische Harmonie zwischen Nehmen und Geben findet statt, wenn es in Liebe geschieht. Etwas zu geben ohne etwas zurückzuerwarten und Geschenke anzunehmen ohne sich schuldig zu fühlen, ohne etwas zurückgeben zu müssen.

Ich nehme in reiner Freude. Was passiert in mir, wenn ich ein Geschenk erhalte oder gebe? Ich greife einmal tief in die Tasche und schenke mir selbst, was ich mir schon lange erträumt habe. Wie viel bin ich mir selbst wert, bin ich bereit für mich auszugeben und könnte ich es genießen? Ich bin das wertvollste Geschenk für mich selbst. Ich schenke mir selbst alles, was ich bereit bin auch anderen zu geben. Ich beschenke zuerst mich und dann die anderen. Ein Geschenk kommt im geistigen Sinn erst an, wenn ich es mir selbst gebe. Ich gebe gerne, bedaure nicht, etwas wegzugeben. Der Wert kommt an, wenn ich ihn selbst erkenne und es als etwas Wertvolles sehe.

Weihnachten ist auch das Fest der Geburt. Etwas Neues gebären – beginnen und umsetzen. Bin ich bereit jetzt etwas in die Tat umzusetzen? Wenn ich von den Gedanken zur Umsetzung übergehe, beginnt der Schöpfungsakt, ich gehe vorwärts. Ich bringe es zur Welt, weil es mich dazu bewegt und darauf drängt, es will aus mir heraus. Es ist immer jetzt der richtige Zeitpunkt. Im Kopf und im Herz trage ich es schon lange, jetzt gebe ich es in meine Hände und handle.

Mögliche Ursachenthemen

Gegenseitiger Austausch auf allen Ebenen
Sich selbst und anderen Freude bereiten
Sich schuldig fühlen, wenn man nimmt
Geschenke machen ohne Hintergedanken
Wie viel bin ich mir wert?
Jetzt ist der richtige Zeitpunkt um anzufangen
Gebären und Umsetzen
Angst sich der Liebe zu öffnen

Neues Denkmuster

In Freude nehme und gebe ich, gegenseitiger wertfreier Austausch ist wichtig zur Entwicklung der Persönlichkeit. Jetzt setze ich meine Ziele und Visionen in die Tat um, alle Hilfe ist für mich bereit. Ich bin bereit selbstlos zu geben – mir selbst und anderen. Das Geschenk hat den Wert, den ich ihm gebe. Harmonie und Frieden begleiten mich und meine Mitmenschen im Austausch unserer gegenseitigen Geschenke.

Affirmation

Ich lasse Frieden und Harmonie in feierlicher Freude einkehren!

Farben	rot, rosa, grün, gold
Chakren	Herz, Hände
Körperzonen	Herz, Körpermitte, Hände, Nerven

Die einzelnen Körperzonen

Herz	Sich für die Liebe öffnen Sicherheit geben und nehmen Aufmerksamkeit auf das Herz richten Seinen eigenen Bedürfnissen nachgehen Offenheit und Mut
Körpermitte	Zentrum des Seins Gefühle Aus dem Bauch heraus handeln Bewusst bereit sein zu ernten, was man gesät hat Eigene (ungewöhnliche) kreative Wege gehen Seine ganze Energie in ein Kind/Kreativität fließen lassen Kinder auf anderen Ebenen (im übertragenen Sinn) bekommen
Hände	Nehmen und geben Tatkraft Handlung Lernaufgaben annehmen Das Leben in den Griff bekommen Visionen umsetzen und etwas Neues beginnen Handeln
Nerven	Nachrichten im Körper Lernen um Hilfe zu rufen und Hilfe anzunehmen Aggressionen herauslassen und leben Sich mit dem Herzen verbinden

Fragen

- Was würde geschehen, wenn ich mir selbst und anderen Freude bereite?
- Wie könnte ich meine Schuldgefühle erklären, wenn ich ein Geschenk annehme?

- Angenommen ich wäre mir ab jetzt unendlich viel wert, was würde ich mir schenken?
- Ich möchte etwas umsetzen, wann wäre der richtige Zeitpunkt?
- Wie könnte ich die Angst mich zu öffnen noch verstärken und verschlimmern?

Das Weihnachtsfest

„Es freut mich, dass ihr alle wieder da seid! Alle Jahre wieder schenken wir einander Zeit, ich danke euch dafür!“ Mit diesen Worten begrüßt Sanara ihre Freunde, die sich zu einem gemütlichen Beisammensein zu Weihnachten eingefunden haben.

Sanara hat ihr Wohn- und Esszimmer weihnachtlich geschmückt, sogar ein kleiner Christbaum, der mit Engeln geschmückt ist, steht auf der Anrichte neben dem Esstisch. Alles ist herrlich feierlich gestaltet. Die kleinen bunten Kerzen und grünen Tannenzweige, die am Tisch verteilt sind, machen eine harmonische Atmosphäre. Der angenehme Duft von Zimt und Orangen durchflutet den großen Raum.

Die feierliche Stimmung ergreift alle, ein fröhliches Lachen ist zu hören. Jeder hat etwas mitgebracht, der Tisch ist voll mit Köstlichkeiten und Spezialitäten – Kekse, Bratäpfel, kleine Käsekipferl, Punsch, herrlicher Tee, gebratene Maroni, Vanillekipferl. Jeder hat etwas Gutes gebracht und gibt es von Herzen den anderen weiter.

Zu Beginn liest Sanara ein Gedicht vor. Emil spielt Weihnachtslieder am Klavier und singt dazu: „Oh du fröhliche“. Agnes nimmt die Gitarre und begleitet Emil. Sie stimmt „Stille Nacht“ an und alle singen mit. Ronny hat eine lustige Weihnachtsgeschichte mitgebracht und Alice erzählt einen Weihnachtswitz mit Rudolph „The Red-Nosed Reindeer”.

„Sanara, weißt du, dass ich mich jedes Jahr sehr auf unser Fest freue? Wir schenken einander Zeit und ich muss mir nicht den Kopf über materielle Geschenke zerbrechen. In der heutigen Konsumgesellschaft, wo jeder alles hat, nur keine Zeit, ist es das schönste jemandem Zeit zu schenken.“, sagt Reinhard, der sich in dieser Atmosphäre sehr wohl fühlt. „Danke, Reinhard“, antwortet Sanara. „Auch ich freue mich jedes Mal auf unser Fest. Es ist das schönste, sich füreinander Zeit zu nehmen und miteinander zu lachen und zu singen.“ Sanara nimmt sich mit Appetit noch einen herrlich duftenden Bratapfel. Maria stimmt zu und meint: „Ja, es geht mir genauso. Es ist herrlich Weihnachten in Harmonie und gemeinsamer Fröhlichkeit zu feiern. Wir sollten einander noch öfters Zeit schenken, es ist das wertvollste Geschenk heutzutage!“

Jetzt sind alle still und hören aufmerksam und andächtig zu wie Alex am Klavier „Leise rieselt der Schnee“ spielt und singt.

Mögliche Erkenntnisse:

Zeit ist das kostbarste Gut.

Es muss nicht immer ein teures Geschenk sein das ich gebe, wichtig ist es Freude zu schenken.

Miteinander zu lachen ist ein großes Geschenk.

Ich schenke das weiter, was ich selbst gerne hätte oder mir wünsche.

Aufmerksamkeit von anderen, jemand der zuhört, das wünschen sich viele.

Thesen

- Weihnachten ist Austausch auf allen Ebenen, auch in Form von Geschenken. Schenkt man etwas von Herzen und ohne Erwartungen, wird unbewusst der Schenkende reich beschenkt, er erntet das wunderbare Glücksgefühl und Harmonie, ohne dass der Beschenkte etwas zurückschenkt.
- Harmonie entsteht durch gegenseitigen Austausch auf einer oder mehreren Ebenen. Im Geben wird empfangen, es entsteht ein Gleichgewicht von fließender, kraftvoller, friedlicher Energie.
- Sich schuldig fühlen, wenn man nimmt, entsteht aus der Unfähigkeit anzunehmen. Nimm mit Freude und ohne Hintergedanken, etwas zurückschenken zu müssen, an, öffne dich und erkenne den Wert dieses Geschenks. Lass die Freude zu, jetzt bist du zum Schenkenden geworden.
- Zu schenken heißt zu geben, etwas entstehen zu lassen. Es ist im übertragenen Sinn ein Geburtsakt. Schenke der Welt deine Ideen und setze sie um, auch das gehört zum Schenken dazu. Setze deine Ideen mit deiner Kreativität um. Ob es im privaten oder beruflichen Bereich ist – schenke der Welt die Kinder deiner schöpferischen Kraft und du wirst dadruch reich beschenkt. Der Geburtsakt, das Schenken macht dich zum Beschenkten. Harmonie und Frieden entstehen.

10. Die Leichtigkeit des Seins

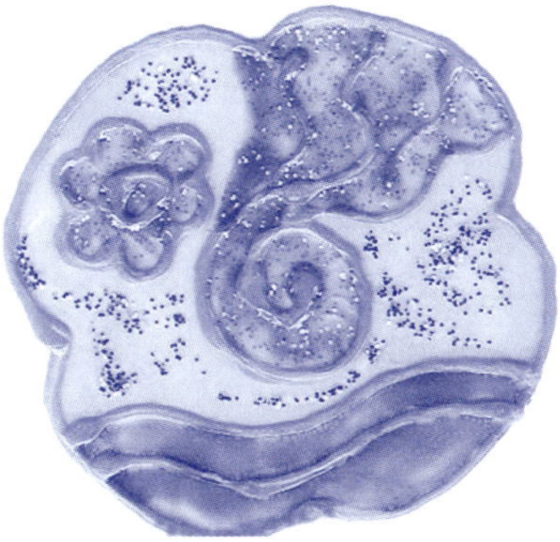

Die Leichtigkeit des Seins heißt, im Fluss des Lebens zu sein und voller Leichtigkeit getragen zu werden. Spielerisch kann ich die Energien, die mich umgeben, nutzen. Sie dienen mir und unterstützen mich bei der Umsetzung meiner Vorhaben, Ziele und Visionen. Wenn ich aus meiner Mitte, das heißt aus dem Gefühl, meine Entscheidungen treffe, dient mir das Universum und der Erfolg ist mir sicher. Alles geht und fließt mit Leichtigkeit und ist in göttlicher Ordnung. Mit Freude und Heiterkeit gehe ich meinen Weg im Einklang mit den mich umgebenden Menschen. Die Liebe kann fließen und kehrt um ein Vielfaches verstärkt zu mir zurück.

Die Energien dieses Symbols helfen dabei dies zu erkennen, zu entwickeln und sich von alten Strukturen zu lösen. Sie helfen mir auch, mich von alten Denkmustern, die mich behindern und mir das Leben schwer machen, zu lösen.

Alles geht leicht und ohne Kampf. Arbeit ist leicht, macht Freude und ist frei von Härte. Ich treffe Entscheidungen sicher und frei von Krampf. Ich sehe meine Ziele klar und nicht dunkel und verschwommen. Veränderungen gehen leicht und frei von Angst vonstatten. Das Leben ist leicht, das Lernen macht Freude und ist nicht mühsam.

Mögliche Ursachenthemen

Arbeit muss hart und schwer sein
Alte Denkmuster behindern mich
Entscheidungen werden auf die lange Bank geschoben
Um etwas zu erreichen, muss ich mir Ziele setzen
Das Leben kann ich mir leicht und freudvoll gestalten
Das Leben ist Veränderung und Lernen mit Begeisterung
Wenn Freude fließt, dienen mir alle Energien, aber im Kampf und Krampf ist alles blockiert

Neues Denkmuster

Ich befreie mich von überholten Denkmustern, die ich in der Kindheit oder auch jetzt immer wieder gehört habe oder höre. So werfe ich Ballast, den ich nicht mehr brauche, ab. Mein Bewusstsein wird dadurch erweitert und ich lasse Leichtigkeit in mein Leben einkehren.

Affirmation

Ich lebe die Leichtigkeit des Seins, mein Bewusstsein erweitert sich!

Farben hellgelb, flieder, hellblau

Chakren Kronen, 3. Auge, Kehlkopf

Körperzonen Beine, Venen, Augen, Gehirn, Muskulatur

Die einzelnen Körperzonen

Beine	Beweglichkeit Fortschritt Standfestigkeit
Venen	Verkehrswege der Lebenskraft Verbindung, Halt, Verbindlichkeit Sich dem Strom des Lebens anvertrauen
Augen	Einsicht Durchblick Spiegel und Fenster der Seele Das eigene Leben nicht betrachten wollen Gehirn Kommunikation Logik Konzentration auf das Wesentliche
Muskulatur	Motor und Kraft des Körpers eigene Möglichkeiten beachten sich freiwillig mehr im Bewusstsein dehnen den Körper entlasten

Fragen

- Kann ich mir vorstellen wie es sich anfühlen würde, vom Fluss des Lebens getragen zu werden und mit Leichtigkeit durchs Leben zu gehen?
- Was war das Positive am Kampf, Krampf und an der Schwere?
- Was könnte mir helfen ab jetzt fähig zu sein, das Leben leicht und freudvoll zu erleben?
- Woran würde ich es merken, wenn die Energien mir selbst zur Verwirklichung meiner Ziele und Visionen dienen?
- Was könnte ich tun um noch mehr Angst, Ballast und Mühsal in meinem Leben zu haben?
- Wer würde es als Erster bemerken, dass ich ab jetzt Entscheidungen gerne, freudvoll, mit Leichtigkeit und aus dem Gefühl und meiner Mitte heraus treffe?

Die Bergtour

Das Leben kann Leichtigkeit und Freude sein!

Sanara will heute einen hohen Berg erklimmen, sie möchte allen Ballast und alles Schwere abladen und in eine tiefe Schlucht werfen. Gehe auch du mit und mache dich frei, so dass du immer mehr die Leichtigkeit leben kannst!

Sie geht auf den Berg der Befreiung. Zeitig in der Früh steht sie auf und nimmt ein gehaltvolles Frühstück zu sich, wählt bequeme Kleidung und feste, gute Schuhe. In den übergroßen Rucksack packt sie etwas zu trinken ein, ansonsten ist der Rucksack leer. Anfänglich hat sie Schwierigkeiten den Berg zu finden, bis sie sich eingesteht, dass sie noch nicht ganz bereit sei. Sie konzentriert sich nochmals, macht sich selbst klar, was sie will: „Ich will leicht und freudig leben. Ich will alles, was mir mein Leben schwer macht, abwerfen." Plötzlich, wie aus dem nichts, ist er da – der Berg der Befreiung – mächtig und wunderschön.

Mit einem Liedchen auf den Lippen schlägt Sanara den kürzesten Weg zum Gipfel ein. „Was willst du einpacken?", fragt eine beruhigende Stimme „Steck es in deinen Rucksack!" Zögernd antwortet Sanara: „Viel, vielleicht hat das alles gar nicht Platz." „Fang einmal an, es ist mehr Platz in deinem Rucksack als du denkst", sagt die Stimme zu ihr. „Alte Denkmuster packe ich ein, die brauche ich nie mehr wieder", Sanara packt ein:

Da Leben ist schwer und hart!
Geld stinkt!
Veränderung ist schwer!
Lernen können nur Kinder!
Ich bin klein und schwach!
Ich habe keine Fähigkeiten!
Angst vor dem Verlassen-Werden
Angst kein Geld zu haben
Angst zu versagen
Angst nichts wert zu sein
Angst vor dem Tod
Alle Belastungen der Familie, die ich einfach übernommen habe
Was werden die anderen sagen?
Die Verantwortung, die ich für andere auf mich genommen habe
Angst vor manchen Mitmenschen
Angst vor Menschen zu sprechen
Mein Bewusstsein ist eingeschränkt
Alle körperlichen und seelischen Verkrampfungen
Keine Möglichkeiten sehen
Zerstreutheit
sich seinem Leben nicht anvertrauen können
sich nicht trauen und nicht vertrauen
griesgrämig an die Arbeit gehen
keine Ziele haben
Entscheidungsschwäche
Alles behindert mich!

Je höher Sanara kommt umso schwerer wird der Rucksack, aber es ist immer noch genug Platz. Ihre Schritte werden immer langsamer und beschwerlicher, der Rucksack ist eine Last. Plötzlich fällt ihr nichts mehr ein, es ist alles im Rucksack, er ist voll. Vor ihr tut sich eine Schlucht auf, mühsam stellt sie den Rucksack neben sich und schnürt ihn auf. Ganz vorsichtig kippt sie den Inhalt hinunter. Es ist schwierig, sie schüttelt und rüttelt und ruft dabei: „Ich befreie mich! Ich befreie mich! Ich befreie mich!", solange bis der Rucksack leer ist. Geschafft! Sie setzt sich und genießt den Augenblick mit dem leeren Rucksack in der Hand. „Ich fühle mich leicht, ich bin befreit!", ruft Sanara voll Freude den Berg hinunter. Da meldet sich die Stimme wieder: „Was packst du jetzt ein, dein Rucksack muss wieder voll sein, wenn du leichten Schrittes den Berg hinunter gehst!" „Da fällt mir vieles ein weil ich weiß, dass der Rucksack groß ist, ich beginne gleich:"

Das Leben ist leicht und weich!
Geld ist wunderbar!
Veränderung ist leicht und bedeutet Wachstum!
Lerne ein Leben lang wie die Kinder!
Ich bin groß und stark!
Ich habe viele Fähigkeiten!
Ich werde geliebt!
Ausreichend fließt das Geld mir zu!
Ich bin meinen Herausforderungen gewachsen.
Ich bin wertvoll!
Ich liebe das Leben und weiß was nach dem Tod auf mich zukommt!
Ich wandle meine Glaubensmuster!
Ich gebe falsche Verantwortung ab!
Ich liebe alle Menschen!
Ich kann vor allen Menschen sprechen!
Mein Bewusstsein ist unendlich
Ich bin körperlich und seelisch entspannt!
Ich sehe viele Möglichkeiten!
Konzentration ist mein Leben!
Urvertrauen begleitet mich!
Ich bin mutig und vertraue!
Freudvoll gehe ich an die Arbeit!
Ich habe immer meine Ziele vor Augen!
Sicher treffe ich meine Entscheidungen!
Ich bin frei!

Als sie fertig ist, schnallt sie sich wieder den Rucksack um. „Komisch, der Rucksack ist ganz leicht, obwohl der prall gefüllt ist.“, denkt Sanara. Sie bedankt sich noch beim Berg der Befreiung und sagt: „Der ganze Inhalt meines Rucksacks gehört jetzt für immer zu meinem Leben! Wenn es wieder etwas gibt, von dem ich mich befreien möchte, mache ich wieder eine Wanderung!“
Leichtfüßig und voll Freude springt Sanara den Berg hinunter.

Mögliche Erkenntnisse:

Alte Denkmuster behindern mich in meiner Entwicklung.
Ich habe es verdient mit Leichtigkeit durchs Leben zu gehen.
Jeder darf sich von Ballast der das Leben schwer macht befreien.
Der Platz, den der abgeworfene Ballast geschaffen hat, muss aufgefüllt werden, damit keine Leere entsteht.
Was möchte ich im Leben haben anstatt des Ballastes?
Ich bestimme den Inhalt meines Lebens (Rucksacks).

Thesen

- Viele Menschen leben in dem Glaubensmuster, dass Arbeit hart und schwer sein muss. Dies kann jedoch durch Einbeziehen der Freude in Leichtigkeit gewandelt werden. Verrichtet jemand Arbeit, die ihm entspricht und seine Fähigkeiten zum Ausdruck bringt, so kommt wie von selbst die Freude hinzu und die Leichtigkeit bestimmt sein Sein.
- Überdenken und Reflektieren von alten Denkmustern ist notwendig. Erst dadurch kann man erkennen, neue, jetzt gültige Denkmuster kreieren und in sein Leben einbeziehen. Alle übernommenen Denkmuster sollen überprüft werden. Ist dies auch heute für dich gültig? Wenn nein, stelle fest welche für dich Richtigkeit haben.
- Erst durch Freude bei der Arbeit und im Leben kann jemand die Begeisterung entwickeln, die auch für seine Veränderung wichtig ist. Durch Begeisterung wird die Kraft entwickelt, die Veränderung ermöglicht.
- Kampf und Krampf blockieren alles und bedeuten Stillstand. Leichtigkeit und Freude lassen die Energien fließen, erst jetzt wird Entwicklung und Lernen möglich.
- Wir sind hier um unsere Lernaufgaben mit Leichtigkeit und Freude zu erfüllen, nicht mit Schmerz, Krampf und Leid.

11. Selbstverantwortung

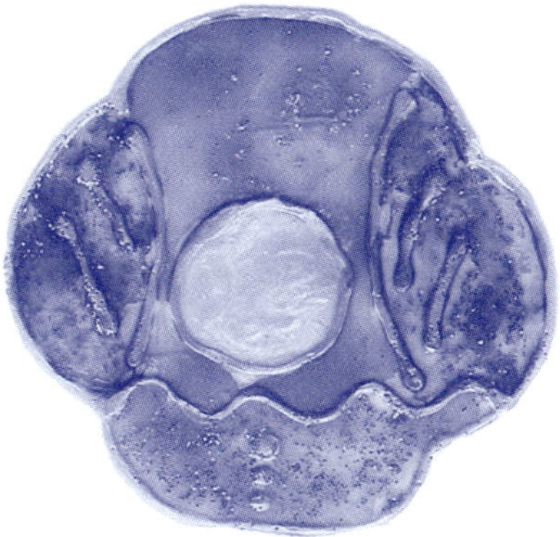

Ich bin verantwortlich für mein Leben.
Ich bin verantwortlich für meine Taten.
Ich bin verantwortlich für meine Worte.
Ich bin verantwortlich für meine Gedanken.

Was ich erlebe, habe ich selbst verursacht. Alles was ich jetzt mache, sage oder denke sind die Bausteine für meine Zukunft in diesem oder einem folgenden Leben. Ich achte auf die Zeichen, die mir mein Körper sendet, und reagiere darauf! Wo habe ich Schmerzen, was sind die Ursachen dafür? Ich selbst trage dafür die Verantwortung, nicht der Arzt, Therapeut, Heiler oder ein anderer Helfer. All diese Menschen können mir Hilfe anbieten, was ich damit mache, ist meine Sache.

Was nehme ich an, was setze ich um, wie setze ich es um? Ich entscheide, was ich aus einer Sitzung oder Behandlung mitnehme, nur so kann Heilung einsetzen, egal auf welcher Ebene. Ich habe immer die Verantwortung und ich entscheide was passiert.

Es ist wichtig, keine Schuldzuweisungen zu machen; nicht an mich selbst und nicht an andere. Schuld ist negative Energie und wirkt sich deshalb negativ auf mein Leben aus. Es bringt mir nichts, wenn ich weiß, wer die Schuld trägt. Was mir aber hilft, ist, den Sinn eines Ereignisses zu erkennen, und zu hinterfragen, was es mich lehren will. Somit wende ich mich sofort dem Positiven zu und kann die Erkenntnis in die Tat umsetzen.

Erkennen – Ziel setzen – wie und wann kann ich das neu Erlernte in mein Leben integrieren im Handeln!

Mögliche Ursachenthemen

Entscheidungen selbst treffen
Sich bei Entscheidungen beeinflussen lassen
Den Erwartungen anderer entsprechen wollen
Wünsche und Träume werden nicht in die Realität umgesetzt
Hilfe von außen annehmen
Schuldzuweisungen sich selbst und anderen gegenüber
In den Tag hineinleben ohne Ziel

Neues Denkmuster

Alles im Leben hat seinen Sinn, es gibt keine Zufälle! Ich erkenne in jeder Situation, was mich das Leben lehren möchte und handle danach. Mit Gedanken und Worten gehe ich achtsam um. Jetzt kreiere ich meine Zukunft mit positiven Gedanken, positiven Worten und positiven Taten.

Affirmation

Ich übernehme die Verantwortung für mich und alles was in meinem Leben passiert!

Farben grün, gelb, gold
Chakren Hand, Fuß, Solarplexus, Herz, Stirn
Körperonen Bauchspeicheldrüse, Gelenke, Gehirn

Die einzelnen Körperzonen

Bauchspeicheldrüse

Aggressive Gefühle
Sich an bereits gespeicherte Themen heranwagen
Dem Leben vertrauensvoll und mit Freude begegnen

Gelenke

Beweglichkeit
Sich auf etwas versteifen
Zu etwas stehen
Dinge zurechtrücken
Sich richtig einstellen
Sich den Möglichkeiten entsprechend ausdrücken

Gehirn	Logik, Verstand, Mentalebene Rücknahme der Dominanz des Kopfes Den eingeschlagenen Weg überprüfen Hingabe statt Kontrolle

Fragen

- Was ist das Positive daran, wenn ich meine Entscheidungen selbst treffe?
- Was könnte mir eine Hilfe sein, mich jeden Tag zu erinnern, dass ich ab jetzt meine eigenen Gedanken denke?
- Was würde sich verändern, wenn ich ab jetzt mit meiner Wortwahl immer achtsam wäre?
- Wem würde es als Ersten auffallen, wenn ich ab jetzt meine Ziele in die Tat umsetze und jeden Tag einen Schritt in diese Richtung gehe?
- Angenommen, die Angst vor Missgeschicken und schwierigen Lernprozessen wäre nicht da, was wäre anders?
- Was habe ich schon versucht, um Schuldzuweisungen loszulassen?

Ich trage die Verantwortung

„Hallo Sanara!", ruft Jolanda. Die zwei Freundinnen treffen sich heute so wie jedes Monat einmal um über wichtige Themen zu philosophieren. „Hallo Jolanda!", begrüßt auch Sanara Jolanda aufs herzlichste und sie umarmen sich.

Es geht heute um das Thema Selbstverantwortung im Leben. Sie setzten sich gemütlich in die Ecke zum Tisch und schenken sich Tee ein, den Sanara vorbereitet hat und der Duft nach Zimt, Nelke und Vanille erfüllt bereits den Raum. „Ich entscheide und übernehme die Verantwortung für alles in meinem Leben!" beginnt Sanara, „Es beginnt schon mit dem Denken, ob jemand negativ oder positiv denkt, jeder kann selbst entscheiden" Jolanda meint nachdenklich: „Jeder beeinflusst schon oder manipuliert schon in Gedanken und erschafft sich Situationen mit der Energie der Gedanken." „Ja," sagt Sanara „Denkt jemand immerzu, dass er ein Pechvogel ist und nichts zuwege bringt, kann man sich vorstellen welch gewaltige Energie sich hier in Form von einer riesigen dunklen Macht aufbaut. Wie eine Gewitterwolke die immer weiter genährt wird, von den negativen Gedanken." Jolanda setzt fort: „Folglich gehen seine Vorhaben, die er in die Tat umsetzen will auch schief, er findet keinen Parkplatz. Und wenn doch, dann übersieht er das Parkverbot und erhält einen Strafzettel, die geschäftlichen Verhandlungen gehen schlecht aus und auch in privatem Bereichen gibt es Missverständnisse und dicke Luft, da er durch die dunkle Wolke der negativen Energie vieles nicht wahr nimmt, falsch deutet und schlecht gelaunt ist. Ihm fehlt die Sonne im Herzen. Diese Menschen beschuldigen möglicherweise auch immer alle anderen für ihre Misserfolge, kein Parkplatz wegen einer Veranstaltung, keine gute Verhandlung da seine Firma nicht das richtige Produkt hat, die Partnerin ist schuld und versteht ihn ja nicht, das sind alles Ausreden um selbst keine Verantwortung übernehmen zu müssen." Sanara ergreift jetzt das Wort: „Ja, das ist mangelnde bis gar keine Selbstverantwortung, es sind immer alle anderen und die schlechten Umstände die Erklärung für alles." Jolanda fragt: „Wie kann diese Situation in der Selbstverantwortung aussehen?" Sanara überlegt und sagt: „Es beginnt schon beim Denken, denke positiv ‚Ich kann es, ich schaffe es, ich bin gut zu mir und zu den anderen, ich tue was wichtig und notwendig ist. So schaffe ich eine sonnige, wunderbare, klare, energiegeladene, positive Wolke um mich herum, die mich trägt. Ich erkenne im rechten Augenblick was notwendig ist. Ich finde den Parkplatz auch wenn ich vielleicht weiter wegstehe und trotzdem zur rechten Zeit da bin, weil mein Verabredungspartner auch erst später ankam. Bei den Verhandlungen fällt mir im richtigen Moment das richtige Argument ein. Und ich erkenne, es geht der Partnerin gerade schlecht, sie will getröstet, gehalten und verstanden werden. Etwas in Selbstverantwortung tun heißt, in positiver Energie die jeden unterstützt und jeder nutzen kann, ich trage die Folgen meines Tuns.' Es liegt an jeden einzelnen Selbst, ob diese Folgen positiv oder negativ sind." Jolanda: „Selbstverantwortung für sein Leben übernehmen heißt schon im Denken, in der Vorbereitung, in der Entscheidung sich für das Positive entscheiden." „Ja", sagt Sanara: „Fragen wie z. B. ‚Was löse ich damit aus? Kann ich das Verantworten? Verletze ich damit jemanden? Was sind die Folgen?' sollte sich jeder stellen. Wenn alles positiv beantwortet werden kann, dann tue es mit deiner ganzen positiven Energie." Jolanda: „Und wenn mir etwas Negatives widerfährt, mache ich keine Schuldzuweisungen, sondern frage mich selbst: ‚Was bedeutet das für mich? Womit hab ich diese Krankheit verursacht? Wie kann ich es in Zukunft besser machen?' Je nach Situation, halte ich nach der Ursache Ausschau um Erkenntnisse zu haben und diese in mein Leben integrieren und neues Verhalten umsetzen zu können."

Sanara antwortet begeistert: „Ja, du hast recht! Wir machen es diesmal auch besser" Sie schaut auf die Uhr: Nicht wie letztes Mal als es 3.00 Uhr in der Früh war, uns am nächsten Tag die Arbeit rief und wir hatten beide kleine Schlitzäugelein. Schließlich übernehmen wir ja auch die Verantwortung für die Qualität unserer Arbeit. Ausgeschlafen lässt es sich einfach besser arbeiten." Mit „Ich wünsche dir eine erholsame gute Nacht." verabschieden sich die beiden.

Mögliche Erkenntnisse:

Schon mein Denken beeinflusst mich und andere.
Es wird Wirklichkeit wenn es in meinem Kopf schon wirklich und schon gedacht ist.
Menschen die Ausreden haben geben die Verantwortung ab.
Ich bestimme meine Wirklichkeit und die Realität.
Erkenntnisse zu haben und daraus zu lernen ist ein wichtiger Grundsatz in meinem Leben.
Auch mein Tun beeinflusst mich und andere, das dadurch Entstandene unterliegt meiner Verantwortung.

Thesen

- Was ich säe werde ich ernten! Nach diesem Motto funktioniert die Selbstverantwortung. Übernimm die Verantwortung für dein Handeln. Ist der Same schlecht, kann dann die Ernte gut sein? Nein, natürlich nicht. Sich über seine schlechte Ernte zu wundern hilft auch nicht. Aber man kann daraus lernen. Es ist eine Erfahrung, die lehrt, nur Gutes zu säen, nur Gutes zu tun, um Gutes zu ernten. In jedem Menschen schlummert viel Gutes, manchmal ist es schwer an das Gute zu kommen, aber es ist da. Finde die gute Saat und mache daraus eine gute Ernte. Die Suche lohnt sich!
- Wenn dir Schlechtes widerfährt, frage dich, was das mit dir zu tun hat. Wo habe ich Schlechtes gesät? Du selbst bist für dein Unglück verantwortlich. Lerne aus dem Schlechten und säe beim nächsten Mal wieder Gutes.
- Ängste wirken beengend und hemmen, eine gute Saat oder Tat ist jetzt nicht möglich. Um in Selbstverantwortung handeln zu können, müssen die Ängste analysiert und überwunden werden. So kann man über sich hinauswachsen und sich weiten, kann die Mauern und Hindernisse, die durch die Angst aufgebaut werden überwinden und Großes vollbringen.
- Selbstverantwortung üben heißt mit allem achtsam und bewusst umgehen – mit Gedanken, Worten, Taten, Gefühlen und Wesen! Dadurch bekommt das Gute in jedem Kraft und die Saat wird wunderbar gedeihen.

12. Vertrauen

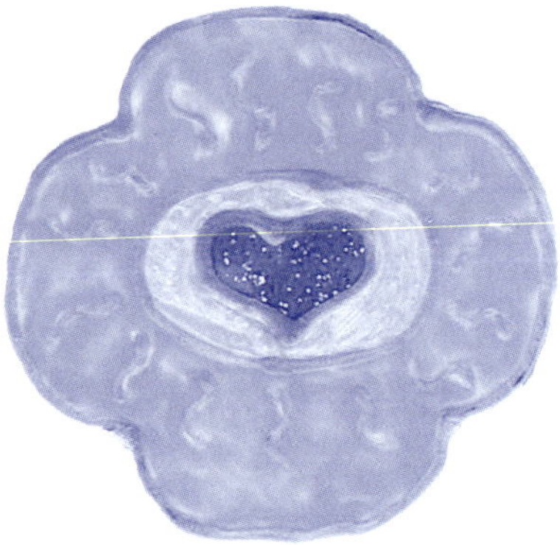

Ich lasse mich fallen und vertraue. Ich gehe in mein Innerstes und bin zuversichtlich, dass alles zu meinem Besten geschieht. Ich vertraue, dass alles zu meinem Lebensplan gehört und meiner Weiterentwicklung dient, auch wenn eine eventuelle Prüfung schwer ist. Gerade dann vertraue ich darauf, je schwerer die Prüfung ist umso größer ist das Lernpotential. Die schwersten Aufgaben werden nur den besten Schülern übertragen.

Ich vertraue mir selbst und meiner Intuition. Wenn ich mir vertrauen kann, kann ich auch anderen vertrauen, kann ich der Welt vertrauen und dem Universum. Ich vertraue, dass alles im Fluss, in einer höheren Ordnung ist. Durch Fluss und Weitergehen kann ich Blockaden lösen und aus dem Weg räumen. Wenn ich vertraue, werden mir die Mittel gegeben. Ich gehe zurück in mein Urvertrauen, wie es ein Kind in seine Eltern hat. Es wird umsorgt.

Ich lasse mich in meiner Beziehung fallen. Ich vertraue meinem mir nahen Menschen genauso wie die anderen mir vertrauen und sich auf mich verlassen können.

Ich habe Vertrauen in meine Fähigkeiten. Im Fluss des Lebens dient alles was mir passiert – Gutes und Schlechtes – meiner Weiterentwicklung, ich kann daraus lernen. Ich vertraue auf den Fluss des Lebens, alles ist zu meinem Besten, wenn ich es so empfinde.

Mögliche Ursachenthemen

Ablehnen und Verdrängen von Herausforderungen
Angst vor Fehlern und vor dem Versagen
Mangelndes Vertrauen in die eigenen Fähigkeiten
Verletzlichkeit
Vertrauen in der Partnerschaft
Vertrauen in das Leben

Neues Denkmuster

Ich lasse mich fallen und vertraue, ich gehe in mein Innerstes. Ich nehme jede Herausforderung mit Freude an, ich vertraue auf meine Fähigkeiten, sie sind die Werkzeuge, mit denen ich meine Aufgaben bewältige. Ich kann aus jeder Situation lernen, alles dient meiner Weiterentwicklung.

Affirmation

Ich gehe in mein Gefühl und vertraue meinen Fähigkeiten!

Farben rosa, gelb, orange, gold

Chakren Solarplexus, Sexualchakra

Körperonen Bauch, Magen, Unterbauch, Sexualdrüsen

Die einzelnen Körperzonen

Bauch	Geborgenheit Genuss Mitte Gefühl Verarbeitung der Eindrücke „aus dem Bauch heraus leben“
Magen	Aufnahmefähigkeit Aussprechen, was im Magen „brennt“ Hingabe an den Fluss des Lebens Wieder von sich geben, was nicht „verdaut“ werden kann
Unterbauch	Unbewusstes Angst vor Einsamkeit durch Selbstverantwortung Faule Kompromisse Loslassen
Sexualdrüsen	Vertrauen in das andere Geschlecht Vertrauen in die Urkraft/Urvertrauen Loslassen

Fragen

- Was könnte mir dabei helfen, meine Herausforderungen im Vertrauen anzunehmen?
- Wie könnte ich meine Ängste, die mich daran hindern Vertrauen zu haben, auflösen?
- Angenommen, ich könnte mich in einer Beziehung fallen lassen, was wäre anders?
- Was würde sich verändern, wenn ich im Gefühl dem Fluss des Lebens vertrauen könnte?
- Was könnte ich tun, um die Verletzungen auszulöschen und wieder Vertrauen empfinden zu können?

Die Prüfungen des Lebens

„Die schwierigsten Aufgaben werden nur den besten Schülern übertragen!“, Sanara spricht mit ihrer Tochter Klara. „Du bist hier, um dich zu entwickeln.“ „Ich weiß, aber seit ich mich entschlossen habe meine Selbstentwicklung bewusst in Angriff zu nehmen kommt es manchmal schon sehr dick.“, erklärt Klara ihr Stimmungstief. „Meine Umwelt zeigt mir ständig, woran ich noch arbeiten muss. Zuerst waren die Neidgefühle meinen Kollegen gegenüber ein sehr brisantes Thema, die ich dank deiner Hilfe gut gemeistert habe. Das nächste war ein Angriff auf mein Eigentum, ich wurde bestohlen. Jetzt wird mein Selbstwert stark geprüft. Kann ich die Herausforderungen in meinem neuen Projekt bestehen? Mir wurde die Leitung übertragen, aber die Schwierigkeiten in der Zusammenarbeit mit der Vertriebsabteilung in der Firma scheinen unüberwindbar.“, redet sich Klara alles von der Seele.

„Du bist schon durch einige Prüfungen, die du gut gemeistert hast, gestärkt, du hast dich weiterentwickelt, so kannst du schon größere Chancen des Lebens bewältigen.“, muntert Sanara sie auf. „Gehe in dein Vertrauen, es wird dir alles gegeben, um Lösungen zu finden und umzusetzen. Vertraue und gib dich hin, im Fluss des Lebens wirst du dich auf dich verlassen können. Vertraue dir selbst! Es werden dir Menschen begegnen, die dir die nötigen Informationen zur Lösung geben oder du bekommst die Informationen auf einem anderen Weg, z. B. durch Medien oder Zeitungen, du wirst sozusagen darüber fallen. Sei wachsam, erkenne sie, vertraue darauf, dass alles da sein wird. Auch deine Fähigkeiten sind für dieses Projekt entwickelt. Vertraue, und es werden dir die Mittel zufließen.“, spricht Sanara ruhig zu ihrer Tochter.

„Du hast recht, ich weiß, ich kann es, ich schaffe es, ich will es, ich habe mich doch dafür entschieden.“, sagt Klara und ein Lachen kehrt in ihr Gesicht zurück. „Danke, Mutter, ich muss jetzt gehen. Ich weiß, ich bin ein guter Student!“, ruft ihr Klara nach einem liebevollen Abschiedskuss zu.

Mögliche Erkenntnisse:

Die schwierigsten Aufgaben werden nur den besten Schülern übertragen!
Ich bin auf der Erde um mich zu entwickeln.
Meine Umwelt zeigt mir mein Entwicklungspotential.
Ich darf meinen Fähigkeiten Vertrauen.
Möglichkeiten für die Lösung meiner Herausforderung werden mir zufließen.
Wenn ich mich entscheide ein guter Student zu sein, kann ich es schaffen.

Thesen

- „Nichts kann den Menschen mehr stärken, als das Vertrauen das man ihm entgegenbringt." Adolf von Harnack
- Vertrauen ist das Wissen um die eigenen Fähigkeiten. Objektive Bestandsaufnahme seiner eigenen Persönlichkeit kann das Vertrauen in sich selbst stärken. Entspannung durch dieses Wissen kann folgen und macht Vertrauen noch besser möglich.
- Mangelndes Vertrauen blockiert die Energie, blockiert die Fähigkeiten, dadurch geht nichts mehr. Das Schöpfen aus seinen Fähigkeiten stärkt das Vertrauen.
- Jeder bekommt das Startkapital für seine Entwicklung mit, jeder darf darauf vertrauen, dass ihm das zur Verfügung steht, was er braucht. Das ist das Vertrauen in das Leben.
- Verletzlichkeit erkennen und annehmen ermöglicht dir, gestärkt aus negativen Situationen hervorzugehen. Im Vertrauen an die eigene Stärke verliert die Verletzlichkeit an Schrecken. Wir sind alle verletzlich, nimm diese Angst an.
- Vertrauen darauf, dass das Leben alle Werkzeuge für dich bereit hat, ist ein Schlüssel für ein glückliches Leben.

13. Spiritualität

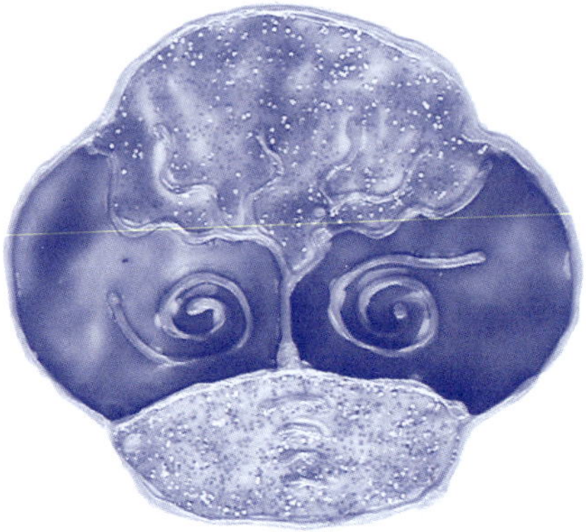

Ich erforsche den Sinn meines Lebens. Was ist der eigentliche Grund meines hier Seins? In weiterer Folge erkenne ich meinen Lebensplan, ich fühle und lebe ihn. Ich lebe als Teil des großen Ganzen meine Bestimmung.

In meinem Inneren fühle ich meine Aufgabe und erkenne den Sinn der Lernaufgaben, die mir mein Leben stellt. Dafür ist vernetztes Denken notwendig. Um solche Zusammenhänge zu erkennen, wird ein sehr komplexer Denkvorgang in Gang gesetzt. Durch das vernetzte Denken der Spiritualität werden andere chemische Prozesse im Gehirn aktiviert.

Ich trete meinen Mitmenschen in Liebe gegenüber. Auch hier erkenne ich die großen wichtigen Aufgaben, die jeder einzelne Mensch hat. Ich bringe Verständnis für meine Mitmenschen und Beziehungen auf. Spiritualität bedeutet, alles was ich mit meinem vernetzten Denken erfasse auch in die Tat umzusetzen. Ansonsten bin ich ausschließlich abgehoben und unrealistisch. Es ist wichtig, die Erkenntnisse und Antworten Realität werden zu lassen und danach zu handeln.

Mögliche Ursachenthemen

Erkenntnisse in die Tat umsetzen
Themen (positiv und negativ), die mich betreffen, wahrhaben wollen
Wichtiges von Unwichtigem unterscheiden
Abgehoben und unrealistisch sein
Dinge, die getan werden wollen, anpacken
Dinge denken, aussprechen und tun
Visionen in die Tat umsetzen
Mitmenschen annehmen und lieben wie sie sind
Achtung gegenüber allen Lebewesen
Wenn ich gefragt werde, mit meinen Erkenntnissen auf andere helfend einwirken

Neues Denkmuster

Ich erkenne in jeder Situation meines Lebens den Sinn, ich lerne daraus und setze meine Erkenntnisse in die Tat um! Meine Bestimmung ist Teil des Großen Ganzen, ich erkenne den Sinn meines Lebens. Spiritualität bedeutet sein Bewusstsein zu erweitern und Liebe in die Welt zu bringen.

Affirmation

Ich erkenne meine wahre Bestimmung und bringe Liebe in die Welt!

Farben türkis, lila, hellgrün
Chakren 3. Auge, Hals, Handchakra
Körperzonen Lunge, Hände, Augen, Gehirn

Die einzelnen Körperzonen

Lunge	Kontakt nach außen Kommunikation Freiheit Bereitschaft und Freiheit zum Austausch Offenheit leben Mit allen Wesen leben Auch heikle Themen ansprechen
Hände	Ausgleich zwischen Nehmen und Geben Erkenntnisse umsetzen Seine Bestimmung leben Kreativität nach außen bringen Das Leben in den Griff bekommen Altes loslassen und nicht daran festhalten
Augen	Einsicht Durchblick Spiegel der Seele Eindrücke hereinlassen Die Welt wahrhaben wollen Die eigene Wahrheit erkennen

Gehirn — Kommunikation
Sich mutig für seinen Weg entscheiden
Wissen in Weisheit wandeln
Leben und erkennen
Rücknahme der Dominanz des Gehirns
Kopf mit Bauch verbinden

Fragen

- Welche Vorteile bringt es mir, wenn ich meine Erkenntnisse (nicht) in die Tat umsetze?
- Wie könnte ich mir erklären, dass ich meine Mitmenschen, so wie sie sind, nicht annehmen kann?
- Was würde sich in meinem Leben verändern, wenn ich das Wichtige vom Unwichtigen unterscheiden könnte?
- Wer würde es als Erster bemerken, wenn du deine Schwächen akzeptieren würdest?

Bewusst Leben

„Viele Menschen leben noch ein unbewusstes Leben.“, erklärt Sanara einigen Freunden. Sie sitzen beim Kaffee im Wohnzimmer von Igor. Sarai und Stefan sind auch gekommen. Sie unterhalten sich über den Sinn des Lebens.

„Irgendwann geht jeder auf die Suche nach dem Sinn seines Lebens, das ist der Schritt in ein bewusstes Leben.“, fügt Sarai hinzu. „Ja, und das ist der Punkt, an dem wir aufwachen, bewusst werden und ständig unser Bewusstsein erweitern.“, sagt Stefan und schenkt sich Wasser aus einem wunderschönen Krug mit bunten Steinen ein. „Aber viele beginnen im Außen nach dem Sinn und ihrer Lebensaufgabe zu suchen und irren jahrelang umher.“, wendet Sanara ein. „Der Sinn und die eigene Lebensaufgabe finden wir nur in uns, in unserer Weisheit, in unserem Gefühl, in unserer Intuition.“, setzt sie fort, sie kann kaum Luft holen. „Die wahre Bestimmung will gelebt werden und dient damit auch den anderen. Wer seinen Lebensplan lebt, bewegt auch seine Mitmenschen. Wenn ich mich verändere, verändert sich auch meine Umgebung.“, beendet Sanara und trinkt ihren Kaffee aus.

Jetzt meldet sich auch Igor zu Wort, bis jetzt hat er interessiert zugehört: „Was ist, wenn ich meinen Plan und meine Bestimmung nicht finde?“ . „Wenn du am richtigen Ort suchst, nämlich in deinem Inneren, wirst du Antworten auf deine Fragen bekommen, gehe in die Stille, gehe in die Natur, gehe in deine Freude!“, hat Sanara

die richtige Antwort parat. „Jeder hat sich etwas für dieses Leben vorgenommen, jeder hat seine Aufgabe zu erfüllen, jeder hat sich etwas anderes vorgenommen, es gibt keine Zufälle.", sagt Sanara.
„Apropos ‚vorgenommen' – ich habe mir vorgenommen Spaß zu haben. Heute ist so wunderschöner Freitagnachmittag. Was haltet ihr davon, eine Radtour ins Grüne zu machen? Am Wasser können wir eine Rast machen und weiterforschen – über unseren Lebensplan! Die Räder stehen im Keller, auf, auf, meine Lieben, fahren wir los!", kommt lachend die Aufforderung von Igor. „Du hast recht.", stimmt Stefan zu, nur wer Spaß hat, ist entspannt und ist in seinem Gefühl, in seiner Intuition und findet so im Inneren die Antworten auf seine Fragen. Ich fahre mit!"

„Was ist mit euch, meine Damen?", fragt Igor, „Ich habe auch Damenräder." „Ja, natürlich kommen wir mit!", sagt Sanara und Sarai stimmt zu: „Freude ist das wichtigste im Leben, Freude und Humor sind spirituelle, wenn nicht sogar heilige Eigenschaften, wenn sie von Herzen kommen und nicht auf Kosten anderer gehen."
Voller Freude brechen die vier Freunde auf und verbringen den wunderschönen Abend in der Natur.

Mögliche Erkenntnisse:

Jedes Leben hat einen Sinn und eine Aufgabe.
Wer sich verändert, verändert auch seine Umwelt.
Die Antworten nach dem Sinn meines Lebens findet man nur in seinem Inneren.
Nur wer entspannt ist, kann Kontakt haben mit dem Inneren und Antwort finden.
Freude und Humor gehören zu den wichtigsten Qualitäten im Leben.

Thesen

- Spiritualität bedeutet, sein Leben bewusst zu gestalten, Selbstverantwortung zu übernehmen, im Einklang mit seinen Gefühlen und seiner Seele zu denken und zu handeln. Jeder kommt irgendwann an dem Punkt in seinem Leben an, wo er nach dem Sinn seines Lebens fragt. Stellt er sich dieser Frage oder flüchtet er? Jeder, der nicht davonläuft, ist auf dem Weg zu einem spirituellen Leben.
- Vernetzt in großen Zusammenhängen zu denken ist ein Merkmal eines spirituellen Menschen. Weitsicht, Verantwortung und Kreativität zeichnen ihn aus.

- Es ist jedem möglich diese Qualitäten zu entwickeln, sie schlummern in jedem einzelnen von uns. Sie warten nur darauf geweckt zu werden, in jedem steckt ein guter Kern.
- Taten der Spiritualität dienen dem Großen Ganzen, sie setzen sich wie kleine Rädchen fort und bewegen das ganze Uhrwerk.
- Spiritualität bedeutet sein Bewusstsein zu erweitern und Liebe in die Welt zu bringen.

14. Hingabe

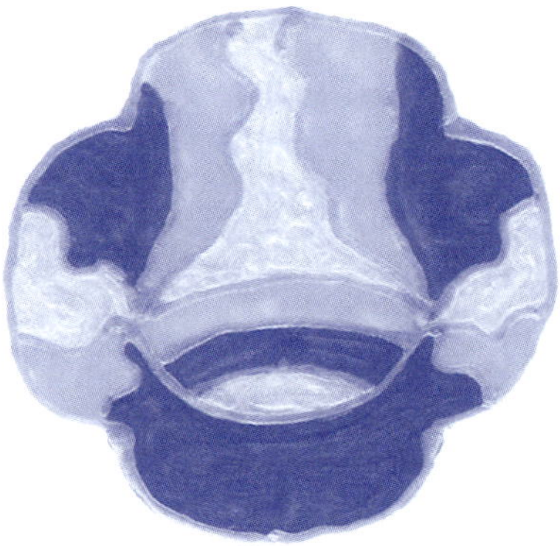

Hingabe ist untrennbar mit Vertrauen in den göttlichen Willen verbunden. Ich gebe die Kontrolle meines Verstandes ab. Ich kann nicht immer alles bestimmen. Ich vertraue dem Leben und lasse es einfach geschehen. Der Glaube an das Gute und der eigene göttliche Wille werden gestärkt. Jenseits meines egoistischen Willens ist mein eigener göttlicher Wille (ohne religiösem Konzept), ich vertraue ihm. Er bringt mich in meiner Entwicklung weiter. Ich gebe mich hin und vertraue meiner göttlichen Weisheit. Ihr Sitz ist mein Bauch, mein Gefühl, mein Solarplexus. Die Hinhabe an meine Weisheit ist in mir. Wenn ich ruhig werde, kann ich sie hören. Ich mache das, was ich fühle, es ist mein göttlicher Wille.

Hingabe ist auch in Beziehungen wichtig. Nur Vertrauen und Hingabe ermöglichen ein gutes und erfülltes Zusammenleben. Ich lasse mich fallen und fühle mich in den Armen meiner Liebsten geborgen. Fühle ich mich bei mir selbst geborgen? Ich nehme die Geborgenheit in mir wahr, lasse sie zu und fühle wie ich mir selbst alles geben kann. Erst jetzt bin ich bereit, mich anderen Menschen hinzugeben.

Hingabe findet auf der Gefühlsebene statt, sie ist das Göttliche in mir. Das Göttliche bringt mich weiter, Schritt für Schritt, immer so weit, wie ich es bewältigen und in meinem Leben verkraften kann. Ich höre auf mein Gefühl, auf das Göttliche in mir, so kann ich meine Lebensaufgabe erkennen und erfüllen. Ich gebe die Kontrolle meines Verstandes ab, mein Körper lockert sich, die Muskeln entkrampfen sich, die Sehnen werden elastisch, die Nerven entspannen sich, der Geist wird frei und sofort bin ich auf der Ebene meiner Gefühle. Jetzt bin ich in der Hingabe und der Verstand tritt in den Hintergrund. Ich gebe mich meinen Gefühlen hin und lebe den göttlichen Willen, denn ich bin Teil Gottes. Ich gebe mich der Geborgenheit in mir selbst hin, weil ich aus meinem Gefühl heraus lebe.

Mögliche Ursachenthemen

Anspannungen in allen Bereichen lösen
Das Göttliche in mir erkennen
Angst haben, die Kontrolle aufzugeben
Gefühle zulassen und danach leben
Zuerst das Gefühl, dann der Verstand
Die Geborgenheit in mir selbst spüren
Sich dem göttlichen Willen hingeben

Neues Denkmuster

Zuerst das Gefühl, dann der Verstand! Ich lebe meine Gefühle. Das Göttliche ist in mir und ich lebe es. Mein Leben wird von der Hingabe in mein Gefühl bestimmt. Ich lasse los und entspanne mich, alles andere folgt von selbst.

Affirmation

Ich gebe mich hin und lebe meinen göttlichen Willen!

Farben gold, rot, orange, gelb
Chakren alle
Körperzonen Nerven, Bauch, Muskulatur, Sehnen

Die einzelnen Körperzonen

Nerven — Mutig Wege finden, um das Leben sinnvoll zu leben
Locker lassen und sein „Nachrichtensystem“ frisch aktivieren
Schlechtes abfließen lassen
Die Nerven entlasten

Bauch	Seine Intuition beachten Aus dem Bauch/Gefühl leben In seiner Mitte sein In Balance sein Sich geborgen fühlen Krampf im Leben aufgeben Dem Bauchgefühl vertrauen
Muskulatur	Starre und Sturheit beenden Überzogene Forderungen zurücknehmen Sich geistig dehnen und regen
Sehnen	Macht und Verbissenheit aufgeben und lockern Anfallende Tätigkeiten wie Kunst mit Hingabe verrichten Die innere Haltung zum Guten verändern Bänder an denen alles hängt entlasten Die Energie mit Lockerheit in die Praxis umsetzen

Fragen

- Was könnte ich machen, um die Anspannung in mir noch zu vergrößern?
- Wer würde es als Erster bemerken, dass ich das Göttliche in mir erkannt habe?
- Was würde geschehen, wenn ich die Kontrolle aufgebe?
- Was ist positiv daran, wenn ich meinem Verstand den ersten Rang gebe und meine Gefühle überhöre und ignoriere?
- Angenommen ich könnte vollkommen in der Hingabe, in meinem göttlichen Willen leben, was hätte sich verändert?

Ein Frühlingstag in der Natur

Sanara und Yasmina liegen auf der Wiesen lassen die Seele baumeln.

„Du, Sanara, vollkommene Hingabe – was ist das und wie funktioniert das?“, stellt Yasmina die Frage in die Stille, denn außer dem Zwitschern der Vögel und dem Summen der Bienen ist nichts zu hören an diesem wunderschönen Frühlingstag.

„Na, z. B. so wie jetzt, du willst nichts, du tust nichts, du gibst dich der Natur hin und fühlst.", antwortet Sanara, die neben ihr genüsslich lümmelt. „Ja, jetzt ist das einfach, ich spüre ein wohliges Gefühl im Bauch, ich fühle mich geborgen und mit Mutter Erde verbunden, aber wie ist es morgen, wenn ich wieder im täglichen Berufsstress stehe?", fragt Yasmina erneut. „Das ist schwieriger, du hast Recht. Nimm dir das Gefühl von heute mit, gib dich deiner Arbeit hin, bleib im Gefühl, schalte auch bei schwierigen Denkvorgängen nie dein Gefühl aus, bleib im Gefühl und gib dich deinen Denkvorgängen hin, bleib mit deinem Gefühl in Verbindung, auch wenn du noch so lange vor dem Computer sitzt. Dadurch schaltest du deinen egoistischen Willen aus und den göttlichen Willen, der mit deiner Intuition verbunden ist, ein. Du bleibst entspannt und kannst klare intuitive Gedanken denken.", antwortet Sanara langsam und bedächtig. Man merkt, dass sie es genießt in der Natur zu verweilen. „Wie schaffe ich es in meiner wunderbar wohligen Geborgenheit meines Bauches, meiner Intuition und meiner Weisheit zu bleiben, um mich hingeben zu können, wenn um mich nur gestresste Menschen sind, die weit weg von ihrer Hingabe leben?", bringt Yasmina den nächsten Einwand. „Das ist Übung! Lass dir etwas einfallen, schreib dir z. B. Zettel, die du überall hinlegen kannst und dich immer wieder daran erinnern, bis du es automatisch kannst. Auf diesen Zetteln könntest du Stichwörter wie, ‚Bauch', ‚Intuition', ‚Geborgenheit', ‚Gefühl', ‚Hingabe', ‚mein Göttliches', schreiben. Du wirst immer erinnert, dein Denken mit dem Gefühl zu verbinden und dich deiner Arbeit hinzugeben. Ich bin mir sicher, so führt jeder seine Arbeit zum Erfolg, egal, was er macht, mit vollkommener Hingabe funktioniert es. Übe in jeder freien Minute, leg die Hand auf deinen Bauch. Was fühlst du? Fühle die Wärme, streichle deinen Bauch. Es wird dir immer öfter gelingen. Zuerst das Gefühl und erst dann schalte deinen Verstand dazu, so arbeiten sie wunderbar zusammen.", erklärt Sanara weiter.

„Üben wir zusammen?", schlägt Yasmina vor. „Gerne,", kommt prompt die Antwort von Sanara, „ich gebe mich der Mutter Natur hin, ich fühle die Erde unter mir, ich will nichts, ich tue nichts, ich fühle – und wenn ich dann in den Alltag gehe, nehme ich mir meine wunderbare Höhle mit und gebe mich meiner Arbeit hin, ich tue, ich denke, ich fühle, ich gebe mich hin, im göttlichen Willen, der zum Wohle aller da ist.", führt Sanara diese Übung vor.

Eine Weile geben sich Sanara und Yasmina dieser Übung hin, um für den Alltag gewappnet zu sein. Sie spüren die Energie im Bauch, die sich auf den ganzen Körper ausdehnt und alles verbindet – Gefühl und Verstand sind eine Einheit. Sie sind in völliger Hingabe. Dann bricht der Abend herein und die beiden machen sich heiter und energiegeladen auf den Heimweg.

Mögliche Erkenntnisse:

Hingabe ist außerhalb des egoistischen Willens, Hingabe ist auf der Gefühlsebene.

Auch schwierige Denkvorgänge funktionieren in der Hingabe. Sie sind dann verbunden mit der Intuition.

Auch Hingabe muss gelernt und geübt werden.

Arbeit, mit Hingabe verrichtet, führt zum Erfolg.

Hingabe ist die Verbindung von Gefühl und Verstand und ist vollkommen im Jetzt.

Hingabe verbraucht keine Energie, sondern lädt Energie auf.

In der Hingabe kommt der göttliche Wille durch, der allem dient, von dem alle profitieren, der nicht auf den egoistischen Vorteil ausgerichtet ist.

Thesen

- Hingabe ist Vertrauen in seine eigene göttliche Weisheit. Im Vertrauen an sich selbst gelingt es jedem sich seinem Leben hinzugeben, entspannt zu sein, im Fluss seiner Energien sein Leben zu meistern und allen Herausforderungen gewachsen zu sein.
- Hingabe kann erst entstehen, wenn man das Göttliche, Große, Weise in sich selbst erkannt hat. Dann ist es möglich die Kontrolle aufzugeben und Hingabe zuzulassen.
- In der Hingabe entsteht zuerst ein Gefühl, dann kommt der Verstand. Das Gefühl erkennt den Verstand an und schließt diesen mit ein.
- Hingabe ist eine warme, sich wohlig anfühlende Energie, die Geborgenheit ausstrahlt. Sie gibt Geborgenheit in sich selbst.
- Hingabe ist erst möglich, wenn alle Anspannung gelöst ist und alle Energien fließen. Jetzt fließt das Leben.

15. Gelassenheit leben – Entspannung

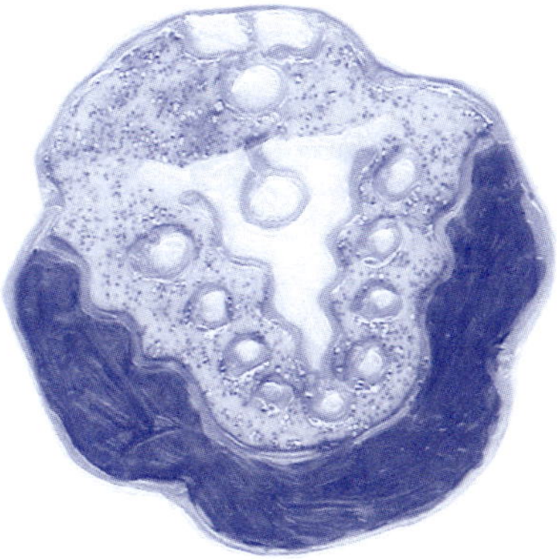

Ich stehe ständig unter Strom und verliere sehr viel Kraft, verbrauche sehr viel Energie. Ich bin wie eine Katze, die auf der Lauer liegt. Alle Sinne laufen ständig auf Hochtouren, bereit für den Einsatz, wenn plötzlich die Maus aus dem Loch hervorschaut. Ich bin ständig in Bereitschaft und warte auf den Zeitpunkt für meinen Angriff. Der Körper, der Geist, die Muskeln, die Nerven, die Sinne, das Gehirn, alle Ebenen sind in ständiger Anspannung – in Vorbereitung auf eine Attacke gegen mich.

Durch dieses Handeln verbrauche ich sehr viel Energie und verliere sie für meine eigenen Aufgaben. Warum glaube ich, es sei alles gegen mich? Warum erwarte ich einen Angriff gegen meine Person, warum nehme ich sachliche Aussagen persönlich? Die Umwelt ist neutral, ich mache sie durch mein Denken negativ. Meine Mitmenschen stehen mir neutral gegenüber, erst durch meine Reaktion werden ihre Aussagen positiv oder negativ gewertet. Das bedeutet, ich nehme die Aussagen meiner Mitmenschen zuerst an, werte sie erst in zweiter Linie und frage nach, wenn etwas unklar erscheint. Wie meinst du das? Was können wir ändern? Was kann ich dazu beitragen? Wie betrachtest du die Situation? Wie sind wir in diese Situation geraten? Ich nehme grundsätzlich nichts mehr persönlich, reagiere immer ruhig, egal wie aufgebracht mein Gegenüber ist. Ich stelle nie Schuldfragen, sondern frage nach den Veränderungen.

Ich möchte alles selbst erledigen und über alle Kontrolle haben. Das Leben ist Kampf: Angriff und Verteidigung. Die Angst, es richte sich etwas gegen meine Person, ist ständig präsent. Ich lasse diese Angst los und gehe in mein Vertrauen. Ich habe wunderbare Fähigkeiten um mein Leben zu meistern, ich gehe weg von dieser Angst und nehme das Gute in mir an.

Das Leben kann auch Ruhe und Gelassenheit bedeuten. Ich gebe mich hin und fließe im Strom des Lebens mit. Das Leben ist Frieden und Entspannung.

Ich kann loslassen, die anderen können alles alleine für sich erledigen. Ich muss sie nicht kontrollieren. Regeln erleichtern das Zusammenleben, es gibt klare Richtlinien und hin und wieder mache ich Stichproben, ob diese auch eingehalten werden. Speziell meine engsten Angehörigen und meine Kinder können sehr viel selbständig erledigen. Sie wachsen dadurch, sie dürfen aus ihren eigenen Fehlern lernen. Schritt für Schritt ist es ihnen möglich für sich selbst die Verantwortung zu übernehmen. Meine gewonnene Zeit verwende ich für mich, ich tue Gutes für mich selbst, meinen Körper und meine Seele. So kann ich immer mehr in meine Gelassenheit, in meine innere Ruhe gehen und diese auch auf meine Umgebung ausstrahlen. Ruhend in meiner Mitte arbeitet mein Leben für mich, alles ist für mich.

Mögliche Ursachenthemen

Ständig einen Angriff erwarten
Alles richtet sich gegen mich
Das Leben kann auch Gelassenheit sein
Anspannung lösen und loslassen auf allen Ebenen
Kontrolle abgeben
Alles arbeitet für mich
Du darfst deine Ängste loslassen!
Im Fluss des Lebens erledigt sich vieles von selbst, ich erwarte das Beste für mich!
Andere dürfen aus ihren eigenen Fehlern lernen
Kinder dürfen schon sehr bald Verantwortung für sich selbst übernehmen
Viel Zeit für sich selbst verwenden und es sich gut gehen lassen

Neues Denkmuster

Das Leben ist Losgelöstheit und Gelassenheit auf allen Ebenen. Ich gebe die ständige Lauer auf. Alles ist zu meinem Besten. Meine Mitmenschen sind für sich selbst verantwortlich, ich brauche ihnen nichts abzunehmen. Ich bin „nur" für mich verantwortlich und verwende in Gelassenheit viel Zeit für meine persönliche Entwicklung. In Ruhe erwarte ich das Beste für mich. Alles arbeitet für mein Leben, alles arbeitet für mich. Meine Kraft und Energien dienen mir für die wirklich wichtigen Aufgaben, meine Selbstentwicklung und meine Ziele.

Affirmation

Ich lebe Gelassenheit und bin losgelöst auf allen Ebenen!

Farben blau, grün, weiß

Chakren alle

Körperzonen Muskulatur, Gehirn, Nerven, Sinne

Die einzelnen Körperzonen

Muskulatur

Kraft, im Leben in Bewegung zu bleiben
Übertreibung
Überforderung im Leben
Blockaden in der Bewegung des Lebens
Durch Verspannungen zur Ruhe gezwungen werden
Herrschsucht zurücknehmen
Anpassungsfähigkeit erlernen
Egoismus zurücknehmen
Aus der eigenen Intuition leben
Überzogenen Forderungen zurücknehmen

Gehirn

Kommunikation, Logik
Umdenken, Rückzug planen und durchführen
Den Intellekt zurücknehmen und in Verbindung mit der Gefühlsebene leben
Konzentration auf das Wesentliche
Herz und Bauch zum Zug kommen lassen
Umkehr und Umdenken zulassen
Sich aus der Gedankenwelt zurücknehmen

Nerven

Nachrichtendienst
Überforderung der Kommunikationswege
Kommunikation vorübergehend einstellen oder reduzieren
Mehr mit dem Bauch hören und handeln
Vibrierende Lebensenergie leben statt vor innerer Unruhe zittern
Loslassen lernen bevor der Informationsspeicher wieder neu befüllt wird, Sich Ruhe gönnen
Den äußeren Kampf aufgeben

Sinne	Wahrnehmung erweitern Mit Hilfe der Sinne fühlen Sich Zeit nehmen und erkennen, was sein Leben so anspannt Neue Sichtweisen entwickeln Auf die innere Stimme hören Den eingeschlagenen Lebensweg korrigieren

Fragen

- Was habe ich schon alles getan, um meinen Körper und meinen Geist aufzulockern und zu entspannen?
- Angenommen ich würde ab jetzt nur mehr Frieden und das Beste für mich erwarten, was würde sich verändern?
- Was könnte ich machen, um die Angst, dass alles gegen mich ist, loszulassen?
- Angenommen ich würde die Kontrolle über meine engsten Mitmenschen aufgeben und sie in die Selbstverantwortung entlassen, welches Problem könnte jetzt auftreten?
- Was ist das Angenehme an der ständigen Anspannung?
- Wer würde es als Erster bemerken, wenn ich mich in Gelassenheit übe und nur mehr das Beste und Frieden für mich erwarten würde?

Der Tag der Präsentation

Sanara wacht morgens auf und ist sofort auf Touren. All ihre Sinne arbeiten konzentriert bis zur Anspannung des ganzen Körpers. Wie jeden Tag geht sie zur Arbeit, heute aber ist sie extrem nervös. Sie blickt rechts, links, nach vorne und zurück, so, als ob sie jederzeit einen Angriff erwarten würde. Sie hat Angst, sie hat das Gefühl es sei alles gegen sie. Aber warum? Heute ist der Tag einer wichtigen Präsentation, ihre Nerven sind bis zum Zerreißen angespannt. Sanara hat sich gewissenhaft auf diesen Tag vorbereitet, die Präsentation ist bis ins kleinste Detail fertig gestellt.

„Hallo Sanara, guten Morgen!", hört sie von weitem jemanden rufen. Es ist Michel, ihr guter und lieber Freund. Während er näher kommt, winkt er ihr lachend zu: „Was für ein wunderschöner Sommermorgen, die Sonne lacht und die leichte Brise erfrischt uns!" Er strahlt über das ganze Gesicht. „Hey, Sanara, was ist los mit dir? Wo bist du mit deinen Gedanken, du reagierst gar nicht!" „Du hast recht", antwortet

Sanara „ich bin gar nicht da, meine Angst hält mich gefangen." „Welche Angst du auch immer hast, schau sie dir an, nimm sie an und lach sie an, so wie die Sonne vom Himmel lacht und deine Angst wird schmelzen wie der Schnee in der Frühlingssonne! – Ich muss gehen", spricht er weiter „Ich habe einen Termin und bin schon spät dran. Vergiss nicht zu lachen. Ich liebe dich, Tschüß!" Michel geht seinen Weg.

Sanara ist wieder allein. „Wow, das hat gesessen. Michel, dich hat der Himmel geschickt", denkt Sanara bei sich. „Wovor habe ich wirklich Angst? Ich bin bestens vorbereitet, ich habe alle Qualifikationen. – So, jetzt nehme ich dich an – Angst. Es ist okay und jetzt kannst du gehen. Ich lache dich an und gehe voll Vorfreude an die Tat!" Wie ein Panzer fällt die Anspannung von Sanaras Körper ab und das Lächeln kehrt in ihr Gesicht zurück. Wie ein Schmetterling, der aus seiner Puppenhülle schlüpft, entfaltet sie sich. „Ich bin wieder da – im Hier und Jetzt!", jubelt sie. Ihre Angst hat sich in Freude gewandelt!

Mögliche Erkenntnisse:

In der Angst ist es nicht möglich im Jetzt zu leben (die Umwelt wird nur eingeschränkt wahrgenommen), voll von Angst ist die Zukunft präsent und das ausgemalte Schreckenszenario.

Angst erlaubt kein Miteinander, wer Angst hat, ist isoliert und erlebt die Umwelt als Gegner.

Angst kann gewandelt und transformiert werden, indem man ihr ins Gesicht lacht, sie annimmt, sie zu verdrängen bewirkt Energieblockaden und Handlungseinschränkung.

Angst kann ein Gefängnis (Panzer, Anspannung) erzeugen, aus dem man glaubt nicht herauszukönnen.

Ohne Angst ist es möglich ein freudvolles, entspanntes, freies und erfülltes Leben zu genießen.

Thesen

- Wenn jemand alles auf seine Person bezieht und dementsprechend aggressiv reagiert, erwartet er immer und überall einen Angriff. Das bedeutet für ihn ständige Anspannung, blockierte Energie; kein Kontakt mit seiner inneren Weisheit ist möglich.
- Wenn jemand glaubt, alles sei gegen ihn gerichtet, bedeutet das auch, dass er gegen sich selbst arbeitet. Die Selbstliebe ist unterbrochen, es ist ein Leben gegen die eigene Persönlichkeit im ständigen Selbstzweifel.

- Etwas sachlich zu sehen – alles sachlich zu sehen – ist für jedermann möglich, wenn man aufgibt den potentiellen Angriff zu erwarten. Wandle die Sätze „Alles arbeitet gegen mich." in „Alles arbeitet für mich!" und „Das Leben ist gegen mich." in „Das Leben fließt und unterstützt mich!".
- Vertraut jemand seinem Leben, braucht er nichts und niemanden zu kontrollieren. Ängste können abgelegt und die Kontrolle aufgegeben werden. Jeder übernimmt die Verantwortung für sein Leben, ansonsten ist er entspannt, gelassen und in freudiger Erwartung. Das Leben bringt jedem das Richtige. Jetzt fließen die Energien und der Anschluss an den Lebensstrom jedes einzelnen funktioniert. Vertrauen ist angesagt, es wird vom Leben ernst- und angenommen und wird erhöht. Dinge und Situationen erledigen sich oft wie von selbst, in dieser Energie gelingt es, sich mühelos zu entwickeln.

16. Hochzeit, Mann-Frau-Beziehung

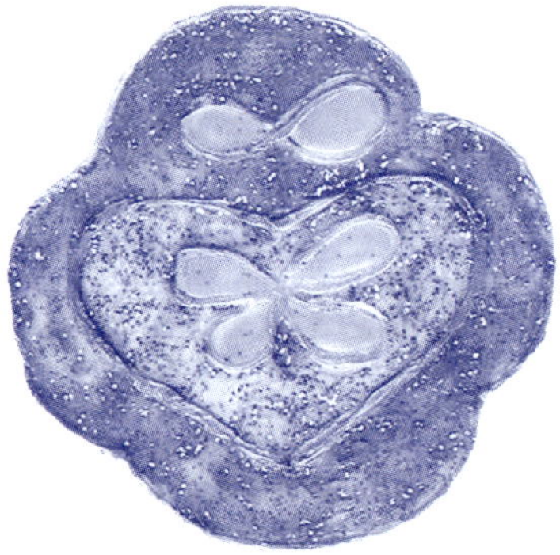

Im Augenblick der Hochzeit bin ich mir sicher, dass ich mit dem geliebten Menschen, dem ich jetzt das „Ja-Wort" gebe, dieses Erdenleben verbringen möchte. Ich lasse mich auf dieses Abenteuer mit all seinen Höhen, Tiefen und Entwicklungschancen ein. Die Mann-Frau-Beziehung ist die beste Möglichkeit zu wachsen und sich zu offenbaren. Ich bin bereit, alle Facetten meiner Seele zu zeigen und die meines Partners anzunehmen.

Die Seele ist so tief, dass ein Leben nicht ausreicht, um alles zu offenbaren. So bleibt die Paarbeziehung immer spannend und interessant wird nie schal, abgestanden und leer. Die Liebe wird immer stärker, je tiefer die Einblicke in die

Seele des Partners sind und je mehr ich selbst bereit bin, von meiner Seele offen zu legen.
Die Seele ist wie ein dickes Buch. Im Laufe einer Liebesbeziehung lerne ich viele Seiten kennen – schöne, wundervolle, liebenswerte und freudvolle, aber auch weniger schöne, ängstliche und blockierende, hässliche und widerwärtige, Seiten der Krankheit und Gemeinheiten. Daran soll gemeinsam gearbeitet werden. Jeder hilft und unterstützt den anderen. Beide Seelen können wachsen und sich stärken, denn jeder ist auch der Spiegel des anderen.

Ich öffne mich für ein wundervolles, freudvolles, gemeinsames Leben. Ich nehme meinen Partner so wie er ist und verändere und entwickle mich selbst. Die Herausforderungen nehme ich mutig an. Im Vertrauen und Achtung gebe ich dem Partner die Freiheit. Ich fühle die Tiefe und das Wachstum dieser Liebe. Die Entwicklung lässt uns immer mehr eins werden – auf körperlicher, geistiger und seelischer Ebene.

Mögliche Ursachenthemen

Die Augen vor Problemen verschließen
Sich der Liebe nicht öffnen können
Angst sich fallen zu lassen
Gegenseitiges Vertrauen und Wertschätzung geben
Dem anderen Freiheit geben
Den anderen so nehmen wie er ist und sich entwickelt
Lernschritte erkennen und den anderen als Spiegel annehmen
In sich selbst hineinfühlen und die Gefühle des anderen nachempfinden
Angst vor seelischer Verletzung

Neues Denkmuster

Ich öffne mich für ein wundervolles, freudvolles, gemeinsames Leben. Ich nehme meinen Partner so wie er ist und verändere und entwickle mich selbst. Die Herausforderungen nehme ich mutig an. Im Vertrauen und Achtung gebe ich dem Partner Freiheit. Ich fühle die Tiefe und das Wachstum dieser Liebe. Die Entwicklung lässt uns immer mehr eins werden – auf körperlicher, geistiger und seelischer Ebene.

Affirmation

Ich öffne mich immer mehr für gegenseitige Liebe und Entwicklung!

Farben	rosa, grün, orange
Chakren	Herz, Sexualchakra
Körperzonen	Sexualorgane, Herz, Leber, Nieren

Die einzelnen Körperzonen

Sexualorgane	Kreativität Sich mutig den Herausforderungen des Lebens stellen Für den eigenen Weg und Sinn des Lebens kämpfen Grenzen überschreiten, um sein Leben zu leben Loslassen von überholten Traditionen Entfaltungsmöglichkeiten finden Eigene Werke in die Welt setzen
Herz	Liebe Sich schützen, aber auch öffnen Sich für das Leben öffnen Die eigene Lebensaufgabe offen annehmen Hingabe und Vertrauen an den Strom des Lebens Aufgabe des kleinen „Ich" zugunsten des großen, kosmischen Bewusstseins (Hohes Selbst)
Leber	Wertungen aufgeben Annehmen und loslassen Den Partner bedingungslos annehmen
Nieren	Gleichgewicht Partnerschaft Harmonisieren von männlich und weiblich Sich selbst in Angriff nehmen und verwirklichen Versöhnung der Gegensätze Wachstum zulassen Sich über selbst geschaffene oder fremde Normen hinwegsetzen und dem eigenen höchsten Gesetz folgen

Fragen

- Was habe ich schon alles getan, um mich zu öffnen?
- Wer würde es als Erster bemerken, wenn ich meinen Partner so wie er ist annehmen würde?
- Angenommen, ich würde Vertrauen und Wertschätzung empfinden, was würde sich ändern?
- Was ist das Angenehme an der Angst vor seelischer Verletzung?
- Angenommen, ich würde meinem Partner die Freiheit in der Beziehung geben, welche Probleme könnten auftreten?

Meine Systemhäuser

Sanara und Igor sitzen zusammen, unterhalten sich und philosophieren.
„Mann-Frau Beziehung, was ist das? Was bedeutet es, sich einzufühlen, eins zu sein, Ganz zu sein, was ist wirklich dran an dem Ganzen? Sanara was fühlst du? Wie geht es dir dabei mit deinem Partner?" fragt Igor.

Sanara antwortet „Ich fühle und denke, der Schlüssel ist eins zu sein mit dem Partner, sich einfühlen können, sich als Ganzes zu fühlen, so wie wir alle eins sind, jeder ist Teil vom Großen Ganzen. Partnerschaft bedeutet als Individuum selbständig zu sein, aber auch mit dem Partner ein Ganzes zu sein und auch mit dem Partner ein Teil der Umwelt zu sein. Jeder ist sozusagen ein Lichtei, das ganz ist. Die Lichter der Partner berühren sich und verschmelzen teilweise so, dass ein Herz entsteht und dieses Herz auch mit der Umwelt verbunden ist." „Hört sich gut an Sanara, aber das ist oft schwierig umzusetzen", sagt Igor:

„Ich bin Teil vieler Systeme, wenn ich arbeite, bin ich Teil meines Arbeitsystems, mein Arbeitshaus, mein Familiensystem bildet wieder ein anderes Haus und meine Frau hat auch ihre Häuser die ihr angehören, in die sie sich einfühlt und mit denen sie eins ist, wir haben noch unsere Verwandtschaftshäuser zum Einfühlen und jeder hat noch seine Freundschafts- und Freizeithäuser wo er sich einfühlt, dazugehört, sich wohl fühlt. Das alles bildet wieder ein System, jeder hat sein System und bildet einen richtigen Bezirk mit seinen Häusern. Die Bezirke der verschiedenen Menschen bilden zusammen eine Stadt. Diese Stadt funktioniert nur wenn auch die Bezirke ein funktionierendes System sind. Wenn es möglich ist, dass sich jeder in seinen Bezirken einfühlen kann und mit anderen eins sein kann so kann auch die Stadt funktionieren."

Sanara hat interessiert zugehört und fügt hinzu: „Ja, ich weiß was du meinst. Ich verstehe dich, aber oft gibt es Schwierigkeiten sich einzufühlen in das System, oder sich eins zu fühlen mit allem was einen umgibt. Die Menschen wehren sich oft, eins zu sein mit sich selbst, übernehmen oft nicht die Verantwortung und bei kleinsten Schwierig-

keiten schieben sie alles von sich Sie suchen außen Schuldige, die alles für sie übernehmen. So kann es einfach nicht funktionieren. Wenn wir bei uns selbst und bei unseren Partnern beginnen scheitern wir oft schon daran, das Gebot: „das was du dem nächsten antust, tust du dir selbst an“, einzuhalten. Jesus sagte: „Was ihr getan habt einem von diesen meinen geringsten Brüdern, das habt ihr mir getan.“ Matthäus 25,40 Wenn man nach diesem Gebot lebt, kann jeder nur Gutes tun und jeder weiß dass wir alle eins sind. Sich selbst und seinen nächsten Gutes tun, heißt sich eins zu fühlen, denn alles was ich Schlechtes tue, tue ich mir selbst, denn wir sind alle eine Einheit. Ich fühle mich ein in meinem Raum der mich umgibt und in mich selbst. Wenn das gelingt, kann ich das Gute das ich empfinde weitergeben an meinen Partner.“

„Ja, genau Sanara!“ sagt Igor: „Wie bei allen Dingen muss ich erst bei mir beginnen. Und dann kann es Kreise ziehen in die nächsten Häuser die mich umgeben. Diese Kreise sind offen und können so die nächsten Häuser erreichen. Diese Häuser öffnen sich wiederum für die nächsten Häuser, so erreicht dieser Kreis schließlich die ganze Stadt. Ich fühle mich selbst, öffne mich und fühle den anderen und das große Ganze. Aber das ist eine schwierige Sache.“

Sanara antwortet: „Das ist es auch: eine lebenslange Aufgabe, nur wer es einmal verinnerlicht hat, der lebt danach, der will es mit jeder Faser seines Köpers.“
beendet Sanara: „Alle Häuser einer Stadt und alle Städte werden ein Ganzes.“
Nachdenklich sitzen Sanara und Igor noch lange da und fühlen sich als Teil ihres Freundschaftssystems und des großen Ganzen, fühlen sich immer mehr ein.
Wir sind zwei und doch eins.

Jeder ist für sich abgeschlossen und doch mit allem verbunden. Öffne dich und spüre die Verbindung. Tue nie jemanden etwas an, das du nicht für dich selbst willst, denn du tust es dir selbst an, du bist mit allem verbunden.

Mögliche Erkenntnisse:

Partnerschaft bedeutet als Individuum selbständig zu sein, aber auch mit dem Partner ein Ganzes zu bilden und mit dem Partner ein Teil der Umwelt zu sein.
Jeder ist Teil verschiedener Systeme in die er sich einfühlt und wo er dazugehört.
Jedes System zieht weitere Kreise. Wenn die kleinen Systeme nicht funktionieren, stört das auch die großen, denn alles ist miteinander in Verbindung.
Das was du dem nächsten antust, tust du dir selbst an.
Um sich einfühlen zu können ist Gefühlsöffnung notwendig.

Sich öffnen, sein Gutes weitergeben und Gutes aufnehmen. Öffnen heißt auch negative Seiten zu zeigen, zu erkennen und ein Wandeln und Verändern möglich machen.
Erst durch Gefühlsöffnung ist wirkliche Kontaktaufnahme möglich, ein verschlossenes Herz ermöglicht nur scheinbare, oberflächliche Beziehungen, Verbindungen und Kontakte.

Thesen

„Der Friede geht von dem aus, der Liebe sät, indem er sie zu Taten werden lässt!"
Mutter Teresa

- In einer Beziehung gibt es oft Fallen. Fallen sind Fehler aus denen man nicht lernt, die immer wiederkehren. Die Reflektion und Analyse der Erfahrungen ermöglicht es, aus diesen Fallen zu entkommen, aus den Fehlern zu lernen. Diese Erfahrungen müssen nicht mehr wiederkommen, denn die Prüfung wurde erfolgreich abgelegt.
- In einer guten Beziehung lernt jeder vom anderen und Fallen brauchen nicht entstehen. Die Lernschritte wurden angenommen und sind erledigt.
- Der Partner ist der Spiegel, der vieles erkennen lässt, wenn der Blick klar ist. In der anfänglichen Verliebtheit ist dieser Blick getrübt. Wird aus ihr Liebe ist der Blick klar. Wenn man sch entscheidet durch den Spiegel zu lernen, dann wird diese Liebe alles überdauern.
- Die Beziehung kann lehren zu vertrauen, dem anderen und sich selbst. Das setzt die gegenseitige Wertschätzung voraus. Weiß ich um meinen Wert und den meines Partners, ist es ein leichtes Vertrauen aufzubauen.
- Je größer und tiefer die wahre Liebe, die nicht an Bedingungen geknüpft ist, umso mehr Freiheit kann ich geben und mich selbst frei entwickeln. Liebe ist Freiheit und Freiheit ist Liebe!

17. Freiheit – Abhängigkeiten loslassen

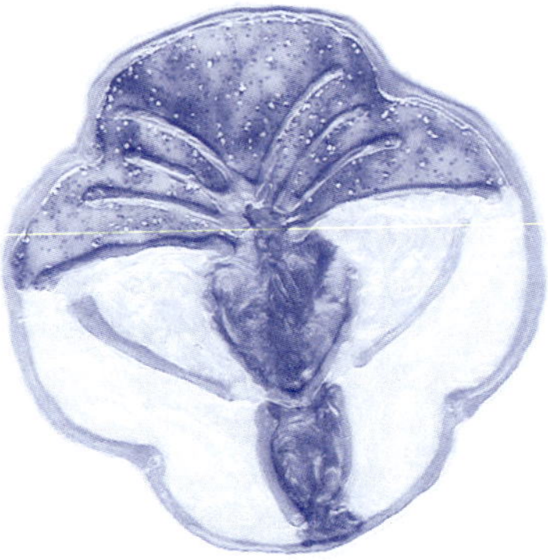

Die Energien dieses Symbols helfen mir, die eigene Freiheit zu leben und zu genießen. Nehme ich mir die Freiheit, die ich zu meiner Entwicklung brauche, oder lasse ich mich einsperren und einengen? Bin ich ein Vogel im goldenen Käfig? Wir sind nicht hier um ein trauriges, unerfülltes Leben zu führen. Ich breche aus und lebe meine Freiheit, freue mich darüber und finde den Sinn in einem erfüllten wundervollen Dasein. Was hindert mich daran? Ich sprenge alle Fesseln, die ich mir selbst auferlegt habe oder die mir von anderen angelegt wurden. Auch Übertreibung ist der falsche Weg. Ich spreche immer mit den Menschen, die mir nahe sind, darüber. Wenn ich ehrlich aus meinen Gefühlen spreche, werden sie verstehen, wo der Käfig zu eng ist.

Auch Süchte sind Fesseln, die mich anketten. In ihrer Abhängigkeit bin ich nicht frei und nicht mehr beweglich, ich kann mich nicht entwickeln, ich stagniere. Ich löse mich von allen Süchten und gehe weiter. Ich befreie mich in Liebe von Menschen, die mich einengen. Ich bin weder von Lob und Anerkennung noch der Liebe anderer Menschen abhängig. Ich fürchte keine Kritik, denn ich kann sie annehmen und mich ändern. Wenn ich in mir selbst ruhe, mich liebe, weiß ich, dass ich großartig und einzigartig bin. Wenn ich etwas an mir verändern will, kann ich es jederzeit umsetzen. Ich bin frei wie ein Vogel, der vom Wind und vom Leben getragen wird. In der Abendsonne schwinge ich mich empor in die luftigen wunderbaren Höhen getragen vom Duft der Freiheit.

Ich fürchte mich nicht vor Einsamkeit, ich kann es sogar genießen allein zu sein. Es ist schön, wenn Ruhe einkehrt und ich mich mit mir selbst beschäftigen kann. Großzügig verschenke ich gerne etwas Größeres. Materielles behindert mich in der Freiheit; wenn es für meine Entwicklung wichtig ist, löse ich mich davon. Die Meinungen der anderen sind wichtig und gut, ich höre sie an, ich informiere mich und fühle. Ich lasse mir keine der Meinungen aufzwingen. Ich bilde mir meine eigene Meinung, frei vom Druck der anderen. Auch wenn meine Meinung anders aussieht, vertrete ich sie mutig und mit meinem Gefühl, das dahinter steht. Ich befreie mich von alten überholten Denkmustern aus der Kindheit. Ich gebe anderen die gleiche Freiheit, enge niemanden ein und setze keine Grenzen. So kann jeder sein Bewusstsein bis ins Unendliche erweitern.

Mögliche Ursachenthemen

Angst vor zuviel Freiheit
Sich verteidigen, seine Bedürfnisse und Grenzen ansprechen können
Nicht über Ängste sprechen wollen
In Süchte flüchten
Sich durch Süchte etwas vormachen
Abhängigkeit von anderen Menschen
Keine Verantwortung übernehmen wollen
Vor Gier alles horten wollen
Andere in ihre Freiheit entlassen

Neues Denkmuster

Freiheit ist wichtig für mich und meine Entwicklung. Ich spreche mit meinen Lieben über meine Bedürfnisse und entlasse auch sie in ihre verantwortungsvolle Freiheit. Süchte lasse ich los, sie machen unfrei. Gerne gebe ich von meinen materiellen Dingen.

Affirmation

Ich nehme und gebe Freiheit und kann alles erreichen, wenn ich es will!

Farben hellgelb, weiß, lila, hellgrün
Chakren Alle
Körperzonen Thymus, Immunsystem, Kopf, Augen, Solarplexus, Nervensystem

Die einzelnen Körperzonen

Thymus, Immunsystem

Sich gegen Angriffe wehren
Aggressionen leben
Seine Bedürfnisse ausdrücken
Verteidigung gegen Feinde
„gesunder Egoismus“

Kopf, Augen	Hauptstadt des Körpers Einseitigkeit vorbeugen Engstirnigkeit loslassen Entscheidungen treffen und durchsetzen Verbindung von Kopf und Gefühl herstellen
Augen	Das Ego mit seinen Grenzen und Wünschen durchschauen lernen Sich nichts vormachen, der Wahrheit ins Auge sehen
Solarplexus	Weisheit Mitte Zentrum Heilung zulassen Seiner eigenen Weisheit vertrauen Erkenntnisse zulassen und umsetzen
Nervensystem	Nachrichtendienst des Körpers Hilferufe spüren Regeln der Kommunikation beachten Neuordnung zulassen Alle Bereiche des Körpers miteinander verbinden Den Kopf entlasten Nerven wie Drahtseile entwickeln Hin- und hergerissen sein Entscheidungen treffen

Fragen

- Ich stelle mir vor, ich gebe meine Angst vor zuviel Freiheit auf, was wäre anders?
- Angenommen, ich würde mich ab jetzt verteidigen und meine Freiheitsbedürfnisse ausdrücken, welches Problem könnte auftreten?
- Was habe ich schon alles gemacht, um der Realität ins Auge zu blicken und sie anzunehmen, um nicht mehr in Süchte flüchten zu müssen?

- Wer würde es als Erster bemerken, wenn ich nicht mehr von der Liebe anderer und Anerkennung abhängig wäre und sie mir selbst geben würde?
- Was ist das Angenehme an ständigem Horten und am Geiz?
- Was könnte ich machen, um andere in die Freiheit zu entlassen?

Der Adler

Freiheit ist wie ein Adler in der Abendsonne der vom Wind und vom Leben getragen wird. Er setzt sich keine Grenzen wie hoch und wie weit er fliegen will, er fliegt einfach in die unendlichen Weiten seines Lebensraumes. Er weiß und vertraut, dass er zurückfindet, das Leben gab ihm alles was er für seine Orientierung braucht, Er weiß, er wird auch sein Fressen finden. Dieser Adler liebt es alleine zu fliegen und manchmal treffen sich auch seine Kreise mit anderen Adlern und anderen Vögeln. Der Duft der Freiheit und der Liebe begleitet ihn auf seiner Tour und auf seiner Lebensreise. Er lässt sich nicht einsperren, er ist kein Vogel im (goldenen) Käfig, er würde unendlich leiden, wahrscheinlich zu Grunde gehen und krank werden.

Ein Adler liebt die Freiheit. Er sprengt alle Fesseln und schwebt frei in den Lüften. Wer frei ist kann lieben, so liebt auch der Adler seine Kinder und schenkt ihnen seine Beute bis sie alle satt sind, er kann nichts tragen in den Lüften es würde seinen wunderschönen Flug behindern, er vertraut darauf, dass er wieder Futter findet, wenn er hungrig ist. Er lässt allen Ballast fallen um ungehindert fliegen zu können. Er lässt sich von niemandem unter Druck setzten „Ich fliege schneller und höher als du." Nein, er zieht seine Kreise in Ruhe und Anmut und genießt seine Freiheit, er ist der König der Lüfte. Auch anderen lässt er die Freiheit, dort hinzufliegen, wohin sie wollen.

Sanara liest konzentriert die Geschichte zu Ende, und sinniert vor sich hin und macht sich Notizen. Ja, es wäre schön wenn die Menschen das auch tun würden, die Freiheit leben. Das wäre ein wunderbares Leben. Ein Leben in Liebe. Denn Liebe ist Freiheit oder Freiheit ist Liebe. Wer Liebe gibt, gibt Freiheit und wer Freiheit gibt, gibt Liebe. Wie eine Mutter, die ihr Kind in die Freiheit entlässt, weil es groß ist, ohne es unter Druck zu setzen. Es darf tun was es für richtig hält, denn es ist groß.

Oder wenn die Menschen unnötigen Ballast loslassen würden, Je mehr man besitzt, umso mehr Sorgen hat man, umso schwerer ist es zu fliegen und die Freiheit zu leben. Wir brauchen in Wahrheit oft viel weniger um glücklich zu sein als wir glauben. Zuviel Besitz macht unfrei. Es gibt sehr viel, wovon wir uns befreien sollten um in die Freiheit ohne Grenzen zu gelangen. Wie der Adler der im Luftraum nirgendwo Grenzen hat.

Befreiung von Menschen die einen unter Druck setzen, Süchte in die man sich selbst flüchtet weil man auf der Suche ist, Befreiung von Grenzen die man sich selbst setzt, Unfreiheit im Denken durch Muster die man übernommen hat. Entscheidungsschwäche ist auch Unfreiheit. Die Wahrheit nicht sehen wollen macht unfrei, sich nicht vertrauen macht unfrei, Angst vor Veränderung macht unfrei…

Sanara könnte die Liste noch lange fortsetzen. „So jetzt muss ich mich bewegen." entscheidet Sanara in sich selbst, „Ich werde jetzt auch meinem Freiheitsdrang nachgeben und mit dem Rad in den Wald gondeln. So weit und so schnell wie ich will, an diesem schönen Tag, diese Freiheit nehme ich mir."

Freiheit ist wichtig für mich und meine Entwicklung.

Mögliche Erkenntnisse:

Im goldenen Käfig zu leben macht unfrei und die Persönlichkeit verkümmert.
Um frei zu sein ist es notwendig unnötigen Ballast abzuwerfen.
Freiheit ist Liebe und Liebe ist Freiheit, das eine kann ohne das andere nicht sein.
Zu tun was man für richtig hält kann Teil der Freiheit sein, ohne Druck von außen.
Zuviel Besitz kann unfrei machen.
Abhängigkeiten von Menschen, von Süchten macht unfrei, zeigt eine Flucht aus der Realität auf.
Befreiung von Grenzen, die man sich selbst setzt, ist wichtig.
Freiheit ist die Freude entscheiden zu dürfen und es auch zu tun.
Nimm dir die Freiheit zu entscheiden.
Die Wahrheit sehen zu wollen und danach zu leben, ermöglicht es frei zu sein.

Thesen

- Freiheit ist zur unabhängigen, kreativen Entwicklung notwendig, Einengung lässt ein Weiterkommen nur eingeschränkt zu. Der Eingeengte kann sein Leben nicht ausleben.
- Um Freiheit zu leben ist unter anderem Selbstverantwortung notwendig. Viele nehmen davon Abstand und flüchten in eine Abhängigkeit von etwas oder jemandem. Für diese Menschen ist es der einfachere Weg, er führt aber keinesfalls zur Zufriedenheit.

- Freiheit heißt auch Grenzen setzen, Störpunkte aufzeigen, Ängste auflösen. Auch die Freiheit ist begrenzt und für jeden nur bedingt nutzbar. Schritt für Schritt wird ein größeres Stück Freiheit gelebt. Je mehr Freiheit positiv gelebt werden kann desto größer ist die Liebe und Selbstliebe.
- Freiheit bedeutet auch, anderen Freiheit zu geben, emotional loszulassen, die Kontrolle aufzugeben. Wer Freiheit gibt, liebt ohne Bedingung. Das ist eine große, schwierige Aufgabe: „Weil ich dich liebe, gebe ich dir die Freiheit und vertraue!"

18. Flexibilität

Die Energien dieses Symbols helfen mir, offen für Neues zu sein und Freude daran zu haben, Unbekanntes auszuprobieren. Wenn es notwendig ist, kann ich mich in jeder neuen Situation zurechtfinden und das Beste daraus machen. Manchmal verlangt das Leben von mir, mich blitzschnell umzustellen, neue Herausforderungen begegnen mir. So kann ich wachsen und mich entwickeln, es sind Chancen, die ich bekomme um voranzukommen, auch wenn sie mir manchmal schmerzlich erscheinen.

Oft kann ich nur sehen, was ich verliere und vergesse auf die positiven Seiten einer Veränderung. In freudiger Erwartung sehe ich viele mögliche Wege, die mir offen stehen. Das heißt aber nicht, dass ich mich wie eine Fahne im Wind drehe. Ich gehe immer in mich und höre auf mein Gefühl, auf meine Intuition. Wenn das Gefühl bei meinen Entscheidungen stimmt, kann ich meine Wege mit Leichtigkeit und Freude gehen. Ich kann meine Gedanken und Ziele umsetzen, sie werden zu Handlungen. Ich bin ein Meister der Umsetzung, nicht der Ankündigung. Nur über Projekte zu reden und über sie nachzudenken ist zu wenig. Denn dabei fließt die Energie nur vom Kopf bis zum Hals, danach entsteht eine Blockade und ich bin von der Erdenergie getrennt.

Mögliche Ursachenthemen

Auf der Stelle treten
Angst vor neuen Situationen
Andere Meinungen nicht respektieren
Sturheit, nicht umdenken wollen
Wenn ich die Meinung ändere, verliere ich mein Gesicht
Visionen nicht umsetzen können
Bewusstsein erweitern
Aus alten Fesseln ausbrechen
Die Meinung zu oft ändern, weil daraus Vorteile entstehen
Verstand und Gefühl verbinden
Im Hals blockiert sein

Neues Denkmuster

In freudiger Erwartung nehme ich Veränderungen, die mir das Leben bringt und mich in meiner Selbstentwicklung vorantreiben, an. Ich höre auf mein Gefühl. Herausforderungen sehe ich als Chance und ich finde neue Wege. Schnell komme ich mich mit meiner neuen Situation zurande und freue mich Neues zu lernen.

Affirmation

Ich nehme meine Herausforderungen als Chancen an!

Farben lila, gold, weiß, türkis
Chakren Kronen, Stirn, Hals
Körperzonen Gehirn, Hypophyse, Zirbeldrüse, Gelenke, Halswirbelsäule

Die einzelnen Körperzonen

Gehirn
Zu kopflastig sein
Festgenagelt sein
Neue Informationen aufnehmen
Kommunikation mit dem Körper
Kreisende Gedanken durchbrechen
Gedanken heilen
Alles kontrollieren und steuern wollen
Information weitergeben und andere teilhaben lassen

Hypophyse, Zirbeldrüse

Kontrolle abgeben
Alles kontrollieren wollen
Selbständig denken
Gedanken und Körper stimmen überein
Wachstum zulassen und erlauben
Kraft und Stärke zulassen
Seinen eigenen Rhythmus beachten und annehmen
Seine eigene Entwicklungsgeschwindigkeit leben

Gelenke, Halswirbelsäule

Flexibel sein
Wohin wende ich mich
Sich den Hals verrenken
Sich beugen
Beweglichkeit in Gedanken und Taten
Halsstarre – sich nicht drehen wollen
Dinge wieder einrenken
Überbeweglichkeit der Gelenke
Weigerung verstehen
Angst sich selbst und seine Gefühle auszudrücken
Verwirrung

Fragen

- Was geschieht, wenn ich Angst vor neuen Situationen habe?
- Wer würde es als Erster bemerken, wenn ich meine Gedanken zum Ausdruck bringen und sie umsetzen würde?
- Was geschieht, wenn ich meine Visionen zulasse und sie in Freude annehme?
- Woran würde ich es merken, dass sich mein Bewusstsein verändert, ich viele Wege sehe und mich aus alten Fesseln lösen würde?
- Angenommen ich würde ab jetzt den Verstand mit dem Gefühl verbinden und danach handeln, welches andere Problem könnte auftauchen?
- Was wäre die beste und die schlimmste Folge, wenn ich meine Meinung ändern würde?

Wanderkarte des Lebens

„Hallo Rosa", begrüßt Sanara ihre Freundin herzlich und lässt sie zur Tür herein. „Ich hab es dir schon am Telefon erzählt" beginnt Rosa schon beim Eingang, „ich habe eine ganz interessante Karte gefunden in den alten Sachen meiner Eltern, die schon lange hinübergegangen sind."

Sie setzen sich gemütlich zum Tisch und Rosa zückt sogleich ihre geheimnisvolle Karte und faltet sie am Tisch auf. Sie wird immer größer, der Tisch ist schon fast zu klein, auf jeder Seite reicht die Karte ein gutes Stück darüber. „Wanderkarte des Lebens" beginnt Sanara laut zu lesen. Teilweise ist die Karte wunderschön gefärbt aber zwischendurch gibt es hässliche dunkle fast schwarze Stellen. „Alle Wege führen zum Ziel", liest Sanara weiter. „Ausgangspunkt, Übergang, Anfang, Geburt: Interessant, hier geht es also los, schau Mal.", sagt Rosa, „an diesem Anfangspunkt gibt es nur schöne Farben wunderschöne Natur und viele Menschen gehen helfend mit, aber kurz danach gibt es schon viele Abzweigungen, leichte Wege und schwere."

Sanara liest vor: „Weg der liebevollen Begleiter und beim anderen der steinig und sehr uneben aussieht: Begleitung mit Gewalt. Dieser Weg ist finster." Rosa liest weiter: „Oder der nächste Weg heißt: Begleitung mit Überbehütung, wie eingesperrt mit Stacheldraht rundherum, oder der andere Weg, da gibt es gar keine Begleiter: Weg des Alleingelassenseins, da sind viele Hindernisse die den Weg säumen, aber da vorne wird es besser und einfacher zu gehen. „Aber sieh dir das an, fällt dir was auf?" fragt Sanara: „Immer wieder auf der Karte steht Zwischenziel und dann geht's wieder weiter.". „Was steht da bei Zwischenziel noch? Die sind übrigens ganz hell erleuchtet, Erkenntnisse, etwas in die Tat umgesetzt, Vision ist wahr geworden, eine Prüfung des Lebens bestanden, Herausforderung als Chance genutzt, Gefahr überwunden."

„Sanara, schau! Hier ist ein Übergang auf dem Erwachsenwerden steht", sagt Rosa und liest weiter, „auch hier gibt es ganz viele Wege und Abzweigungen. Der Weg des Dienens und hier scheint ein schwieriger Weg mit sehr vielen Gefahren und mit Begegnungen mit schwierigen Menschen zu sein. Aber obwohl dieser Weg voller Gefahren ist, ist er hell erleuchtet und rundherum schönste Natur. Aber sieh hier ein Weg der abscheulich ist, mit Absturz und hässlichen, steinigen Schluchten, da steht Weg der Sucht und Abhängigkeit, da gibt es nur wenige Ausgänge aus den Schluchten, aber die Ausgänge sind wunderschön und hell erleuchtet. Und sieh hierher," sagt Rosa, „der ist leider auch sehr hässlich, Weg des Leidenwollens, der Weg ist gesäumt mit Krankenhäusern und Sanitätsstationen, Ärzten und Friedhöfen. Jede Menge verschiedene Therapeuten begleiten hier die Menschen, hier steht ‚Arzt mach mich gesund'. Oh und dieser Weg des alles konsumieren Wollens, Vergnügen, leichte Frauen, Luxus und Pomp, oberflächliche und unglückliche Menschen auf der Suche nach dem Glück sieht

man hier. Der Weg ist gesäumt mit Gold, Perlen, Geld, Luxuskarossen und Villen, aber er ist finster und stinkt widerwärtig."

„Siehst du das, Rosa, wir haben immer die Wahl an jeder Abzweigung, Entscheidungen zu treffen. Unendlich viele Wege hat jeder Einzelne offen in seinem Leben, Weg des Lernens, ist der schön hell und angenehm, wie der duftet aber einfach ist er nicht, der ist gepflastert mit Steinen der Ausdauer und der Geduld. Und hier drüben in unberührter Natur, der duftet nach Rosen, Weg der Selbstliebe und Nächstenliebe. Auch der ist hell erleuchtet, aber hat gewaltige Höhen und Tiefen, große Felsen als Hindernisse und wilde Gewässer ohne Brücken, aber überall sind hier helfende Menschen zur Seite. Unendlich viele verschiedene andere Wege gibt es noch. Weg des Größenwahns, Weg der Gewalt, Weg des Hasses, Weg der Manipulation, Weg der Verachtung. Aber Schlussendlich ist es so, dass jeder Weg zum Ziel führt, denn jeder Mensch hat viele Abzweigungen und kann sich jederzeit für den Weg der Liebe entscheiden und abbiegen, egal auf welchen noch so abscheulichen Weg er gerade ist." liest Sanara.

„Hier steht, Lebensende, Ziel, Verantwortung übernehmen, Übergang, Tod", liest Rosa. „Sanara das heißt, jeder Weg führt zum Ziel, egal welche Abzweigung ich nehme, ich muss mich entscheiden und die Verantwortung übernehmen", wiederholt Rosa,
„Schau wie schön das Ziel ist, rosenumrankt, in den schönsten Farben mit reichen Ornamenten sind die Säulen verziert und dahinter die jubelnde Menschenmenge."
„So Rosa, sagt Sanara, wir haben für heute unser Ziel erreicht, wir gehen jetzt schlafen es ist spät, wir haben heute ein schönes Zwischenziel erreicht" Die beiden Frauen beschließen, sich morgen neue Ziele zu setzen und flexibel für neue Wege zu sein und ihre Herausforderungen als Chancen anzunehmen. Sie wissen die Karte ist ein kostbares Gut und falten sie für heute zusammen, jederzeit können sie wieder einen Blick drauf werfen um sich zu erinnern.
Jeder Mensch hat viele Möglichkeiten, er muss sich nur entscheiden und flexibel sein.

Mögliche Erkenntnisse:

Das Leben ist wie eine Wanderkarte, bei jeder Abzweigung muss eine Entscheidung getroffen werden.
Der schöne Weg muss nicht der leichteste und lehrreichste Weg sein.
Wenn man erkennt den falschen Weg genommen zu haben ist das kein Grund zur Panik, bei der nächsten Abzweigung, kann man sich erneut entscheiden und eine Veränderung herbeiführen, es ist nie zu spät einen neuen Weg zu gehen.
Es gibt unendlich viele gangbare Wege im Leben, jeder kann seinen Weg finden.
Neue Wege zu gehen erfordert Flexibilität.

Thesen

- Das Leben selbst ist Veränderung. Es bringt ständig Wechsel und Wachstum, damit Schritt zu halten erfordert eine große Portion an Flexibilität. Die Offenheit für Neues zu entwickeln ist mit Neugierde und Wissbegierde verbunden, aber auch mit Ausdauer, um die neuen Projekte zu beenden und nicht nur ein bisschen von da und ein bisschen von dort zu nehmen. Alles zu beginnen und nichts zu beenden kann in Oberflächlichkeit enden und lässt keine Lernschritte zu.
- Flexibel zu sein bedeutet ständig umdenken zu können, neue Gedankengänge zuzulassen und den Willen zur Verbesserung zu haben. Viele Menschen haben große Probleme damit, da sie an alten Denkmustern, Ritualen und Überlieferungen festhalten und diese sie schwer behindern.
- Flexibilität muss alle überflüssigen Mauern und Zäune niederreißen und alte Fesseln sprengen. Oft behindert auch die Angst seine Meinung zu ändern und dadurch sein Gesicht zu verlieren das flexibel Sein. Flexibilität wird oft mit bloßer Anpassung um des Profites oder persönlichen Vorteiles willen verwechselt.
- Flexibilität kann erst gelebt werden, wenn die eigene Starrköpfigkeit aufgegeben wird. Das Bewusstsein erweitert sich dadurch in großem Maß und viele Möglichkeiten und Wege werden klar und offen. Flexible Menschen sind kreativ, Möglichkeiten werden gefunden, um Visionen umzusetzen.

19. Nehmen und Geben

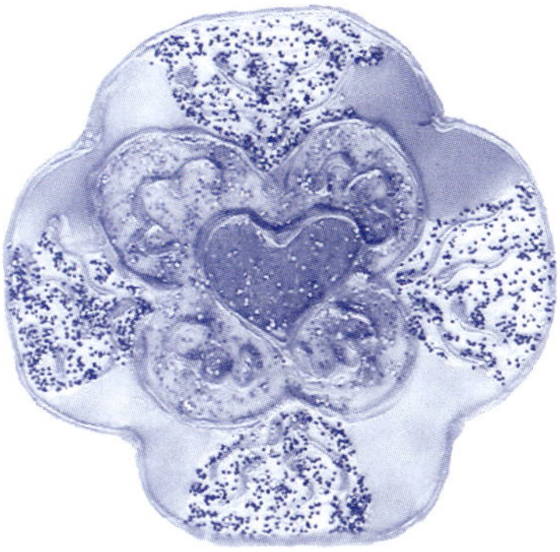

Nehmen und Geben soll immer in Balance sein, im energetischen Ausgleich. Wer viel gibt, darf auch viel nehmen. Ich mache mir bewusst, dass diese Gesetzmäßigkeit notwendig ist, um meine Energien und meine Kraft im Fluss zu halten. Erst dadurch bin ich stark und kann meine Ziele verfolgen. Es ist wichtig, die Gedanken und Visionen in die Tat umzusetzen, seine innere Kraft, Stärke und Fülle nach außen zu bringen und sie auf materieller Ebene zu manifestieren. Viel Kopfarbeit, Arbeit am Computer, Lernen und Schreiben braucht immer wieder eine Unterbrechung aus bewusst praktischem Handeln. Das ist ein Ausgleich, der die Energien wieder in Gang und in Balance bringt, sie können erneut fließen.

Ich trage meine Gedanken nicht auf den Schultern, nicht im Nacken sondern setze sie mit meinen Händen um oder veranlasse, dass sie unter meiner Führung umgesetzt werden. Ich übernehme die Verantwortung für mein Handeln und für die Arbeit unter meiner Führung.

Ich gebe alles ab, was nicht zu mir gehört. Ich gebe Dinge, die mich nichts angehen, ab und gebe anderen die Verantwortung für ihren Bereich. Ich lade mir die Lasten, die ich auf meinen Schultern trage, ab. Ich habe sie aus Mitleid angenommen, sie gehören nicht zu mir. Ich darf sie abladen und demjenigen, von dem ich sie angenommen habe, wieder zurückgeben. Er selbst hat die Kraft, die Last zu tragen oder sie abzuladen. Jeder kann seine Lasten tragen, jeder kann sich alles abladen oder leichter nehmen, wenn er es will. Ich gebe gerne Hilfestellungen wenn jemand leidet aber ich übernehme für niemanden die Last. Ich stehe aufrecht zu mir selbst und meinen Gefühlen. Sie bestimmen mein Handeln, ich nehme meine Intuition ernst. Frei von Angst lasse ich meine Gefühle zu, lebe sie in meinem Leben, in meinen Taten. Ich mache mir nichts vor. Auch wenn mich die Wahrheit stört, decke ich sie nicht zu, oder biege sie nach meinem Geschmack zurecht. Dadurch würde ich mir eine Mauer aufbauen, die mit jeder Wahrheit, die ich verdecke, immer dicker und dicker wird. Sie würde mir den Zugang zu mir selbst verwehren. Ich reiße die Mauer um, indem ich die Wahrheit annehme. Ich würde sonst immer weniger fühlen und hätte bald keinen Zugang zu mir selbst. Ich arbeite daran, Wahrheiten, die mir nicht gefallen, zu verändern, Schicht für Schicht trage ich von der Mauer ab. So werden mein wahres Selbst und meine Kraft immer stärker. Meine Gefühle bringen mir die Wahrheit und ich strahle sie in meine Umgebung aus. Meine Mitmenschen werden von der Wahrheit „berührt". Von negativen Energien kann ich Abstand nehmen. Auch wenn die Umwelt gegen mich ist, folge ich meinen Idealen und arbeite an meinen persönlichen Zielen weiter.

Mögliche Ursachenthemen

Angst, Visionen in die Tat umzusetzen
Abgeben was nicht mir gehört
Angst vor intensiven Gefühlen
Sich selbst etwas vormachen
Geschenke gerne annehmen
Seine Ziele in Taten verfolgen
Abgrenzen von Energien/Menschen, die in die Irre führen
Selbstsicher zu seinen Gefühlen stehen
Geschenke selbstlos geben
Lasten abladen, die man angenommen hat

Neues Denkmuster

Wer viel gibt darf auch viel nehmen. Ich bringe meine Fülle nach außen und manifestiere sie auf der materiellen Ebene. Ich nehme meine Gefühle ernst, setze sie um und übernehme dafür die Verantwortung. Ich gebe alles, was nicht zu mir gehört, ab und gebe anderen ihre Verantwortung zurück. Ich folge der Wahrheit meiner Gefühle und nehme Abstand von Irreführungen. Von Dingen, die mir das Leben schwer machen, befreie ich mich.

Affirmation

Ich nehme das Gute in mir in Anspruch und gebe anderen ihre Verantwortung zurück!

Farben goldgelb, gelbgrün, grün, rosa
Chakren Thymus, Herz, Solarplexus, Hand
Körperzonen Brustwirbelsäule, Herz, Thymus, Solarplexus, Arme, Hände

Die einzelnen Körperzonen

Brustwirbelsäule

Nicht fühlen wollen
Zuviel auf sich nehmen
Aufgestaute Gefühle abladen
Angst vor der Zukunft
Angst in seinem Handeln zu scheitern
Sich gegen das Gute in sich selbst wehren
Verantwortung übernehmen
Opfer sein wollen
Angst vor Beziehungen
Verspannungen in Handlungen wandeln
Angst sich für die Liebe zu öffnen
Anderen Vorwürfe machen
Schmerz sammeln
Probleme wieder einrenken und ins Lot bringen
Das Leben unterstützt mich

Herz	Gefühle annehmen Zu seinen Gefühlen stehen Gefühle sind Wahrheit In seiner Mitte/Stärke sein
Thymus	Immunsystem Abgrenzen Angegriffen werden Innerlich und äußerlich sicher sein
Solarplexus	Sitz der Weisheit Zentrum unserer Intuitivkraft Klugheit und Weisheit in Verbindung mit Kraft Freude leben
Arme, Hände	Umsetzen Geben und nehmen Ehrlichkeit Im Leben seine Wahrheit manifestieren Will ich mit ihnen halten/behalten, loslassen, abgeben, stehlen? Mit Erfahrungen umgehen

Fragen

- Was wäre das Schlimmste und was das Beste, wenn ich alles zurückgeben würde, was nicht mir gehört?
- Wer würde es als Erster bemerken, wenn ich meine Gefühle zulassen und leben würde?
- Angenommen, ich würde ab jetzt meine Wahrheit leben, was würde sich verändern?
- Ich setze meine Ziele in die Tat um, was soll so bleiben wie bisher?
- Angenommen meine Maßnahme hätte Erfolg, ich kann mich gut von Dingen, Menschen und Energien, die mich in die Irre führen, abgrenzen, welches Problem könnte auftauchen?

Der Apfelbaum

„Sanara, wie ist das deiner Meinung nach mit dem Nehmen und Geben?“, stellt Susan die Frage beim gemeinsamen Spaziergang in der Natur.

„Ganz einfach, wer viel gibt darf auch viel nehmen oder wer gibt dem wird gegeben, geben ist seliger als nehmen. Wer aus tiefstem und ehrlichem Herzen gerne gibt wird automatisch zum Nehmenden.“, antwortet Sanara in ihrer spontan erfrischenden Art. „Das ist schwer zu verstehen!“ entgegnet Susan.

„Nein gar nicht! Ich gebe dir ein Bild dafür: Schau dir diesen wunderschönen Apfelbaum an. Er ist über und über voll mit rosaroten Blüten. Der Baum gibt die Blüten und strahlt Schönheit aus, die Menschen sind begeistert, denn ihr Herz geht beim Anblick auf. Die Bienen und Insekten nehmen sich den Nektar und bestäuben den Baum dafür, sodass er Früchte tragen kann. Er gibt und bekommt automatisch dafür, von den Menschen bekommt er Freude und Bewunderung. Und wenn er Früchte trägt, dürfen sich alle davon nehmen. Wofür wären die Früchte gut, wenn sie niemand essen würde? Wieder bekommt er dann dafür von den Tieren, die sich nähren, sofort Dünger. Und auch immer wieder von den Menschen wird er gepflegt und gedüngt. Ebenso bei Krankheit und Schädlingsbefall sorgen die Menschen für den Baum. Wasser und Sonne bekommt er von Mutter Natur, er darf sich nehmen so viel er will.
Trägt er zu viele Früchte, muss er auch dafür die Verantwortung übernehmen, entweder die Früchte abwerfen oder die Gefahr, dass seine Zweige brechen. Auch die Früchte die er abwirft dienen ihm wieder als Dünger und sind nicht umsonst.“ Erklärt Sanara.
„Und wie kann ich das jetzt auf mich umlegen?“, fragt Susan.

„Gib und es wird dir gegeben, gib deine Liebe und sie wird dir von deiner Um-

welt zurückgespiegelt. Gib deine Früchte, dein Wissen, deine Fähigkeiten an andere weiter zum Wohl der Menschen und es wird dir in anderer Form gegeben. Vielleicht in Form von Anerkennung, Wohlstand oder anderen für dich nützlichen Gaben, die du gerade brauchst. Und selbst wenn deine Früchte nicht angenommen werden, sind sie gespeichert als Energie und stehen auf Abruf bereit für einen späteren Zeitpunkt, sozusagen als Dünger der Weiterentwicklung, wo ein Mensch darüber nachdenkt oder sich zu einem späteren Zeitpunkt der Not daran erinnert. Und auch für dich selbst als Dünger, denn du hast eine weitere Erfahrung gemacht.

Der Rücken kann sehr viel tragen, aber es kann auch zu viel auf ihm lasten, jeder trägt dafür selbst die Verantwortung, jeder entscheidet selbst es abzuladen bevor der Rücken bricht.“ , erläutert Sanara jetzt das Bild noch ausführlicher:

„Erfreue andere mit deiner inneren Schönheit, mit deinen Blüten und die Freude wird zu dir zurückkehren und dich nähren wie Dünger. Halte deine Früchte, die deine Fähigkeiten sind, nicht im verborgenem sondern reiche sie den anderen. Denn wozu wären deine Früchte gut wenn sie nicht genutzt werden würden? Verschenke deine Früchte, gib deine Fähigkeiten und es wird dir gegeben.“, spricht Sanara zu Ende. Sei verweilen noch lange beim Apfelbaum, genießen den schönen Anblick und geben dem Baum ihre Freude. „Danke, für die Blüten in Form dieser schönen Geschichte“ sagt Susan und lächelt, voll innerer Zufriedenheit setzen sie den Spaziergang fort.

Mögliche Erkenntnisse:

Wenn jemand viel gibt, darf er viel nehmen. Wenn man etwas bekommt, wird der energetische Ausgleich wieder hergestellt.

Wenn jemand nimmt kann er sich dadurch stärken und danach selbst etwas weitergeben.

Jedes Geben wird erwidert, sei es auch auf eine ganz andere Art und Weise.

Nimm an wenn dir gegeben wird, auch wenn du glaubst es im Moment nicht zu gebrauchen, es wird der Moment kommen indem du dich daran erinnerst und es dir hilft.

Jede Erfahrung ist Dünger für deine Persönlichkeitsentwicklung.

Die Entscheidung wie viel du tragen kannst im Leben wird niemanden abgenommen, in Eigenverantwortung abzuladen bevor der Rücken bricht,
ist eine wichtige Erkenntnis.

Die Blüten der inneren Schönheit in Form von persönlichen Fähigkeiten, darf jeder tragen und zum Erblühen bringen, damit andere erfreuen und großen Nutzen bringen, der Lohn kehrt in vielerlei Form zurück.

Thesen

- Das Gleichgewicht zwischen Nehmen und Geben ist nur in dem Maß möglich, in dem Gefühle intensiv zugelassen werden können. Nur wer sich öffnen kann, kann auch Geben und Empfangen.
- Geben hat auch mit loslassen zu tun, Verantwortung zurückzugeben, niemandem seine Verantwortung abzunehmen. Man muss loslassen lernen, auch seinen Kindern gegenüber.
- Wer geben kann, kann auch mit Freude Geschenke annehmen, weil er offen ist.
- Auch Lasten, die man irrtümlicherweise von jemandem übernommen hat, können zurückgegeben werden. Macht man das nicht, schadet man sich selbst und den anderen. Ich erlaube jedem seine Lernerfahrungen.
- Geschenke offenen Herzens geben bedeutet auch Geschenke mit Freude annehmen können. Wer wirklich schenken kann, ist auch aus tiefstem Herzen bereit zu empfangen.

20. Aufarbeiten und Veränderung

Beziehungen aller Art – Liebe, Freundschaft, Verwandtschaft, Arbeitswelt – spielen im Leben eine große Rolle. Führe ich zufrieden glückliche und harmonische Beziehungen oder sind sie von Trauer, Zorn und Ärger oder Unzufriedenheit belastet? Wie ist meine Beziehung zu mir selbst? Sie spiegelt sich in meinen Beziehungen zu anderen wider. Niemand kann seine Mitmenschen verändern, man kann sich nur selbst ändern. So kann man auch sein Spiegelbild im Außen verändern. Das ist die einzige und wirksame Möglichkeit loszulassen sich weiterzuentwickeln.

Was habe ich für ein Kreuz zu tragen? Ich befreie mich davon, ich muss es nicht auf mich nehmen. Mit meinem freien Willen kann ich jederzeit entscheiden alles abzuladen und aufzuarbeiten, andere Denkmuster anzunehmen und zu verändern. Ich mache mir keine Sorgen mehr – sei es um Geld, die Zukunft, meine Verwandten oder Freunde.

Meine positiven Energien wirken sich auf meine Umwelt aus. Ich habe starke, göttliche Energien in mir, die alles verändern und erneuern können. Ich muss es nur wollen. Ich bewege mich freudig in meinem Leben, ich habe die Wahl. Die Entscheidung liegt bei mir. Ich habe die Freiheit, mich in den mannigfaltigen Möglichkeiten die mir das Leben bietet, zu entfalten. Lasten, die ich mir auflade, behindern meine Freiheit mich zu entwickeln und zu verändern.

Mögliche Ursachenthemen

Unzufriedene Beziehungen
Beziehung zu mir selbst verbessern
Andere verändern wollen
Befreien und Aufarbeiten von Altlasten
Angst vor (falschen) Entscheidungen
An positive Veränderungen glauben
Sich die Freiheit nehmen, die man braucht
Zweifel an den eigenen Kräften
Zu sich selbst stehen

Neues Denkmuster

Meine Beziehung zu mir selbst ist wunderbar und genau das spiegelt sich in den mir nahen Menschen wider. Wenn es notwendig ist, treffe ich Entscheidungen und gehe mit Freude den Weg der Weiterentwicklung. Ich befreie mich von Altlasten, die mich behindern, und glaube an meine Kräfte und Fähigkeiten.

Affirmation

Ich befreie mich von Altlasten und entwickle meine Beziehungen!

Farben gold, orange, dunkelrot

Chakren Milz, Sexualchakra, Wurzelchakra

Körperzonen Hüfte, Lendenwirbelsäule, Milz, Nieren, Nebennieren

Die einzelnen Körperzonen

Hüfte, Lendenwirbelsäule

Meinen Weg weitergehen
Beim Vorankommen das Gleichgewicht halten
Angst vor großen Entscheidungen
Vorwärts gehen
Aufrecht zu sich stehen
Unbewusste Unaufrichtigkeit aufdecken
Den freien Selbstausdruck leben
Unbewusste Lasten bewusst machen und abladen
Verspannungen in Handlungen wandeln und vorangehen

Milz

Filter der Lebenskraft
Etwas verwirklichen und auch loslassen, wenn es nicht mehr gebraucht wird oder überholt ist
Ständiges verändern
„erneuern und sterben lassen"
Weiterentwicklung

Nieren, Nebennieren

Gleichgewicht
Partnerschaft
Sich mit Beziehungen auseinandersetzen
Versöhnung des männlichen und weiblichen Pols
Offensiv und wagemutig seinen eigenen Weg gehen
Mut zur eigenen Verwirklichung
Aus der starken eigenen Mitte Kraft schöpfen
Aktiv an sich arbeiten
Herausforderungen des Lebens annehmen und an die Arbeit gehen

Fragen

- Was würde sich verändern, wenn ich ab jetzt nur noch harmonische Beziehungen führen würde?
- Wie würde ich mich fühlen, wenn ich alle Altlasten aufarbeiten und loslassen würde?
- Woran würde ich es merken, dass ich an die positive Veränderung in meinem Leben glaube?

- Wer würde es als Erster bemerken, dass ich ab jetzt zu mir stehe und an meine Kraft glaube?
- Was hätte sich verändert, wenn ich mein Spiegelbild ohne Wenn und Aber angenommen und ich mich selbst dementsprechend verändert hätte – bis mir mein Spiegelbild gefällt?

Die Übersiedelung

„Schau dir dieses Tier an, dieses schwer beladene Pferd, es kann sich kaum mehr bewegen“ ruft Sanara ihrem Freund Tom zu, Sie beobachten gerade eine Großfamilie die dem Anschein nach übersiedelt.

Ihr Pferd ist voll bepackt mit den Dingen des täglichen Lebens, mit allem was sich angehäuft hat, mit Vielem das sicher auch unnötiger Ballast ist und nicht mehr gebraucht wird. Der Rücken des Pferdes ist schon ganz krumm, besonders der Kreuzbereich ist überlastet und behindert das Pferd beim Weiterkommen. Und die Menschen rundherum gehen leichten Fußes ihren Weg, können jedoch auch nicht schneller weiterkommen als das arme, schwer beladene Tier. Denn dieses Tier geht mit den Dingen, die wichtig für die Menschen sind. Sie sind miteinander verbunden und aufeinander angewiesen.

„Wie könnten sie es besser machen?“ fragt Tom. „Zum Beispiel indem sie alle etwas tragen oder besprechen was zurückgelassen wird. Es gibt sicher vieles das nicht mehr notwendig ist und alt ist. Sorgen können von allen getragen, Lösungsmöglichkeiten von allen gefunden und umgesetzt werden.

Nachdem dies geschehen ist, können alle unbeschwert und frohen Mutes weiterkommen, denn jeder trägt die für ihn passende Last. Vieles wurde zurückgelassen. Es wird diskutiert über mögliche Wege und die Sorgen werden geteilt, denn so sind sie nur mehr sehr klein. Sie können jetzt fröhlich lachen und scherzen, die Stimmung überträgt sich auf alle. Siehe da, die Gruppe bewegt sich in rasantem Tempo weiter, alles Erkannte wird umgesetzt und Pläne zu ihrem Wachstum werden geschmiedet.“ beantwortet Sanara Toms Frage.

„Es ist schön wie das funktionieren kann. Jede Gruppe ist nur so schnell oder gut wie ihr schwächstes Mitglied. Gemeinsam kann ein schnellerer, besserer Weg gefunden werden. Die Gruppe ist miteinander verbunden.“, fügt Tom hinzu.
„Schau mal wie dieses Bild der Übersiedelung sich gewandelt hat!“ freut sich Sanara. Und fröhlich winken sie der ihrem Blick bereits fast entschwindenden Gruppe noch zu.

Ich befreie mich von Altlasten, meine Umgebung verändert sich dadurch.
Die Menschen um mich herum, meine Beziehungen verändern sich.
Loslassen verändert mich, meine Umgebung und meine Beziehungen.

Mögliche Erkenntnisse:

Vieles im täglichen Leben ist unnötiger Ballast, sich damit zu beschäftigen und es sich genau anzusehen gibt die Möglichkeit vieles zurückzulassen.

Geteilte Sorgen sind die halbe Last.

Unnötiger Ballast behindert die Weiterentwicklung im Leben.

Wie im Außen so auch im Innen, so wie man einen Kasten von Zeit zu Zeit entrümpeln muss, ist es auch notwendig, seine Gedanken, Glaubensmuster und Sorgen (Ängste) zu entrümpeln.

Wann immer es möglich ist im Team arbeiten. Dadurch kann man von anderen lernen, die Gedankenmuster besser nachvollziehen und einen regen Austausch vollziehen.

Veränderung wirkt sich nicht nur auf die betroffene Person aus, sondern auch auf die Umgebung.

Etwas gemeinsam zu tragen ermöglicht es schneller voranzukommen.

Thesen

„Wer sich ändert, bleibt sich treu."

Wolf Biermann

- Veränderung ist notwendig um Entwicklung zu ermöglichen. Veränderung ist Bewegung und Bewegung ist Leben.
- Wenn Beziehungen nicht glücklich und zufrieden machen, bedeutet dies, dass Veränderung notwendig ist. Hat das Arbeiten an der Beziehung keinen Erfolg gebracht, ist das Glück nicht mehr zurückgekehrt, bedeutet dies loslassen zu müssen.
- Auch das Aufarbeiten von alten Belastungen, Emotionen und Denkmustern ist notwendig, um Veränderung und Entwicklung einzuladen. Verdrängen bedeutet, sich Ballast aufzuladen, die Reflexion und der Lernprozess danach ist das Abwerfen von Last.
- Die Zweifel an seiner eigenen Kraft begründen ein Überdenken, Abwägen und Auflisten von Vor- und Nachteilen. Es ist wichtig, seine Zweifel anzunehmen, aber nicht im Zweifeln zu verharren. Werden die Zweifel angenommen und bearbeitet – vielleicht ist auch eine kleine Kurskorrektur notwendig- können sie gestärkt im Selbstbewusstsein wieder losgelassen werden.

21. YIN – Sanftheit entwickeln

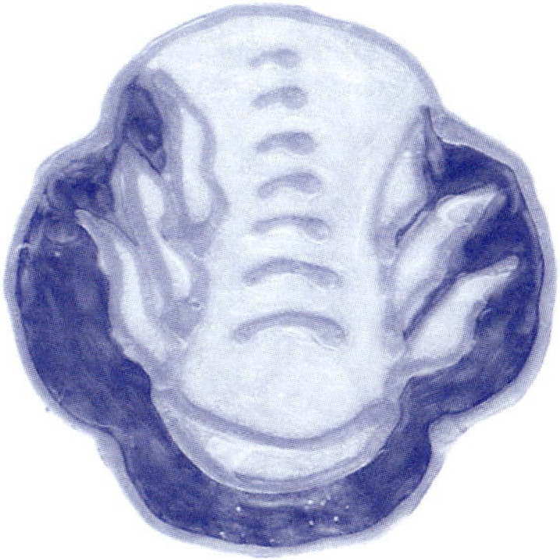

Die Energien dieses Symbols helfen mir das Weibliche, Sanfte, Ruhige, Dunkle zu erkennen und zuzulassen. Ich gebe dem Weiblichen, Passiven und Nehmenden Teil in mir Platz und lebe ihn, egal ob ich Mann oder Frau bin. Ich entwickle das Sanfte und Weiche in mir. Um in Balance zu bleiben, brauche ich zum männlichen, aktiven Teil den Gegenpol der Weiblichkeit. Immer nur aktiv, gebend und im handeln zu sein erzeugt sehr schnell ein Ungleichgewicht, das sich in Unzufriedenheit, Ausgebranntheit und Krankheit zeigen kann. Ich schenke meinem Gegenpol Beachtung und lebe die Ruhe. Ich nehme mir Zeit für mich selbst. Ich setze mich mit meiner Person auseinander und stürze mich nicht in die Aktivität, um von meinen Probleme abzulenken. Wenn ich immer auf Achse bin, brauche ich nicht in mich zu gehen.

Ich nehme mir Zeit für meinen weiblichen Part und arbeite an meinen Herausforderungen, um ein Gleichgewicht zwischen Yin und Yang herstellen zu können.

Wenn ich aktiv etwas kraftvoll in die Tat umsetzen will, kann ich auf den richtigen Zeitpunkt warten. Wenn die richtige Zeit gekommen ist, geht alles mit Leichtigkeit und ist im Fluss. Ich lebe meinen weiblichen Teil und lasse ihn nicht von der harten Männlichkeit erdrücken. Auch die Frau kann zu männlich sein – immer in Bewegung und stark sein, immer alles bewältigen wollen. Das tritt oft bei allein erziehenden Müttern auf. Um in Balance zu sein muss ich auch die Sanftheit leben, anschmiegsam sein, sich Ruhe gönnen, abwarten können und in die Luft schauen, Muße suchen und in der Hektik dieser Zeit wieder in Balance kommen.

Ich nehme mich um alles an, erledige Dinge für andere, viele Dinge zusätzlich zu meinen Aufgaben, und lasse mich gerne von anderen ausnutzen. Ich kann mich wunderbar von mir ablenken.

Ich belüge mich selbst, ich bin der felsenfesten Überzeugung, ich könne ohne Arbeit nicht sein. Nichts kann mich von dieser festgefahrenen Meinung abbringen. Ohne Arbeit würde ich erkranken. Ich biege mir die Wahrheit zurecht, bis ich sie glauben kann. Wenn ich aber auf mein Gefühl höre, kann ich erkennen was wirklich Wahrheit ist! Wahrnehmen heißt fühlen, das beinhaltet bereits die Wahrheit.

Mögliche Ursachenthemen

Probleme mit der Weiblichkeit
Angst vor Gefühlen und Verletzungen
Mit Gefühlen nicht umgehen können
Aggressivität durch unterdrückte Gefühle
Gefühle hinunterschlucken
Niemanden an sich heranlassen
Workaholics, die ohne Arbeit keinen Sinn im Leben sehen
Gefühle und Intuitionen im Inneren wahrnehmen
Sich von anderen ausnutzen lassen
„Nein“ sagen lernen
Ruhe mit Faulheit gleichsetzen
Wahrheit erkennen
Mit Geduld den richtigen Zeitpunkt abwarten
Muße, Meditation in der Natur

Neues Denkmuster

Um in Balance zu sein, darf ich auch das Weibliche, Sanfte, Ruhende, Dunkle leben und genießen. Jetzt kann ich vieles in mir erkennen, bearbeiten und mich entwickeln. Ich erkenne die Wahrheit in meinen Gefühlen und vertrete diese mir selbst und den anderen gegenüber. Ich komme immer mehr in die Mitte und in Balance. Ich erkenne den tieferen Sinn meines Lebens. Gerne sage ich jetzt auch „Nein“, wenn ich wahrnehme, dass ich Ruhe und Zeit für mein Wohl brauche.

Affirmation

Ich lebe auch meinen weiblichen Teil und bin mehr und mehr in Balance!

Farben gelb, gold, blau, violett
Chakren Solarplexus, Herz, Hals
Körperzonen Haut, Schilddrüse, Kehlkopf, Hals, Magen, Bandscheiben, Wirbelsäule

Die einzelnen Körperzonen

Haut	Grenze nach außen Sich abgrenzen „Das geht mir unter die Haut!“ Kontakt nach außen Unsauberes nach außen lassen Sich Grenzen schaffen Freiwillige Öffnung seiner Grenzen Grenzen überwindende Liebe entdecken
Bandscheiben, Wirbelsäule	Weiblicher Pol der Wirbelsäule Das Weibliche wird erpresst Druck, unter dem man steht, bewusst wahrnehmen Die Betonung des Weiblichen forcieren Abwechselnd Härte und Weichheit ins Leben bringen Aktivität, Ehrlichkeit und Aufrichtigkeit Demut statt Demütigung Bedingungslose Liebe statt Leistungszwang
Schilddrüse	Selbstverwirklichung Konflikt mit der Entwicklung Wachstum erlauben Sich über selbst- und fremdgeschaffene Normen hinwegsetzenund sich entwickeln
Hals, Kehlkopf	Verbindung von Verstand und Gefühl Kommunikation Ungesagtes hinunterschlucken Wahrheit spüren und dafür kämpfen Was will ich nicht mehr schlucken? Sich trauen Kritik auszusprechen Gefühle aussprechen Entwicklung bewusst vorantreiben
Magen	Gefühl Aufnahmefähigkeit Aussprechen was einem im Magen brennt Erfüllung von Bedürfnissen Seine Botschaft wahr- und wichtig nehmen

Fragen

- Was wäre anders, wenn ich keine Angst vor Gefühlen hätte?
- Was wäre das Beste und was das Schlimmste, wenn ich meine Gefühle zulassen würde?
- Wer würde es als Erster bemerken, wenn ich meine Gefühle kontrolliert artikulieren würde?
- Woran würde ich es bemerken, wenn ich meinem Leben auch ohne Arbeit Sinn geben könnte?
- Was würde geschehen, wenn ich „Nein" sagen würde?
- Was wäre das Beste und was das Schlimmste, wenn ich der Wahrheit ins Auge sehen würde?
- Was hätte sich verändert, wenn ich Ruhe als Ausgleich zu Aktivität genießen könnte?

Den Motor abschalten

„Aktiv sein, arbeiten, sich abrackern, sich etwas schaffen, Freizeitstress, etwas erleben, Sport betreiben, immer etwas Neues kennen lernen wollen, neue Menschen treffen, tanzen gehen, ausgehen, Geld verdienen, das sind die Schlagwörter der heutigen Zeit. Wie ein Motor der immer funktionieren muss, ein Motor, der immer läuft. Was passiert mit einem Motor der immer läuft?" stellt Sanara die Frage in den Raum, nachdem Monolog den sie zu einigen frustrierten Arbeitskollegen gesprochen hat. „Er brennt irgendwann durch." sagt Stefan ganz in Gedanken versunken und monoton. „Und ich fühle mich schon ganz leer und ausgebrannt und hab Angst vor dem Burnout-Syndrom." setzt Katharina, eine durchgestylte Managerin fort.

„Was braucht ein Motor damit er nicht aus- oder durchbrennt?", stellt Sanara die nächste Frage. Vorsichtiges Antworten folgt: „Abschalten, ausschalten, abstellen, Ruhe, Pause, Nacht, Schlaf, Veränderung, anderes Tempo, Auftanken, Kraftstoff, löschen, Nichtstun, langsam, Trägheit, herunterfahren, entschleunigen." „Genau das ist es." freut sich Sanara über die Antworten: „Wie der Tag die Nacht braucht und die Sonne den Mond, so braucht auch Arbeit die Ruhe als Gegenpol, wie Yin und Yang. Wer beides in sich vereint ist in Balance." sagt Sanara.

„Du hast Recht. Unser Motor läuft sowieso schon heiß und es ist höchste Zeit ihn einmal abzustellen. Wir sollten den Motor täglich rechtzeitig abstellen und ihn wieder mit neuer Kraft am nächsten Tag hochfahren." sieht jetzt auch Stefan ein.

„Und wie mache ich meinem Chef klar, dass ab jetzt nur mehr eine gewisse Anzahl an Überstunden möglich ist?" entgegnet Katharina nachdenklich.

„Wie viel bist du dir selbst Wert?“ stellt Sanara eine heikle Frage „Diese Frage musst du einmal beantworten, dann wirst du Möglichkeiten finden den Motor immer wieder rechtzeitig abzustellen. Erst wenn du zu dir selbst stehst und du bemerkst, welch unschätzbaren Wert deine Gesundheit hat, wird es auch für deinen Chef ganz normal annehmbar sein, wenn du sagst, dass mehr nicht mehr geht.“ erklärt Sanara.
„So und jetzt nach dieser wichtigen Pause gehen wir wieder an die Arbeit. Sie war wichtig für Körper und Seele.“ Alle gehen wieder frohgemut mit wichtigen Erkenntnissen an die Arbeit.

Ruhe, Pause, Gefühl, ausspannen ist weiblich, ich lebe auch meinen weiblichen Teil, ich bin in Balance.

Mögliche Erkenntnisse:

Sich immerzu beschäftigen, das lenkt ab von wirklich wichtigen Themen.
Immer nur Arbeiten und aktiv sein, die Gefahr besteht sich selbst zu überfordern.
Arbeit braucht den Gegenpol der Ruhe, um verbrauchte Kraft wieder aufzubauen.
Ein Motor der unentwegt läuft brennt früher oder später durch.
Der Wert der Gesundheit ist unschätzbar, diesen Wert kann niemand bezahlen, es ist wichtig rechtzeitig auf die Gesundheit zu achten. Die meisten Menschen wissen ihren Wert erst zu schätzen wenn sie abhanden gekommen ist.
Jeder kann selbst bestimmen: „Bin ich es mir Wert den Motor abzustellen und Ausgleich zu schaffen.“
Ruhe Gelassenheit, Gefühl ist weiblich, dies ist der Gegenpol zum heutigen Getriebe des Alltags. Beide Teile vereint machen es möglich in Balance zu leben.

Thesen

- In jedem Menschen gibt es einen männlichen und einen weiblichen Teil. Egal ob Mann oder Frau, die Harmonie liegt in der Balance. Ein Mann ist nur dann in seiner Balance, wenn er sein Weibliches, Weiches und Sanftes zulässt und lebt. Es kann aber auch eine Frau zu männlich sein und umgekehrt.
- Angst vor Verletzung kann hart machen und das Weibliche unterdrücken.

- Unterdrückte Gefühle können das Weibliche selbst unterdrükken, Aggressivität hält das Sanfte zurück, es wird nicht mehr gelebt und verkümmert.
- Sanftheit entwickeln kann bedeuten, wieder Vertrauen zu entwickeln und Ruhe zuzulassen. Nur in Ruhe und Gelassenheit kann Sanftheit leben und sich entfalten.
- Wer in seinem Inneren die Gefühle wahrnimmt, kann sie auch zulassen und leben, kann seine Intuition annehmen. Um Balance und Ausgleich zu schaffen, ist es notwendig sich Zeit zu nehmen.

„Die Zeit ist eine mächtige Meisterin, sie bringt vieles in Ordnung."
Pierre Corneille

22. Entfaltung

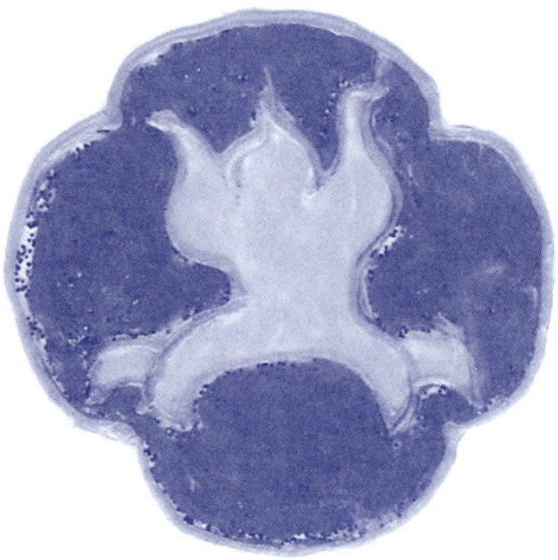

Ich liebe das Leben und die Erde, bin fest in ihr verwurzelt. Im Ausdruck meiner Lebenslust entfalte ich mein Potential. Die Lebensfreude gibt mit die Kraft und Energie, meine Fähigkeiten im Leben zu integrieren und mich zu entwickeln. Selbstzweifel kann ich ins Positive wandeln, denn ich glaube an mich und meine Talente. Mit meinen Begabungen gehe ich meinen Weg und erfülle meine Aufgabe. Für meine Existenz kann ich gut sorgen und ich verdiene es, in Freude und Fülle zu leben. Das Leben ist Glück, ich überstehe die Phasen des Zweifels und des „In-Frage-Stellens". Im Vertrauen gehe ich meinen Weg und weiß, dass mir alles, was notwendig ist, zufließt.

Meine Aufgabe und Arbeit ist gut und wichtig, ist viel wunderbares Geld wert. In meinem Wesen drückt sich die starke Verbundenheit zur Mutter Erde aus, ich liebe die Natur und das Leben. Ich halte inne, ruhe mich aus und genieße mein Glück, meine Liebe, meine Bildung und meinen Reichtum. In der Ruhe und Gelassenheit entwickelt sich meine Kreativität und entfaltet sich mein Potential.

Mögliche Ursachenthemen

Angst vor dem Leben
Pessimismus und Depression
Zweifel an den eigenen Fähigkeiten
Existenzängste
Lebenshass
Kreativität zulassen
Balance zwischen männlich und weiblich (auch in der Sexualität) finden
Sexualität in Liebe leben

Neues Denkmuster

Fest verwurzelt entfalte ich mein Potential. Daraus schöpfe ich die Kraft um negative Phasen zu wandeln. Ich vertraue darauf, dass mir alles Notwendige zufließt. Mit meiner Arbeit verdiene ich gutes Geld. In Gelassenheit genieße ich meine Lebensfreude und mein Potential. Ich lebe meine Begabungen und entfalte mich. Ich liebe die Erde und entwickle mich.

Affirmation

Ich liebe das Leben und entfalte mein Potential!

Farben rot, orange, gold
Chakren Wurzelchakra, Sakralchakra, Solarplexus
Körperzonen Nieren, Beine, Schilddrüse, Kreuz- und Steißbein, Sexualdrüsen

Die einzelnen Körperzonen

Nieren

Gleichgewicht
Themen, die nach außen wollen, aussprechen
Was sich innen ansammelt herauslassen
Die Lust auf das Leben wecken
Extreme verbinden
Im Strom des Lebens vorwärts kommen
Hindernisse als Herausforderungen sehen

Beine

Vorwärts gehen
Durch das Leben gehen
Den nächsten Schritt wagen
Fortschritt

Beine	Erdbezug finden Nicht den Boden unter den Füßen verlieren Aufgabenbereich in Bodenständigem entdecken Eine Basis finden Anker werfen
Schilddrüse	Kreativität Seine Talente ausdrücken und leben Seine eigene Entwicklung vorantreiben Sein eigenes Selbst ausdrücken und leben Sich um Wachstum bemühen Entscheidungen treffen Seine Energie ins Leben fließen lassen
Kreuz- und Steißbein	Was hast du für ein „Kreuz“ zu tragen? Wer oder was bricht dir das Kreuz? Sich mit Existenzängsten auseinandersetzen Lebensängste annehmen Angst, finanziell nicht versorgt zu sein Vertrauen in die eigenen Talente Mut haben falsche Bindungen zu lösen
Sexualdrüsen	Kreativität Sich über Grenzen und Normen hinwegsetzen Expansive Entwicklung Offen und kontaktfreudig sein Eigene Werke in die Welt setzen Kreative Prozesse fließen lassen Die Mitte zwischen männlich und weiblich finden

Fragen

- Was würde sich verändern, wenn ich die Angst vor dem Leben nicht hätte?
- Könnte ich mir vorstellen, von meiner Depression loszulassen und mich und mein Leben zu verändern?
- Wer würde es als Erster bemerken, wenn ich an meine Fähigkeiten glauben würde?

- Was würde geschehen, wenn ich meiner Kreativität freien Lauf lassen würde?
- Woran würde ich es merken, wenn ich die Balance zwischen „männlich“ und „weiblich“ gefunden hätte?

Dein wunderbarer See

Dein Potential ist wie ein riesiger, einzigartiger See. Wie viel von deinem See hast du bereits erkundet und wie viel nutzt du? Dein Schiff des Lebens liegt im Hafen und fährt nicht los. Oder es fährt los, macht eine kurze Reise und kehrt gleich wieder zurück. Laufe aus, stich in See und erkunde neue Ufer, entdecke neues Potential.

Die Gelegenheit dazu ist jedes Mal gegeben, wenn die See ruhig ist, die Gefühle geglättet sind, die Wogen der Emotionen in Balance sind. Jetzt ist die beste Gelegenheit auszulaufen und Reise für Reise ein neues Stück deines Sees zu erschließen, es nicht brachliegen zu lassen.

Was passiert mit Wasser, das sich nicht bewegt? Es wird fahl, schmeckt nicht mehr gut, wird ungenießbar. Bewegt sich das Wasser so erneuert es sich und wird mit Sauerstoff, mit Leben und Energie angereichert.

Wenn die See ruhig ist, ist es günstig auf Reise zu gehen und neugierig zu staunen über die wunderbaren Entdeckungen deines Potentials. Vieles gibt es zu entdecken und zu erkennen, ungeahnte Kreativität, neue Möglichkeiten. Traue dich Neues auszuprobieren und Neues einfach zu tun, nur so kannst du entdecken wo deine Stärken liegen und dein Können erkunden. Dem Leben vertrauen in Ruhe und Gelassenheit.
Auch du hast riesiges Potential mitbekommen, du kannst viel mehr als du glaubst, tue es, bei günstiger See ist die beste Gelegenheit sich auf die Reise zu machen, auf zu neuen Ufern. Viele Reisen sind notwendig, um alle Winkel und Ufer und Schönheiten des persönlichen Sees zu bereisen. Und vor allem das, was du entdeckst zu nutzen. Mit den wunderbaren Erlebnissen und Entdeckungen dieser Reisen ist es möglich die Fähigkeiten und Fertigkeiten auszubauen für die Phasen während stürmische See herrscht und die Gefühle sich auftürmen.
Auch hier hilft dir das Vertrauen in dein Potential. Vertraue dir selbst und vertraue, dass die schwierigsten Aufgaben nur den besten Studenten übertragen werden.

Jede Reise macht reicher und bringt neue Lebenskraft. Mit jeder Reise entfaltet sich mehr Potential. Dieses steht dann für ein schöneres, reicheres Leben zur Verfügung.
Traue dich und vertraue, entfalte dein Potential. Meine Begabungen sind ein riesiger See. Mit meinem Schiff des Lebens fahre ich über den ganzen See und nutze jede meiner Begabungen.

Mögliche Erkenntnisse:

Ist das Leben in Balance ist die beste Gelegenheit, aufzubrechen zu neuen Ufern, neues ins Leben zu integrieren, Veränderung anzustreben.

Das Potential eines Menschen ist riesengroß, alles zu entdecken und zu erforschen kann ein Ziel im Leben sein.

Sich nicht zu bewegen, nichts zu tun kann bedeuten ich werde ungenießbar und beschwerlich.

Stärken und Talente können entdeckt werden, wenn mutig Neues erforscht und getestet wird.

Neues zu entdecken bedeutet weggehen von Bekanntem und Gewohnten.

Wer Vertrauen in sich selbst hat ist den neuen Aufgaben gewachsen.

Jede Reise, Erfahrung macht reicher an Erkenntnis, gefundenen Talenten, entwickeltem Potential und bringt dadurch mehr Kraft für neue Herausforderungen.

Begabungen und Talente sind dazu da um genutzt zu werden, ansonsten wären sie sinnlos.

Thesen

- Wer Angst vor dem Leben hat, hat auch Liebe für das Leben in sich. Das Vertrauen hilft diese Liebe zu entwickeln, nach außen zu bringen und die Angst zu wandeln.
- Vertrauen in die eigenen Fähigkeiten kann jeder entwickeln, wenn er sie erkennt. Was ist meine eigene Stärke? Wo liegt mein Potential? Jeder hat von seinem Leben Geschenke mitbekommen. Packe sie aus! So kann jeder Vertrauen haben und Pessimismus wandeln.
- Existenzängste sind mit einem Mangel an Selbstliebe und Selbstvertrauen verbunden. Betroffene Menschen haben vermutlich zu wenig Liebe in ihrer Kindheit bekommen. Sie können sich aber diese Liebe jetzt selbst geben, wenn sie ihr wunderbares, liebenswertes Potential, ihre Seele, erkennen.
- Entfaltung des eigenen Potentials ist auch eine Frage des Zulassens seiner Kreativität. Auch sie muss erlaubt und zugelassen werden. Nimm deine innere Kraft in Ruhe an und lasse sie heraus.

23. Fortschritt

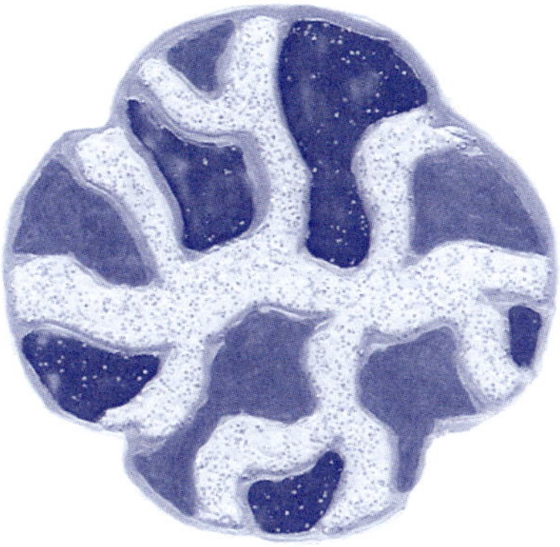

Die Energien dieses Symbols helfen, sich aus Stagnation zu befreien. Ich erlaube mir, an meinen Fortschritt zu glauben, er ist gut und wichtig, Das Alte ist vergangen, es war gut, es hat mich dorthin gebracht, wo ich jetzt stehe. Jetzt ist es an der Zeit Neues zu beginnen und weiterzugehen. Leben ist Bewegung, lernen und Neues erfahren – Stagnation und Stillstand bedeuten Rückschritt und Tod!

Ich nehme die Neuerungen und Neuheiten an, ich verurteile sie nicht. Ich prüfe sie. Was ist dabei für mich wichtig? Was möchte ich in mein Leben integrieren? Vielleicht macht es mein Leben leichter und gibt mir Erkenntnisse, die mich weiterbringen.

In der Stagnation werde ich träge und müde; jedoch Aufregendes, Neues belebt Körper und Seele. Ich bin wieder gefordert und sehe neue Wege und Möglichkeiten. Ich schaue zurück und lerne aus der Vergangenheit, ich nehme die Erfahrungen mit und lebe danach. Die alte Lektion habe ich gelernt, jetzt kann ich ein schönes neues Gleis nehmen und einen neuen Weg einschlagen. Neue aufregende Herausforderungen warten auf mich!

Die alten Geleise sind eingefahren und ausgeleiert. Es macht mehr Spaß neue, glänzende, glatte Geleise zu benutzen. Ich lasse die Angst vor Veränderung hinter mir und gehe voller Freude neue Wege. Ich bin neugierig, schaue was sie mir bringen, wie ein kleines Kind, das voller Staunen beim Fenster des fahrenden Zuges hinausblickt. Ich vertraue darauf, dass ich den Neuerungen gewachsen bin. Wenn ich Altes und Gewohntes verlasse, denke ich nicht nur daran, was ich verliere, sondern auch was ich dabei gewinne. Wie viele neue Wege stehen mir offen, wie viele Möglichkeiten sind für mich bereit? Ich erweitere meinen Horizont und meinen Blickwinkel und ergreife die vielen Chancen. Ich traue mich, Altes loszulassen und mache mich auf zu neuen Ufern.

Mögliche Ursachenthemen

Nicht weitergehen wollen
Am Vergangenen hängen
Sich auf die faule Haut legen wollen
Vorurteile gegenüber Neuerungen
Angst Neues auszuprobieren
Angst dem Fortschritt nicht gewachsen zu sein
Sich auf seinen Lorbeeren ausruhen
Nichts aus gemachten Fehlern lernen

Neues Denkmuster

Mutig gehe ich an Neuerungen heran und glaube an den Fortschritt, der vieles leichter machen wird. Leben ist Bewegung! Mit Freude setze ich meine Erkenntnisse um. Ich erweitere meinen Blickwinkel, ergreife die Chancen und sehe viele gangbare Wege, die mir offen stehen.

Affirmation

Ich bin in Bewegung und setze neue Erkenntnisse um!

Farben rot, blau, gelb

Chakren Wurzel, Fußsohle, Solarplexus, Herz

Körperzonen Sprunggelenke, Achillessehne, Venen, Blut, Solarplexus, Nerven, Füße, Beine, alte Bruchstellen

Die einzelnen Körperzonen

Sprunggelenke

Auf dem Sprung sein
Einen großen Sprung machen
Nicht sprunghaft sein
Den nächsten Sprung wagen
Den Absprung schaffen
Absprungbasis
Auch innerlich weitergehen

Achillessehne

Unverletzlichkeit
Kraft haben um Fortschreiten zu können
Nicht am Leben vorbeilaufen
Kraft in Taten umsetzen

Venen, Blut — Lebenskraft, Lebensfluss
Antriebskraft des Lebens
Veränderung annehmen
Lebensfluss akzeptieren und weitergehen
Fluss der Lebensenergie

Solarplexus, Nerven
Weisheit
Kommunikationssystem
Erkenntnisse umsetzen
Nachrichten annehmen und weitergeben
Mutig Wege finden seine Gefühle sinnvoll zu leben
Die Wahrheit im Inneren suchen
Die Wahrheit annehmen

Beine — Beweglichkeit, Fortschritt
Durch das Leben getragen werden
Die richtige Richtung einschlagen

Füße — Geerdet sein
Weiterentwicklung
Den nächsten Schritt machen
Zu seinen Idealen stehen
Neues entdecken und Wurzeln schlagen

Alte Bruchstellen
Knochen, Festigkeit, Vergangenheit
Sich nicht lösen wollen
Loslassen, was verbraucht ist
Altes mit Schmerz loslassen
Trauer leben und weitergehen
Altes abbrechen
Altes in Frage stellen – bis auf die Knochen
Konflikte bis auf die Knochen zulassen und austragen
Sich offensiv mit Normen auseinandersetzen
Halt und Struktur in Frage stellen

Fragen

- Woran würde ich es merken, dass ich mich aus meiner Stagnation befreit hätte?
- Wie würde ich mich fühlen, wenn ich Vergangenes loslassen könnte?
- Was wäre das Beste und was das Schlimmste, wenn ich mich auf Neuerungen einlassen würde?
- Was würde geschehen, wenn ich die Angst vor Neuerungen ablegen würde?
- Wer würde es als Erster bemerken, wenn ich mich nicht mehr auf meinen Lorbeeren ausruhen würde?
- Was wäre anders, wenn ich offen gegenüber Neuerungen wäre?

Neue Geleise bauen

„Ein Kind erlebt alles irgendwann das erste Mal, am Rummelplatz, im Karussell, das erste Fahrrad, der erste Schultag, voller Freude. Jedes Erlebnis wird zu etwas Besonderem." erzählt Sanara. Sie spricht gerade mit ihrem Freund Peter über Fortschritt. „Würde ein Kind nicht voller Staunen und Neugierde immer wieder Neues kennen lernen wollen wäre der Fortschritt vom Kind zum Jugendlichen und zum Erwachsenen nicht möglich!" redet Sanara weiter.

„Warum hören viele Erwachsene dann damit auf?" fragt Peter. „Tja, das ist eine gute Frage, aus Angst vor Veränderung vielleicht oder Vorurteilen gegenüber Neuem. Sie legen sich auf die faule Haut oder sehen nur was sie verlieren und erkennen nicht die vielen neuen Gleise und Wege, die sich jetzt auftun." antwortet Sanara etwas traurig.

„Stell dir vor, du fährst tagtäglich, jahrelang immer auf den selben Gleisen, siehst immer das Gleiche, erlebst immer das Gleiche, hörst und fühlst immer das Gleiche. Du wirst abstumpfen, alles nur mehr automatisch tun, du wirst nichts mehr wirklich wahrnehmen. Du erlebst nichts mehr Neues, verlernst die Neugierde und das Staunen, dein Gesichtsausdruck wäre immer gleich. Die Geleise wären schon ganz ausgefahren und wackelig, aber auch das nimmst du nicht mehr wahr. Was muss passieren, dass du dir endlich neuere, modernere, schönere Gleise baust, die einen neuen, interessanten, lernenden Weg einschlagen. Feiwillig gehen die wenigsten dran sich neue Gleise zu bauen, erst durch ein Unglück, wenn ein Gleis bricht, der Zug stoppt und Halt gemacht wird, ist es möglich neue Gleise zu bauen. Obwohl wir Menschen auch in der Lage wären vor dem fahrenden Zug neue Gleise zu bauen." sagt Sanara.

„Das stimmt", antwortet Peter „meist ist es Krankheit, Jobverlust, Partnerverlust oder ein sonstige Enttäuschung, erst dann denken die meisten Menschen nach und verändern ihre Situation." „Wer nichts tut oder immer das Gleiche tut, wird träge. Sei neugierig und staune, baue neue Gleise und beschreite und benutze sie!" setzt Sanara fort. „Staunen, ja wie ein Kind das das erste mal mit einem Zug fährt und voller Staunen aus dem Fenster blickt." ergänzt Peter „Immer wieder staunend erkennen, die neuen Gleise bieten Fortschritt den ich für mein wohl nutzen kann, welche Errungenschaften dienen mir hier?" ergänzt Sanara den Dialog.

Immer wieder ‚Fort-Zuschreiten' auch als Erwachsener, bis ins hohe Alter neue Gleise bauen und erkunden! Sich entwickeln vom Erwachsenen bis zum „weisen Menschen"
Ich bin in Bewegung und liebe den Fortschritt
Ich freue mich dass vieles anders ist, auf den neuen Geleisen.
Das Neue nutze ich und erleichtert mein Leben.

Mögliche Erkenntnisse:

Jeder Fortschritt, alles Neue ist etwas Besonderes.
Neugierde und Staunen sind der Motor für den Fortschritt und für Neuerungen.
Sich Neugierde im Erwachsenenalter zu bewahren, kann vor der Angst vor Veränderung schützen.
Angst vor Veränderung entsteht daraus nur das zu sehen was zurückgelassen wird und nicht zu erkennen welche neue Möglichkeit dies hervorbringt.
Immer das Gleiche zu tun lässt die Sinne abstumpfen und die Wahrnehmung ermüden.
Oftmals wollen die Menschen vom Leben gezwungen werden neue Gleise zu bauen.
In Bewegung sein bis ins hohe Alter kann aus dem erwachsenen einen weisen Menschen machen.

Thesen

- Warum will jemand nicht weitergehen? Stillstand, nichts verändert sich mehr, immer der gleiche Trott, keine neuen Abenteuer, keine neue Liebe, kein Fortschritt. Stagnation macht müde und bequem, es erscheint oft als der leichteste Weg, stillzustehen und nichts zu tun.

- Wer in der Vergangenheit hängt, wird in seinem Weiterkommen behindert. Es ist wie ein starkes Gummiband, das ihn immer wieder zurückholt. Lass es nicht zu, lass die Vergangenheit los, entledige dich ihrer liebevoll und gehe frohen Mutes dem Fortschritt entgegen.
- Wer sich „auf die faule Haut" legt, verhindert auch den Fortschritt. Er ist müde geworden und hat verlernt Freude zu empfinden. Nimm dir die Freude und die Vorfreude auf den nächsten „Fort-Schritt" mit.
- Freude und Neugierde geben die Kraft für den Schritt immer wieder Neues ausprobieren zu wollen. Fehler, die dabei gemacht werden, sind Erfahrungen und die wahren Helfer im Leben. Aus seinen Fehlern lernt jeder am meisten, auch wenn sie schmerzlich sind. Sei dankbar für deine Fehler, sie sind wichtig.

24. Ehrlichkeit und Aufrichtigkeit

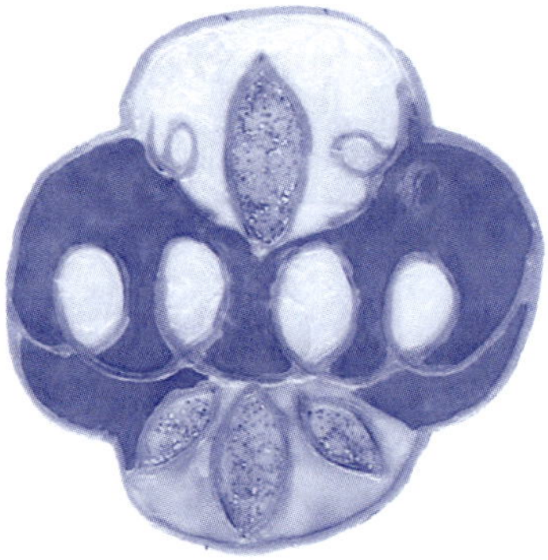

Zu sich selbst stehen und nach seinen Gefühlen zu leben – das bedeutet Aufrichtigkeit und Ehrlichkeit sich selbst gegenüber. Gehe ich aufrichtig durch mein Leben oder wähle ich den Weg des geringsten Widerstandes?

Man kann sich durch das Leben schlängeln, einmal hier ausweichen, einmal dort, nur nicht anecken oder auffallen. Wie geht es mir dabei? Folge ich meinen Gefühlen und lebe ich meine Intuition? – Wohl kaum! Ich drehe und wende mich, wie es die anderen wollen, um jeden Konflikt zu umgehen. Ich will es jedem recht machen, nur nicht mir selbst. Ich unterdrücke meine eigenen Vorstellungen und Ziele. Ich suche Harmonie um jeden Preis und versuche jeder Konfrontation mit Menschen anderer Meinung auszuweichen. Wenn ich aber so lebe, bin ich mir selbst keine Stütze.

Alte, nicht gelebte Emotionen speichern sich häufig in der Wirbelsäule und drükken sich als Schmerz aus. Er ist ein Signal des Körpers und will gehört werden. Ich mache mir bewusst, was mein Körper sagen will, ich bearbeite, löse es und lasse los. Wenn ich erkenne, was mir der Körper sagen will und ich danach handle, hat der Schmerz keine Aufgabe mehr und kann mich wieder verlassen.

Zuerst löst sich der Schmerz aus dem Skelett, den Knochen und den Wirbeln. Eine sanfte Behandlung kann den Lösungsprozess beschleunigen. Dann erfolgt die Lösung aus den Muskeln, Sehnen und anderen Geweben. Die Verspannungen gehen und werden in neues Denken, Handeln und neue Wege gewandelt. Hier können zusätzlich sanfte Massagen und Bachblüten Hilfe leisten. Die Leerräume werden kraft der Symbole mit heilenden Energien befüllt; sie helfen das Neue im Leben zu integrieren und das Alte loszulassen.

Mögliche Ursachenthemen

Den Weg des geringsten Widerstandes gehen
Angst vor Gefühlen und Intuition
Vorstellungen, Idealen und Zielen nicht folgen
Angst vor Konflikten
Zu sich selbst und seinem Weg stehen
Ideale auch vor anderen vertreten
Aufrichtigkeit zu sich selbst leben
Konflikten und Schwierigkeiten ausweichen
Angst vor Entscheidungen

Neues Denkmuster

Aufrichtig und ehrlich stehe ich zu mir selbst und gehe meinen Weg. Mutig stelle ich mich den Herausforderungen des Lebens und handle nach meiner Intuition. Ich höre auch die Meinung anderer und respektiere sie. Ich überdenke meine eigene Meinung und handle in Selbstverantwortung. Mein Gefühl stimmt immer mit meiner Intuition überein. Ich bin mir selbst eine Stütze und folge mit Freude meiner Lebensaufgabe. Wenn es notwendig ist korrigiere ich mein Ziel und verfalle nicht in Starrheit. Starrköpfig zu sein ist ebenso schlecht wie sich wie eine Fahne im Wind zu drehen. Geradlinig und in Liebe vertrete ich meine Meinung. Das wissen auch die anderen an mir zu schätzen.

Affirmation

Aufrichtig folge ich meinen Idealen und gehe ehrlich meinen Weg!

Farben erdrot, grün, gold, weiß
Chakren alle
Körperzonen Wirbelsäule, Rundrücken, Wirbelgleiten, Skoliose, Kyphose, Brust, Bauch, Verspannungen, Gleichgewichtsorgan

Die einzelnen Körperzonen

Wirbelsäule, Rundrücken, Wirbelgleiten, Skoliose, Kyphose
- Stütze des Lebens
- Schwierigkeiten aus dem Weg gehen
- Sich durchs Leben schlängeln
- Sich drehen und wenden wie man will
- Sich für etwas krümmen
- Balance zur eigenen Lebensachse finden
- Von der Wirklichkeit wegdrehen
- Sich für keine Richtung entscheiden
- Starrheit, sich nicht bewegen wollen

Brust, Bauch
- Auf sein Gefühl hören
- Die Intuition beachten
- Eindrücke aufnehmen und verarbeiten
- Zentrum des Lebens und der Kraft

Verspannungen
- Falsche Spannung
- Starrheit
- Übertriebene Anstrengung
- Sich seelisch einengen

Gleichgewichtsorgan
- Verunsicherung
- Auf schwankendem Boden stehen
- Sich etwas vormachen
- Sich selbst gegenüber ehrlich sein
- Lebenstraum und Wirklichkeit zusammenführen
- Die eigenen Standpunkte freiwillig in Frage stellen
- So genannte Sicherheiten im Leben als Schein durchschauen

Fragen

- Was ist der Vorteil daran, den Weg des geringsten Widerstandes zu gehen?
- Was wäre anders, wenn ich keine Angst vor meinen Gefühlen und meiner Intuition hätte?
- Was würde geschehen, wenn ich meinen Idealen und Vorstellungen folgen würde?
- Wer würde es als Erster merken, wenn ich Konflikte annehmen und austragen würde?
- Was hätte sich verändert, wenn ich zu mir selbst stehen würde?
- Was wäre das Beste und was das Schlimmste, wenn ich ab jetzt ehrlich und aufrichtig zu mir selbst wäre?

Der Geist formt den Körper

Es war einmal ein Mensch, der hieß Ehrenfried, überall im Land war er beliebt und wurde fröhlich empfangen. Er passte sich überall an, um ja nicht anzuecken, er hatte immer die gleiche Meinung wie sein Gastgeber. Er schlängelte sich durchs Leben und schaute immer wo er sich etwas holen konnte. Er wich einmal da aus und einmal dort, um ja keinen Konflikt heraufzubeschwören. Er hatte überall sogenannte Freunde, denen er immer Recht gab, als Gegenleistung bekam er Kost und Logie oder sonstige Vorteile. Gelder die ihm irgendwie zustanden holte er sich vom Vater Staat, Krankengeld auch wenn er nicht krank war, so wandte er Tricks geschickt an. Auch in Steuersachen ging es bei ihm nicht ganz legal zu.

Wenn er nach Hause kam ging es weiter, gab seiner Frau Recht. Die Kinder durften tun was sie wollten, sie hatten keine Stütze an der sie sich orientieren konnten, er gab ihnen keine Richtlinien vor, drehte und wendete sich wie er es brauchte. Er gab keinen Halt den er hielt sich an andere. Der Weg des geringsten Widerstandes, das war auch sein Weg. Wie eine Fahne im Wind. Widerspruchslos „schleimte" er sich bei allen ein. Diese Liste könnte man noch weiter fortsetzen.

Ehrenfried war allezeit und überall beliebt, kein Wunder man konnte mit ihm machen was man wollte, er war nie gegenteiliger Meinung und immer gut gelaunt. Aber sein Leben bestimmten die anderen. Wie sah Ehrenfried wohl aus? Welches Bild würde es geben, hätte man ihn aufgemalt?

Wie sah die Wirbelsäule eines Menschen aus, der sich wie eine Fahne im Wind dreht? Wie sah der Körperbau eines solchen Menschen aus der alles runterschluckt, nie seine Meinung sagt und sich von den anderen hin und her schubsen lässt? Wie sah sein Gesicht aus, war er glücklich? Ihm fehlte die Ehrlichkeit und Aufrichtigkeit, zu sich selbst und anderen gegenüber?

Möglichweise hatte er große Rückenprobleme, mit verdrehten und in alle Richtungen ausweichenden Wirbeln. Sein Rücken breit und massig, um alle Angelegenheiten seiner Mitmenschen tragen zu können. Sehr gut möglich war er gedrungen von der Last und Übergewichtig durch das ständig alles runterschlucken. Wahrscheinlich das Gesicht breit und faltig von der aufgesetzten Fassade des ständigen Lächelns.

Ehrenfried lebte nicht sein eigenes Leben, sondern das der anderen und war nicht ehrlich und aufrichtig. Würde er heute noch leben, würde er noch immer lächeln und alles tun für die anderen. Und er lebt noch in vielen unserer Mitmenschen, sehr wahrscheinlich, möglicherweise nicht in dieser extremen Ausführung. Wir sollten uns alle fragen: Bin ich aufrichtig und ehrlich zu mir und anderen?

Ehrenfried starb unter der Last die er sich aufgeladen und geschluckt hatte und war im Alter sehr alleine, denn alle seine sogenannten Freunde waren spurlos verschwunden, als er nichts mehr für sie tun konnte. Er wurde von allen benutzt.

Mögliche Erkenntnisse:

Sich selbst und anderen eine Stütze zu sein heißt, Ehrlichkeit und Aufrichtigkeit in sein zu Leben integrieren.

Konflikte – richtig ausgetragen – bereichern das Leben um viele Erkenntnisse und lassen Nähe in Beziehungen zu. Denn jeder erfährt viel von der Persönlichkeit des anderen.

Schmarotzertum ist Unehrlichkeit.

Kinder brauchen Richtlinien und Grundregeln innerhalb derer sie sich entfalten und frei entscheiden dürfen.

Jemand, der nicht nach seinen eigenen Prinzipien lebt, ist der Spielball anderer

Der Geist formt den Körper.

Durch Ehrlichkeit und Aufrichtigkeit kann man wirkliche Freundschaften und Beziehungen haben und pflegen.

Sich selbst treu zu sein heißt, dass man es nicht jedem Recht machen kann.

Thesen

- Aufrichtigkeit sich selbst gegenüber, d. h. sich selbst treu zu sein ist eine der wichtigsten Grundsätze. Dies ist für viele Menschen keine leichte Aufgabe, da sie gewohnt sind, den Weg des geringsten Widerstandes zu gehen. Oft werden aus Angst vor Veränderung, vor Unbequemlichkeiten oder schwierigen Situationen Gefühle unterdrückt und ignoriert. Ehrlichkeit sich selbst gegenüber ist so nicht möglich.
- Für sich selbst gerade zu stehen ist für viele keine Selbstverständlichkeit. Die meisten Menschen schlängeln sich durchs Leben in dem Bedürfnis, ja nirgends anzuecken, Konflikten auszuweichen. Auch hier fehlt es an Ehrlichkeit zu sich selbst.
- Gerade stehen für sich selbst bedeutet auch mit beiden Beinen im Leben zu stehen, für seine Ideale zu kämpfen aber trotzdem nicht verbissen zu sein. Man muss lernen, wie man am besten Konflikte austrägt, dass alle Seiten davon profitieren können, etwas daraus lernen und für sich in der Zukunft umsetzen.
- Ehrlichkeit beinhaltet auch die Fähigkeit, selbstständig Entscheidungen zu treffen und zu vertreten. Oft werden Entscheidungen aufgeschoben, sei es, damit man jemand anderen nicht verletzt oder der andere die Entscheidung übernimmt. Die Verantwortung des Entschlusses mit all seinen Konsequenzen wird einfach abgegeben, die Veränderung die damit aufkommt soll jemand anderes tragen.
- Ehrlichkeit sich selbst gegenüber heißt die Wahrheit sagen. Auch als Mitwisser bin ich mitverantwortlich, trage die unrechten Dinge mit und muss mit deren Wirkung (Folgen) rechnen. Als Mitwisser von Unrechtem ist Ehrlichkeit wichtig und es ist notwendig die Wahrheit auszusprechen. Unrecht zu verschweigen macht den Mitwisser zum Mittäter.
- Es entsteht Unehrlichkeit sich selbst gegenüber, wenn man Angst vor seinen Gefühlen hat, mit ihnen nicht umgehen kann oder überfordert ist. Zu verdrängen ist leichter als sich mit den Gefühlen auseinanderzusetzen, hat aber nichts mit Aufrichtigkeit zu tun.
- Einen Fehler vor anderen zuzugeben und die Folgen dafür zu tragen, das ist Ehrlichkeit. Es ist fair dem anderen gegenüber, jetzt kann er Entscheiden, ober er mir verzeiht, damit umgehen kann oder ab jetzt einen anderen Weg geht. Jeder kann Aufrichtigkeit lernen und jeder darf Fehler machen. Es ist sehr wichtig immer mit sich im Reinen zu sein.

25. Akupressurpunkte

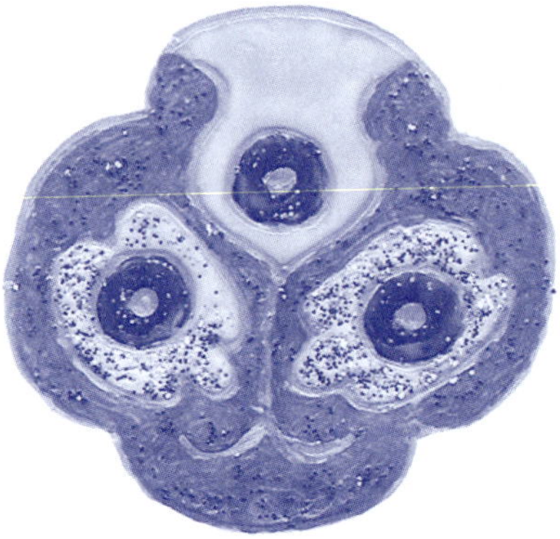

Die Energien dieses Symbols helfen mir, über die Akupressurpunkte Blokkaden zu lösen. Wo zu viel Energie ist fließt sie ab, wo zu wenig ist wird sie aufgenommen. Die Akupressurpunkte sind die Regler dieses Systems. Jetzt können die Energien wieder zirkulieren und ich bin in meiner Stärke.

Ist an einer Stelle meines Körpers zu viel Energie, entsteht ein Stau, ähnlich wie im Straßenverkehr – nichts geht mehr. Der Stau braucht aber ein Ablaufventil, für manche kann das Sport sein, andere reden, weinen, brauchen Ruhe oder werden kreativ, wieder andere nehmen ein Blatt Papier und beginnen zu schreiben. Auch eine Therapie kann hilfreich sein. Ist der Stau abgebaut, kann der Körper wieder optimal und gleichmäßig mit Energie versorgt werden und auch dort wo ein Mangel an Energie war, fließt sie in ausreichendem Maß.

Wenn ich eine Anspannung im Körper spüre, ergreife ich Maßnahmen um diese in Entspannung zu wandeln. Je nachdem wie meine Natur ist, gönne ich mir Ruhe oder werde aktiv. Jeder Motor, der ununterbrochen läuft wird irgendwann durchbrennen. Wer immer angespannt ist wird bald ganz kraftlos sein. Hinweise für einen Energiemangel können kalte Füße oder Hände, oder ein hitziges Gefühl sein. Wo die Berührung unangenehm ist, ist eine Leere. Einfaches drücken und streicheln kann hier schon Besserung bewirken. Auch negative Gefühle können Energiemangel sein. Ich nehme Angst, Hass, Eifersucht, Schuld oder Mitleid an, denke nicht darüber nach und gebe sie frei zur Heilung und vertraue darauf, dass sie transformiert werden. Ich bitte darum und meine Energien können wieder fließen. Ich ignoriere meine negativen Gefühle nicht sondern nehme sie an.

Schmerzen blockieren meine Energien. Was steckt hinter dem Schmerz? Was will er mir sagen? Ich akzeptiere ihn und nehme seine Botschaft an und setze mich damit auseinander! Die Symptome sagen mir, was ich nicht sehen will. Ich horche in mich hinein, nun fühle und erkenne ich wo eine Veränderung in meinem Leben notwendig ist. Ist das Thema gelöst, hat der Schmerz keine Aufgabe mehr, die Selbstheilung hat eingesetzt, die Energien fließen wieder gleichmäßig bis in die hinterste Zelle meines Körpers.

„Heile deinen Geist so heilst du deinen Körper!“
(Paracelsus, Arzt und Alchimist, 1493–1541)

Das Symbol hilft mir rechtzeitig zu hören und zu fühlen was ich brauche, noch bevor mein Körper mit Schmerzen reagieren muss. Ich kann agieren, anstatt zu reagieren. Wenn ich das gelernt und umgesetzt habe, verlieren Krankheit und Schmerzen ihren Sinn. Welch wunderbarer Ausblick – eine Zukunft ohne Krankheit.

Mögliche Ursachenthemen

Anspannung in Entspannung wandeln
Seine Gefühle (nicht) beachten
Die Signale seines Körpers (nicht) beachten
Probleme nicht ansprechen bis ein Stau entsteht
Überenergien nicht abbauen
Unterfordert sein
Überfordert sein, sich auslaugen
An Selbstheilung glauben
„durchbrennen“ oder „ausbrennen“

Neues Denkmuster

Gerne höre ich auf die Signale und Gefühle meines Körpers, sodass Krankheit nicht mehr entstehen muss. Ich löse meinen Energiestau rechtzeitig, ich gehe in mich und erkenne was ich brauche damit meine Energien ausgeglichen sind und fließen. Mein Ziel ist eine Zukunft in Gesundheit. Ich nehme meine Konflikte an und löse sie.

Affirmation

Ich halte meine Energien im Fluss indem ich die Zeichen meines Körpers annehme!

Farben alle
Chakren Wurzelchakra, Solarplexus, Kronenchakra
Körperzonen Akupressurpunkte, Blutdruck

Die einzelnen Körperzonen

Akupressurpunkte

Reglerpunkte – seine Angelegenheiten regeln
Sich selbst helfen
Informationen weiterleiten
Geistige Blockaden lösen
Mannigfaltige Möglichkeiten sehen und zulassen
Geistige Entspannung zulassen und Stauungen lösen
Wichtige Stationen im Leben beachten lernen
Körper und Geist beeinflussen
Bewegung in sich erlauben

Blutdruck

Die Lebensenergie ist im Fluss
Sich über- oder unterfordern
Erstarren des Lebensflusses
Sich mehr Zeit nehmen
Sich dem Leben stellen
Bis an seine Grenzen gehen
Stau auf dem festgefahrenen Lebensweg
Konflikte austragen

Fragen

- Was würde mir helfen meine Gefühle zu beachten?
- Angenommen, ich würde meine Probleme ab jetzt immer sofort aussprechen, welches neue Problem könnte jetzt auftreten?
- Was wäre eine Möglichkeit meine Überenergien abzubauen?
- Wer würde es als Erster bemerken, wenn ich mich nicht mehr überfordern würde?
- Wie könnten die Signale meines Körpers aussehen?

Stau und Energiefluss

Ein Stau auf der Autobahn. Nichts geht mehr, alles steht, kilometerlang, die Menschen müssen geduldig auf ein Weiterkommen warten. Endlich eine Ausfahrt ist in Sicht. Ein Ablaufventil (Akupressurpunkt) in Sicht! Viele wollen hier abfahren, auch hier geht es langsam, aber immer noch schneller als auf der Autobahn. Ursachen für den Stau gibt es viele: Unfall, Baustelle, zu viele Autos; schaulustige, langsame Autofahrer. Der Weg ist versperrt, das Straßennetz verfügt immer wieder über Möglichkeiten, einem Stau zu entfliehen. Umleitung, Ausfahrt, einen Umweg fahren. So kann der Verkehr normalerweise fließen, außer es gibt eine oben genannte Behinderung. Wenn alles im Fluss ist sind die Menschen glücklich, kommen rechtzeitig an: in die Arbeit, in die Schule, zum Kinderabholen, zum ausgemachten Termin. Herrscht Stau, bedeutet das Ärger, Wut, Zorn, Enttäuschung auf allen Seiten. Die Nerven sind gespannt, viele reagieren über und schmeißen die Nerven weg, verlieren Energie, sind ausgelaugt und fahrig. Sie machen sich Sorgen, wie sie den durch den Stau entstandenen Schaden des zu späten Kommens wieder ausgleichen können.

Genauso geht es in unserem Körper zu, die Energie fließt harmonisch in den dafür vorgesehenen Bahnen (Meridianen) wenn der Mensch gesund ist und keine anderen Störungen vorliegen. Krankheit, Schmerz, Anspannung, Verletzung, psychisches Leid, Entzündung, bringen die Energie zum Stillstand, ein Energiestau entsteht oder die Energie fließt weg und es kommt keine nach. Wie bei einer Straße die abgesperrt ist, sie ist unnütz und erfüllt ihren Zweck nicht.

Ist der Mensch krank muss er geduldig (Patient = der Geduldige) daran arbeiten um den Stau aufzulösen, dafür gibt es mannigfaltige Möglichkeiten z. B. Bewegung, Gespräche, Therapien, schulmedizinische Maßnahmen, Atemtherapien, damit die Energie sich wieder ausgleicht, wo zuviel oder zuwenig ist. Durch diese Maßnahmen kann über die Akupressurpunkte ohne dass man weiß wo sie sind, Energie ab- oder zufließen. Oder auch ein Therapeut behandelt bewusst diese Punkte um einen Energieausgleich (z. B. APM Meridian Ausgleich) zu erreichen. So können auch negative Emotionen, welche Stau verursacht haben, aufgelöst werden. Körperliches wie auch Emotionales kann gelöst werden, die Energien fließen wieder in den Meridianen. Vieles kann im menschlichen Körper Stau in den Energiebahnen verursachen. Die Ursache der den Stau ausgelöst hat muss gefunden werden, die Ursache auflösen heißt den Stau auflösen.

Alles fließt wieder, alles ist frei, wie im Straßenverkehr. Alle sind glücklich, der Mensch ist glücklich im Fluss seiner Energien. Ich halte meine Energien im Fluss, indem ich die Zeichen meines Körpers annehme!

Mögliche Erkenntnisse:

Im Stau wird die Geduld auf die Probe gestellt, auch Krankheit ist ein Energiestau und erfordert oft Ausdauer vom Patienten.

Die Ursache für den Stau muss aufgelöst werden. Dann kann der Verkehr wieder fließen, genauso im menschlichen Körper. Die Ursache für eine Krankheit muss gelöst werden, dann kann die Energie wieder fließen und Gesundheit eintreten.

Die Straßen sind für fließenden Verkehr geschaffen, Meridiane sind für fließende Energien geschaffen, anderenfalls erfüllen sie nicht ihren Zweck, gestaute Energie braucht keine Bahnen, stehende Autos brauchen keine Straßen.

Der Mensch ist glücklich wenn alles fließt.

Thesen

- Nach dem Gesetz „Materie folgt dem Geist" findet eine Anpassung zuerst im Kopf und dann im Körper statt, ebenso kann sie wieder gelöst werden.
- Die Signale des Körpers, wie Krankheitssymptome oder andere Ungleichgewichte, wollen geachtet werden, der Körper möchte dem Geist etwas sagen. Wird es erkannt und geändert erlischt das Signal. Der Geist reagiert und der Körper folgt dieser Veränderung. Die Energie, die vorher im Signal blockiert war, fließt wieder.
- Überforderung kann nur durch ein Nicht-Beachten von vorher gegebenen Signalen entstehen. Genauso verhält es sich mit der Unterforderung, der Mensch kann seine Fähigkeiten, sein Potential nicht nutzen und nach außen bringen.
- Jeder Mensch kann grundsätzlich Gesundheit erlangen, wenn er die Signale seines Körpers beachtet und eine dementsprechende Anpassung oder Veränderung erfolgt. Oder die Veränderung erfolgt bevor der Körper die Signale setzen muss, bzw. ein Symptom sichtbar wird. Durch die Veränderung fließt wieder Energie oder wird gar nicht blockiert und der Körper wird oder bleibt gesund.
- Im Symptom wird sichtbar, was wir vorher nicht sehen wollten. Jeder Mensch kann sich entscheiden, die Signale seines Körpers anzunehmen und dementsprechend zu verändern. Wenn er es selbst will, ist es freiwillig oder es geschieht unter Druck, oder er will erst durch Schmerz. Die Veränderung löst die Blockaden und lässt die Energien nach der Stagnation wieder fließen.

26. Toleranz

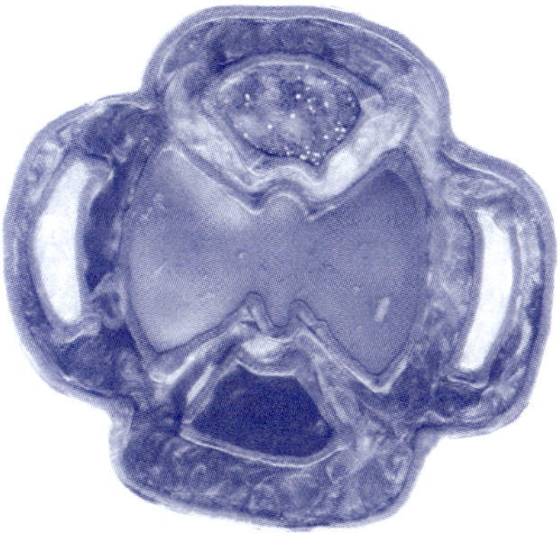

Dieses Symbol hilft mir, alles was anders ist zu akzeptieren, seien es Menschen, Dinge, Verhaltensweisen oder Möglichkeiten etwas zu machen. Alles hat seine Berechtigung, ich schaue es mir an, bin offen und heiße es gut, auch wenn es für mich nicht gut ist. Andere Menschen denken anders, leben anders, sprechen anders, essen anders, haben andere Werte, andere Kulturen – ich bewerte es nicht! Ich bin offen und nehme das eine oder andere mit gutem Gefühl in mein Leben auf. So kann ich mein Leben verbessern und mich weiterentwickeln.

Ich helfe anderen von mir zu lernen ohne dabei aufdringlich zu sein. Ich bin bereit, auch für mich Hilfe in Anspruch zu nehmen. Ich spreche meine Botschaft zu anderen Menschen. Meine Worte und mein Wissen sind auch für andere Menschen wichtig. Die Welt will mich hören. Ich verbinde meine Worte mit meinem Gefühl, überlege und wähle bewusst meinen positiven Ausdruck. Es wird viele Menschen berühren.

Ich erlaube mir selbst, das zu machen, was ich für richtig halte, was ich fühle und was ich will – gleichgültig was die anderen darüber denken. Dieselbe Toleranz lebe ich selbst. Andere dürfen dasselbe in Anspruch nehmen, auch wenn es mir nicht gefällt. Wenn es mich in irgendeiner Weise betrifft, negativ beeinflusst oder sogar schadet, habe ich sehrwohl das Recht meine Meinung darüber zu äußern und Einspruch zu erheben. Meine Aufgabe ist es allerdings nicht, ein Urteil zu fällen.

Ich erlaube mir, mich von negativen Dingen und Energien abzugrenzen. Dadurch bleibe ich in meinem positiven Feld und sehe hier meine Zukunft. Feinde dürfen Feinde sein, aber nur außerhalb meines positiven Feldes wo sie mich nicht erreichen können. Freunde dürfen in mein positives Feld wo wir uns gegenseitig helfen können.

Mögliche Ursachenthemen

Urteilen
Offen sein für Dinge, die anders sind
Offen sein für andere Lebensweisen
Von anderen lernen
Andere mit seinem Sein berühren
Aussprechen, wenn einem Unrecht geschieht
Angst vor Feinden und Negativem
Abgrenzen von Dingen, die einem schaden

Neues Denkmuster

Ich erlaube mir anders zu sein, gestehe dies auch allen Menschen zu und toleriere ihre Andersartigkeit. Von anderen Menschen zu lernen verbessert mein eigenes Leben. Ich berühre die Welt mit meiner Botschaft. Vor Feinden grenze ich mich ab und bleibe in meinem positiven Feld für meine positive Zukunft.

Affirmation

Ich bin anders und berühre die Welt mit meiner Botschaft!

Farben Blau, hellgrün, lila, weiß, rot
Chakren Thymuschakra, 3. Auge, Herz, Hals
Körperzonen Allergien, Haut, Immunsystem, Thymusdrüse, Lunge

Die einzelnen Körperzonen

Allergien
Angst anders zu sein
Ablehnung von Fremdem oder Neuem
Sich selbst annehmen wie man andere annimmt
Gesunde Aggression und Ärger aussprechen und leben
Aussprechen was einem nicht gefällt
Gesunder Egoismus

Haut
Grenze nach außen
Sich in seiner Haut wohl fühlen
Aus der Haut fahren
Kontakt zur Außenwelt
Sich öffnen, um Neues aufzunehmen
Abgeben was einem nicht mehr dient

Haut	Sich über eigene und fremde Grenzen hinwegsetzen Unbewusstes herauslassen und es sich bewusst machen
Immunsystem, Thymusdrüse	Sich Grenzen schaffen Sich holen was man braucht Sich seiner Umwelt mitteilen Anderes annehmen und wieder abgeben, wenn es nicht mehr gebraucht wird Aus Erfahrungen lernen
Lunge	Seine Botschaft nach außen bringen Der Welt etwas „husten" Das Leben annehmen und wieder abgeben Verbindungen zwischen Innen und Außen herstellen

Fragen

- Was habe ich schon alles versucht, um für Dinge, die anders sind, offener zu werden?
- Was wäre das Schlimmste, das mir in meiner Angst, Außenseiter zu sein, passieren könnte?
- Angenommen, ich würde ab jetzt sofort sagen, wenn mir unrecht getan würde, welches andere Problem könnte auftreten?
- Angenommen, ich würde mich ab jetzt selbst wichtig nehmen und anderen Menschen meine Botschaft mitteilen – wer würde das als Erster bemerken?
- Was würde geschehen, wenn ich die Angst vor Feinden und Negativem aufgeben würde?

Meine neuen Spuren

Die meisten Menschen schwimmen mit der Masse oder verstecken sich in ihr. Was für sie zählt ist dazuzugehören, zu einer Gruppe zu gehören, sich im Verband wohl fühlen. Jedoch auch in der Gruppe sozusagen untergehen, nicht gesehen werden nicht wahrgenommen werden, so sein wie die anderen, sich nicht abheben von den anderen. Alle

treten in die Spuren der anderen, in die ausgetretenen, vielleicht auch schon überholten Spuren. Nur wer neue Spuren macht, wird gesehen und hebt sich ab. Wie ist das wenn jemand abseits der Gruppe neue Spuren macht? Ist er Außenseiter? Wird er akzeptiert oder als Spinner hingestellt? Wird er kritisiert?
Alles was nicht als normal gilt, wird als verrückt, aus der Mitte gerückt, hingestellt. Normal ist das, was alle tun oder eine große Masse oder Mehrheit tut! Alles außerhalb dieser Mehrheit gilt als abnorm und wird meist sofort als schlecht eingestuft. Es wird nicht in Betracht gezogen, dass etwas auch besser als die Norm sein kann.

Wie geht es dem so genannten „Außenseiter"? Er muss damit fertig werden, dass er alleine seinen Weg geht und keiner Gruppe angehört, die ihn stützt. Anfeindungen und Kritiken muss er widerstehen und dadurch entstandene Zweifel auflösen.

Wenn du der großen Masse angehörst, fühle dich einmal ein in einen „positiv verrückten" (damit sind nicht Menschen gemeint die absichtlich andere schädigen) Menschen der eigenen Spuren macht. Wie geht es ihm? Er ist überzeugt, dass er Gutes tut und wird dafür kritisiert. Denk einmal darüber nach, wie es dir gehen würde, wenn über dich geurteilt wird und negativ geredet würde.

Übe hier Toleranz, geh auf solche Menschen zu, was kannst du von ihnen lernen. Suche das Gespräch, sodass du auch die Hintergründe seines Handelns erkennen kannst. Vielleicht ist es auch interessant für dich neue Spuren zu machen. Angeregt durch positiv verrückte Menschen, kommen vielleicht viele neue Ideen in dir zum Vorschein. Mache auch du neue Spuren, abseits von den ausgetretenen Trampelpfaden. Neue Spuren können auch anderen Menschen dienen. Sei tolerant und sieh dir neue Spuren an ohne zu urteilen, nimm dir sogar das eine oder andere für dich heraus und folge diesen Spuren, ehe du wieder deine eigenen machst. Trampelpfade zu benutzen kann auch manchmal gut sein, in schlechten Zeiten der Not oder der Probleme, einfach um ausruhen zu können und neue Kraft zu tanken. Neue Spuren zu machen erfordert mehr Kraft. Beides ist wichtig im Leben, sei tolerant gegenüber Trampelpfaden und auch Abseitsspuren. Nutze beide Möglichkeiten und sammle Erfahrungen.

Ich bin tolerant und anders, hier sind meine neuen Spuren.
Ich bin anders und berühre die Welt mit meiner Botschaft.

Mögliche Erkenntnisse:

Wer in der Masse schwimmt, so ist wie viele anderen, wird auch nicht gesehen. Wer gesehen werden will, muss seine Andersartigkeit hervorheben.

Wer anders ist macht neue Spuren, muss aber darauf gefasst sein, dass andere Menschen das als lächerlich betrachten.

Jeder kann sich entscheiden, mit der Masse zu schwimmen oder zu seiner Andersartigkeit zu stehen.

Es ist nicht wichtig Menschen einzustufen, sondern danach zu fragen warum er etwas macht um verstehen zu können und Toleranz zu zeigen.
Andersartige Menschen im positiven Sinne sind interessant, sie zeigen auf, dass es auch möglich ist andere Wege zu gehen.
Durch Anregungen von andersartigen Menschen, werden viele dazu angeregt, neues auszuprobieren.
Für Abseitsspuren wird mehr Kraft und Ausdauer benötigt, der Mensch und seine Entwicklung wird dadurch mehr gefördert.

Thesen

- Niemandem steht es zu, über einen anderen zu urteilen. Wer weiß schon warum jemand so handelt, was er bereits erlebt hat, was ihm widerfahren ist?
- Jemandem Toleranz entgegenzubringen bedeutet den göttlichen Kern, aufgrund dessen er etwas macht, denkt oder sagt, zu erkennen, anzunehmen wie jemand ist, was man selbst sieht, denn dahinter steht eine wertvolle Seele.
- Zu akzeptieren, dass andere Menschen anders sind und andere Wege gehen, bereichert das eigene Leben, denn es erweitert die Wege und Möglichkeiten.
- Tolerant sein bedeutet auch den Spiegel, der einem von anderen Menschen vorgehalten wird, anzunehmen. Dies ermöglicht ein Weiterkommen, die Erkenntnis und das Lernen.
- Wenn man tolerant ist, wird die eigene Andersartigkeit toleriert, erst jetzt ist es möglich jemanden mit seinem Sein und Anders-Sein zu berühren. So kann jeder vom anderen lernen.
- Die Grenze der Toleranz liegt bei Dingen, Menschen und Energien, die einem Schaden zufügen. Ausgenutzt werden hat nichts mit Toleranz zu tun. Jeder ist angehalten genau zu prüfen und seine Grenzen aufzuzeigen, um die Gratwanderung zwischen Toleranz und Gutmütigkeit zu schaffen.
- Die Erkenntnis, dass jemand anders ist, mir aber damit Schaden zufügt ist zu tolerieren. Es ist aber notwendig, sich davon abzugrenzen und gegebenenfalls den Kontakt abzurechen.
- Tolerant sein heißt, andere so anzunehmen wie sie sind. Wenn es für mich gut ist, kann eine Beziehung daraus entstehen und der Kontakt fortgesetzt werden, beide können voneinander lernen.

27. Loslassen und Reinigen

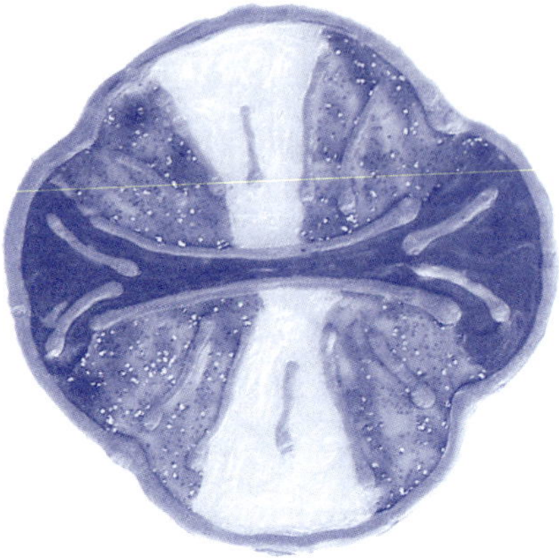

Um in der Gegenwart leben zu können, ist es wichtig, die Vergangenheit loszulassen. Wenn ich mit meiner Vergangenheit Frieden geschlossen habe, hält sie mich nicht mehr fest und ich bin mit meinem ganzen Sein im Jetzt. Friede mit mir selbst und mit meinen Mitmenschen, ihnen und mir selbst verzeihen und aus den Fehlern lernen: All das ist notwendig um jenes loszulassen, was in der Vergangenheit liegt.

Jetzt bin ich frei, ich bin stolz auf meine Vergangenheit, denn sie hat mich zu dem gemacht was ich heute bin. Gerade die Herausforderungen haben mich weitergebracht, was ich daraus gelernt habe nehme ich in die Gegenwart mit, ich kann darauf bauen. Diese Schwierigkeiten habe ich erledigt, sie haben mich reich und erfahren gemacht. Mein Bewusstsein ist in der Gegenwart, ich kann jeden Augenblick nutzen, genießen und für meine Ziele, Wünsche und Visionen meine Kraft einsetzen.

Die Energien dieses Symbols helfen mir, Altes, Verbrauchtes, Dinge, die mir nicht mehr dienen, loszulassen. Reinigung auf allen Ebenen ist von Zeit zu Zeit notwenig um Ballast abzuwerfen und voranzukommen. Ähnlich sind auch Entschlackungskuren, Wohnung entrümpeln, belastende Situationen bereinigen, wenn notwendig, manchen Mitmenschen verzeihen.

Ich lasse die Angst vor der Einsamkeit los, so kann ich mich von Beziehungen lösen, die mir nicht mehr nützen und wo es kein Wachstum mehr gibt. Dieses Symbol hilft mir auf allen Ebenen zu reinigen und loszulassen, um wieder Platz für Neues, meiner Entwicklung Dienendes, zu haben. Jetzt kann ich meine Entwicklung gestärkt vorantreiben und neue Herausforderungen annehmen. Ich bin frei für Neues, ich bin leicht, wendig und flexibel!

Mögliche Ursachenthemen

Angst vor Veränderung
Angst vor der Einsamkeit
Nicht loslassen wollen oder können
Sich in die Vergangenheit flüchten
Die Realität nicht wahrhaben wollen
Sich und anderen nicht verzeihen wollen
Mit seinem „Schicksal" hadern
Nichts an sich herankommen lassen
Schwierigkeiten meistern

Neues Denkmuster

Ich löse mich von der Vergangenheit und lebe im Hier und Jetzt und nutze jeden Augenblick. Die Veränderungen, die mir das Leben bringt, dienen meiner Entwicklung. Ich verzeihe mir selbst und anderen die Fehler der Vergangenheit, ich lerne daraus und gestalte meine Gegenwart voller Optimismus nach dem Motto „Jeder ist seines Glückes Schmied!". Ich lebe meine Gefühle und verleihe ihnen Ausdruck. Meine Energien fließen, erneuern sich und stärken mich in meinem Handeln.

Affirmation

Ich lasse los, was mir nicht mehr dient und lebe im Jetzt!

Farben dunkelrot, lila, weiß
Chakren Alle Chakren, Fußchakra
Körperzonen Blase, Leber, Dickdarm, Hals, Lymphsystem, Ödeme, Venen

Die einzelnen Körperzonen

Blase
Druck aushalten und loslassen
Seelischen Müll loslassen
Seelische Auswege suchen
Unkonventionelle Wege des Loslassens nutzen

Leber, Dickdarm
Um die Sinnfragen des Lebens kämpfen
Um geistige Autonomie kämpfen
Sich für Gerechtigkeit einsetzen

Leber, Dickdarm

Sich für andere einsetzen
Angst vor der Einsamkeit
Überholte Meinungen loslassen
Macht über andere aufgeben
Wandlung aus eigener Kraft verwirklichen
Sich mit seinen negativen Seiten beschäftigen, bearbeiten und loslassen

Hals

Eingefahrene Bahnen freiwillig verlassen
Neue Richtung einschlagen
Zu echter Beweglichkeit finden
Entwicklung vorantreiben
Starre aufgeben
Aussöhnung mit der eigenen Geschichte

Lymphsystem, Ödeme, Venen

Aggressionen herauslassen
Sich kämpferisch Auseinandersetzungen stellen und sie austragen
Das Leben in Angriff nehmen
Wachstum zulassen
Stau auflösen und fließen lassen
Seelisches beachten und herauslassen

Fragen

- Was habe ich schon getan, um Veränderungen freudig annehmen zu können?
- Angenommen, ich hätte von jetzt an keine Angst vor Veränderungen, was hätte sich verändert?
- Wer würde es als Erster bemerken, wenn ich loslassen könnte?
- Wer würde es als Erster bemerken, wenn ich im Jetzt leben würde?
- Was ist das Angenehme, wenn ich in meine Vergangenheit flüchte?
- Angenommen, ich würde ab jetzt alles an mich herankommen lassen, welche Probleme könnten auftreten?
- Was würde geschehen, wenn ich die Realität wirklich wahrnehmen würde?

- Angenommen, ich lasse das, was mir nicht mehr dient, los, was wäre die beste und was die schlimmste Folge davon?
- Was könnte mir helfen, mir und anderen zu verzeihen?
- Was geschieht, wenn ich nichts an mich heranlasse?
- Woran würde ich es merken, wenn ich die Realität annehmen und mein Schicksal lenken würde?

Der Rosenstrauch

Ein Strauch blüht wunderschön, ist über und über voll mit rosafarbenen, intensiv duftenden Blüten. Er blüht und strahlt mit der Sonne um die Wette, freut sich seines Lebens und seiner Pracht. Die Menschen schenken ihm Bewunderung und loben ihn für seine Blütenpracht, die das Herz und die Augen erfreut. Die Tage vergehen und damit auch die Blütenpracht, Blume um Blume, alle verblühen sie nach der Reihe und mit der Zeit sieht der Strauch recht traurig aus. Es kommen zwar vereinzelt neue Knospen, aber sie können sich nicht so recht durchsetzen zwischen den verwelkten Blüten. Und es fehlt auch die Kraft für Neues, da er ja die alten Blüten auch erhalten muss.

Jetzt ist es Zeit loszulassen. Ein lieber Gärtner erbarmt sich des Rosenstrauches und hilft ihm dabei. Liebevoll kürzt er die verwelkten Triebe ein und schneidet alles alte, verbrauchte ab. Die Blätter und alten Blüten landen am Komposthaufen und dienen ihm nächstes Jahr wieder als Dünger. Jetzt gibt ihm der Gärtner noch Dünger vom Komposthaufen vom vorigen Jahr, wo die alten Zweige zu Dünger wurden, und in diesem Jahr kann das Alte das Neue nähren. Es wachsen wieder junge Blätter und Knospen. Das Loslassen ist vollbracht, es entstehen Nährstoffe, die dem Neuen dient.

Der Rosenstrauch denkt dankbar an die Pracht der Vergangenheit und freut sich auf die neue Pracht, die ja jetzt dank des Rückschnittes, Platz hat und schöner denn je erblühen kann. Das Neue kann wachsen und sich entfalten. Der Rosenstrauch wird den ganzen Sommer bis in den Herbst hinein die Herzen der Menschen erfreuen. Nur der ständige Wechsel zwischen loslassen und neu erblühen macht es möglich.

So wie der Rosenstrauch, können auch wir lernen loszulassen. Die Vergangenheit abzugeben und daraus zu lernen, bringt Neues. Das ist der Dünger der nährt für eine noch bessere positivere Zukunft. Jede Blüte wird prachtvoller denn je, wenn wir loslassen und den Dünger nutzen.

Ich löse mich von der Vergangenheit und bin frei für Neues, ich bin leicht, wendig und flexibel!

Mögliche Erkenntnisse:

Vergangenes loszulassen ermöglicht etwas Neues wachsen zu lassen.

Alles im Leben ist vergänglich und muss irgendwann losgelassen werden.

Vergangenes, Losgelassenes ist der Dünger für Veränderung und Erneuerung.

Dankbarkeit und Frieden mit seiner Vergangenheit gibt die Kraft für Entwicklung und Fortschritt.

Jeder Mensch kann Blüten haben bis in den Herbst hinein, ja sogar bis in den Winter, wenn er immer wieder loslässt und die abgestorbenen Blätter als Dünger nutzt.

Thesen

- Jeder muss in seinem Leben ständig etwas loslassen, denn das Leben ist Veränderung und Entwicklung. Das Loslassen ist notwendig, damit Neues entstehen kann. Das Loslassen erfordert auch Trauer und Reinigung. Der Prozess der Reinigung ist an das Tempo eines jeden Menschen angepasst, ohne Reinigung ist kein vollständiges Loslassen möglich.
- Es ist auch notwendig im Laufe seines Lebens immer wieder Menschen loszulassen; sei es, wenn Kinder groß werden, wenn sich Partner trennen, wenn Jobs gewechselt werden oder wenn Menschen sterben. Die Trauer ist die Reinigung und das vollständige Loslassen. Wird nicht getrauert, behindert man sich selbst und auch die Menschen, die losgelassen werden – egal ob sie leben oder hinübergegangen sind.
- Die Angst vor Einsamkeit macht es vielen Menschen unmöglich loszulassen. Leider sehen sie nur, was sie verlieren. Erst durch ein Loslassen und Reinigen ist es möglich neue Menschen kennen zu lernen.
- Durch Loslassen kann jeder sein Schicksal in die Hand nehmen – nach dem Motto „Jeder ist seines Glückes Schmied". Die Entscheidung für das Glück und die Freude hilft Leid und Schmerz loszulassen.
- Seine Ängste loslassen bedeutet sie anzunehmen, indem man die Schwierigkeiten und Herausforderungen an sich herankommen lässt und anpackt, nicht Unangenehmes und die Angst vor sich herschiebt.

- Wer mit seinem Schicksal hadert – „Warum passiert das ausgerechnet mir?" – erschwert oder verhindert das Loslassen und lässt die Betroffenen in der Vergangenheit verharren.
- Loslassen ist erst möglich, wenn auf allen Ebenen verziehen wurde. Anderen und sich selbst verzeihen bringt den Prozess des Loslassens in Gang.

28. Struktur und Ordnung

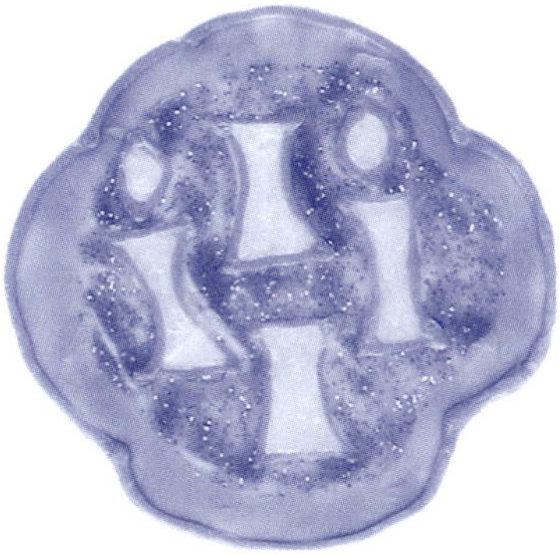

Es ist wichtig ein gewisses Maß an Ordnung in seinem Leben zu haben, um auf seinem Weg effektiv arbeiten und vorankommen zu können. Es ist wie mit einer Urlaubsreise, die nie ohne genaue Planung angetreten werden kann.

Auch meine Lebensreise sollte einen genauen Plan und eine Struktur haben. Ich schaffe eine Grundstruktur mit meinen Zielen, an denen ich mich orientieren kann. Ich kann mich nicht verirren. Ich schreibe auf, wann ich an der nächsten Station sein will, was ich dazu brauche –Menschen, Dinge, Schulungen, aber auch die kleinen Details. Das garantiert ein schnelles Vorankommen und der Dschungel der Gedanken und Ideen lichtet sich von selbst. Viele Ziele die mit meinen Gefühlen übereinstimmen sind gut und ich werde sie auch erreichen, wenn ich daran glaube und davon begeistert bin. Meine Freude daran gibt mir die Kraft sie zu verwirklichen.

Zuerst ist die Vision im Kopf, der nächste Schritt ist sie aufzuschreiben und auf die Erde zu bringen, in Form und Struktur. Wir sind auf dieser Erde, um unsere Visionen in die Tat umzusetzen, sie zu erden. Ich will ein Meister der Umsetzung sein, nicht der Ankündigung! Ich bringe Ordnung in meine Gedanken, bringe sie aus dem Kopf, damit dieser wieder frei ist.

„Ordnung ist das halbe Leben“ heißt es in einem Sprichwort. Ordnung in einem gesunden Maß darf nicht mit Pedanterie, Starrheit oder Unflexibilität verwechselt werden. Meine Ordnung kann sich auch jederzeit verändern, wenn ich erkenne, dass sie mir nicht mehr dient und ich eine neue Struktur brauche. Ordnung bildet ein Gerüst. Ordnung gibt auch Sicherheit und bringt Zeit. Diese Zeit nutze ich für mich selbst, sie bringt Ruhe in mein Leben.

Mögliche Ursachenthemen

Chaos im Kopf haben
Dinge zu Ende bringen bevor etwas Neues angefangen wird
Ideen ordnen – auf Papier niederschreiben
Alles selbst erledigen wollen
Anderen Aufgaben übertragen
Sich mit den Ideen beschäftigen und sie konkretisieren
Hilfe nicht annehmen können oder wollen
Angst vor Veränderung
Ruhe genießen können

Neues Denkmuster

Ich schaffe Ordnung und Struktur in meinem Leben, indem ich voller Freude an meine Wünsche und Visionen herangehe. Das Aufschreiben macht sie konkret und vorstellbar, die Verwirklichung wird immer realistischer. Dadurch habe ich meinen Kopf frei und kann ruhig und gelassen an den wichtigen Dingen arbeiten. Die Freude an den Details gibt mir die Kraft zu verwirklichen und zu handeln. So gelingt es mir Ordnung in meinen Kopf zu bringen und ein Projekt nach dem anderen zu erledigen. Gerne nehme ich auch Hilfe an und betraue andere mit Aufgaben, die ich nicht selbst erledigen muss. Die Zeit, die ich dadurch gewinne nutze ich für mich und genieße meinen Reichtum auf allen Ebenen, mein Wissen und geselliges Zusammensein mit lieben Menschen.

Affirmation

Ich habe Ordnung auf allen Ebenen und genieße das Leben!

Farben grün, weiß, lila
Chakren 3. Auge, Hände, Kehlkopf, Thymus, Kronen
Körperzonen Immunsystem, Thymus, Hände, Kopf

Die einzelnen Körperzonen

Immunsystem, Thymus

Konflikt mit der eigenen Ordnung
Angst vor der eigenen Kraft
Die eigene Energie entdecken
Themen neu bearbeiten und ordnen

Hände Handlungsfähigkeit
Lernaufgaben annehmen und in Angriff nehmen
Ordnung annehmen
Kontakt aufnehmen
Die Hände öffnen und neue Handlungsmöglichkeiten annehmen

Kopf Hauptstadt des Körpers
Probleme der anderen abgeben
Perfektionismus
Nicht durchblicken
„Im Kreis denken" ablegen
Neue Wege beschreiten
Lösungen finden, ordnen und bewusst machen
Den Kopf entlasten
Spielerisches Denken entwickeln

Fragen

- Wie würde ich mich fühlen, wenn das Chaos in meinem Kopf geordnet wäre?
- Wer würde es als Erster bemerken, wenn ich Aufgaben abgeben würde?
- Was ist das Angenehme daran, wenn ich viele Projekte gleichzeitig bewältigen will?
- Was würde geschehen, wenn ich meine Ideen auf Papier niederschreibe und verwirkliche?
- Angenommen ich würde ab jetzt Hilfe und Ruhe annehmen, was würde geschehen, welches Problem könnte auftreten?
- Was wäre das Beste und was das Schlimmste, wenn ich mehr Zeit für mich hätte?
- Was habe ich schon alles getan, um Struktur und Ordnung in meinem Leben zu schaffen?
- Wer würde es als Erster bemerken, wenn ich keine Angst vor Veränderungen hätte?

Die höhere Ordnung hinter dem Dschungel

„Ordnung ist das halbe Leben. – Was ist aber wirkliche Ordnung? Eine höhere Ordnung darf nicht mit Pedanterie verwechselt werden, denn diese schafft Stress und verhindert Kreativität.“ erklärt Sanara im Gespräch ihrer Cousine Edith und ihren Mann Dieter.

„Weißt du manchmal hab ich in meinem Kopf keine Spur von Ordnung, reines Chaos. Das macht mir richtig Stress, denn ich blicke durch diesen Dschungel an Gedanken nicht mehr durch. Ich bin starr und gefangen in diesem Wirrwarr!“ erzählt Edith von ihrer Gedankenwelt.

„Aber aus dem Chaos heraus kann neue Ordnung entstehen, wenn du genau hinsiehst. Schau dir den Dschungel deiner Gedanken genau an, bis ins kleinste Detail und miste aus, gib weg, was nicht gut ist, reinige deine Gedanken, lasse Gedanken die stören nicht zu, so kannst du Ordnung hineinbringen. In deiner Wohnung musst du auch von Zeit zu Zeit ausmisten und Ordnung machen sonst versinkst du im Chaos. Altes und Kaputtes weggeben und alles neu schlichten, dann blickst du wieder durch. Mach es in deiner Gedankenwelt genauso!“ gibt Sanara Antwort.

„Wenn man den Garten nicht pflegt ist es genauso.“ meldet sich jetzt Dieter zu Wort. „Es wird ein Chaos, alles wuchert und wächst grenzenlos ohne Rücksicht. Von Zeit zu Zeit, musst du Hand anlegen und das Dickicht auslichten. In der Natur ist es genauso, sieh dir den Dschungel an: Es ist, wenn du genau hinsiehst eine höhere Ordnung dahinter. Es wuchert und wächst zwar alles scheinbar undurchdringlich, aber wenn es zuviel wird, regelt die Natur das von selbst, Pflanzen sterben und der Dschungel lichtet aus. Es gibt wieder neuen Dünger für Wachstum. Zu wenig Platz oder zu wenig Licht bedeutet der Dschungel lichtet sich von selbst aus.“ redet Dieter zu Ende.

„Das ist ein guter Vergleich.“, stimmt Sanara zu „Ein schönes Bild, auch für die Gedanken- und Gefühlswelt. Sei dir bewusst, sieh genau hin und schaffe dir selbst eine neue Ordnung, die dir Sicherheit gibt und die Grundpfeiler in deinem Leben ist. Lichte den Dschungel in dir aus, lasse Altes sterben; alte Gedankenmuster und alte Gefühlsmuster, damit sie Dünger für Neues sein können. In so einem Maß, dass es für dich genau passt und deine Entwicklung fördert.“ beendet Sanara. „Danke, das hilft mir weiterzukommen, so habe ich Hoffnung und kann den Stress den mir das Chaos verursacht beseitigen. Meine Kreativität ist wirklich in letzter Zeit unterdrückt worden von mir selbst, jetzt werde ich sie wieder aktivieren.“, beendet Edith erleichtert. In dieser Art philosophieren die drei gerne, wenn sie sich gegenseitig besuchen. Sie lernen immer wieder voneinander.

**Ich habe Ordnung in meiner Gedanken- und Gefühlswelt.
Eine höhere Ordnung herrscht auf allen Ebenen.**

Mögliche Erkenntnisse:

Ein gesundes Maß an Ordnung ist notwendig, Pedanterie jedoch verhindert die Kreativität.

Aus dem Chaos im Kopf kann eine neue höhere Ordnung entstehen, wenn ausgemistet und sortiert wird.

Auch die Gedankenwelt im Kopf hat Pflege notwendig, störende Gedanken, alte Glaubensmuster, übernommene Grundsätze, veraltete Meinungen gehören ausgemistet.

Einer neuen Ordnung im Innen kann eine neue Ordnung im Außen folgen und umgekehrt. Man muss es nur versuchen

Alte Glaubensmuster dürfen sterben und werden durch eigene Grundsätze ersetzt.

Thesen

- Durch Wissen entsteht zuerst Chaos. Dieses Chaos bringt die Chance zur Bildung einer neuen Ordnung. Erst durch Chaos kann wirkliche Ordnung entstehen.
- Es gibt eine höhere Ordnung zwischen dem Beenden und dem Neubeginn. Erst ein ordentlich vollendeter Abschluss ermöglicht einen erfolgreichen, starken Neubeginn. Nur auf ein Ende kann ein Anfang folgen. In dieser höheren, göttlichen Ordnung herrscht ein ständiger Wechsel zwischen Anfang, Wachstum und Ende.
- Eine Ordnung im Außen überträgt sich auf die Ordnung in Gedanken und Gefühlen und auch umgekehrt. Ein Chaot in allen Bereichen sollte irgendwo den Kreis durchbrechen und mit Ordnung beginnen, diese Ordnung überträgt sich und hilft auch in anderen Bereichen Ordnung zu schaffen und Struktur zu erlangen.
- Niemand kann alles selbst erledigen, auch Delegieren schafft Ordnung.
- Aufschreiben und Planen hilft Struktur zu schaffen und ermöglicht einzuordnen, es entsteht Ruhe.
- Zuerst ist das Chaos im Kopf, dann werden die Ideen konkreter, man bringt sie zu Papier, ordnet sie ein und beschäftigt sich mit ihnen. Wenn es Zeit ist, aktiv zu werden, verwirklicht man sie.
- Menschen, die im Chaos leben, haben Angst vor Veränderung. Aber auch penible Menschen, die jedem Fehler nachlaufen und jeden Bleistift gerade rücken, haben Angst vor Veränderung. Der goldene Mittelweg kann helfen, diese Angst aufzulösen.

29. Freude empfinden

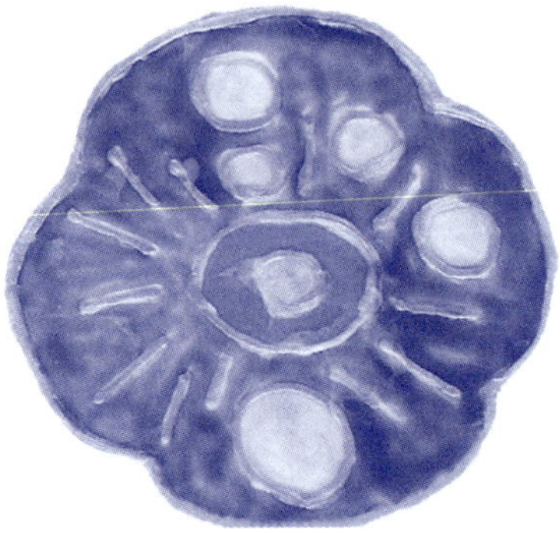

Alles darf Freude bereiten, auch Arbeit. Alle Bereiche im Leben dürfen Freude und Spaß sein. Freude gibt Kraft und vermag vieles im Leben zu tragen. Freude färbt alles im Leben bunt und färbt auch auf andere ab. Jede noch so schwierige und ausweglose Situation bekommt durch sie Optimismus, neue Wege tun sich auf. Ich kann mich immer für die Freude entscheiden und damit Blockaden lösen; plötzlich geht es weiter. Mit Hilfe dieser Energie sehe ich neue Wege und Möglichkeiten. Durch die Freude erkenne ich wieder neue Chancen, die das Universum mir bietet, um meine Prüfungen zu bestehen.

Selbst den Tod kann ich besser verstehen und bewältigen, das Leid kann ich besser ertragen, wenn ich einen Angehörigen verloren habe. Ich kann verstehen, dass seine Zeit auf dieser Welt abgelaufen und seine Aufgabe erledigt ist. Ich darf meine Aufgaben in meiner Zeit erledigen – mit Freude.

Durch Freude fließt Liebe – und sie ist die stärkste Kraft. Sie fließt für viele Dinge, selbst für Menschen, die ich nicht besonders schätze. Auch Zufriedenheit mit mir selbst, meinem Leben, meiner Umwelt, ist ein Ausdruck der Freude. Sie gibt mir Kraft für den nächsten Schritt und lässt mich die Chancen erkennen. In diesem Gefühl kann ich alles erkennen, was Veränderung braucht, was zu tun ist, oder wo ich mit anderen Menschen ein klärendes Gespräch suchen muss. In Freude kann Veränderung geschehen, alle Energien dienen mir. Ich freue mich auf die Lernprozesse im Leben, der Kampf und Krampf ist vorbei. In der Freude lösen sich Blockaden. Dieses Symbol hilft mir, Freude in allen Lebenslagen zu empfinden.

Mögliche Ursachenthemen

Arbeit ist hart und verpflichtend
Optimismus in schwierigen Situationen
Neue Wege erkennen und gehen
Freude in allen Lebenslagen
Das Leben ist hart

„In den Keller lachen gehen“ – Humor als minderwertig betrachten
Freude ist der Quell der Liebe
Zufriedenheit mit sich und seinem Leben
Chancen im Leben verstreichen lassen

Neues Denkmuster

Voller Freude erledige ich meine Arbeit, die meinem Lebensplan entspricht und zu meinem Lebensunterhalt beiträgt. Optimismus und Lachen helfen in schwierigen Situationen und machen das Leben zur Freude. Durch meine Freude bringe ich auch andere Menschen zum Lachen und erhöhe unsere Schwingung. Lachen trägt auch zur besseren Genesung bei und ist der Quell der Liebe. Zufriedenheit mit mir und meiner Vergangenheit geben mir Freude und Kraft für die Veränderungen, die mir das Leben bringt. In Freude erkenne ich die guten Gelegenheiten und Wege und packe sie beim „Schopf“.

Affirmation

Ich entscheide mich in allen Lebenslagen, Freude zu empfinden!

Farben grün, rot, blau
Chakren Wurzelchakra, Herz, Hals
Körperzonen Schilddrüse, Hals, Kreuzbein, Magen, Bauchspeicheldrüse

Die einzelnen Körperzonen

Schilddrüse, Hals

Verbindung zum Gefühl
Zufriedenheit leben
Entwicklung und Kreativität leben
Eine gute Sichtweise finden
Reifung zulassen
Sich nach eigenen Normen entwickeln
Lebensentscheidungen treffen

Kreuzbein

Zu seiner inneren Haltung stehen
Sein eigenes Leben leben
Den freien Selbstausdruck in Freude leben
Sein Kreuz tragen
Entspannung zulassen und üben

Magen, Bauchspeicheldrüse

Die Süße des Lebens genießen
Aggressive Teile oder Themen des Lebens zerlegen und verdauen
Aufnehmen und verdauen
Liebe und Freude „gehen durch den Magen"

Fragen

- Angenommen, ich würde ab jetzt Freude an der Arbeit empfinden, was wäre anders?
- Was kann ich machen, um in schwierigen Situationen meinen Optimismus zu stärken?
- Wie könnte sich Freude in allen Lebenslagen anfühlen?
- Angenommen die Maßnahmen wären erfolgreich und ich würde mein Leben voller Freude und Zufriedenheit und mit Lachen leben, welches andere Problem könnte auftreten?
- Was kann ich machen, um die Chancen des Lebens zu erkennen?

Die Sonne der Freude

Freude in allen Lebenslagen.
Wenn es uns gut geht ist es ein Leichtes, Freude zu empfinden. Wandle Traurigkeit, Unzufriedenheit, Ausweglosigkeit, Verkrampftheit, Engstirnigkeit, Härte, Entscheidungsunwilligkeit, in Freude! Wie geht das, wirst du mich jetzt sicher fragen?

Es ist ganz einfach, überhaupt nicht kompliziert. Gib zu allen deinen Gefühlen Freude dazu und es wird sich in Freude wandeln.

Die Trauer: Du bist traurig weil du verletzt wurdest, du hast alles geklärt und bist immer noch traurig. Lass die Trauer hochkommen, gehe hinein und jetzt stell dir vor die Sonne strahlt auf dich, sie strahlt die reine, kraftvolle, unverfälschte Freude aus. Spürst du wie intensiv die Sonne auf dich und dieses Geschehen, das dich traurig macht strahlt? Du kannst jetzt auch schon spüren, wie sich die Sonne auf dich überträgt und das Geschehen, das dich traurig gemacht hat löst sich mehr und mehr auf. Du kannst es plötzlich als Erfahrung sehen, du hakst es ab. Ja, es ist geschehen und erledigt, ich kann jetzt frohen Mutes weitergehen und die Trauer wandelt sich mehr und mehr in Freude bis sie schließlich ganz weg ist. Die Sonne hat ihre Freude dabei, dir zu helfen. Gehe genauso vor mit der Unzufriedenheit: Was fehlt dir zur Zufriedenheit? Sieh alles im Leben was dich zufrieden macht und füge die Sonne der Freude hinzu. Alles wiederum was Unzufriedenheit hervorruft, lasse wegschmelzen in der Sonne der Freude. Die Freude erfüllt dich und hilft dir, Dinge und Situationen zu verändern die dich unzufrieden machen. Pessimismus lässt dich die positiven Dinge nicht sehen. Füge zu deiner pessimistischen Situation die Sonne der Freude hinzu. In diesem Augenblick – du wirst erstaunt sein – ist es dir nicht mehr möglich diesen Pessimismus zu sehen, dein Horizont erweitert sich so unendlich. Plötzlich tun sich für dich positive Lösungen auf. So kannst du alle diese negativen Energien und Qualitäten mithilfe der Sonne der Freude wandeln. Es wird dir gelingen, nach und nach in allen Lebenslagen Freude zu empfinden. Auch wenn du in eine scheinbar ausweglose Situation kommst. Mit Hilfe der Freude schaffst du es und es ist „nur eine Erfahrung" die wichtig für dich war.

Engstirnigkeit – mit Freude verbunden erweitert sich dein Bewusstsein plötzlich, du siehst jetzt viele Wege.

Verkrampftheit – mit Freude verbunden ist plötzlich alles entspannt und gelöst.

Härte – das Leben ist hart und jetzt füge die Freude hinzu – diese Qualität gibt dir die Kraft es leicht zu nehmen und zu ändern.

Entscheidungsunwilligkeit – mit Freude kannst du auch den Willen aktivieren und so eine Entscheidung treffen die dich weiterbringt.

Ich entscheide mich in allen Lebenslagen Freude zu empfinden!

Mögliche Erkenntnisse:

In guten Tagen ist es ein Leichtes Freude zu empfinden, Freude ist eine große Hilfe gut über die schlechten Tage zu kommen, Freude hilft negative Empfindungen zu wandeln.

Die Sonne ist ein Ausdruck der Freude, den alle Menschen nutzen dürfen und noch dazu kostenlos.

Freude hilft in allen Lebenslagen, die Absicht dazu muss erklärt werden, jeder kann sich dafür entscheiden.

Thesen

‚Der verlorenste aller Tage ist der, an dem man nicht gelacht hat!'

Chamfort

- Wer in den sprichwörtlichen Keller lachen geht, also sich seiner humorigen Seite schämt, wird wenig Zufriedenheit und Geborgenheit mit und in sich selbst fühlen. Bei allem, was man tut Freude empfinden, bringt Ruhe und Frieden in die Welt.
- Auch aus negativen Emotionen können Freude und Zufriedenheit entstehen. Durch ein Annehmen der negativen Gefühle können sie gewandelt werden.

- Jeder kann den Willen zur Freude kundtun und bei allem, was er macht die Absicht haben dabei Freude zu empfinden.
- Freude ist die Vorstufe zur Liebe, von der Freude zur Liebe ist es nur mehr ein kleiner Schritt. Je mehr Freude empfunden werden kann, desto mehr Liebe kehrt im Leben ein.
- Freude beim Tun hilft in schwierigen Situationen Optimismus beizubehalten und die positiven Seiten zu sehen.
- Freude bringt die Zufriedenheit mit sich. Die Freude lässt ein tiefes Gefühl der Geborgenheit im Bauch entstehen.
- Nur im Zustand der Freude und der Entspannung können die Chancen des Lebens erkannt und ergriffen werden.

30. Yang – Aktivität

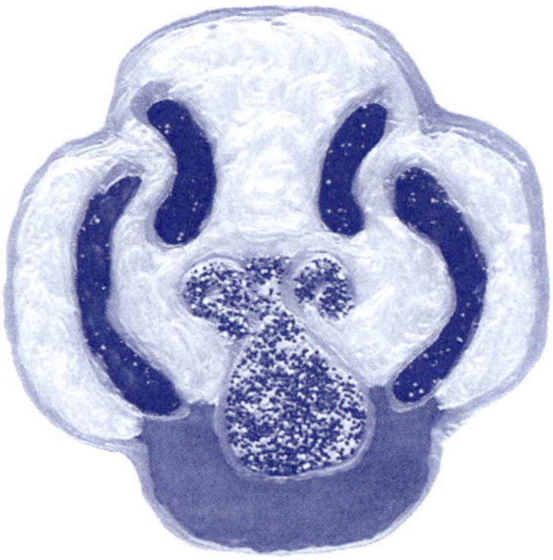

Dieses Symbol hilft mir, aktiv zu werden und zu handeln, aber auch von extremer Überaktivität wegzukommen.

Das Männliche drückt sich in Handeln und Tatkraft aus. Viel häufiger sind Workaholics unter Männern als unter Frauen zu finden. Der Mensch braucht beide Teile, der weiblich passive wird mit dem männlich aktiven ergänzt, bis Balance entsteht.

Ich gehe aus meiner Ruhe in die Arbeit und setze meine Ziele um. Ich gehe vom Reden über in die Umsetzung. Ich ruhe mich kurz aus, genieße die Aussicht vom Gipfel des Berges und freue mich über meinen Erfolg, wenn ich am Ziel angekommen bin. So habe ich Kraft für mein nächstes Ziel. Zuerst geht es talwärts, dann kann wieder eine Steigung kommen. Jetzt brauche ich wieder die männliche Tatkraft und Motivation. Ich mobilisiere meine enormen verborgenen Kräfte um ungeahnte Höhen und gewaltige Ziele zu erreichen. Ich traue mir mehr zu, baue mich auf: „Ich kann das! Ich bin großartig!“ Ich setze mir größere Ziele als je zuvor, und ich werde sie erreichen. Mit jedem Schritt in Richtung Ziel werde ich größer und stärker. Wenn ich zurückblicke, kann ich sehen, was ich schon erreicht, aber zuvor nicht für möglich gehalten habe. Ich bin mit meinem Ziel mitgewachsen.

Ich nutze den männlichen Verstand in Verbindung mit meinem Gefühl. Ich spreche mir Mut zu, spreche mit meinem Unterbewusstsein. Um große Ziele zu erreichen und etwas zu verändern braucht man Mut. Ich formuliere mir positive Sätze und spreche sie mir vor. Sie müssen im Einklang mit meinem Gefühl sein. So nehme ich ihre Energie auf und kann sie nutzen. Sie stärken mich besonders in Zeiten des Zweifels. Ich kann die harten und steilen Anstiege auf dem Weg zu meinem Ziel überstehen.

Der Sommer ist eine Zeit der Aktivität, der Sonne, der Helligkeit. Nach dem Sommer darf auch der Winter kommen. Ich genieße die Ruhe, den Mond und die Dunkelheit. Ausgeruht kann ich erneut kraftvoll in die Aktivität gehen. Ich mache mir diesen Wechsel bewusst und vergesse nicht, mich nach getaner Arbeit auszuruhen. Dann mache ich mich wieder auf. Immer nur ruhen macht müde, artet in Faulheit aus und kann in Depression enden.

Ich lasse mich nicht von unermüdlichen, künstlichen Aktivitäten ablenken, lasse mich nicht treiben. Was nützen mir Reichtum, Wissen und liebe Menschen um mich, wenn ich mir keine Pause gönne, und nicht bewusst das Leben genieße. Ich nehme mir Zeit zum Leben und ersticke nicht in zuviel Aktivität. Ich genieße das Leben, gehe langsam, wenn ich es eilig habe. Ich gehe alles ruhig und bedächtig an, achte auf mein Gefühl, bis ich in meiner Mitte bin. Ich fühle die Zufriedenheit in mir!

„Die einzige Aufgabe, die wir hier auf Erden haben, ist unser Tun um unsere Persönlichkeit zu entwickeln und so in Verbindung mit unserem Hohen Selbst unseren Plan zu erkennen und zu leben!“

Lee Carroll in „Kryon“, Band IV

Mögliche Ursachenthemen

Angst vor der männlichen, aktiven Seite
Nicht aufhören können
Ruhe genießen können
Erfolg genießen können
Kräfte für große Ziele aktivieren können
Den Verstand im Verbund mit dem Gefühl einsetzen
Von künstlichen Aktivitäten getrieben werden
Sich Zeit zum Leben nehmen
Angst vor wichtigen Aufgaben

Neues Denkmuster

Ich fühle den Wechsel zwischen Ruhe und Aktivität. Aktiv mobilisiere ich meine Kräfte für die wirklich wichtigen Ziele in meinem Leben. Nach getaner, freudvoller Arbeit genieße ich mein Leben. Im Verbund von Verstand und Gefühl erkenne ich die wichtigen Aufgaben in meinem Leben und erfülle sie.

Affirmation

Aktiv und kraftvoll erfülle ich meine wichtigen Aufgaben!

Farben gelb, gold, rot
Chakren 3. Auge, Wurzel, Solarplexus, Hand, Fuß
Körperzonen Rückseite, männlicher Teil, rechte Körperhälfte, Verstand, Kopf, Knochen

Die einzelnen Körperzonen

Rückseite
Einen kräftigen Rücken haben
Sich den Rücken stärken
Sich vor Gefahr schützen
Andere mit seinem Rücken schützen
Schutzsuchende aufnehmen
Sich nicht überladen und alles und jeden tragen wollen

Männlicher Teil
Gebend, kraftvoll, aggressiv
Nach außen gehen
Herzeigen, was man hat
Offen sein
Für etwas kämpfen
Kämpfen wo Aussicht auf Fairness und Sieg besteht

Rechte Körperhälfte
Kraft haben und einsetzen
Gebende Hälfte
Aktiv werden

Verstand, Kopf
Schaltzentrale, Oberhaupt
Die Übersicht haben
Alles überschauen

	Informationen aufnehmen und speichern Nicht von oben herab reagieren, sondern Gefühl miteinbeziehen
Knochen	Kraft und Halt geben Standhaft sein Rückhalt geben In die Zukunft gehen und Vergangenes loslassen Starre aufgeben und aktiv werden Verknöchert und unbeweglich sein Überaktivität und Überbeweglichkeit ausgleichen

Fragen

- Welchen Vorteil würde es bringen, wenn ich immer nur arbeiten und mir keine Zeit zum Leben nehmen würde?
- Wer würde es als Erster bemerken, wenn ich ab jetzt Ruhe genießen könnte?
- Was wäre das schlimmste Ergebnis, wenn ich mich aufmachen, meine Kräfte mobilisieren und meine großen Ziele verwirklichen würde?
- Angenommen, ich würde meinen Verstand im Verbund mit meinem Gefühl einsetzen, was hätte sich verändert?
- Was ist das Positive an der Angst vor wichtigen Aufgaben?
- Was könnte ich unternehmen, um noch mehr von künstlichen Aktivitäten getrieben zu werden?

Der Hausberg

Yang, Sonne, Tag, Kraft, Arbeit, Tun, Aggressivität, Verstand, …
Was wären all diese Eigenschaften ohne das Gegenteil, wie ein Motor der immer läuft und irgendwann durchbrennt wenn er nicht abgeschaltet wird. Was wäre ein Motor der niemals eingeschaltet wird, wohl sehr nutzlos und unnötig. Yin und Yang die Gegensätze – Eingeschalten und Ausgeschalten im Wechsel – Ruhe und Aktivität im Wechsel das ist Balance, das ist Leben. Aktiv und kraftvoll erreiche ich meine Ziele, ich gehe in die Aktivität. Ich bin Umsetzungsmeister. Was nutzt es mir wenn ich genau weiß wo meine Ziele sind, ich sie mir bis ins kleinste Detail ausmale und ich mich nicht daranmache ins Tun und Umsetzten zu gehen, dann bin ich Ankündigungsweltmeister.

Alexander träumt davon seinen Hausberg zu besteigen. Er plant und tüftelt und holt Erkundigungen ein. Er weiß genau wo er Rast macht, wie viel Proviant er mitnimmt und wo er Nachschub holt; weiß genau was er zu tun hat, wenn Schlechtwetter kommt und wo er Hilfe und Unterschlupf bekommt. Die Zeit hat er genau kalkuliert, wie viel Wegstrecke er wann genau unter welchen Umständen schafft. Genauestens hat er auch errechnet wie lange er trainieren muss, um die nötige Kraft und Ausdauer zu haben. Er erzählte bei jeder Gelegenheit allen davon und bekam so auch viele Tipps für ein besseres Gelingen des Vorhabens. So verging die Zeit mit Planung, Denken und Gestalten des Zieles, er aber kam ihm nicht näher. In der Zwischenzeit nahmen ihn seine Freunde auch nicht mehr ernst. „Ja, ja! Dein Hausberg. Irgendwann gehst du bestimmt!“ Er wusste auch wie groß die Freude sein würde wenn er am Gipfel steht, nur er wusste nicht wie der erste Schritt aussieht. Er schaffte den ersten Schritt nicht. Und irgendwann fühlte er sich zu alt um den Hausberg zu besteigen. Er hatte seinen Motor in diesem Bezug nie eingeschaltet.

Schaffe den Schritt von der Planung ins Tun, in die Aktivität. Was nützt dir der beste Plan, wenn du den ersten Schritt nicht tust. Gehe lieber gleich nach einem groben Plan in die Aktivität und mache öfters Pausen zum Überdenken als dich in der Planung zu „verzetteln“.

„Verzetteln“, das Wort spricht ja schon für sich selbst. Wenn der Grundplan steht, werde aktiv, gönne dir zwischendurch Pausen damit du wieder Kraft für den steilen Anstieg hast und weißt wie es weitergeht.

Aktiv und kraftvoll erfülle ich meine wichtigen Aufgaben.

Mögliche Erkenntnisse:

Kleine Taten sind wichtiger als große Vorhaben.

Ein Motor der niemals eingeschaltet wird ist genauso nutzlos wie ein Plan der niemals umgesetzt wird.

Ziele zu lange auszutüfteln und zu planen bringt die Gefahr mit sich, sich zu verzetteln, denn irgendetwas findet man immer das man vielleicht noch besser machen könnte.

Es ist besser den ersten Schritt zu tun als ewig zu planen.

Das Alter ist für viele eine sehr willkommene Ausrede etwas nicht mehr tun zu müssen.

Es ist besser ein grobes Grundgerüst für das Ziel zu machen und dann loszugehen, denn viele Details ergeben sich erst in der Situation.

Thesen

- Es entspricht nicht dem Lebenssinn, von der Aktivität getrieben zu sein, denn dies lenkt von von sich selbst und den wichtigen Dingen im Leben ab.
- Auch kann es übertriebene Aktivität bedeuten, z. B. wenn jemand nichts versäumen will, überall dabei sein will, sich mit jedem treffen will, Gast auf jedem Fest ist, dem Kaufrausch verfällt, Freizeitstress hat und alles konsumieren will.
- Aktivität auf der einen Seite braucht einen ausgleichenden Pol auf der anderen Seite. Wer aktiv sein will muss auch ausruhen können und umgekehrt. Das Prinzip der Dualität und des goldenen Mittelwegs gilt auch hier.
- Workaholics sind Menschen, die nicht aufhören können, die von sich ablenken wollen, nichts mit sich anfangen können, nicht allein sein können, außer Arbeit keinen Lebensinhalt haben, Angst vor sich selbst haben oder Angst davor haben, sich mit den eigenen Problemen auseinandersetzen zu müssen. Zieht der Körper die Notbremse, kommt es zum Burnout-Syndrom.
- Arbeit dient dazu etwas zum Ziel zu bringen, Erfolg zu haben und diesen genießen zu können. Hier ruhe ich aus und tanke neue Kraft, um wieder an die Arbeit gehen zu können.
- Die Kräfte für große Ziele liegen im Inneren eines jeden bereit. Sie können aus der Ruhe für die Aktivität bereitgestellt werden. Die Ruhe empfängt die Kraft, die Aktivität gibt diese Kraft wieder ab.
- Was nützen im Leben Erfolg, Geld und Wissen, wenn keine Zeit bleibt diese zu genießen? Aktivität und Ruhe (Passivität) sind wie Sonne und Mond, Tag und Nacht. Beide sind notwendig, das eine kann ohne das andere nicht existieren.

31. Wahre Liebe – geistige Liebe

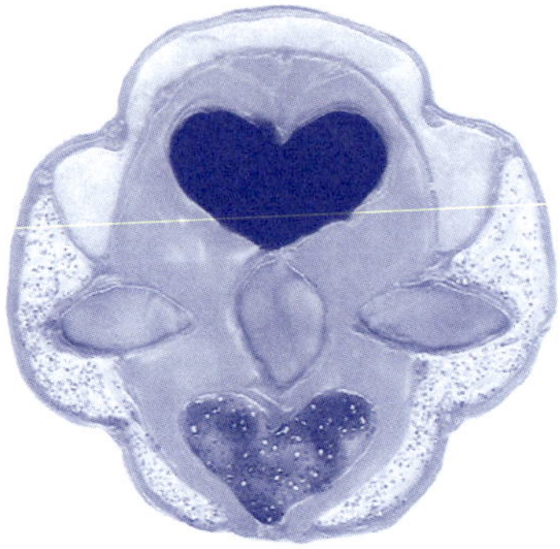

Wahre Liebe ist das höchste Gut der Menschheit. Dieses Symbol hilft mir, die wahre Liebe zu entwickeln, eine Liebe jenseits von Wollen, Liebe im göttlichen Sein im Einklang mit dem göttlichen Willen, Liebe in Verbindung mit meinem göttlichen Kern – Liebe um des Wesens Willen. Denn jedes Wesen ist göttlich, jede Seele ist göttlich. Ich begrüße das Göttliche in jedem Wesen, deshalb ist es liebenswert. Wir alle sind Teil des Großen Ganzen und stehen miteinander in Verbindung. Je stärker die wahre und geistige Liebe ist, desto mehr können wir verschmelzen und eins werden. Jeder hat seine Aufgabe und muss diese erfüllen, um die Einswerdung zu unterstützen und für sich selbst zu erreichen.

Alles was wir anderen zufügen, haben wir uns selbst zugefügt. „Was du dem geringsten deiner Brüder getan hast, hast du dir selbst getan!“ oder “Liebe deinen nächsten wie dich selbst!“ Wir können einander helfen diese Liebe zu entwickeln.

Jeder geht seinen Weg und hat seine Aufgabe. Wenn jemand Hilfe braucht, helfe ich ihm, dann helfe ich mir selbst. Wir ziehen alle an einem Strang. Wenn es notwendig ist, bitte ich andere um ihre Hilfe. Die Welt wird verschmelzen in einer einzigen Woge der Liebe, wenn wir es wollen. Ich nehme meine Mitmenschen an wie sie sind, frei von einem Urteil. Ich beschuldige niemanden, denn jeder hat seinen Teil zu lernen und zu erledigen.

Ich stärke mich selbst, indem ich mich liebe. Unabhängig von außen und anderen lebe ich mein Leben in bedingungsloser Selbstliebe. Was mir an mir nicht gefällt, nehme ich liebevoll an und verändere es. So gelange ich vollkommen zu meiner Kraft und Liebe. Diese Liebe strahle ich aus, stärke damit andere und ermutige sie zu eigenen Veränderungen. Durch die Entwicklung meiner eigenen Stärken bin ich wertvoll im Team und arbeite liebevoll mit anderen zusammen. Ich fördere dadurch den gemeinsamen Aufstieg und Erfolg. Ich erkenne die Wichtigkeit des Einzelnen um ein gemeinsames Ziel zu erreichen. Jeder ist anders und wir gehören doch zusammen, so wie jedes Organ des Körpers anders ist und nur im Zusammenhalt funktioniert damit der Körper lebt. Liebe spüre ich mit allen Sinnen. Ich werde durchflutet und aufgefüllt. Mit Liebe sehe, höre und fühle ich.

Wahre Liebe erwartet nichts und ist vollkommen selbstlos. Wahre Liebe nimmt den anderen an, wie er ist. Wahre Liebe ist von unvorstellbarer Energie auf einer höheren Ebene, als würde sie mir von einer höheren Macht geschenkt. Wahre Liebe kann ich erst erfahren und empfinden, wenn ich alle Ängste aufgearbeitet und freien Zugang zu dem Hohen Selbst unserer Seele habe. Wenn ich wahrhaft lieben kann, so bin ich Zuhause angekommen. Ich habe alle Schichten, die mir den Weg nach Hause versperren, abgetragen.

Mögliche Ursachenthemen

Liebe um des Wesens willen
Liebe an Bedingungen knüpfen
Verständnis für andere
Frei von Urteilen sein
Schuldzuweisungen
Verzeihen können und wollen
Helfen können und wollen

Neues Denkmuster

Ich liebe bedingungslos und frei von Erwartungen. Ich liebe meine Mitmenschen wie sie sind und bewerte weder sie noch mich. Verzeihen macht mich frei, meine Energie kann wieder fließen. Meine Erfahrungen und Erkenntnisse gebe ich gerne zur Hilfe anderer weiter, so unterstütze ich die Ganzheit und gebe selbstlos meine Liebe.

Affirmation

Ich liebe mich selbst und meine Mitmenschen bedingungslos!

Farben alle

Chakren alle

Körperzonen Körpermitte, körperliche und geistige Sinne, der ganz Körper, alle Organe, Bewegungsapparat (alle Knochen, Bänder, Gelenke, Skelettmuskeln)

Die einzelnen Körperzonen

Körpermitte	In Balance sein Sitz der Weisheit Die Weisheit annehmen und mit anderen teilen Anderen bei der Heilung helfen
Der ganze Körper	Das „eins Sein“ verspüren und annehmen Alle Zellen des Körpers sind miteinander verbunden Sicherheit der Gefühle durch Selbstsicherheit
Alle Organe	Versorgung des Körpers Sich gegenseitig versorgen und helfen Jeden in seiner Wichtigkeit achten Sich gegenseitig positiv beeinflussen Anders sein und doch zusammengehören
Bewegungsapparat	Alle arbeiten zusammen Gemeinsames Weiterentwickeln und Handeln Die Zusammenarbeit fördern Für sich selbst und andere sorgen Für den gemeinsamen Aufstieg sorgen Die Wichtigkeit des einzelnen erkennen
Alle Sinne, geistige Sinne	Alle Wahrnehmungen Alles wahr- und wichtig nehmen Den eigenen Wahrnehmungen Beachtung schenken Die innere Wirklichkeit annehmen Die Liebe mit allen Sinnen spüren Andere mit Liebe auffüllen Mit allen Sinnen fühlen Der Liebe lauschen und in allen Dimensionen erfühlen Mit Liebe sehen Geistige Liebe weitergeben

Fragen

- Was würde geschehen, wenn ich um des Wesens willen lieben würde?
- Was wäre das Beste und was das Schlimmste, wenn meine Liebe frei von Bedingungen wäre?
- Woran würde ich es merken, wenn ich ab jetzt niemanden mehr beschuldigen würde, auch mich selbst nicht?
- Was ist das Positive, wenn ich über andere urteile?
- Wer würde es als Erster merken, wenn ich ab jetzt allen verzeihen und mich frei von den Fesseln der Vergangenheit machen würde?
- Angenommen, ich würde ab jetzt gerne anderen helfen, wenn sie mich bitten, welches Problem könnte jetzt auftreten?

Der Topf der Liebe

Wahre Liebe ist das höchste Gut. Wahre Liebe beinhaltet alles. Alle positiven Gefühle erweitern sich auf die Liebe oder der Überbegriff ist Liebe. Wer Liebe empfinden kann, wirkliche, tiefe, bedingungslose Liebe, kann alles lösen, es beinhaltet alles.

Wie ein Topf, wenn die wahre Liebe ein Topf mit Suppe ist, dann ist alles andere darin enthalten. Freude, Freiheit, Mitgefühl, Kraft, Selbstverantwortung, Selbstliebe, Achtung, Wertschätzung, Leichtigkeit, Kreativität, Bewegung, Veränderung, Hilfsbereitschaft, Zufriedenheit, Dankbarkeit, Staunen und vieles mehr, Und in diesem Topf entsteht jetzt eine Suppe, eine Suppe namens Liebe die alles heilen und erreichen kann. In diese Suppe und mit dieser Suppe wird alles gewandelt und transformiert. Würde jetzt jemand hergehen und Ärger und Angst in diese Suppe geben, würde augenblicklich alles in Liebe gewandelt werden. Die geballte Kraft dieser Suppe ist stärker als Angst, Missgunst, Eifersucht, Wut und dergleichen. Die Liebe vermag alles, ja wirklich alles zu wandeln. Manchmal bedarf es der Ausdauer, des Mutes und des Glaubens um Wandlung herbeizuführen, um das Feuer unter dem Topf anzufachen und der Liebe die Kraft zu geben, um alles restlos zu transformieren. Ist die Liebe stark, hat nichts, wirklich nichts Dunkles eine Chance im Topf.

Sei auch du ein Topf voll der wahren Liebe. Die wahre Liebe macht es möglich, alles was an dich herankommt an Negativem zu wandeln und zu verändern. Energie kann nicht verloren gehen, aber sie kann verändert werden, Gefühle sind Energie.
Wahre Liebe macht frei, gibt Freude, schenkt dir Kraft, verbindet dich mit allen Menschen und mit deiner Umwelt. In der Liebe ist es dir nicht mehr möglich, dir selbst und anderen zu schaden. Lass in deinem Topf der Liebe alles Negative schmelzen. Auch du kannst in deinem Topf eine wohlschmeckende, heilende Suppe kreieren, die dich und andere erhaben durch das Leben führt.

Mögliche Erkenntnisse:

Das einzig Wichtige im Leben ist die wahre Liebe.
Liebe vermag es, alles zu wandeln und zu heilen.
Letztendlich geht es bei allen positiven Gefühlen um Liebe, darum, Liebe empfinden zu können.
Der Glaube an die Liebe entfacht ihr Feuer, er nährt sie.
Wahre Liebe macht frei.
Wer wirklich liebt kann niemandem schaden.

Thesen

„Nichts steigert so sehr das Wertbewusstsein, das Ich, wie die Gewissheit geliebt zu werden."

Anneliese Hole

- Wahre Liebe ist Liebe ohne Bedingungen, ohne Wenn und Aber, frei von Erwartungen.
- Wahre Liebe zeigt Verständnis für den anderen, Verständnis für das Andersartigkeit, egal wie sie sich zeigt. Dieser Unterschied muss nicht gutgeheißen werden, dennoch ändert er nichts an der Liebe, die entgegengebracht wird.
- Wahre Liebe urteilt oder verurteilt nicht, sie zeigt die Tatsachen und die Wahrheit auf. Diese werden aufgenommen und nicht bewertet. Wem steht es zu, ein Urteil zu fällen? Die Liebe nimmt die Wahrheit an.
- Wer wahrhaft liebt macht keine Schuldzuweisungen, verzeiht sich selbst und anderen die Fehler aus der Vergangenheit.
- Wahre Liebe hilft ohne sich aufzudrängen. Die Hilfe wird angeboten aber nicht aufgezwungen. Wenn die Hilfe nicht angenommen werden kann ist es in Ordnung, vielleicht ist es der falsche Zeitpunkt oder die falsche Hilfe.
- In wahrer Liebe ist man eins mit dem anderen und würde ihm nie etwas antun, denn man würde den Schmerz, den der andere dadurch empfindet selbst genau so stark verspüren.
- Wahre Liebe weiß, dass alles, was man gibt auch wieder zurückbekommt. Wer wahre Liebe gibt wird vom Schenkenden zum Beschenkten.

32. Schutz

Dieses Symbol hilft mir, meinen Körper und Geist zu schützen. Wenn ich geschützt bin, kann ich meine volle Kraft einsetzen, weil sie mir zur Gänze zur Verfügung steht. Nichts und niemand kann mir meine Energie rauben.

Ich schade mir selbst, wenn ich negativ denke, spreche, mir Sorgen mache und in der Vergangenheit hänge. Ich brauche Schutz vor mir selbst. Dieses Symbol macht mich in solchen Situationen darauf aufmerksam und gibt mir den nötigen Energieschub, damit ich den negativen Kreislauf durchbrechen kann. Ich bin wieder in meiner Energie und transformiere alles Negative. Ich bin wieder in meiner Mitte und kann mich kraftvoll meinen Themen widmen. Mir fällt sofort auf, wenn ich nicht an mich glaube und mich selbst kritisiere: „Wo bin ich mit meinen Gedanken? Ich glaube gar nicht an mich, ich glaube nicht, dass ich mich ändern kann!“ Ich transformiere: „Ich glaube an mich und vertraue auf meine Fähigkeiten, ich schaffe es!“ Ich denke meine Gedanken und nicht meine Gedanken mich. Ich bin Herr über meine Gedanken, über meine Worte, über meine Taten und regiere mit Gefühl über mich. Ich beherrsche auch meine Gefühle, ich kann jede Aufgabe mit Freude erledigen.

Ich wandle negative Energie ins Positive, so bin ich geschützt und in meiner Energie. Eine große Hilfe sich zu schützen ist die Pyramide. Ich stelle mir eine Glaspyramide vor, sie ist am Boden geschlossen. In meiner Vorstellung stelle ich mich hinein und sage: „Ich programmiere dich, meine Pyramide, mich vor negativen Energien zu schützen, nur Positives, das mir nützt, dringt zu mir durch. Die negativen Energien, die ich selbst erzeuge, werden ins Positive gewandelt!“

Das Symbol hilft mir, die Pyramide zu manifestieren und aufrechtzuerhalten. Immer wenn ich das Gefühl habe, vor einer schwierigen Situation zu stehen, stelle ich mir die Pyramide vor und stelle mich hinein – ich bin geschützt. Ich kann dies auch vorbeugend in ein Morgen-Ritual einbauen, so bin ich für den ganzen Tag geschützt.

Die Pyramide ist eine sehr starke energetische, geometrische Form, schon die alten Ägypter wussten das. Sie baut im Inneren Energie auf, Negatives rutscht an den Schrägen der Außenseiten ab und wird von Mutter Erde aufgenommen und transformiert. Die Pyramide leistet allen Menschen gute Dienste, besonders Ärzten und Therapeuten. Diese Menschen sind besonders der Gefahr von Krankheits- und anderen negativen Energien ausgesetzt. Hier ist es auch wichtig zwischen Mitgefühl und Mitleid zu unterscheiden. Mitgefühl ist wichtig, aber Mitleid erzeugt negative Energie und dient niemandem, man läuft als „Mitleidendender" Gefahr die Krankheitsschwingungen selbst aufzunehmen.

Mögliche Ursachenthemen

Ausgelaugt und energielos sein
Sich von anderen ausbeuten lassen
Aus seinen negativen Gedanken nicht herauskommen können oder wollen
Seine Energien für positive Ziele einsetzen
Klagemauer für andere sein
In seiner eigenen Mitte sein
Ausgeglichen sein
Mit Gefühl über sich und andere regieren
Sich schutzlos und ausgeliefert fühlen

Neues Denkmuster

Ich schöpfe meine Energien aus meiner inneren Kraftquelle uns setze sie freudvoll für meine wunderbaren Themen und Ziele ein. Andere können mich mit ihren negativen Gedanken, Krankheiten und Energien nicht ausbeuten und verletzen, ich bin geschützt. Ich zeige Mitgefühl und biete meinen Mitmenschen sehr gerne Hilfe an. Ich bin ausgeglichen und regiere mit Gefühl über mich und andere, die es wünschen. Ich habe mein Leben in meiner gefühlvollen Hand.

Affirmation

Ich gebe mir Schutz und führe mein Leben mit gefühlvoller Hand!

Farben blau, lila, weiß
Chakren Alle, besonders Solarplexus
Körperzonen Aura, Geist, Haut, Bauch, Nerven, Lymphe

Die einzelnen Körperzonen

Aura	Das Energiefeld der Seele, das Wesen In der Aura sind Wissen und Erfahrung gespeichert Schutz des Körpers Seine eigene Kraft annehmen Seinem Wissen und seinen Fähigkeiten vertrauen Sich zu nahe treten lassen Seine Intimsphäre schützen und bewahren
Geist	Alles ist eine Sache des Denkens Das Geistige, Feinstoffliche und Seelische annehmen und beachten Positive Energien durch Gedanken erzeugen Seine Gedanken feinstofflich in den Körper bringen und aussprechen
Haut	Sich abgrenzen Seite Haut verteidigen Verbindung oder Grenze zum Geist Verbindung zwischen Köper und Geist Seinen Körper schützen Kontakt zum Geistigen Aus der Haut fahren Über die Haut alles Geistige und Seelische aufnehmen und auch wieder abgeben
Bauch	Kraftquelle Seine unerschöpfliche Kraft herauslassen und nutzen Seinen Bauch durch seine Kraft schützen Die Geborgenheit in sich spüren Mit dem Bauch fühlen, den Kopf miteinbeziehen
Nerven	Informationen aufnehmen und weiterleiten Zum Zerreißen gespannt sein Sich vor zu viel Information schützen Seine Nerven bewahren und ruhig bleiben Die Nerven abschalten, Aufnahmestopp, wenn es genug ist

Lymphe	Wasser wird dem Gefühl zugeordnet Gefühle leben und dadurch loslassen Gefühle bewusst erleben und verändern können Seine Gefühle annehmen Falsche Gefühle bei sich und anderen erkennen Aus positiven Gefühlen Kraft schöpfen Reine und wahre Gefühle erzeugen und leben

Fragen

- Was ist der Vorteil, wenn ich mich schutzlos und ausgeliefert fühle?
- Was würde sich verändern, wenn ich ab jetzt voller Energie und Kraft wäre?
- Was ist das Positive daran, wenn ich mich von anderen energetisch ausbeuten lasse?
- Wer würde es als Erster bemerken, wenn ich ab jetzt mit Gefühl über mich und andere regieren würde?
- Wie würde ich mich fühlen, wenn ich meine Energien für positive Ziele einsetzen würde?
- Wenn ich ab jetzt bewusst meinen Körper und Geist unter den Schutz der Pyramide stellen würde, welches Problem könnte auftreten?

Der Schmetterling

Schutz braucht fast jeder. Egal ob gestresst, schwach, überfordert, müde, oder sonst in einer negativen Schwingung. Schutz vor noch mehr negativen Energien und vor energetischer Ausbeutung und Manipulation. Ist jemand gut geerdet und alle Chakren versorgen den Körper optimal mit Energie, so ist dieser Mensch in der Lage, alle negativen Angriffe bewusst oder unbewusst, zu transformieren und so unschädlich zu machen. In seiner Energie sein, heißt auch Zufriedenheit und Liebe empfinden zu können und vollkommen im Jetzt zu ruhen. Auch wenn jemand zu offen ist läuft er Gefahr, negative Energien aufzunehmen und ausgelaugt und ausgenutzt zu werden.

Ein werdender Schmetterling, hat einen Kokon, um geschützt zu sein. Stell dir das bildlich vor, wenn du noch Schutz brauchst oder in Zeiten wo es dir schlecht geht, Schicksalsschlag, Stress, Krankheit, nutze diese Bild für dich. Du bist ein werdender Schmetterling. In der Entwicklung deiner Persönlichkeit, in der Entfaltung deiner inneren Schönheit und Weisheit. Du entfaltest deine wahre Seele, dein Göttliches, dein großartiges Potential. Entfalte deine schönen Flügel, aber bis es so weit ist, nutze den

schützenden Kokon, wie ein Schmetterling. Stell dir um dich herum einen energetischen Kokon vor, aus weißem Licht, du wirst merken um wie viel besser du mit negativen Angriffen und Energien umgehen kannst.
In diesem weißen Licht schmilzt Negatives und wird in Liebe gewandelt. Wenn du noch kein fertiger, kraftvoller, großartiger Schmetterling bist, sondern in der Entwicklung und im geistigen Wachstum, so brauchst du Schutz vor Feinden, Energieräubern, um nicht gefressen zu werden. In der Entwicklung wird es immer wieder Phasen geben, in der Schutz vonnöten ist. Dieser Kokon ist ein einfaches wirkungsvolles Mittel um sich zu schützen, Schutz für Werdendes und Veränderung zu bieten.
Es gibt auch andere Möglichkeiten die hier in diesem Buch dargestellt sind, versuche diese, nutze sie und entscheide dann selbst, nimm dir jenes wo dein Gefühl dir sagt: „Ja, das ist das sicherste Schutzsymbol für mich."

Du bist ein wunderbarer Schmetterling. Entwickle dich, entfalte dein Potential und entpuppe deine Großartigkeit!
Schütze dich so lange, bis du sicher fliegen kannst.

Mögliche Erkenntnisse:

Wer nicht vollkommen in Balance ist, braucht Schutz vor negativen Energien.
Offen sein oder zu offen sein bringt die Gefahr energetisch ausgelaugt zu werden.
Jeder kann sich einfach und wirkungsvoll mit einfachen Visualisierungen vor negativen Angriffen schützen.
Wer in der geistigen Entwicklung steckt (und das ist fast jeder von uns) macht immer wieder Phasen der emotionalen Tiefs durch. Ganz besonders in diesen Phasen sind die Menschen verletzlich, sie benötigen dringend Energieaufbau und Schutz.

Thesen

- Ist jemand voll und ganz in seiner Kraft und geerdet, so bietet dies massiven Schutz vor negativen Energien und Einflüssen. Durch Stress, Überarbeitung, einseitige Belastungen, Krankheit, negative Gefühle usw. wird die Kraft und der Schutz zerstört. Jetzt ist es notwendig selbst durch Gedankenkraft wieder Schutz aufzubauen, damit nicht noch mehr Energie verloren geht. In der Folge dann kann die eigene Kraft wieder aufgebaut und Ausgleich geschaffen werden. Ruhepausen einlegen, negative Gefühle zulassen und dadurch wandeln, Heilung zulassen, Sport betreiben.

- Ist jemand in seiner Kraft und Mitte so ist es anderen Menschen nicht möglich, ihm Energie zu rauben. Der Räuber hat keine Andockstelle, er ist nicht in Resonanz mit dem positiven Kraftfeld des anderen.
- Die Kraft ermöglicht es, durch den Schutz der aufgebaut ist in der Mitte zu sein, das heißt wir haben Zugang zu den Gefühlen und zu unserer Weisheit. Liebe, Geborgenheit, Ruhe, Zufriedenheit ist jetzt unsere Grundenergie die wir auch ausstrahlen.
- Die Kraft die gleichzeitig Schutz bietet ist für jedermann zu erreichen. Notwendig ist dazu sich bewusst dem Positiven zuzuwenden, aus seinem Inneren zu schöpfen und sich von äußeren Einflüssen nicht herunterziehen zu lassen. Der Wille und unaufhörliches Schöpfen aus der positiven Energie machen dies möglich. Alte Muster und Zweifel müssen abgebaut werden bis es gelingt voll und ganz im positiven Energiefeld zu bleiben. Negativdenken das durchkommt ist immer wieder aufzulösen und zu transformieren. Dranbleiben nicht aufgeben, bis das ganze Sein, bis in die letzte Zelle, bis ins letzte Atom durchdrungen ist von positiver Schwingung.
- Das Gefühl regiert über sich und andere, im Positiven wie im Negativen. Entscheide dich für die positiven Gefühle, jeder erschafft dadurch seine Wirklichkeit und beeinflusst damit auch die anderen. Schutz ist dann nicht mehr notwendig.

33. Wahrheit

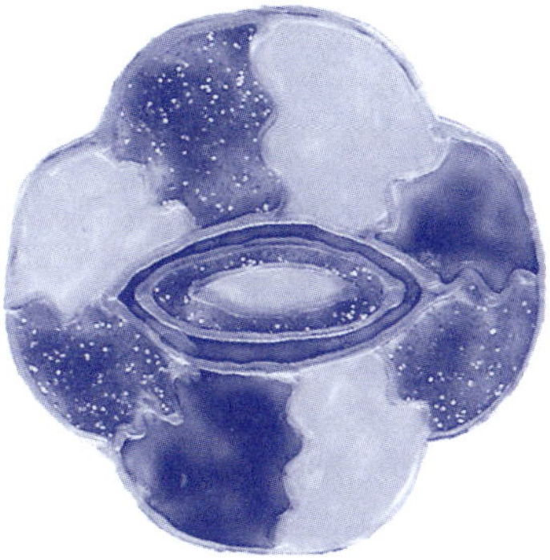

Dieses Symbol hilft mir, meine individuelle Wahrheit zu erkennen, sie zuzulassen und anzunehmen. Was ist Wahrheit? Wahrheit ist, was ich empfinde, sie steht im Einklang mit meinen Gefühlen. Ich höre immer darauf, was mein (Bauch-) Gefühl mir sagt.

Wahrheit ist verwandt mit „wahrnehmen". Was nehme ich wahr, was fühle ich? Wenn ich bei einer Aufgabe ein angenehmes, wohliges Gefühl habe, kann ich davon ausgehen, dass es mit meiner Wahrheit verbunden ist. Ich verdränge meine Wahrheit nicht, ich lasse sie zu und lebe nach ihr, auch wenn es nicht immer angenehm ist. Meine Wahrheit ist wichtig, auch für andere, ich teile mich mit, drücke meine Wahrheit aus und sage was ich fühle. Jesus sagte: *„Die Wahrheit wird euch frei machen!"* Johannes 8/32 Meine Meinung ist wichtig. Mit den Gefühlen, die mich bewegen, bewege ich auch meine Mitmenschen. Ich spreche meine Wahrheit aus, frei von der Angst, die anderen könnten schlecht darüber denken. Ich stehe zu meiner Wahrheit. Die Wahrheit zu verschweigen oder gar zu verdrängen dient niemandem. Ich sage die Wahrheit, finde die richtigen Worte und vergesse nie die Achtung vor den anderen Menschen. So ist die Wahrheit ein Instrument um mich selbst und andere weiterzuentwickeln.

Ich nehme die Wahrheit in mir an, auch wenn es manchmal schwierig erscheint, wenn negative Dinge, die mir nicht gefallen, auftauchen. Ich nehme sie an, nur so kann ich die unschöne Wahrheit verändern und daran arbeiten, bis sie ein angenehmes Gefühl auslöst. Wenn ich zum Beispiel Angst vor etwas habe, versuche ich herauszufinden was mir Angst macht: Was ist es genau? Was brauche ich dazu um sie zu besiegen? Vielleicht hilft es auch, genau das zu machen was die Angst verursacht. So verliert sie ihren Schrecken, löst sich und ein angenehmes Gefühl kann jetzt meine neue Wahrheit sein. Ich gebe die Angst vor der Wahrheit auf. Ich nehme, wenn es vonnöten ist, therapeutische Hilfe in Anspruch. Es gibt viele gute Formen der Therapie um an meiner Persönlichkeit zu arbeiten. Angst annehmen, durch sie hindurch gehen und dadurch auflösen bedeutet die eigene

Wahrheit anzunehmen, Veränderung zu bewirken, die Weiterentwicklung meiner Persönlichkeit voranzutreiben und meine Schwingung zu erhöhen. So kann ich immer mehr an persönlicher Freiheit gewinnen.

Mögliche Ursachenthemen

Angst vor der Wahrheit
Angst anderen die Wahrheit mitzuteilen
Angst vor Gefühlen
Die Wahrheit verdrängen
Zu sich selbst und zu anderen ehrlich sein
Mit der Wahrheit andere bewegen
Angst vor der Angst haben
Das Weiterkommen annehmen können
Scheuklappen und Blindsein ablegen

Neues Denkmuster

Ich nehme meine Wahrheit wahr und teile sie mit. Mutig schaue ich meiner Wahrheit ins Auge und nehme die Ängste, die dabei hochkommen, an. Jetzt kann ich sie auflösen und meine Persönlichkeit weiterentwickeln. Gefühle, die mich bewegen, dienen dem Großen Ganzen und ich kann damit auch andere Menschen bewegen. Um meine Ängste annehmen zu können nehme ich auch, wenn es notwendig ist, therapeutische Hilfe an.

Affirmation

Ich nehme meine Wahrheit an und bewege dadurch mich und andere!

Farbe türkis, lila, orange
Chakren 3. Auge, Solarplexus, Sexualchakra, Kehlkopf
Körperzonen Augen, Wirbelsäule, Rücken, Hüfte, Leber

Die einzelnen Körperzonen

Augen
Einsicht
Durchblick
Spiegel der Seele
Ein- und Ausgang in die Seelenwelt
Die Welt wahrnehmen
Die Wahrheit wahrnehmen und sehen wollen
Einsicht in die Wahrheit des eigenen Lebens

Gefühle spiegeln
Scheuklappen haben
Vor Liebe blind sein

Wirbelsäule, Rücken
Halt
Aufrichtigkeit
Ehrlichkeit zu sich selbst
Lebensachse, um die sich alles dreht
Seine eigene Neigung zu unehrlichen Machenschaften durchschauen
Wege zur Mitte, Wahrheit finden
Geschmeidige Anpassung an die Notwendigkeiten des Lebens annehmen
Probleme wieder einrenken und ins Lot bringen

Hüfte
Ausschreiten
Weitergehen
Seinen Entwicklungsrückstand erkennen und Fortschreiten erlauben
Bei Hüftproblemen ist ein Weiterkommen in Frage gestellt
Sich Zeit zum Nachreifen geben
Sich auf innere Schritte einstellen uns sie annehmen
Innere Wege suchen, die äußere nach sich ziehen
Auf seine eigene Art und Weise vorwärts kommen, auch wenn diese ungewöhnlich ist

Leber
Leben
Rückverbindung
Wertung
Was ist mir über die Leber gelaufen?
Was kann ich nicht annehmen?
Sinn im Leben und Lebensbereichen erkennen
Notwendiges Wachstum erkennen
Kritische Überprüfung der eigenen Werte

Fragen

- Was wäre anders, wenn ich ab jetzt keine Angst vor der Wahrheit hätte?
- Was wäre das Beste und was das Schlimmste, wenn ich immer jedem meine Wahrheit mitteilen würde?
- Was würde geschehen, wenn ich ab jetzt ehrlich zu mir selbst und meinen Mitmenschen wäre?
- Wer würde es als Erster bemerken, wenn ich ab jetzt die Wahrheit nicht mehr verdrängen würde?
- Könnte ich mir vorstellen, meine Scheuklappen und mein Blinsein ab jetzt abzulegen?
- Wie würde ich mich fühlen, wenn ich mein persönliches Weiterkommen annehmen könnte?

Die Wahrheitsblätter

Wahrheit kommt von wahrnehmen und wahrhaben. Die Wahrheit ist ein Instrument mich selbst und andere weiterzuentwickeln.

Die Wahrheit ist ein Baum, der für jeden Blätter bereithält. Diese Blätter nähren die Menschen wie die beste, wertvollste Nahrung, leider lehnen viele Menschen diese reine Nahrung ab. Die Blätter der Wahrheit lassen die Menschen reifen und auf das Schönste erblühen. Für viele Menschen ist es so, als wären die Blätter unsichtbar, sie nehmen diese Blätter nicht wahr, so als wären sie nicht da. Jeder darf sich nehmen vom Baum der Wahrheit, so viel er will und so viel er verträgt, denn manchmal sind die Blätter sehr schwer verdaulich und liegen lange im Magen. Für manche Menschen sind einfach kleinere Mengen besser verträglich. Ist es eine ungewohnte oder sogar unbekannte Nahrung, so ist es besser sich ganz langsam daran zu gewöhnen, um sich selbst nicht zu überfordern. Nur wer einmal begonnen hat mit der Wahrheit, der weiß wie heilsam und gut diese Blätter sind, der wird nie mehr aufhören können.

Manche Menschen die es nicht gewöhnt sind vom Baum der Wahrheit zu genießen, haben Angst davor und lehnen es ab. Erst das Zulassen der Angst macht es ihnen möglich die Wahrheit zu sehen. Diese Blätter verändern jeden Menschen aufs wunderbarste und wirken sich auch aus, auf seine Mitmenschen, auf seine Umgebung. Die Blätter der Wahrheit sind Bewegung im Fluss des Lebens. Die Ehrlichkeit wird siegen und sich durchsetzten, die Schatten auflösen. Wie heißt es doch in einem Sprichwort: „Es ist nichts so fein gesponnen, das es nicht kommt doch an die Sonnen!"

Die Wahrheit bewegt mich und andere. Nimm Platz unter der Krone des Baumes der Wahrheit und genieße die nährenden Blätter.

Mögliche Erkenntnisse:

Die Wahrheit ist spürbar, sie ist wahrnehmbar.

In der heutigen Welt ist es nicht selbstverständlich mit der Wahrheit zu leben, viele sind nicht an die Wahrheit gewöhnt.

Sehr oft sind Menschen die die Wahrheit nicht sehen wollen oder ablehnen, in ihren Gefühlskanälen verstopft und eingeengt.

Wer nie gelernt hat mit der Wahrheit zu leben tut sich schwer plötzlich ehrlich und offen zu sein.

Die Wahrheit abzulehnen heißt vieles zu verdrängen, wieder werden Gefühlskanäle verstopft, das Fühlen wird eingeschränkt.

Die Wahrheit wird oft abgelehnt aus Angst davor oder aus Angst vor den Folgen dieser Wahrheit.

Die Wahrheit ist stärker als Lügen, Licht ist stärker als das Dunkel.

Thesen

- Wahrheit zu erkennen und zuzulassen ist schwierig. Wenn jemand sie nicht sehen will, nicht annehmen will, sie nicht wahrhaben will bedeutet dies jedoch, dass er in einer Scheinwelt gefangen ist. Es gibt vermeintlich keinen anderen Weg, keine andere Möglichkeit, kein anderes Leben für diesen Menschen.
- Wahrheit kommt von wahrnehmen, das was ich fühle ist Wahrheit. Menschen gefangen in einer Scheinwelt unterdrücken Gefühle, nehmen diese nicht mehr wahr. Anfangs vielleicht, um sich vor einem schlimmen Erlebnis zu schützen, später wird es zur Gewohnheit. Es erfordert Bewusstmachung und Ausdauer um diese Gewohnheiten wieder abzulegen.
- In der Wahrheit zu leben erfordert absolute Ehrlichkeit zu sich selbst und anderen. Wird die Ehrlichkeit im Kleinsten einmal nicht gelebt, wird das fühlen schon geringfügig unterbrochen. Erst dies bewusstzumachen, zu erkennen und zu leben löst die Blockade wieder auf.
- Wahrheit zu leben erfordert Mut, man muss seine Scheuklappen, das Blindsein und die Panzerung des Herzens ablegen, indem man seine Gefühle zulässt. Wahrheit zu leben ermöglicht ein Weiterkommen in der Entwicklung, oft sind dadurch sogar Quantensprünge möglich.

„Die Wahrheit ist dem Menschen zumutbar.“
Ingeborg Bachmann

- Die Angst vor der Wahrheit verdrängt die Wahrheit, so als sei sie nicht da. Diese Angst kann einen Menschen gefühlsmäßig lähmen. Diese Angst anzunehmen und zuzulassen, ist die einzige Möglichkeit die Angst loszuwerden um wieder fühlen zu können und die Wahrheit erkennen zu können.

34. Spontaneität

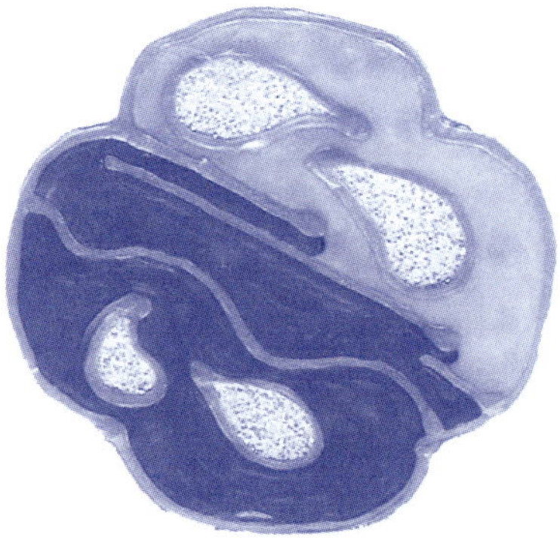

Oft ist im Leben Spontaneität wirklich gefragt. Es ist wichtig im richtigen Moment das Richtige zu denken, zu sagen oder zu tun, spontan nach dem Gefühl zu handeln ohne nachdenken zu müssen – besonders in oder kurz vor Gefahrensituationen. Manche Urvölker leben uns das heute noch vor, sie handeln nach Gefühl und Intuition, um Wasser und Nahrung zu finden und beobachten das Verhalten der Tiere (die nach ihrem Instinkt handeln). So haben auch Urvölker beim Tsunami-Unglück im Dezember 2004 in Südostasien überlebt, weil sie den Tieren, die rechtzeitig in Landesinnere flohen, gefolgt sind.

Dieses Symbol hilft mir, diese Spontaneität wieder zu entwickeln und zu stärken, um so meinen Weg zu erkennen und ihm zu folgen. Ich kann mir große Umwege und Hindernisse sparen und leicht und fröhlich durchs Leben gehen. Spontaneität kann auch wichtig sein, um den Mitmenschen zu dienen und helfen, anderen im richtigen Moment das Richtige zu sagen. Manchmal ist es schmerzlich, die Wahrheit zu hören. Spontaneität ist Intuition und Wahrheit. Genau diese Intuition bringt mich im Leben weiter. Manche Mitmenschen erkennen genau im richtigen Moment die Botschaft, die für sie bestimmt ist und sparen sich einen Umweg in ihrem Leben. Wenn man genau im richtigen Augenblick in Ruhe und wertfrei das Richtige sagt, kann es der andere Mensch annehmen und sich dadurch verändern. Er kann tun was notwendig ist und richtig reagieren. Verbunden mit meiner Seele erkenne ich diesen Moment und kann selbst schmerzliche Dinge annehmen. Der Schmerz kann aufgelöst werden, wenn der richtige Moment dafür da ist. Verbunden mit meiner Seele erkenne ich spontan diesen Augenblick für mich und andere.

„Diese weisen Worte sind jetzt aus meinem Mund gekommen?" „Das habe ich gesagt?" Wenn ich mir diese Sätze sage, dann hat meine Seele aus mir gesprochen. Die Worte kamen genau im richtigen Augenblick aus meiner gefühlvollen Mitte, wo meine Weisheit gespeichert ist. Ich halte die spontanen Erkenntnisse nicht zurück, nur weil ich glaube es sei schmerzlich oder vielleicht peinlich die Wahrheit zu sagen. Ich sage es, es ist wichtig. Wenn mir das einmal gelingt, wird es mir immer öfter gelingen.

Spontan weiß ich, was gut für mich ist, spontan erkenne ich auch mögliche Wege für mich und andere. Spontaneität ist Intuition verbunden mit positiven Gefühlen – vor allem mit der Liebe.

Mögliche Ursachenthemen

Spontaneität unterdrücken
Angst vor dem Versagen
Seiner Intuition nicht vertrauen
Alles mit dem Kopf hinterfragen wollen
Vertrauen in die eigene Intuition
Die eigene Großartigkeit erkennen
Den richtigen Moment erkennen
Botschaften erkennen und annehmen

Neues Denkmuster

Spontaneität und Intuition ist der Motor des Lebens. Ich beachte meine Gefühle und die Zeichen des Lebens und nutze diese auch. Intuitiv sage ich im richtigen Moment die richtigen Worte. Ich stärke meine Spontaneität und erkenne immer den rechten Weg, die Hindernisse verschwinden und ich bin fröhlich.

Affirmation

Spontan und intuitiv kann ich jetzt sprechen und handeln!

Farben grün, gelb, rot
Chakren Herzchakra, Solarplexus, Füße, Wurzelchakra
Körperzonen Füße, Herz, Kehlkopf, Solarplexus, Magen, Nerven, Gelenke

Die einzelnen Körperzonen

Füße	Standfest sein Verwurzelt sein mit Mutter Erde Die Signale von Mutter Erde aufnehmen und im richtigen Moment weitergeben Aus Fehltritten lernen Im richtigen Moment den richtigen Sprung machen
Gelenke	Beweglich, wendig sein Eine andere Richtung einschlagen Nicht starr werden und sich auf etwas versteifen Sich spontan richtig einstellen Über seine eigenen Grenzen hinauswachsen
Kehlkopf	Sprache, sich ausdrücken Spontan über Gefühle sprechen Seine Stimmung weitergeben Sich nur dem höchsten Gesetz verpflichtet fühlen und danach ausdrücken
Solarplexus, Nerven	Nachrichtensystem Empfindungen sofort weiterleiten Energiepunkt und Kraftwerk Den Kopf entlasten und intuitiv handeln In seinen Bauch horchen Aus dem Bauch heraus handeln Seine innere Weisheit in Anspruch nehmen und weiterleiten
Magen	Aufnehmen und verdauen Annehmen, was man verdauen kann Gefühle aufnehmen und danach spontan handeln Sich selbst mit Nährstoffen gut versorgen können Liebe geht durch den Magen – auch die Selbstliebe Eindrücke bewusst verdauen

Fragen

- Wie könnte es aussehen, wenn ich auf eine Situation spontan reagieren würde?
- Wer würde es als Erster bemerken, wenn ich meine eigene Großartigkeit erkennen würde?
- Was wäre das Schlimmste und was das Beste, wenn ich aufhören würde immer alles wissen zu wollen und zu hinterfragen?
- Was würde geschehen, wenn ich immer den richtigen Moment zu reagieren erkennen würde?
- Was ist das Positive daran, seine Spontaneität zu unterdrücken?
- Angenommen, die Maßnahmen wären erfolgreich und ich hätte keine Angst zu versagen, welches Problem könnte jetzt auftreten?

Die Gefühle im Jetzt

Spontaneität ist wichtig im Leben, spontanes Denken, Sprechen oder Handeln erfolgt aus der Intuition heraus, ohne den Verstand einzuschalten. Spontan reagieren kannst du nur wenn du im Jetzt bist, vollkommen verbunden und geerdet, im Fluss der Energien und im Gefühl.

Das ist Spontaneität: Aktion im Gefühl und im Jetzt.

Ziehe deine Spontaneität nicht hoch in den Verstand, denke nicht darüber nach, denn sobald es analysiert wird, zerlegst du, veränderst und vergleichst du, dann ist es nicht mehr intuitiv und spontan. Es ist verändert und nicht mehr die ursprüngliche Botschaft. Wie oft hast auch du dir schon gedacht: „Ich habe es gespürt, hätte ich doch spontan nach meinem Gefühl gehandelt, das wäre das Beste in dieser Situation gewesen!“

„Was ist Spontaneität?“, fragt Anna ihre Kollegin Sanara. „Z. B. wenn du einen Nomaden in der Wüste fragst wie er Wasser findet. Er muss die Zeichen der Natur beachten, die Tiere und Pflanzen beobachten und seinem Gefühl folgen um rechtzeitig, bevor sein Leben in Gefahr ist, wieder eine Wasserstelle zu finden. Er muss spontan den Eingebungen jetzt folgen, er kann nicht sagen, das überleg ich mir noch oder morgen breche ich auf. Morgen kann es zu spät sein für ihn und seine Tiere. Der Nomade wird auch die Zeichen seiner Tiere ernst nehmen, wenn eines eine Witterung aufgenommen hat, auch diesen Zeichen wird er spontan folgen. Auch die Ureinwohner im Tsunami-Gebiet 2004, sind spontan den Tieren ins Landesinneren gefolgt. Hätten sie überlegt und gezögert oder nach dem Warum gefragt, wären sie alle ertrunken. Nein, sie haben spontan vertraut und die Zeichen angenommen.“, erklärt Sanara, auf Annas Frage.

„Und wie erkenne ich die Zeichen im täglichen Stress und folge ihnen?", fragt Anna erneut interessiert. „Ja; das ist die Herausforderung in unserer lauten Welt. Wir müssen es wieder lernen, in dem wir in die Stille gehen auf das Gefühl achten. Was hab ich für ein Gefühl, wenn ich Entscheidungen treffe? Was hab ich für ein Gefühl wenn jemand etwas Wichtiges zu mir sagt? Oft bekomme ich Antworten auf meine Fragen durch meine Mitmenschen ich verstehe sie nur wenn ich das Gefühl beachte, intuitiv weiß ich dann, das war die Botschaft und Antwort auf meine Frage. Wenn ich Vertrauen habe bringt das Leben die Situationen, die ich brauche um mich weiter zu entwickeln, ich muss sie nur an- und wahrnehmen. Entscheidungen muss dann jeder selbst treffen, das unterliegt dem freien Willen. Wenn du nicht entscheidest, entscheiden die anderen über dich!", weiß Sanara auch darauf eine Antwort.

„Alles über das ich nachdenke ist nicht spontan!", stellt jetzt Anna fest. „Ja, Wissen ist zwar wichtig im Leben um weiterzukommen und Spontaneität ist ebenso wichtig. Vermische Spontaneität nicht mit Wissen des Verstandes, dann ist es nicht mehr spontan! Das ist der Unterschied!" erklärt und bestätigt Sanara nochmals das Gesagte.

„Spontaneität heißt, die Signale im richtigen Moment aufzunehmen und darauf zu reagieren!" das ist der abschließende Satz bevor sich Sanara und Anna nach der Kaffeepause wieder an die Arbeit am Schreibtisch begeben.

„Das war eine wichtige Nachricht und Botschaft für mich, denn ich stehe gerade vor einer wichtigen Entscheidung. Ab nun werde ich darauf vertrauen die richtigen Zeichen zu bekommen und spontan die Entscheidung treffen. Ich ertappe mich dabei, dass ich überhaupt nicht im Jetzt bin, sondern ständig an die Zukunft dieser Entscheidung denke. So kann ich überhaupt nicht im Gefühl und im Jetzt sein. Ich muss einfach vertrauen. Danke für deinen Hinweis!" schließt Anna das Gespräch ab.

Mögliche Erkenntnisse:

Spontaneität erfolgt aus der Intuition heraus ohne den Verstand einzuschalten.

Spontane Eingebungen zu analysieren verändert sie, sie sind nicht mehr spontan.

Spontaneität heißt sofort handeln.

In Gefahrensituationen spontan reagieren kann oft Leben retten, hier ist nicht die Zeit um nachzudenken.

Zu sehr im Verstand und im Kopf zu sein, erschwert es sehr, spontan zu handeln.

Es ist wichtig im Leben Spontaneität und auch Wissen im Kopfverstand zu leben, jedoch alles zu seiner Zeit, in Balance beides zu leben.

Thesen

- Spontaneität – spontan zu handeln um so der Gefahr zu entrinnen, anstatt in Starrheit oder Angst zu verharren – kann Leben retten.
- Spontaneität heißt, intuitiv einer Eingebung folgend zu handeln. Diese Eingebungen werden zu kreativen und wichtigen Handlungen. Wird eine Eingebung in den Kopf „gezogen" und durch das Denken und den Verstand verändert, so ist sie nicht mehr intuitiv und spontan.
- Wird die Spontaneität ständig unterdrückt und ignoriert, wird sie derjenige irgendwann gar nicht mehr wahrnehmen, so als wäre sie nicht da. Hier fehlt es an Vertrauen, in sich selbst und in die Intuition der eigenen inneren Stimme.
- Spontaneität geht verloren, wenn man alles hinterfragen will. Die Intuition wird vom Bauch in den Kopf geleitet und durch hinterfragen meist ganz anders ausgeführt. Im Nachhinein erweist sich oft die spontane Eingabe als die richtige Handlungsweise.
- Spontaneität wird oft unterdrückt, da der Glaube an die eigene Großartigkeit fehlt. Sich nicht vorstellen können, spontan eine Lösung für schwierige Situationen zu finden, bedeutet eine Behinderung der eigenen Möglichkeiten.
- Spontaneität hilft uns den richtigen Augenblick zum Handeln zu erkennen, denn „später" kann es „zu spät" sein.
- Spontaneität kennt auch die jetzt gerade richtigen Botschaften. Spontan-intuitiv etwas auszusprechen, bringt für andere wichtige Botschaften die in dem Moment gerade verstanden und angenommen werden können.
- Durch Spontaneität können sich Hindernisse plötzlich ins Nichts auflösen, durch die neue Sicht werden viele neue Möglichkeiten klar.

35. Erdenleben – Wachstum

Dieses Symbol hilft mir, mich in meinem Leben zu entwickeln und nach meinem persönlichen Vertrag fortzuschreiten. Ich nehme mein Leben und meinen Vertrag an. Es ist wichtig, dass ich hier auf Erden bin. Ich habe es verdient, hier auf diesem Planeten zu sein. Jeder einzelne hilft Mutter Erde und seinen Mitmenschen sich zu entwickeln. Wenn er nach seinem Gefühl handelt, so entspricht das seinem Lebensvertrag. Ich habe mir selbst meinen Vertrag und meine Eltern ausgesucht. Diese wunderbaren Menschen sind mir eine große Hilfe meinen Lebensplan zu entfalten. Auch ich bin ihnen eine Hilfe. „Genau bei euch kann ich meine Lektionen, die ich mir vorgenommen habe, am besten lernen."

Es ist ein Geschenk auf Erden zu sein. Ich habe viele Gaben und Talente hierher mitgebracht. Meine Aufgabe ist es, diese zu entwickeln und zu leben, zu meinem Wohl und zum Nutzen aller. Meine Eltern und Mitmenschen helfen mir dabei, indem sie mit mir leben und mir ein Beispiel geben. Erziehen heißt „vorleben" nicht „beherrschen" oder „beeinflussen". Ich darf selbst entscheiden, was für mich richtig ist. Wenn ich die Gefahren noch nicht abschätzen kann, dürfen meine Eltern für mich entscheiden, aber bald, noch in sehr jungen Jahren, werde ich lernen selbst für mich die Verantwortung zu übernehmen und zwischen guten Dingen und Dingen, die mir nicht dienen zu unterscheiden und zu wählen.
Unsere einzige Aufgabe auf Erden ist es unsere Persönlichkeit zu entfalten!

Ich erkenne meine Wichtigkeit im Großen Ganzen. Jedes Rädchen bewegt ein anderes im großen Uhrwerk, kein Rädchen darf stehen bleiben. Stillstand blockiert mich und die anderen Rädchen. Ich bin in meinem Körper, er ist mein Tempel. Ich liebe meinen Körper und das Leben auf dieser wunderbaren Erde. Ich wachse und gedeihe, so wie die Natur wächst und erblüht. Auch meine Seele wohnt in meinem Tempel und ist die blühende Blume im Garten des Universums. Sie ist ewig, weiß alles und ist unendlich groß. Ich entfalte meine Seele und wachse hier auf Erden. Jemanden zu lieben heißt ihn zum Leben zu führen, sein Wachstum herauszufordern!

Mögliche Ursachenthemen

Im Hier und Jetzt leben
Im Körper sein
Wachstum und Veränderung zulassen
Vorbilder haben und dennoch selbst entscheiden
Seelenwachstum zulassen
Geerdet sein

Neues Denkmuster

Ich lebe in meinem wunderbaren Tempel und bin gesegnet hier auf Erden zu leben. Gleich der Natur entwickle ich mich und bringe meine Fähigkeiten zum erblühen. Meine Mitmenschen insbesondere meine Eltern dienen meinem Seelenwachstum und auch ich bewege ihr Leben!

Affirmation

Ich wachse und packe meine Geschenke des Lebens aus!

Farben grün, rosa, rot
Chakren Wurzel, Herz
Körperzonen Herz, Körper, Seele, Lunge

Die einzelnen Körperzonen

Herz
Durch das Herz die Seele erblühen lassen
Seinem Herzen folgen
Hingabe an sein Leben
Sein Herz für das Leben öffnen
Lebensaufgabe annehmen

Körper
Bewegungsapparat – sich bewegen um sich zu stärken
Sich in Richtung Ziel weiterbewegen
durch Bewegung die Kraft seines Körpers erhalten
Achtsam auf Signale des Körpers reagieren – er dient mir
Für sich selbst Verantwortung übernehmen

Seele
die Gefühle, die den Körper bewegen, beachten
Mitteilungen der Seele zulassen (Intuition)
die Seele bewohnt den Körper
im Körper sein und das Leben bejahen
ganz im Jetzt leben
verantwortungsvoller Herr über seinen Körper sein

Lunge	Kommunikation zwischen innen und außen Mit seiner Botschaft andere bewegen Das Leben annehmen Nicht fühlen wollen Das Leben unterstützt mich!

Fragen

- Was ist das Gute daran wenn ich zerstreut bin und nicht im Hier und Jetzt lebe?
- Wer würde es als Erster bemerken wenn ich ab jetzt verantwortungsvoller Herr über meinen Körper wäre?
- Was würde geschehen wenn ich mich verändern würde?
- Könnte ich mir vorstellen selbst zu entscheiden und meine Vorbilder kritisch zu betrachten?

Die Blume des Lebens

Am Anfang ist das Samenkorn. Es beinhaltet alle Fähigkeiten, alle Talente, alles Göttliche. Alles, was dich betrifft, ist in dem Samenkorn gespeichert. Es ist geballte Kraft und Energie aufs wunderbarste. Wenn du geboren wirst, beginnt dieses Samenkorn zu wachsen. Es fällt auf fruchtbaren Boden und beginnt zu keimen und zu gedeihen.

Wie gut oder wie schlecht dieser Boden ist bestimmen anfangs deine Eltern. Wie gut sie dich gießen und nähren, und damit dein Seelenwachstum fördern, kommt auf die seelische Reife deiner Eltern an. Welcher Dünger sind deine Eltern für dich als junges Pflänzchen? Welche Knospen, die später zum Erblühen gebracht werden können, bringen sie in der Pflanze hervor? Wie viel Gutes lassen sie dir angedeihen? Wie viel Sonne in Form von Liebe bekommt der Sprössling? Oft gebrauchen wir dieses Wort, um auszudrücken, dass unsere Kinder im Wachstum sind. Sie sind auf unsere Hilfe angewiesen. Im Sommer des Lebens sind die Pflanzen auf sich selbst gestellt. Es liegt an ihnen, die Knospen zum Blühen zu bringen oder zu warten bis es Herbst wird.
In den vielen Knospen sind die Talente und Fähigkeiten angelegt. Es gilt sie zu nutzen. Bist du ein fleißiger Vielblüher oder eine faule blütenlose Pflanze? Als Erwachsener kannst du selbst deiner Lebenspflanze Dünger und Sonne geben, die du brauchst, um deine angelegten Knospen zum Erblühen zu bringen. Deine Knospen sind Geschenke, die du hier auf die Erde mitgebracht hast. Du entscheidest selbst wie viele Knospen du als Blüte erstrahlen lässt und wie viele verkümmern. Es gibt auch Pflanzen, die wunderbare Blüten im Herbst und sogar im Winter hervorbringen. Auch zu dieser Zeit kannst du deine Lebensblume zum Erblühen bringen. Es ist nie zu spät! Du kannst dich jederzeit dafür entscheiden, egal wie hoch dein biologisches Alter ist. Nutze deine

Weisheit und erblühe bis an dein Lebensende. Das sind die schönsten und bemerkenswerten Pflanzen. Von ihnen können viele Menschen lernen. Sei auch du ein Vielblüher auf dieser Erde – bis an dein Lebensende!

Wachse, erblühe und packe die Geschenke des Lebens aus!
Berühre deine Mitmenschen durch deinen Blütenreichtum!
Berühre die Menschen mit der Schönheit deiner Blüten!

Mögliche Erkenntnisse:

Jeder hat wunderbare Fähigkeiten und Talente in seinem Samenkorn gespeichert.
Jeder hat die Möglichkeit seine Blüten zum Blühen zu bringen im Laufe seines Lebens.
Es ist nie zu spät seine Fähigkeiten zu entwickeln.
Jeder hat den freien Willen und darf sich entscheiden: Will ich meine Talente nutzen und entwickeln?
Die Weisheit in deinen Blüten ist auch zum Nutzen deiner Mitmenschen.

Thesen

- Jeder hat die benötigten Werkzeuge um seine Herausforderungen die er in dieses Leben mitgebracht hat zu meistern. Unsere Werkzeuge – die Fähigkeiten – zu entfalten ist die Aufgabe jedes einzelnen. Es ist wichtig sie zu nutzen und zum Ausdruck zu bringen, im Sinne des individuellen Lebensplanes.
- Um die Energie fokussieren zu können ist es notwendig im Hier und Jetzt zu leben. Durch diese gebündelte Energie ist es möglich das Ziel zu erreichen, im Leben voranzukommen und nicht abzuschweifen und Umwege zu nehmen. Ziele zu haben fordert und fördert die Persönlichkeitsentwicklung sowie das persönliche Wachstum.
- Geerdet sein heißt ganz im Körper zu sein, sich nicht irgendwo in anderen Dimensionen aufzuhalten, wie etwa in Ereignissen der Vergangenheit oder Zukunft. Wer sich Luftschlösser baut, während er etwas Wichtiges tut, ist nur halb bei dieser wichtigen Sache und das Ergebnis lässt zu wünschen übrig. Die hälfte der Energie die er brauchen würde für einen erfolgreichen Ausgang der wichtigen Aufgabe ist beim Luftschloss verblieben. Dieser Mensch ist nicht geerdet, er schwebt in anderen Ebenen, ist abgehoben.

- Nur ständige Veränderung ermöglicht ein Wachstum der Seele. Stillstand bedeutet Stau und dauert der Stau zu lange stirbt etwas. Wird der Stau nicht aufgelöst gibt es kein Wachstum mehr.
- Vorbilder im Leben sind notwendig, kritisches Hinterfragen auch. Alles vorbehaltlos anzunehmen kann gefährlich sein. Vorbilder haben und dabei selbst entscheiden, denn: Manches ist gut und fördert das Wachstum, einiges ist nichts für diese Persönlichkeit.

36. Mein Wahres Ich – Ich bin

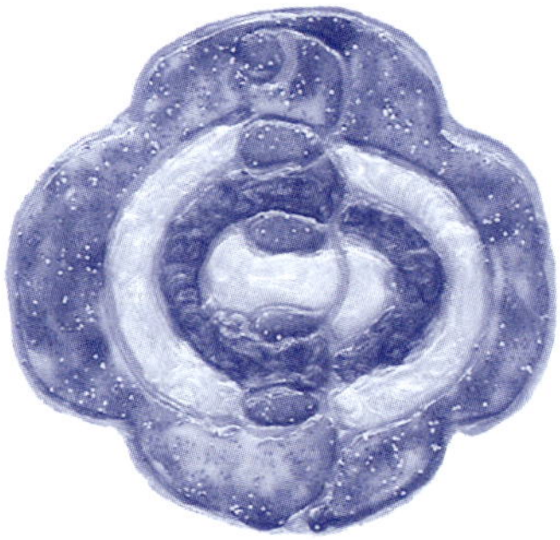

Dieses Symbol hilft mir, mich in meinem Leben zu entwickeln und nach meinem persönlichen Vertrag fortzuschreiten. *„Mein Wahres Ich"* ist meine Seele, mein göttliches Ich, mein göttlicher Kern. Ich kann *„mein Wahres Ich"* finden und meine Weisheit, die mit Mutter Erde verbunden ist, ergründen. Wer bin ich wirklich? Warum bin ich hier? Was sind meine Aufgaben und Ziele? Was ist mein wichtiger Beitrag, um im Großen Ganzen zu dienen? Wo kann ich mich verwirklichen, um mich selbst zu erkennen und um andere zu bewegen? Ich erkenne *„mein Wahres Ich"*, meine Begabungen und die Geschenke, die ich mitgebracht habe.

Wenn ich auf der Stelle trete, mich unwohl fühle, vielleicht sogar krank bin, gehe ich in mich. Vielleicht will ich meine Aufgabe nicht erkennen und annehmen. Habe ich Angst vor meiner eigenen Größe? Ich bin wichtig! Ich verbinde mich mit Mutter Erde und fühle mich selbst. Wer bin ich? Diese Frage stelle ich mir immer wieder. Gewiss bekomme ich die Antwort. Zuerst den ersten Stein des Puzzles, dann den nächsten und immer mehr bis das Bild – *„mein Wahres Ich"* – vollständig ist. Ich geniesse es, ich nehme es an und fühle, dass ich bin. Ich kehre meine Qualitäten hervor, schreibe sie nieder und traue es mir zu sie zu verwirklichen und in die Tat umzusetzen. Ich werde dafür belohnt, immer mehr bin ich in meiner Mitte und werde jeden Tag stärker und ruhiger. Als ob ich an meinem Ziel bereits angekommen wäre, kann ich mich entfalten und alles auspacken was ich mitgebracht habe, meine Geschenke, Gaben und Talente, all meine Qualitäten.

Ich setze mich und hülle mich in weißes Licht, erde mich, fühle die Geborgenheit der Mutter Erde in meinem Bauch, den göttlichen Kern in mir, die Wärme, die Kraft und dehne sie aus. Ich spühre die Ruhe und Geborgenheit und meine Aufgabe. Ich erkenne mich, meine Großartigkeit, *„mein Wahres Ich“* – ICH BIN. Die Antworten sind in mir, ich kann sie fühlen, sehen, riechen und schmecken. Meine Weisheit ist in mir, *„mein Wahres Ich“* ist meine Weisheit. Ich liebe mich, nehme *„mein Wahres Ich“* an und lebe es. Im Hier und Jetzt lebe ich meinen göttlichen Kern, verbunden mit Mutter Erde, und verwirkliche, was ich mir vorgenommen habe, um mir und anderen zu dienen wie in einem großen Uhrwerk, wo jedes Rädchen ein anderes bewegt. An meinem Zielort angelangt, kann ich all meine Talente und Gaben aus meinem Rucksack auspacken. Ich allein habe die Macht jederzeit etwas in meinem Leben zu ändern. Egal wie alt ich bin, es ist nie zu spät. Wer sucht, der findet! Ich finde *„mein Wahres Ich“* und packe meine göttliche Weisheit aus. Ich lebe meine Qualitäten. Das Leben bringt mir die Möglichkeiten, wenn ich es zulasse.

Mögliche Ursachenthemen

Angst vor der eigenen Größe
Abgehoben sein
Nicht im Hier und Jetzt leben
Sich selbst erkennen
Antworten im Innen suchen und annehmen
Nicht annehmen wollen wer man ist
Seine Talente verwirklichen
Sich selbst Geborgenheit geben
Seine Intuition annehmen
Es ist nie zu spät, „mein Wahres Ich“ zu suchen!

Neues Denkmuster

Ich erkenne wer ich bin und nehme meine eigene Größe an. Mutter Erde ist auch ein Teil von mir, ich lebe im Einklang mit ihr und bin präsent. Die Antworten, die ich suche kommen aus meiner inneren Weisheit, aus meiner Seele. „Mein Wahres Ich“ bringt meine Talente und Geschenke hervor, ich nehme sie an und verwirkliche sie. Geborgenheit finde ich in mir. Wo immer ich auch in meinem Leben stehe, ich fange an aktiv zu werden und meinen Auftrag zu erfüllen. ICH BIN!

Affirmation

Ich bin und bringe meine Seele zum Ausdruck!

Farben	lila, weiß, gelb, magenta, türkis
Chakren	Körpermitte, Kronenchakra, 3. Auge, Hals
Körperzonen	Solarplexus, Herz, Kopf, Haare, Füße, Sinne, Haut

Die einzelnen Körperzonen

Solarplexus	Sitz der Weisheit Probleme lösen und bereinigen Auf seine Seele hören Intuition erkennen und leben Seine eigene Wichtigkeit erkennen
Herz	Die Mitte unserer Existenz, unser Zuhause Großzügigkeit und Mut aus ganzem Herzen aufbringen Unser Herz bewegt unser Leben Wenn wir nicht auf unser Herz hören wollen, zwingt es uns vielleicht dazu
Kopf	Oberste Instanz Den Überblick haben Immer im Einklang mit dem ganzen Körper und Gefühl entscheiden Gefühle nicht durch den Kopf verdrängen sondern leben Dinge im Kopf akzeptieren wie sie sind Frei von Spannung sein Die Orientierung verlieren
Haare	Antennen zum Übersinnlichen Symbol der Lebenskraft, Freiheit Zuwenig Neues nachwachsen lassen Mit sich ins Reine kommen Neue Impulse sprießen lassen Seelischen Fortschritt zulassen

Füße	Standfestigkeit Mit der Erde verwurzelt sein Hier sein und sich doch weiterbewegen Hier sein und seine Aufgabe verfolgen Das Leben und seinen Sinn verstehen Eventuell eine andere Richtung einschlagen oder seinen Standpunkt verändern Seinen Weg überprüfen, ob die Schritte zum Ziel führen
Sinne	Mit allen Sinnen leben Die Sinne beachten Wahrheit erkennen Sich selbst mit allen Sinnen spüren Sich selbst Beachtung schenken
Haut	Sich abgrenzen, Grenzen erkennen Aus der Haut fahren wollen Gefühle über die Haut ableiten Unterdrücktes Weinen wird durch übermäßiges Schwitzen abgeleitet Zu sich selbst offen sein Was berührt mich im Leben wirklich? Was will über die Haut zum Ausdruck kommen?

Fragen

- Was wäre anders, wenn ich ab jetzt keine Angst vor meiner eigenen Größe hätte?
- Was wäre das Beste und was das Schlimmste, wenn ich mich selbst erkennen würde?
- Könnte ich mir vorstellen, dass ich meine Antworten im Innen suchen, finden und auch annehmen kann?
- Was würde geschehen, wenn ich mir selbst die Geborgenheit, die ich brauche, geben würde?
- Wie würde ich mich fühlen, wenn ich wüsste, wer ich bin?

Die verbogenen Seelenschätze

Ich bin.
Ich bin das ich bin.
Ich erkenne wer ich bin und nehme meine eigene Größe an.

Egal wo ich im Leben stehe, es kommt nicht darauf an was ich tue, sondern wie ich es tue. Ich fange an mich zu bewegen und meinen Auftrag zu erfüllen. Ich bin. Das hat Kraft, fühlst du sie? Sprich den Satz „Ich bin!" immer wieder zu dir, so oft du das Verlangen danach hast. Es gibt dir Kraft und hilft dir deine eigene Größe zu erkennen.

Ich bin mein wahres Ich. „Wahr" kommt von wahrnehmen, von fühlen. Fühle dein wahres Ich in dir. Wenn du in dich gehst, in die Stille, in dein Gefühl, kannst du fühlen wer du wirklich und wahrhaftig bist, und was dein wahres Ich von dir will.

Nutze jede Möglichkeit dich selbst zu erkennen. Deine Seele ist viel größer als du denkst, fühle sie und nimm sie wahr. Dein Körper ist in deiner Seele und umgekehrt ist auch deine Seele in deinem Körper. Am Anfang wird es dir leichter fallen, deine Seele im Körper zu fühlen, nach und nach kannst du deine Wahrnehmung ausbreiten.

Nimm dir viel Zeit um dich wirklich zu erkennen. Oft reicht ein Leben dafür gar nicht aus. Die wahren Schätze sind im Verborgenen zu finden. Halte Ausschau nach ihnen! Betrete die Höhlen deines wahren Ichs. Wo sind deine Bodenschätze verborgen? Erkunde die verborgenen Winkel. Höre und fühle die Stimmen in deinem Inneren. Je mehr du sie hörst desto deutlicher wirst du sie wahrnehmen. Lausche in der Stille. Die Stimmen haben dir viel zu sagen.

Dein wahres Ich tritt immer mehr hervor und du findest deinen Seelenfrieden. Je mehr Beachtung du den inneren Höhlen deiner Seele schenkst desto besser kannst du sie fühlen und hören. Der Friede kehrt in dir ein. Du bist geborgen und fühlst dich mehr und mehr daheim – daheim in deinem wahren Wesen. Du bist angekommen!

Mögliche Erkenntnisse:

Ich bin, das ist meine Seele.

Die eigene innere Kraft lässt die Größe der Seele erkennen.

Die Möglichkeit sich selbst zu erkennen liegt im Gefühl, das Fühlen zulassen.

Der Körper ist in der Seele, denn die Seele ist riesengroß.

Die Seele zu erkunden erfordert es Innenschau zu halten und in die Stille zu lauschen.

Wer den Seelenfrieden mehr und mehr findet indem er sich selbst erkennt, fühlt sich mehr und mehr angekommen.

Thesen

- Jeder kann sein wahres Ich in sich finden. In der Ruhe und in der Stille ist dies am leichtesten erfahrbar. Jedem ist es möglich mit Übung und Ausdauer in der Stille bis zu seinem göttlichen Kern vorzudringen, welches auch sein wahres Ich ist. Hier in dieser Stille ist auch der Sinn des hier Seins gespeichert, der persönliche Plan der Lernerfahrungen die jemand erfahren möchte.
- Wer bin Ich? Sein wahres Ich zu finden und Antwort zu bekommen erfordert oft Geduld und Ausdauer. Jeder kann es schaffen und der Lohn ist groß.
- Die Angst vor der eigenen Größe kann oft sehr behindernd sein bei der Forschung nach dem wahren Ich. Genauso kann auch Größenwahn das Finden in sich unmöglich machen.
- Es ist notwendig sich gut zu erden und mit voller Konzentration im Jetzt zu leben, denn dann ist man gut mit seinem Gefühl verbunden. Der Zugang zum wahren Ich findet auf der Gefühlsebene statt.
- Um seine Talente zu entwickeln ist es notwendig Zugang zum wahren Ich zu finden, den Kontakt mit der Seele, mit der inneren Weisheit herzustellen. Es ist nie zu spät damit zu beginnen, fange jetzt an. Wer suchet der findet.
- Sich etwas zuzutrauen, sich zu vertrauen, ermöglicht ein Weiterkommen hin zum wahren Ich. Sich zuzutrauen etwas Besonderes zu sein und das auch hervorzukehren, sein wahres Ich nach außen zu kehren und zu nutzen.

37. Sexualität – Kreativität

Dieses Symbol hilft mir, die unerschöpfliche und mächtige Energie der Sexualkraft bewusst leben und nutzen zu können. Dafür muss ich aus mir heraus gehen und loslassen. Ich achte sie als das, was sie ist – etwas besonders Wertvolles und die mächtigste Kraft, die wir haben. Sie ist wie ein Vulkan. Ich gebe mich ihr hin, lebe sie und der Vulkan trägt mich durchs Leben. Ich vergeude und ignoriere meine Sexualität nicht, sonst wird der Vulkan eines Tages ausbrechen und zerstörerische Kräfte freisetzen.

Im Zentrum meiner Sexualität kann ich alles transformieren und entstehen lassen. Hier gebäre ich meine Kinder – nicht nur die Menschenkinder, sondern auch die geistigen. Ich setze meine Ideen, Visionen, Vorstellungen und Wünsche in die Tat um und bringe sie nach außen. Zuerst ist immer ein Gefühl da, eine Begeisterung für ein neues Ziel – daraus kann es entstehen, aus diesem Gefühl erfolgt der Schöpfungsakt. Aus dem Gefühl in meinem Bauch entstehen meine geistigen Kinder. Ich erschaffe sie!

Ich sperre diese Kraft nicht ein, aus Angst mich zu öffnen, aus Angst etwas von mir geben zu müssen, aus Angst verletzt zu werden. Dadurch würde ich meine Kraft und mein wahres Wesen unterdrücken. Ich stehe zu mir selbst, packe alles mit Gefühl an und lasse den liebevollen Tiger aus mir heraus. Ich lasse alle Glaubensmuster, die ich im Laufe meines Lebens angenommen habe, los, überdenke sie und formuliere sie neu und passend für mich. Ich erlaube mir, mich selbst zu entfalten und alle intimen Visionen zu leben. Ich lebe die Kraft in mir und dehne sie aus. Ich erwecke meine Talente, sie wollen und müssen gelebt werden, das ist der Sinn und Zwecke meines Hierseins. Ich durchbreche den Panzer, der meine Sexualkraft unterdrückt. Dieser Panzer ist aus falscher Scham und aus überholten Denkmustern und Glaubenssätzen aufgebaut. *„Das tut man nicht! Man hält sich zurück! Man hat zu gehorchen! Man widerspricht nicht! Man tut was alle tun!“* Ich überdenke die alten Strukturen, die mein Denken bestimmen, die ich übernommen habe und erneuere sie. Ich selbst bin verantwortlich für meine Sexualität und lebe sie nach meinen Bedürfnissen. Sexualität in Liebe und Treue gelebt ist Erneuerung auf allen Ebenen. Nur ich alleine bin verantwortlich für meine Erfüllung und die meiner Wünsche. Ich erforsche meine Bedürfnisse und sorge dafür, dass sie gestillt werden. Nur so ist die Energie im Fluss und meine Kreativität kann sich frei entfalten.

Durch die Sexualität wird das Männliche und das Weibliche vom anderen neu aktiviert und um die Kraft des anderen erneuert. Jeder gibt dem anderen seine Kraft und jeder erneuert wiederum seine eigene Kraft und sich selbst. Es erfolgt eine Reinigung und Stärkung des Körpers und des Geistes.

Ich lege meine Scham ab! Auch Männer dürfen weinen und Frauen dürfen sagen, was sie brauchen. Ich lebe meine Gefühle voll aus, das erhöht meine Schwingung und fördert so meine Gesundheit. Liebe, echte Liebe bedeutet eine Erhöhung der Schwingung und heilt den Körper und heilt auf allen Ebenen. Gefühle lassen mich im Jetzt leben. Ich bin vollkommen geerdet und vollkommen auf mich konzentriert.

Mögliche Ursachenthemen

Intime und sexuelle Gefühle zulassen
Wünsche erlauben und entstehen lassen
Ziele mit Begeisterung umsetzen
Angst vor dem anderen Geschlecht
Angst zu geben
Angst verletzt zu werden
Ich und meine Gefühle sind wichtig!
Sexualität als unwichtig abtun
Den inneren Vulkan zulassen
Erneuerung zulassen und erlauben
Heilung einladen
Durch seine Gefühle geerdet sein
An die eigenen kreativen Fähigkeiten glauben

Neues Denkmuster

Ich bin für meine starke sexuelle Kraft verantwortlich und lebe mit Freude diese wunderbaren Gefühle. Mit Begeisterung gebäre ich meine geistigen Kinder aus meinem kreativen Zentrum. Gerne gebe ich von meiner kreativen Energie und erneuere dadurch mich und andere. Gefühle sind wichtig und wollen gelebt werden, nur so kann ich Heilung erfahren. Intensiv fühle ich die Verbundenheit zu Mutter Erde, auch sie profitiert von meiner Kraft und von meinem friedlichen inneren Vulkan. Wir sind eingebettet in die irdische Kraft.

Affirmation

Meine Sexualkraft und meine Kreativität sind stark – ich nehme sie an!

Farben orange, rot, blau, gelb

Chakren Wurzel, Sexualchakra, Solarplexus

Körperzonen Sexualdrüsen, Kreuzbein, Steißbein, Kreativität, körperliche Kraft, Transformation

Die einzelnen Körperzonen

Sexualdrüse

Fruchtbar sein
Sich mit seinen geistigen Kindern auseinandersetzen
Etwas Neues entstehen lassen
Sich für Neues und Visionen öffnen
Ausdrücken, was wir wünschen und fühlen
Seine innere Fülle entdecken
Seine eigenen Ideen verwirklichen

Kreuzbein, Steißbein

Die Angst vor dem Leben loslassen
Enttäuschungen und Aggressionen leben und abladen
Flucht vor dem Leben aufgeben
Den eigenen Fähigkeiten und dem Leben vertrauen
Ehrlichkeit leben
Zu sich selbst stehen

Kreativität

Seine geistige Kraft leben
Seine Gefühle beachten und wichtig nehmen
Im Jetzt leben und kreativen Ausdruck üben
Heilung annehmen

Körperliche Kraft

Seine eigene friedliche Kraft leben
Seine Unabhängigkeit von außen erkennen und sein Inneres nach außen bringen
Motor, der das Leben bewegt
Seinen eigenen Ansprüchen gerecht werden

Transformation	Sitzt im Unterbauch und ist unsere Urkraft Die eigene Kraft heilt alles Erhöhung der Schwingung zulassen und für sich und andere einsetzen Immer in der Freude leben und so alles im Sein wandeln Freude als normal betrachten Es steht mir immer zu im Meer der positiven Gefühle zu baden!

Fragen

- Was würde sich verändern, wenn ich sexuelle Wünsche erlauben und diese auch leben würde?
- Wer würde es als Erster bemerken, wenn ich keine Angst vor dem anderen Geschlecht hätte?
- Was würde sich verändern, wenn ich meine Gefühle und meine Sexualität als wichtig betrachten würde?
- Was wäre das Beste und was das Schlimmste, wenn ich an meine eigenen kreativen Fähigkeiten glauben würde?
- Was wäre anders, wenn ich durch meine Gefühle geerdet wäre?
- Was würde geschehen, wenn ich keine Angst hätte, verletzt zu werden?

Der friedliche Vulkan

Aus meiner Sexualkraft heraus erschaffe ich meine geistigen Kinder. Diese Kreativität ist die stärkste Kraft in mir. Die Sexualität, die zwei liebende Menschen auf körperlicher Ebene leben, ist etwas Heiliges, ein schöpferischer Akt. Ebenso wichtig ist es, die kreative Sexualkraft auch auf geistiger Ebene zu leben und seine visionären, geistigen Kinder zu gebären. So wie auf körperlicher Ebene die Liebe und Treue die Grundlage für das Sexualleben ist, ist sie auch auf der geistigen Ebene für die kreative Schöpfung verantwortlich. Bleib dir selbst treu und liebe dich. Bringe genau das nach außen, was du in deinem Inneren fühlst. Das ist deine kreative Schöpfungsenergie, die gewaltige, brodelnde, friedliche Kraft.

Vergleichbar: Die kreative, geistige Sexualkraft ist ein friedlicher, liebevoller Tiger in dir. Wenn er will, kann er alles erreichen. Vergleichbar: Sieh dir einen Vulkan an. Wenn er tausende Jahre zurückgehalten wird, wird die aufgestaute Kraft immer größer. Die Lava steigt immer höher und höher, die Kraft wird unberechenbar, unbeherrschbar und mächtig. Die Hitze wird immer größer. Gestein und Metalle schmel-

zen. Irgendwann ist die Kraft nicht mehr zu bändigen, der Vulkan bricht aus und zerstört alles um ihn herum. Alles stirbt und wird von der heißen zerstörerischen Glut verbrannt. Erst Jahrhunderte später kann hier wieder Leben entstehen.

Ein friedlich dahin blubbernder Vulkan hingegen, gibt ständig ein bisschen von seinem fruchtbaren Inneren ab. Die Natur rundherum stellt sich darauf ein, die Ausbrüche sind klein und vorhersehbar, die Hitze ist wesentlich geringer. Die Natur gedeiht in kürzester Zeit üppiger. Es entsteht kreatives Neues mit Hilfe der vielen Nährstoffe, die der Vulkan mitbringt. Immer wieder quillt fruchtbare Nahrung aus dem Vulkan hervor. Die Natur nutzt den friedlichen Tiger des Vulkans.

Nutze auch du deinen friedliche Tiger in dir, die gefühlvolle männliche und weibliche Sexualkraft. Gehe in dein Bauchgefühl – ich nenne es auch Bauchgehirn – und spüre diesen friedlichen Vulkan in dir. Lasse ihn nicht anschwellen, bis er unkontrollierbar ist. Lebe diesen Vulkan täglich als friedvolle Kraft. Schenke dem friedlichen Tiger die Freiheit. Alles im Leben kann kreativ sein und mit Gefühl gelebt werden, egal welche Tätigkeiten es sind. Nicht nur Schreiben, Malen, Singen, Komponieren sind kreativ, alles kann kreativ sein und zur gefühlvollen Meditation werden. Im Jetzt und im Gefühl gelebt, den Inneren Eingebungen folgend, kann jede Tätigkeit kreativ sein - Kochen, Putzen Computerarbeit, Verkaufen, Heilungsarbeit, Ausbildungstätigkeiten, einfach alles. Lebe voll und ganz mit deinem Gefühl, und dein Leben wird zu einem kreativen Schöpfungsakt und zur Meditation. So kann wunderbares entstehen.

Lasse den Vulkan friedlich sein, staue nichts auf, verdränge nichts.
Die Kreativität ist in mir, ich entdecke mein spezielles Talent.
Ich nehme meine Kraft an.

Mögliche Erkenntnisse:

Der Schöpfungsakt ist etwas Heiliges: etwas entstehen lassen, sowohl auf der körperlichen wie auch auf der geistigen Ebene.

Die Liebe und Treue sich selbst gegenüber ist die Grundlage jeder Schöpfungsenergie, in der Gefühlsebene ist kreatives Schöpfen möglich.

Der liebevolle Tiger ist da um genutzt zu werden bevor er unberechenbar wird.

Kreativität leben ist wie Dünger für die Persönlichkeitsentwicklung.

Wird die kreative Schöpfungskraft auf der Gefühlsebene gelebt so kann Wunderbares, Bahnbrechendes entstehen. Jede Tätigkeit kann kreativ sein wenn der friedliche Tiger – das Bauchgehirn – genutzt wird.

Thesen

- Kreativ sein heißt seine Kraft entfalten und leben. Das Zulassen was einen tief im Inneren bewegt, umsetzen, es entstehen lassen.
- Kreative Wünsche im Inneren zulassen heißt, dass sie Wirklichkeit werden können, wenn sie durch die Begeisterung und positive Gefühle genährt werden. Durch die Kraft kann der Mensch diese Kreativität nach außen bringen und sein Potential umsetzen, die Fähigkeiten, die er hat, nutzen.
- Kreativ sein heißt sich zu öffnen. Aus Angst verletzt zu werden verschließen sich viele Menschen. Es ist notwendig diese Angst loszulassen um für kreative Fähigkeiten offen zu sein.
- Wenn man diese kreativen Kräfte unterdrückt, ist es als würde man einen Vulkan unterdrücken, der deshalb irgendwann nicht mehr zu zügeln ist, umso heftiger ausbricht und vieles zerstört. Seine Fähigkeiten ernst zu nehmen und mit Feingefühl umzusetzen ist die einzige Möglichkeit diese Kräfte friedlich zu nutzen.
- Auch die Sexualität friedlich zu nutzen und in Verbindung mit Liebe zu leben setzt eine enorme Kraft frei, die von beiden Partnern genutzt werden kann. Sexualität als reine Triebbefriedigung und Betrug wird zu nicht nutzbarer oder zerstörerischer Kraft, die ins Verderben führt und negative Energien bringt. Es ist wichtig im Glauben an sich selbst aktiv zu werden und seine Fähigkeiten umzusetzen.

38. Meridiane

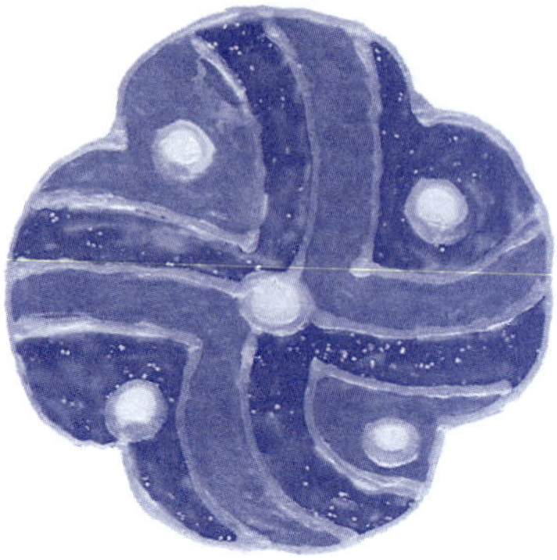

Dieses Symbol hilft mir, meine Energien im Fluss zu halten oder wieder in Fluss zu bringen. Der Körper benötigt ein Bahnensystem, in dem die Energien zirkulieren können – die Meridiane. Der Energiefluss in den Meridianen kann durch Krankheit, Schmerz, negative Emotionen, Bewegungesmangel, Stress oder Schock gestört sein oder in die falsche Richtung fliessen. Manche Meridiane können auch zu wenig Energie führen und andere zu viel, auch hier muss ein Ausgleich geschaffen werden, um Körper, Geist und Seele optimal zu versorgen. Ist der Körper optimal versorgt, kann die seelische Entwicklung voranschreiten. Durch den ausgeglichenen Energiefluss wird die Selbstheilung – eine Art innerer Arzt – aktiviert und verstärkt.

Auch die Erde hat Meridiane und kann durch ihren optimalen Energiefluss viele Verletzungen durch Umweltgifte und Zerstörung selbst heilen. Aber die Menschheit darf den Bogen nicht überspannen und muss rechtzeitig umdenken bevor es zu spät ist.

„Schmerz ist der Schrei des Körpers nach fliessender Energie!“, sagte Willi Penzel, der Begründer der Akupunktmassage, die mit Meridianen und Akupressurpunkten arbeitet. Fühle ich mich ausgelaugt, energielos, oder extrem angespannt und gereizt? Energetisch bin ich bei den Meridianen nicht im Fluss oder blockiert. Der Informationstransport kommt ins Stocken – nicht nur über die Nervenbahnen innerhalb des Körpers, sondern auch mit der Außenwelt. Ich fühle mich im Ausdruck meiner Sprache und in meinem Handeln gehemmt. Die Kommunikation zwischen Verstand und Gefühl ist blockiert. Gelingt es, den Meridianenfluss wieder auszugleichen kann auch der Fluss auf allen anderen Ebenen wieder funktionieren. Die Organe sind wieder gut versogrt und beschwerdefrei. Das Geleichgewicht ist wieder hergestellt. Die Energien innerhalb des Meridianensystems erhalten sich selbst, wenn sie im Fluss sind, sie reinigen und stärken sich, verbrauchen sich aber nicht. Ein optimal ausgeglichener Fluss steigert ihre Energie und

Kraft. Es kann auch jederzeit von außen darauf Einfluss genommen werden. Dies kann durch Meridianmassage geschehen oder durch Drücken der Reglerpunkte der Akupressur.

Mögliche Ursachenthemen

Blockiert sein in Ausdruck und Bewegung
Einseitig und extrem leben
Körper und Seele schlecht versorgen
Krankheit und Beschwerden ignorieren
Sich gegen wichtige Entwicklungsschritte wehren
Über Gefühle sprechen – nicht ignorieren und blockieren

Neues Denkmuster

Die Energie in meinem Meridiankreislauf ist im optimalen Fluss und mein Körper, meine Organe und meine Seele sind gut mit stärkender Energie versorgt. Der Informationsfluss innerhalb meines Körpers und vom Körper zu meiner Umwelt funktioniert wunderbar. Ich achte darauf, in Balance zu bleiben und nehme Abstand von einseitigen Lebensweisen. Beschwerden sind ein Hilfeschrei meines Körpers – ich reagiere darauf und setze die Schritte, die für meine Genesung notwendig sind. So wie die Energien in meinem Körper immer fließen, so ist das Leben selbst Bewegung und ständige Entwicklung. Meine Gefühle nehme ich an und lebe sie, sie zu schlucken und im Bauch abzuspeichern würde Blockaden verursachen.

Affirmation

Das Leben ist Bewegung, so die Energie der Meridiane in Balance fließt!

Farben rot, blau
Chakren Organchakra
Körperzonen Organe

Die einzelnen Körperzonen

Herz-Meridian

Liebe
Frei von Erwartungen sein – auch zu sich selbst
Körperliche und emotionale Bewegung zulassen

Herz-Meridian

Auf sein Herz hören
Gibt es in meinem Leben noch genug, was mich bewegt?

Dünndarm-Meridian

Auf der Gefühlsebene aufnehmen können
Kleinkram abgeben
Überkritisches Verhalten abbauen

Blasen-Meridian

Loslassen und verzeihen
Druck aushalten und loslassen
Ballast und Verbrauchtes loslassen
Worüber weine ich innerlich?

Nieren-Meridian

Gleichgewicht zwischen männlich und weiblich
Seine zwischenmenschlichen Beziehungen pflegen
Geistig-seelische Verschmelzung und Eins-Werden
Vergangenheit loslassen
Jede Enge beseitigen
Welches zwischenmenschliche Problem habe ich?

Kreislauf-Sexus-Meridian

Emotionen positiv fühlen und ausdrücken
Die Realität fühlen und annehmen
Im Jetzt leben
Was kann ich nicht wahrhaben?

Dreifacherwärmer

Was kann ich nicht hören?
Die innere Stimme sprechen lassen
Jemandem gehorchen
Nicht mehr hören oder gehorchen wollen
Seiner inneren Stimme folgen

Gallen-Meridian

Energiestau auflösen
Seine Lebensenergie wirken lassen
Ärger rauslassen und leben
Die Energie will fließen

Leber-Meridian

Wo ist mein rechtes Maß verloren gegangen?
Selbstverurteilungen, Schuld und Neid auflösen
Das Falsche ausscheiden und das Gute festhalten, richtig unterscheiden

Lungen-Meridian

Sich entfalten und Freiheit leben
Sich den Raum schaffen, den man zum Atmen braucht
Großzügig sein
Wann kann ich nicht durchatmen?

Dickdarm-Meridian

Stau seelischer Eindrücke
Abstand gewinnen und Überholtes hinter sich lassen
Lebensumstände bereinigen
Den natürlichen Rhythmus und Fluss der Dinge annehmen

Magen-Meridian

Sich angemessen mit negativen Emotionen auseinandersetzen und verdauen
Abneigung gegen neue Eindrücke aufgeben
Nicht alles in sich „hineinfressen", sondern bewusst auswählen, was man will

Milz-Pankreas-Meridian

Von etwas besessen sein
Nicht loslassen können
Dem Leben vertrauen
Dingen auf den Grund gehen
Mutiger und aggressiver denken
Bewusst den Fluss der Lebensenergie reinigen

Fragen

- Was würde geschehen, wenn ich und meine Energie noch stärker blockiert wären?
- Was wäre das Positive daran, wenn ich einseitig und extrem leben würde?

- Was wäre das Positive daran, wenn ich Krankheiten und Beschwerden ignorieren würde?
- Woran würde ich es merken, wenn ich mich nicht mehr gegen Entwicklungsschritte wehren würde?
- Angenommen, meine Energien und Tatkraft würden ab jetzt fließen, welches neue Problem könnte jetzt auftauchen?
- Was wäre das Beste und was das Schlimmste daran, Gefühle zu zeigen und darüber zu sprechen?

Der unendlich, starke Fluss

„Heute erklären uns Killmanjo und Patricius, wie wir unsere Energien optimal in Fluss halten können.", stellt Sanara die beiden einer Gruppe von Freunden vor. „Sie sind Meister auf dem Gebiet der freien Energien und kennen die Lehre der Meridiane!", fügt sie erklärend hinzu. Sie alle befinden sich in einem gemütlichen, großen Raum mit Holzboden. Viele Polster stehen zur Verfügung. Zusätzlich zum Tageslicht erhellen Kerzen den Raum.

Killmanjo, ein sehr indianisch wirkender gemütlicher, durchtrainierter, Langhaariger mit funkelnden Augen beginnt zu erklären: „Das Leben ist ein ständiger Fluss. Auch in uns und in unseren Meridianen fließen unsere Energien unaufhörlich. Nur im Fluss der Energien sind wir gesund. Blockaden verursachen Krankheit und Tod. Wir machen dazu jetzt gleich eine Übung, sie heißt ‚Im Fluss zwischen Erde und Himmel pendeln'."

Patricius beginnt leise im Hintergrund zu trommeln. „Stellt euch vor ihr hängt zwischen Himmel und Erde, ihr seid festgemacht und könnt euch dennoch in alle Richtungen bewegen. Es kann euch nichts geschehen. Das ist eine wunderbare Vorstellung. Nach oben hin seid ihr über das Kronenchakra mit dem Himmel fest verbunden. Nach unten stellt euch Wurzeln vor, die tief in die Erde oder sogar bis zum Erdmittelpunkt wachsen. Der Baum, der ihr seid, hat Luftwurzeln, die, wie ein Kleid, von eurer Körpermitte tief in die Erde ragen. Das gibt euch noch zusätzlichen Halt. Spürt ihr wie stabil ihr seid? Ihr seid aber nicht starr, sonst würdet ihr bei Belastung brechen. Jetzt fühlt wie es ist wenn der Wind kommt. Er bewegt euch in alle Richtungen. Hört auf den Rhythmus von Patricius Trommeln. Ihr seid vollkommen elastisch und könnt alles ausgleichen. Mit jeder Böe geht ihr mit, sie kann euch nichts anhaben, kann euch nicht brechen. Es ist ein wunderschönes Gefühl vom Wind geschaukelt zu werden und zwischen Himmel und Erde geborgen zu sein. Nichts kann euch aus der Bahn bringen und umwerfen. Ihr trotzt jeder Belastung und gleicht sie wieder aus, wie stark auch immer die Windstöße kommen."

Alle wiegen sich im Klang der Trommeln und genießen den Fluss der Energien. „Ihr könnt euch den Energiefluss als weißen, fließenden Strom, der euch nährt und stärkt, vorstellen.“, führt Killmanjo fort. Patricius trommelt immer schneller und trotzdem bleiben alle in Balance und gleichen die stürmischen Bewegungen aus.
„Merkt ihr wie alles in euch fließt? Fühlt wie ihr mit den freien, kosmischen Energien in Verbindung seid? Über eure Meridiane und Chakren erfolgt ein ständiger Austausch. Wenn ihr so im Fluss seid, kann euch nichts umwerfen und stoppen. Es ist ein harmonisches, ständiges Austauschen und Fließen, Ihr seid in Verbindung mit eurer Umgebung, mit dem Kosmos und mit Mutter Erde.“, beendet Killmanjo und gibt sich ebenfalls den Trommelklängen hin. Jeder ist mit jedem verbunden und genießt das Getragen-Werden vom Fluss der Energien, so lange bis Patricius vom Trommeln müde wird. Das kann aber lange dauern. Der Fluss der Energien ist unerschöpflich.

Im Fluss der Energien werde ich getragen und bin verbunden mit dem Großen Ganzen.

Mögliche Erkenntnisse:

Fließende Energie ist Leben und Gesundheit.
Fließt die Energie im Körper, ist man vollkommen elastisch und kann starke Bealastungen im Leben ausgleichen.
Von Blockaden gelöst bekommt man ein Gefühl der Geborgenheit und Ruhe.
So lange die Energien fließen ist jeder mit jedem verbunden und es entsteht ein Gefühl des getragen Seins.
Energiefluss vermittelt Verbundenheit mit unserer Mutter Erde.

Thesen

- Blockaden im Energiefluss sind immer auch eine Blockade für den Ausdruck und die Kreativität. Die Schaffenskraft ist blokkiert: dies kann verschiedenste Bereiche betreffen. Energiestillstand ist auch ein Stillstand der Gefühle weil diese nicht gelebt werden können. Ist man sich dieser Problematik bewusst, können die Gefühle wieder fließen, die gestaute Energie wird ins Positive gewandelt und auch die Kreativität kehrt zurück.
- Einseitige Lebensweisen stören oder blockieren den Energiefluss. Die Polaritäten wollen gelebt werden, sowie zum Beispiel Ruhe und Aktivität, beides – extrem gelebt – bringt Energiestau. Wird Ausgleich geschaffen und Balance erreicht zwischen beiden Extremen, so herrscht eine höhere Ordnung und Energiebalance.

- Körper und Seele können im Gleichgewicht des Energieflusses optimal versorgt werden. Ist der Körper schlecht versorgt so leidet auch die Seele und umgekehrt.
- Bewegung kann helfen den Energiefluss in Gang zu bringen, einfaches schütteln erhöht bereits die Frequenz. Die Erhöhung der Schwingung kann Blockaden lösen und sorgt für eine gute Energiebalance. Auch Dehnen der Muskulatur hilft die Meridiane zu strecken und den Energiestau zu lösen.
- Das Leben ist Bewegung und Veränderung. Wehrt sich jemand gegen diese Entwicklungsschritte so wird seine Lebensenergie blockiert. Ein Annehmen dieser notwendigen Schritte bringt den Menschen weiter.

39. Konzentration

Dieses Symbol hilft mir, meine Energien und meine Tatkraft auf ein wichtiges Ziel zu fokussieren. Wenn ich etwas rasch und gut erreichen und verwirklichen will, ist es wichtig alle Kräfte zu mobilisieren und dennoch ohne Druck und kreativ arbeiten zu können. Konzentriert sein heißt, alle Sinne und Energien auf ein wunderbares, freudvolles Ziel auszurichten und nicht angespannt oder verkrampft zu sein.

Eine Flut von Gedanken ist in meinem Kopf, das kann Stress bedeuten. Ich kann mich nicht auf eine bestimmte Sache konzentrieren und nicht klar denken. Immer wieder schießen Gedanken quer. Ich bin überfüllt mit der Vielfalt meiner Ideen, es entsteht ein Stau und gar nichts geht mehr. Das kann sich auch in meiner Sprache ausdrücken, es fällt mir schwer mich zu artikulieren und die richtigen Worte zu finden. Ich bin zerstreut. Während ich mit jemandem spreche, denke ich an etwas ganz anderes und höre nicht richtig zu. Ich vergesse viel und verliere ständig Dinge, weil ich nicht richtig bei der Sache bin, sondern in Gedanken schon wieder viele Schritte weiter. Feinfühlige Menschen spüren das und sprechen mich darauf an. Sie wollen mich ganz haben, nicht nur die körperliche Anwesenheit. Es ist nicht nur unhöflich, sondern auch schlecht für mich selbst, so zerstreut zu sein. Ich bin nicht mit dem ganzen Herzen bei der Sache. Ich will im Jetzt leben, voll und ganz dabei sein und jeden Augenblick genießen.

Jetzt ist der wichtigste Augenblick in meinem Leben! Ich nehme mein ganzes Wesen in Anspruch, behalte meine ganze Energie für diesen Augenblick. Mein Handeln und meine Taten werden erfolgreicher sein!

Jeder kann lernen im Jetzt zu leben – mit Kontrolle der Gedanken und Worte und mit Disziplin. Es wird immer besser gehen, ich muss es nur wollen und tun, und damit beginnen – Schritt für Schritt. Ich stelle mir selbst immer folgende Fragen: Was mache ich gerade? Wofür mache ich das? Ist das so gut, wie ich das mache? Wie könnte ich es besser oder anders machen? Wie könnte ich es ergänzen? Bin ich mit Freude bei der Sache? Was habe ich gerade für ein Gefühl? Während man die Fragen beantwortet, kann man gar nicht anders, als bei der Sache zu sein. Ich setze die Antworten sofort um und verändere dadurch meine Arbeit. Ich bin im Jetzt und voll konzentriert!

Mögliche Ursachenthemen

Zerstreut und abwesend sein
Chaos im Kopf haben
Nicht zuhören wollen
Vergesslich sein
Sehr oft Dinge verlegen und verlieren
Sich nicht konzentrieren können
Mit Gefühl und Verstand im Jetzt sein
Reihenfolgen beachten
Etwas halbherzig machen
Ohne Gefühl bei der Sache sein

Neues Denkmuster

Ich lebe im Jetzt und bin mit ganzem Herzen bei der Sache, die ich jetzt gerade mache. Jetzt ist der wichtigste Augenblick in meinem Leben, meine ganze Energie ist bei mir, ich bin voll konzentriert. Reihenfolgen sind in allen Bereichen wichtig, auch im Kopf, in meinen Gedanken herrscht Ordnung. Ich konzentriere mich auf das Jetzt, dadurch steigt mein Erinnerungsvermögen und Ordnung kehrt auch in meinem Außen ein. Ich fokussiere meine ganze Energie auf mein Tun und meine Ziele.

Affirmation

Jetzt ist der wichtigste Augenblick in meinem Leben!

Farben	blau, gelb, grün
Chakren	3. Auge, Sexualchakra, Fußchakra
Körperzonen	Kopf, Gehirn, Bauchgehirn, Füße

Die einzelnen Körperzonen

Kopf, Gehirn

Schalt- und Steuerzentrale
Regierungssitz des Verstandes
Einen kühlen Kopf bewahren
Nicht mehr wissen, wo einem der Kopf steht
Etwas wächst einem über den Kopf
Einstellung im Kopf überprüfen und ändern
Menschen akzeptieren wie sie sind
Sich etwas in den Kopf setzen
Harmonie zwischen Verstand und Gefühl schaffen
Engstirnigkeit loslassen
Ein heller Kopf sein

Bauchgehirn

Steuerzentrale der Gefühle und der Intuition
Regierungssitz der Seele
Mit Gefühlen umgehen lernen
Die Flut der Gefühle nicht ordnen können
Chaos der Gefühle
Gefühle verarbeiten und verdauen können
Negative Gefühle rauslassen und verarbeiten
Unsicherheit im Umgang mit Gefühlen abbauen
Gefühle bewusst machen und darüber sprechen
Sich selbst und anderen Gefühle geben
Sich mit dem Unbewussten auseinandersetzen
Bereit sein, zu ernten, was man gesät hat
Aus dem Bauch heraus leben

Füße

Standfestigkeit
Voll im Leben stehen
Verwurzelt sein
Bewusst im Jetzt leben
Liebe zur Natur entwickeln

Sich der Symbiose mit Mutter Natur bewusst sein
Aus der Natur Kraft schöpfen
Das Leben verstehen können und wollen
In die richtige Richtung gehen oder seinen
Standpunkt ändern
In manchen Dingen zu weit gehen
Notwendige Schritte tun
Seinen Weg überdenken
Führen die Schritte wirklich zum Ziel?
Genug Stehvermögen haben, um
Schwierigkeiten zu überwinden
Innerlich mehr zur Ruhe kommen
Harmonie zwischen seiner Gedankenwelt und
der Wirklichkeit schaffen
Sich Fehltritte bewusst machen
Auf großzügigem Fuß leben, um mehr
Sicherheit zu erreichen
Mit den Füßen fest in Mutter Erde verwurzelt
sein und den Kopf zu Vater Himmel erheben

Fragen

- Was ist der Vorteil daran, zerstreut und abwesend zu sein?
- Wie würde ich mich fühlen, wenn ich ab jetzt kein Chaos mehr im Kopf hätte?
- Wer würde es als Erster bemerken, wenn ich ab jetzt immer mit den Gedanken bei der Sache wäre?
- Was würde sich ändern, wenn ich nicht mehr vergesslich wäre und alles sofort finden würde?
- Angenommen, ich würde ab jetzt mit ganzem Herzen und Gedanken bei der Sache sein, welche anderen Probleme könnten auftreten?
- Was ist das Beste und was das Schlimmste am Chaos im Kopf?

Aufmerksamkeit schenken

„Hey, Peter, wo bist du?“, fragt Sanara ärgerlich. Sie hat Peter gerade ausführlich die Begebenheiten aus ihrer Arbeit erzählt. Gerade heute hatte sie ein unangenehmes Erlebnis mit ihrer Kollegin durchgestanden und war froh, es ihrem Mann erzählen zu können und ihr Herz auszuschütten.

„Ich, äh, was meinst du?" stottert Peter, er fühlt sich ertappt. Gedanklich war er bei seinem Projekt, an dem er gerade arbeitet. „Du bist nicht bei mir, ich fühle es, du hörst mir gar nicht zu. Ich möchte dich aber ganz für mich haben. Dein Körper ist anwesend, aber wo bist du wirklich? Ich brauche deine Aufmerksamkeit!", erklärt Sanara ihre Gefühle. „Genau so, wie auch ich ganz bei dir bin und mich auf dich konzentriere, wenn du mir etwas erzählst."

Die beiden sitzen gemütlich in ihrer Weinlaube, der Wind streicht ihnen durchs Haar. „Weißt du, ein Projekt nimmt mich gerade so in Anspruch und fesselt mich, es erfordert meine ganze Konzentration.", entschuldigt sich Peter kleinlaut. „Wird nicht wieder vorkommen."

„Ich habe einen Vorschlag", ruft Sanara. „Schenk mir noch fünf Minuten deine ganze Aufmerksamkeit, dann habe ich alles ausgeführt, was mir so am Herzen liegt und ich kann die Sache abschließen. Ich bitte dich noch um ein kurzes Feedback, was du in dieser Situation gemacht hättest. Dein Lösungsvorschlag hilft mir, daraus zu lernen. Und anschließend konzentrieren wir uns beide auf dein Projekt. Ich habe auch Erfahrung auf diesem Gebiet und kann mich einbringen. Vielleicht helfen dir meine Ideen weiter und du kommst schneller voran. Nach getaner Arbeit genießen wir beide ein Gläschen Wein in der Abendsonne. Was sagst du dazu, Peter?"

Peter ist begeistert: „Danke, Sanara, das ist lieb von dir. Ich weiß im Moment nicht, wo mir der Kopf steht." Voll konzentriert machen sich die beiden an die Arbeit. Später sah man sie lachend im Garten sitzen, die Abendsonne war längst verschwunden, sie genossen die Augenblicke der Zweisamkeit. In voller Konzentration lebten sie im Jetzt, im Jetzt sein heißt auf der Gefühlsebene sein und in Verbindung mit dem Verstand sein. Jetzt ist der wichtigste Augenblick im Leben. Zuerst bei Sanaras Lernprozess und Peters Projekt und anschließend um die Zeit gemeinsam zu genießen.

Mögliche Erkenntnisse:

Wenn jemand nicht zuhört und in Gedanken gerade woanders ist, merkt das sein Gegenüber die Energie des Zuhörenden ist zerstreut, er ist nicht ganz da, sein Geist ist woanders.

Einen Zuhörer zu haben für Probleme das alleine hilft schon, mitteilen kommt von mit jemandem teilen, die Last ist nicht mehr so schwer.

Mit voller Konzentration und mit der ganzen Energie die zur Verfügung steht, ist ein rasches Vorwärtskommen möglich.

Verstand und Gefühl sind im Verbund, jetzt ist der wichtigste Augenblick.

Thesen

- Man muss im Jetzt präsent sein um sich vollständig konzentrieren zu können. Erst die Konzentration schafft es, die Energie voll und ganz auf eine Situation zu lenken. Jetzt brauche ich die volle Kraft um meine Handlung auszuführen.
- Chaotische Zustände im Kopf erlauben keine vollständige Konzentration. Erst aufräumen, das heißt, alles zu Ende denken, rauslassen, zu Papier bringen. Eine neue Ordnung entsteht, Konzentration kann wieder einkehren. Chaos im Kopf zerstreut die Energien ebenso wie viele angefangene Projekte. Möglicherweise wird keines der Projekte wirklich gut, wenn es je fertig wird.
- Wer zu viele Dinge im Kopf hat kann nicht zuhören, er wird ständig abgelenkt von seinen Gedanken und erscheint bald als unhöflich, denn sein gegenüber spürt diese gedankliche Abwesenheit. Zuhören zu können erfordert Ordnung im Kopf. Auch hier wieder Chaos im Kopf beseitigen.
- Menschen die zum „Chaotentum" neigen, sind meist vergesslich, verlieren oder verlegen viele Dinge, dadurch verbringen sie viel Zeit mit suchen. Vor lauter Projekten im Kopf nehmen sie um sich herum wenig bis gar nichts mehr wahr. Sie nehmen nicht wahr wo sie den Schlüssel hingelegt haben, denn im Kopf beschäftigen sie sich mit anderen Dingen.
- Die Flut von Gedanken, die hochkommt, verursacht Stress, Energiestau und Verspannung, nichts geht mehr. Erst Gedankenkontrolle – „Ich denke meine Gedanken und nicht meine Gedanken mich." – schafft hier Abhilfe. Herr sein über die Gedanken und wieder Chaos beseitigen und alles rauslassen. So wird der Energiefluss wieder ermöglicht und Entspannung im Geist und auch im Körper kehrt ein.

40. Verbinden und Lösen

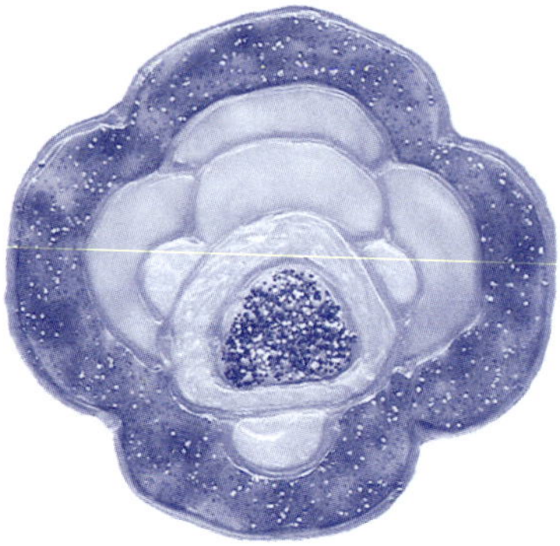

Dieses Symbol hilft mir, alte Verbindungen zu lösen und neue zu knüpfen. Im Laufe meines Lebens gehe ich viele Verbindungen ein, je nach meinem Entwicklungsstand lerne ich immer wieder neue Menschen kennen. Immer wieder ziehe ich Menschen an, die meiner Entwicklung entsprechen, nach dem Gesetz der Resonanz – Gleiches zieht Gleiches an. „Gleich und Gleich gesellt sich gerne", sagt ein altes Sprichwort. Dieses Gesetz ist wichtig, genau diese Menschen brauche ich in dieser Zeit, damit wir uns gegenseitig bei unseren Lernschritten helfen können.

Genauso wichtig ist es, alte Verbindungen zu Menschen, die einen anderen Weg einschlagen, zu lösen, sich zu verabschieden und alles zu verzeihen. Unsere Wege trennen sich an irgendeiner Weggabelung. Wir verabschieden uns mit einem Ritual, verzeihen einander und gehen in Frieden auseinander. So bindet uns kein Groll mehr aneinander, dadurch geht auch keine Energie verloren und unser Gefühl, wenn wir aneinander denken ist liebevoll. Habe ich viele Verbindungen, die nicht ordnungsgemäß beendet sind, fließt viel Energie durch die unsichtbaren Bänder an diese Menschen weg und ich erleide große Energieverluste. Wenn man sich leer und antriebslos fühlt, sollte man alten Verbindungen, die noch mit negativen Gefühlen und Groll besetzt sind, auf die Spur kommen.

Es gibt eine gute Möglichkeit diese sofort zu lösen:

Ich entspanne mich, schließe die Augen und stelle mir eine Bühne vor. Ich setze mich in eine der Zuschauerlogen, wo ich schräg nach unten auf die Bühne sehe. Auf der Bühne steht ein Sessel. Die Person, mit der ich noch etwas zu lösen habe, setzt sich nun auf diesen Sessel. Ich bitte meinen Schutzengel, meinen geistigen Helfer oder wen immer ich aus der geistigen Welt darum bitten möchte, er möge die Beziehungsbänder, die noch bestehen, in Liebe durchtrennen. Diese Bänder gehen von Bauch zu Bauch. Ist dies geschehen, bitte ich noch darum, dass sie fein säuberlich eingerollt in meinem und auch im Bauch des anderen verschwinden und die Bauchdecke wieder glatt und ohne Narben verschlossen wird. Ist dies gut gelungen, verschwindet die Person von der Bühne. Ist sie noch da, dann wiederhole ich das Ritual zu einem späteren Zeitpunkt wieder bis alle Bänder getrennt sind. Jetzt kann ich neue liebevolle Bänder zu dieser Person knüpfen oder ich belasse es dabei, wenn ich intuitiv weiß, dass diese Verbindung beendet ist. Auch nach einem Streit kann es sehr hilfreich sein, die negativen Bänder zu trennen.

Ich trenne mich auch von Dingen, die sich im Laufe der Zeit ansammeln. Je mehr ich horte um so mehr Energie geht verloren. Alle diese vielen Dinge müssen von Zeit zu Zeit gepflegt, geordnet, aufgeräumt und untergebracht werden. Man macht sich Sorgen, versichert diese Dinge und vergeudet dadurch viel Energie. Ebenso ist es mit vielen Besitztümern: Häusern, Grundstücken, Autos. Die meisten Menschen werden von Ängsten geplagt, diese Reichtümer wieder zu verlieren, bestohlen zu werden und ohne diesen Luxus nicht leben zu können und klammern sich an ihnen fest. Sie knüpfen negative Bänder zu diesen Dingen und glauben immer mehr Materielles anhäufen zu müssen. Gesunder Luxus ist zu wissen, wann es genug ist.

Mögliche Ursachenthemen

Sich energielos und leer fühlen
Glauben ständig Menschen um sich zu brauchen
Alte Beziehungen nicht beenden können
Von überholten Beziehungen nicht loslassen können
Nachtragend sein
Lange Zeit auf jemanden böse sein
Konflikte gut austragen lernen
Sammlerleidenschaft
Glücklich sein, ohne von materiellen Dingen abhängig zu sein
Luxus und Besitztümer anhäufen

Neues Denkmuster

Alte Beziehungen, die keinem mehr dienen, löse ich in Liebe und verabschiede mich, indem ich alle Bänder durchtrenne. Auch das Alleinsein genieße ich und die Gesellschaft anderer Menschen ist geprägt von gegenseitiger Förderung der Entwicklung. Jeden Ärger und Groll bereinige ich so schnell wie möglich in gegenseitiger Wertschätzung. Konflikte trage ich sofort aus und setze gemeinsam mit allen Beteiligten eine Lösung um. Auf diese Weise kann ich jederzeit liebevolle Verbindungen knüpfen, die unsere Energien und Kräfte stärken.

Affirmation

Ich lasse alte Beziehungen gehen und knüpfe neue, um sich gegenseitig zu fördern!

Farben gold, weiß, lila, rosa

Chakren Solarplexus, Kronen, Wurzel, Hals

Körperzonen Kreuzbein, Hals, Bauchangst, Gehirn, Hypophyse, Drüsensteuerung

Die einzelnen Körperzonen

Kreuzbein

Was habe ich für ein Kreuz zu tragen?
Was bricht mir das Kreuz?
Psychischer Stress wird untragbar
Angst materiell nicht versorgt zu sein
Finanzielle Sorgen
Furcht ums Geld
Spannungen im zwischenmenschlichen Bereich
Seelische Konflikte austragen lernen
Zu viel im Leben tragen müssen oder wollen
Sich selbst erlauben, alles abladen zu dürfen

Hals

Den Hals nicht voll genug bekommen
Probleme nicht aussprechen können
Steifer Hals
In Zusammenhang mit der Sexualität – körperliche Wünsche nicht aussprechen können
Weil alles geschluckt wird, wird der Hals eng und überfüllt
Enge auf der Gefühlsebene
Was mir den Hals zuschnürt, löse ich
Der Hals ist die Verbindung zwischen Verstand und Herz, zwischen denken und fühlen
Einen Durchgang für den Ausgleich zwischen Herz und Verstand herstellen

Bauchangst

Beziehungen nicht verdauen können
Angst zulassen und annehmen
Seine Ängste leben, dann lösen sie sich auf, werden verdaut und ausgeschieden
Mutig und offen aus dem Bauch heraus handeln

Loslassen, was im Bauch nicht sein darf und drückt
Dinge, die die Mitte stören, lösen

Gehirn, Hypophyse, Drüsensteuerung

Steuerung und Konfliktauflösung im Innen wie im Außen
Lernen mit Gefühlen im Verstand umzugehen und sie zu integrieren
Nichts verdrängen
Bei Überlastung „Nein" sagen – im Innen wie im Außen
Gefühle aus dem Verstand und aus dem Bauch spüren
Gefühle und Verletzungen im Kopf gehen lassen, ebenso wie materiellen Überfluss und Unnötiges

Fragen

- Was ist das Positive daran, nachtragend und „ewig böse" auf andere zu sein?
- Angenommen, die Maßnahmen wären erfolgreich und ich könnte ab jetzt überholte Beziehungen beenden, welches andere Problem könnte jetzt auftreten?
- Wer würde es als Erster bemerken, wenn ich ab jetzt glücklich wäre ohne von materiellen Dingen abhängig zu sein?
- Was ist das Positive daran, wenn ich glaube, ständig Menschen um mich haben zu müssen?
- Was wäre das Beste und was das Schlimmste, wenn ich Konflikte gut und sofort austragen würde?
- Was wäre anders, wenn ich nicht mehr energielos und leer wäre?

Die Autofahrt

Das Leben ist wie eine Autofahrt auf einer stark befahrenen Straße. Du fährst im Auto deines Lebens, je nachdem wie gerade dein Fahrstil ist – achtsam, rücksichtsvoll, schnell, langsam – du bist lustig oder traurig.

Du überholst andere und andere werden dich überholen. Immer wieder fährst du ein Stück des Weges mit einem anderen Auto gemeinsam, irgendwann biegst du ab, oder das andere Auto. Immer wieder überholst du andere und beendest die gemeinsame Fahrt, stattdessen begleiten dich andere Autos und zeigen dir den Weg.

Es ist ein ständiger Wechsel, um im Fluss zu bleiben, damit kein Stau entsteht. Bleibst du bei einem Auto stehen und wir bewegen uns nicht, werden wir bald einen Stau verursachen, weil die anderen nur langsam vorbeikommen. Es ist ein ständiges sich Verabschieden und Begrüßen. Vielleicht gibt es zwei oder drei Autos, die dich ein Leben lang begleiten. Euer Tempo, eure Richtung und auch euer Ziel sind gleich.

Du musst auch achtsam sein, du kannst geschnitten werden, Unfälle können passieren, weiche rechtzeitig aus und fahre mit Übersicht. So erkennst du zeitgerecht, ob es besser ist auf die Seite zu weichen oder zu bremsen. So kommst du sicher an deinen Zwischenzielen und an deinem Endziel an. Es ist ein ständiger Wechsel zwischen lösen und verbinden!

Mögliche Erkenntnisse:

Das Leben ist ein Verbinden und Lösen von Beziehungen.
Jeder hat sein eigenes Tempo, seine eigene Richtung, manchmal fährt man gemeinsam, dann wieder nicht und es kommen Autos weg und andere wieder dazu.
Ein ständiger Wechsel ist notwendig, das erfordert Akzeptanz.
Achtsamkeit sich selbst gegenüber und den anderen ist notwendig.
Man muss rechtzeitig erkennen, ob man eine Verbindung lösen sollte.

Thesen

- Wer sich energielos und leer fühlt hat sich auch selbst in diese Lage gebracht, es ist jedem auch möglich sich selbst wieder mit Energie aufzufüllen. Oder es ist möglich, das viel Energie brachliegt die nicht genutzt wird. Durch neues Verhalten kann es jedem gelingen Zugriff zu dieser Energie zu bekommen.
- Es ist notwendig, alte Verbindungen zu lösen die der Entwicklung nicht mehr dienen, damit dem einzelnen Individium keine Energie dadurch verloren geht. An alle Personen an die wir Beziehungen geknüpft haben, fließt Energie weg. Von Zeit zu Zeit alle geistigen Bänder zu durchtrennen ist notwendig um selbst ausreichend Energie zur Verfügung zu haben, für die eigenen Belangen und eigenes Voranschreiten.
- Auch hier ist loslassen und Verbindungen durchtrennen der wichtigste Schritt. Der darauffolgende ist es Hintergründe, warum nicht losgelassen werden kann, zu klären und aufzulösen und dadurch gewonnene Erkenntnisse ins Leben einzubeziehen.

- Auch Luxus und Besitztümer schaffen Verbindungen und die Energien fließen weg. Besitztümer nähren sich von der Energie der Besitzer. Trennung von unnötigem Ballast ist notwendig um den Energiehaushalt wieder in Balance zu bringen.
- Alte Verbindungen zu lösen heißt nicht: „Jetzt bin ich alleine und einsam.“, sondern: „Jetzt kann ich neue, liebevolle, harmonische Verbindungen knüpfen, die meiner jetzigen, neuen Entwicklung entsprechen.“. Eine passende Beziehung, egal auf welcher Ebene, ist stärkend für jeden Menschen. Es erfolgt ein Austausch und eine Erneuerung der Energie.

41. Einheit von Körper und Seele

Dieses Symbol hilft mir, mit meinem Körper eins zu sein. Mein Körper ist mein Tempel, mein Zuhause für dieses Erdenleben. Er ist wunderbar, perfekt und einzigartig. Ich liebe und pflege ihn, das ist das Wichtigste, damit meine Seele und mein Körper sich wohlfühlen. Der Körper ist der materielle Ausdruck meiner Seele. Er braucht die Erde, um gesund zu leben. Ich verbinde mich mit Mutter Erde, gehe in die Natur, genieße sie, bewege mich in der Natur, öffne mich für ihre Schönheit und genieße mein Leben. Jetzt stärkt mich ihre Energie und unterstützt die Kraft meines Daseins und meines Lebensauftrags. Ich liebe das Leben, es ist ein großartiges Geschenk.

Die Möglichkeiten der Seele sich zu entwickeln und Erfahrungen zu sammeln sind unendlich groß. Ich schaffe mir ein angenehmes Umfeld, ein wohliges Zuhause, wo ich mich für mein Leben öffnen kann. Ich erkenne den Sinn und meine Aufgabe hier auf Erden.

Die Seele wohnt im Körper, oder der Körper wohnt in der Seele. Wir Menschen haben ein Bewußtsein und den freien Willen das unterscheidet uns von anderen Lebewesen. Körper und Seele leben in Symbiose, ebenso Mensch und Erde. Der Körper fördert die Seele und umgekhert, diese Symbiose ist notwendig zur Entwicklung.

Ich halte mein Leben frei von Stress und pflege meinem Körper, damit er gesund bleibt, denn nur in einem gesunden Körper kann auch ein gesunder Geist wohnen. Sind meine Bedürfnisse nach Gesundheit erfüllt, kann ich mich auch um Höheres kümmern – der Grund meines Daseins, meine Lebensaufgabe, meine Selbstentwicklung sind wichtige Aufträge. Ich erde mich gut und stelle mir einen Anker vor, der mich mit der Erde verbindet, so bin ich gut mit meinem Körper verbunden. Ich wiederhole das Tag für Tag. Meine Energien sind ganz bei mir und arbeiten für meine Entwicklung. Gut geerdet lebe ich im Jetzt und bin frei von Energieverschwendungen. Gut geerdet lebe ich in Symbiose mit Mutter Erde und Heilenergie fließt zwischen uns, um uns gegenseitig zu fördern.

Mögliche Ursachenthemen

Abgehoben sein
Nicht von dieser Welt sein
Weltfremd und unrealistisch sein
Mit Nebensächlichkeiten vom Leben ablenken
Seinen Körper bewusst oder unbewusst schädigen
Seinen Körper annehmen können, wie er ist
Die Schönheiten der Natur aufnehmen
Eine Symbiose mit Mutter Erde eingehen

Neues Denkmuster

Mein gesunder Geist wohnt in meinem gesunden Körper. Ich sorge dafür, gut geerdet zu sein. In Symbiose mit Mutter Erde erkenne ich meine Lebensaufgabe. Gut geerdet bin ich in meiner Kraft und erkenne die Realität. Ich bin mir der Einzigartigkeit meines Körpers für dieses Leben und der Schönheit der Natur bewusst.

Affirmation

Meine Seele wohnt in meinem gesunden Körper!

Farben dunkelrot, gelb, lila
Chakren Wurzel, Kronen
Körperzonen Steißbein, Wirbelsäule, Hypophyse, geistiger Körper, Seele, Kraft, Energie

Die einzelnen Körperzonen

Steißbein, Wirbelsäule

Energie von der Erde aufnehmen
Verbindung zur Erde
Aus dem inneren Gleichgewicht geraten
Sich selbst und das Leben lieben
Selbstvorwürfe loslassen und sich selbst annehmen
Voll Vertrauen sein
Ich lebe im Heute und liebe mich so wie ich bin!
Ich bin mir selbst eine Stütze im Leben!
Das Leben unterstützt mich!

Hypophyse

Verbindung des Körpers zum Geist
Verbindung über die Drüsen zu den Chakren und zum geistigen Körper
Steuerung des Geistigen
Physische und psychische Reinigung seiner Drüsen
Seine Drüsen weder mit Nahrung noch mit seelischem Müll verstopfen
Bereinigung aller psychischen Probleme
Die Verbindung von Seele und Körper stärken
In starker Einheit von Körper und Seele leben

Geistiger Körper, Seele, Kraft, Energie

Im Jetzt leben
Die Verbindung zum materiellen Körper halten
Ein gesunder Geist lebt in einem gesunden Körper!
Die Seele gibt die Kraft und Energie für die Aufgaben
Die Seele ist der Strom des Körpers und des Lebens
Das Leben ist im Fluss
Die Energie ist im Fluss
Der Geist hat sich entschieden hier zu leben
Die Verbindung zur Erde suchen

Fragen

- Was ist das Positive am abgehoben und nicht von dieser Welt Sein?
- Was würde geschehen, wenn ich mich nicht mehr mit 1000 Nebensächlichkeiten vom eigentlichen Leben ablenken würde?
- Wer würde es als Erster bemerken, wenn ich meinen Körper annehmen würde so wie er ist?
- Was wäre anders, wenn ich die Schönheiten der Natur aufnehmen und eine Symbiose mit Mutter Erde leben würde?
- Angenommen, ich würde der Wahrheit ins Auge sehen und nicht mehr unrealistisch und weltfremd sein, welches Problem könnte jetzt auftreten?

Komm, wir üben das Erden!

Sanara und ihre Freundin Ingrid sitzen zusammen. Sie wollen heute üben, sich zu erden. Sie wollen nicht mehr abgehoben sein, nicht mehr unrealistisch sein, sie wollen im Hier und Jetzt leben. Sie üben ihre Energien zu konzentrieren und ihre Kraft zu stärken. Sanara erklärt die erste Übung: „Wir stellen uns gemeinsam eine rechtsdrehende Spirale, die sich nach unten bis zum Erdmittelpunkt fortsetzt und dort fest verankert ist, um unseren Körper vor. Diese Spirale setzt sich auch nach oben, bis zur göttlichen Quelle, fort. Mit dieser Spirale bist du gut in deiner Mitte und in Balance."

Gesagt, getan. Ingrid fällt diese Übung gar nicht schwer. Sie fühlt sich in der Spirale sofort geborgen und geschützt, ihre Energien werden immer stärker.

„Die zweite Übung ist auch sehr hilfreich", führt Sanara fort. „Stelle dir vor, dass von deinen Fußchakren Wurzeln bis zum Ermittelpunkt wachsen. Sie verbinden dich sehr intensiv mit den Erdenergien und lassen dich wieder realistisch denken."

„Und die dritte Übung: Stell dir ein dickes Seil von deinem Wurzelchakra, das liegt am Ende des Steißbeins, bis zum Erdmittelpunkt vor. So bist du gut mit den Heilenergien von Mutter Erde verbunden, du bist gut mit Energie versorgt und förderst damit deine Entwicklung."

„Hast du dir das gut vorstellen können?", fragt Sanara abschließend. „Ja, sehr gut, ich fühle ein starkes Kribbeln in meinem Körper und das Fließen meiner Kraft. Jetzt weiß ich genau, was zu tun ist. Es ist sehr, sehr angenehm. Wie oft ist es sinnvoll sich so zu erden?", kommt gleich eine Frage von Ingrid. „Je nachdem, höre auf dein Gefühl, wenn du abhebst oder nicht im Hier und Jetzt bist, visualisiere erneut, ansonsten reicht meistens einmal am Tag aus. Ich habe mein Morgenritual entwickelt, ohne mich zu erden, gehe ich nicht aus dem Haus. Du kannst deine Vorstellung auch programmieren, indem du dir innerlich sagst, diese Vorstellung, die Spirale, die Wurzel oder das Seil, begleitet mich den ganzen Tag, oder für diesen Monat oder ähnliches, und hilft mir und fördert mich, und ich liebe Mutter Erde", schlägt Sanara vor.

„Ich habe das Gefühl, gemeinsam geht alles besser als alleine. Ich möchte das öfters mit dir üben, bis ich es automatisch mache!", freut sich Ingrid. „Ja, das ist eine gute Idee, wir üben das jetzt öfters, vielleicht auch in der freien Natur unter einem großen starken Baum." „Danke für deine Informationen und deine Hilfe, ich fühl mich gut und gestärkt", Ingrid verabschiedet sich mit einem Lächeln auf den Lippen und verlässt Sanaras Haus.

Mögliche Erkenntnisse:

Ist jemand nicht gut geerdet, baut er gerne Luftschlösser und ist oft weit weg vom realistischen Denken, die Bodenständigkeit fehlt.

Geerdet sein heißt, eine gute Verbindung zur Mutter Erde zu haben, die eigene Kraft wird verstärkt.

Die Energien werden spürbar ständig erneuert und verstärkt in Verbindung mit der Erde.

Erdung kann zu einem Ritual entwickelt und programmiert werden, unsere mentale Kraft macht dies möglich.

Gut geerdet können die Heilenergien zwischen Erde und Menschen fließen.

Thesen

- Wissen nützt niemandem auf Erden wenn dadurch eine abgehobene Denkweise entsteht, denn so wird das Wissen nicht umgesetzt und ist unnütz. Wissen das nicht umgesetzt wird, erzeugt ein nicht geerdet Sein, das heißt, Körper und Geist sind nicht im Einklang. Nur ein Umsetzen des erlernten Wissens bewirkt eine Weiterentwicklung im Leben und eine Einheit von Körper und Seele.
- Wenn man sich nicht um seinen Körper und dessen tägliche Bedürfnisse kümmert, steht man oft neben sich. In einem gesunden Körper lebt ein gesunder Geist. Auch die weltlichen Belange sind wichtig, erst dann ist eine geistige Entwicklung möglich. Erst das Stillen der Grundbedürfnisse, danach die seelischen Bedürfnisse.
- Oftmals wird der Körper so wie er ist nicht angenommen, aus Mangel an Eigenliebe geschwächt und so ist auch die Verbindung von Körper und Seele geschwächt. Das richtige Maß an Eigenliebe ohne dass es in Narzissmus ausartet, stärkt die Zusammenarbeit und den Zusammenhalt von Körper und Seele. Wie eine liebevolle Symbiose dient der Körper der Seele und umgekehrt, sowie auch die Symbiose mit Mutter Erde beide gleichermaßen stärk. Ein bewusster Energieaustausch zwischen Erde und Mensch bewirkt ein Fließen der Energie zwischen beiden, das Heilung für beide bringt.

- Eine gute Verbindung zwischen Seele und Körper ermöglicht auch, dass der Mensch als Gesamtwesen die Verbindung zu Himmel und Erde aufrechterhält. Er pendelt in ständiger Verbindung nach oben und nach unten und schwebt mit Leichtigkeit wie getragen von wundervollen Energien durch sein Leben.

42. Inneres Kind

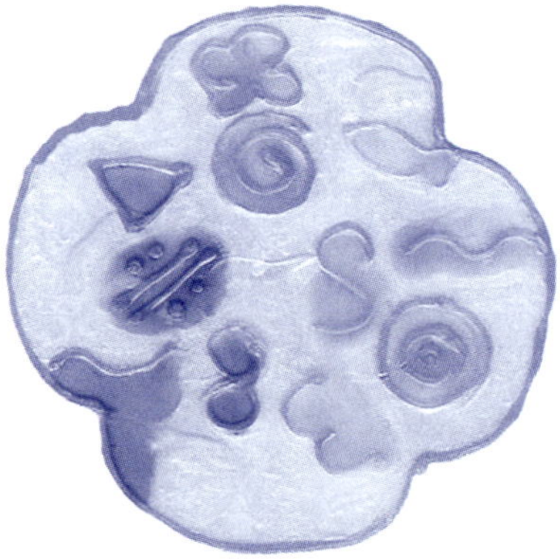

Dieses Symbol hilft mir, mein inneres Kind wieder zu finden, es zu stärken und in mein Leben zu integrieren. Mein inneres Kind, das ich einmal war und jetzt immer noch bin, auch wenn ich schon erwachsen bin, will beachtet werden. Es unterstützt mich gerne in meinem Leben, wenn ich es anneh-me. Es ist ein wichtiger Teil von mir, es fehlt, wenn es sich verabschiedet, weil ich es nicht beachte. Ohne mein inneres Kind bin ich nicht mehr ganz vollständig.

Es ist in der heutigen Zeit nicht üblich zu spielen, oder seine Arbeit spielerisch zu machen, immer zum Scherzen bereit zu sein oder einen Dialog mit seinem inneren Kind zu führen. Genau das braucht es, um beachtet zu werden, sich bei mir wohl zu fühlen und gestärkt zu sein. Wenn ich spiele, so spiele ich auch mit meinem inneren Kind, oder ich spreche mit ihm, stelle ihm Fragen. Ich beziehe es bei Entscheidungen mit ein, denn Kinder sind intuitiv und wissen, was sie brauchen. Ich lache, lache viel, Kinder lieben das Lachen und brauchen es, genau so wie Erwachsene, auch wenn sie es manchmal vergessen haben.

Ich beobachte Kinder. Wie verhalten sie sich? Was ist ihnen wichtig? Wie sprechen und handeln sie? So kann ich mein eigenes inneres Kind besser verstehen und in meinem Leben integrieren. Mein Leben wird dadurch um vieles reicher und um einen wunderbaren Teil ergänzt. Kinder sind intensiv und mit ganzem Herzen bei der Sache. Genau so intensiv kann mein Leben werden. Erlebnisse werden viel intensiver, Gefühle verstärkt und ich bin ein Stück vollkommener geworden. Vielleicht kann ich jetzt Ereignisse aus meiner Kindheit verstehen und die dadurch entstandenen Blockaden lösen. Wenn es solche Themen in meinem Leben gibt, setze ich mich mit meinem inneren Kind auseinander und spreche mit ihm. Die Antworten werden folgen. In gegenseitiger Liebe und Achtung kann ich mein Leben bereichern.

Kinder sind nicht nachtragend. Wenn sie aufeinander böse und beleidigt sind, ist im nächsten Moment wieder alles verziehen und sie sind die besten Freunde, als wäre nichts gewesen. Sie sind brutal, wenn es um die Wahrheit geht, sie beschönigen nichts. Sie sprechen alles aus, so wie es ist, so wie sie es fühlen. Ihre Umwelt kann oft nicht gut damit umgehen. Wenn ihre Eltern sie belehren „Das sagt man nicht!", werden die Kinder leider irgendwann aufhören, ihren Gefühlen zu vertrauen, weil sie damit schlechte Erfahrungen gemacht haben.

Jedoch kann es auch sein, dass jemand nicht Erwachsen werden will, immer Kind sein will, in einer kindlichen Phase stehen bleibt. Es kann dafür viele Gründe geben, wenn jemand keine Verantwortung übernehmen will oder die Vorteile des Kindseins überbetont und auf das behütet Sein und umsorgt Werden nicht verzichten will. Es ist aber so nicht möglich, ein erfüllendes Erwachsenendasein zu leben. Dieser Erwachsene wird oft nicht ernst genommen oder nicht für voll genommen, er wird möglicherweise ignoriert, seine Vorschläge werden nicht akzeptiert er kann sich schwer durchsetzten. Manche Menschen können nicht mit dem Altern umgehen, sie wollen immer jung sein, der Körper soll immer jugendlich schön bleiben und das möchten sie mit dem kindlich Bleiben erreichen.

Mögliche Ursachenthemen

Das Kindliche nicht leben können
Immer ernst und verbissen sein
Nicht lachen und scherzen können
In Höhen und in Tiefen intensiv leben
Blockaden aus der Kindheit lösen
Kinder achten und mit ihnen spielen
Seinem inneren Kind Fragen stellen
Nicht Erwachsen werden wollen
Keine Verantwortung übernehmen wollen
Keine Pflichten haben wollen
Immer jung bleiben wollen
Nicht mit dem Altern zurechtkommen

Neues Denkmuster

Ich integriere mein inneres Kind in mein Leben und bin intensiv und mit Freude beim „Ernst“ des Lebens. Ich koste meine Höhen ebenso aus wie meine Tiefen und verlerne niemals das Lachen und das Scherzen. Ich habe Achtung vor Kindern und spiele mit ihnen, wann immer sich eine Gelegenheit dazu bietet. Blockaden und schlimme Erlebnisse löse ich auf, indem ich Kontakt zu meinem inneren Kind aufnehme und intensiv mit ihm kommuniziere. Wenn meinem inneren Kind etwas gefehlt hat, bin ich bereit, es ihm jetzt zu geben, sei es Liebe, Zuwendung, Achtung, Aufmerksamkeit und vieles mehr.

Affirmation

Ich liebe mein inneres Kind und gebe ihm was es braucht!

Farben weiß, rosa, hellblau, hellgrün
Chakren Bauch, Hals, Solarplexus
Körperzonen Haut, Bauch, Lunge, alle Sinne, Nieren, Tränen

Die einzelnen Körperzonen

Haut
Grenze nach außen
Übergang vom Innen zum Außen
Was drängt vom Unbewussten ins Bewusstsein?
Welche Dinge jucken mich?
Der Außenwelt gegenüber überempfindlich sein
Aus der Haut fahren wollen
Sich schutzlos fühlen
Veränderungen der Haut haben Bezug zur inneren Wirklichkeit
Mir geht alles unter die Haut!

Bauch
Geborgenheit bekommen und geben
Sich in sich selbst wohl fühlen
In seine Mitte kommen
Sich umsorgt fühlen
Mit sich selbst im Reinen sein
Genug Zeit für sich selbst haben
Bewusste und unbewusste Belastungen auflösen

Lunge	Übergang in die feinstoffliche Welt Die Lunge entfaltet sich, um Luft aufzunehmen Wer oder was behindert mich in meiner persönlichen Entfaltung? Kontakt zur Umwelt Wer nimmt mir die Luft zum Atmen? Angst, die die Brust zuschnürt Geringe Entfaltung ist ein Mangel an Lebenskraft
Alle Sinne	Wach sein Die Wahrheit mit allen Sinnen fühlen Seinen Sinnen trauen und vertrauen Wahrnehmen, was belastet Sich klar werden, was man braucht Sich klar werden, was man nicht mehr braucht Die Sinne nutzen, um sein Leben freudvoll zu gestalten
Nieren, Tränen	Die Nieren reinigen den Körper Tränen bereinigen nicht gelebte Emotionen Nach dem Weinen wieder klar sehen Seinen Weg sehen Zwischenmenschliche Beziehungen reinigen und klären Sich für Liebe und Harmonie öffnen Wo halte ich Probleme fest? Abgestorbenes und Verbrauchtes loslassen

Fragen

- Was würde geschehen, wenn ich meine kindlich verspielte Seite ausleben würde?
- Was wäre anders, wenn ich nicht mehr ernst und verbissen wäre?
- Wer würde es als erster bemerken, wenn ich viel mehr scherzen und lachen würde?
- Was wäre das Beste und Schlimmste, wenn ich intensiv meine Höhen und Tiefen leben würde?
- Kann ich mir vorstellen, Kinder als vollwertig zu achten, von ihnen zu lernen, mit ihnen zu spielen?
- Wie würde ich mich fühlen, wenn ich Fragen an mein inneres Kind stellen würde?

Wieder einmal Kind sein!

„Sanara, jetzt frag ich dich: Wie schaffst du es, immer zum Scherzen aufgelegt zu sein und alles so spielerisch und mit Leichtigkeit anzugehen?", fragt Gregor, ein Kollege von Sanara, als sie nach einem intensiven Meeting beim Plaudern zusammen sitzen. „Ja, weißt du, ich kommuniziere mit meinem inneren Kind. Es hilft mir enorm bei Entscheidungen und es fordert mich immer zum Lachen heraus.", antwortet Sanara. „Inneres Kind, was ist das? Hat das jeder? Kann ich das auch?", lauten die erstaunten Fragen von Gregor. „Natürlich, widme einmal einen Tag deinem inneren Kind, dann schaffst du bestimmt es auszugraben und wieder in dein Leben zu integrieren.", erwidert Sanara verständnisvoll. „Wie geht das? Erklär es mir, bitte! Ich möchte vereint mit meinem inneren Kind leben." Gregor ist bereit. „Okay, ich erkläre es dir! Nimm dir einen Tag dafür Zeit, am besten ein Wochenende.", beginnt Sanara. „Das ist gut, heute ist Freitag, gleich Morgen nehme ich mir Zeit dafür." sagt Gregor begeistert. Er nimmt einen Zettel zur Hand und schreibt eifrig Sanaras Erklärungen auf:

„Nachdem du deinem inneren Kind einen ‚Guten Morgen' gewünscht hast, frage es was es zum Frühstück möchte. Bereite genau dies vor. Vielleicht hast du dir als Kind ein ganz anderes Frühstück gewünscht als dir deine Mutter vorsetzte. Erfülle dir jetzt diesen Wunsch. Frage was es anziehen und was es heute besonderes tun möchte. Vielleicht will es auf einen Spielplatz gehen oder über eine Wiese laufen, ein Bild malen oder im Park Rad fahren. Vielleicht hat es Lust Blumen zu pflücken, baden oder in den Tierpark zu gehen. Tue was immer es möchte und frage dazwischen immer wie es ihm geht. Nimm es ernst und behandle es mit Wertschätzung. Frage es liebevoll, was ihm gefehlt hat als du klein warst. Lies ihm eine Geschichte vor, erzähle Witze, lache mit ihm, so als wäre es anwesend. Du wirst dein inneres Kind immer stärker fühlen und auch wissen was es gerade braucht. Vielleicht hörst du sogar die Antworten, die in dir stecken. Wenn eine Entscheidung ansteht, lasse es immer wieder als gleichberechtigten Partner mitbestimmen. Frage wo es aus deiner Kindheit noch etwas nachzuholen gibt und wo es schlimme Erlebnisse gab. Arbeite sie auf und kläre warum die Erwachsenen so gehandelt haben. So löst du alle Blockaden aus deiner Kindheit auf. Durch diesen intensiven Tag kannst du das Vertrauen deines inneren Kindes wieder gewinnen. Mit Sicherheit wird es dich unterstützen und dein Leben bereichern. Gib deinem inneren Kind was es braucht.", beendet Sanara ihre intensiven Ausführungen.

„Super, ich spür jetzt schon die Begeisterung deines inneren Kindes in dir." ruft Sanara. "Puh, das ist viel, aber ich schaffe das! Gleich morgen werde ich es versuchen!" rauft sich Gregor die Haare und steht auf. „Ich muss jetzt gehen. Tschüß, bis Montag liebe Kollegin! Da werde ich dir berichten. Vielen Dank!" „Tschüß, Gregor, du kannst ihm auch einen Namen geben. Meines heißt Sara. Viel Spaß!", ruft ihm Sanara noch nach.

Ich liebe mein inneres Kind und gebe ihm was es braucht!
Ich integriere mein inneres Kind in mein Leben und bin intensiv und mit Freude beim ‚Ernst' des Lebens. Ich koste meine Höhen ebenso aus wie meine Tiefen und verlerne niemals das Lachen und das Scherzen.

Mögliche Erkenntnisse:

Jeder hat sein inneres Kind, das er einmal war, bei sich. Es gibt Unterstützung indem es Leichtigkeit und Fröhlichkeit fördert wenn es beachtet wird.

Einfach mit ihm sprechen und Fragen stellen, ermöglicht den Kontakt zum Inneren Kind.

Die Antworten auf die Fragen, können innerlich gehört, gefühlt oder gewusst werden.

Achtung und Wertschätzung gegenüber Kindern ist wichtig. Dies fördert ihre Entwicklung, ebenso wichtig ist es für das eigene innere Kind.

Fröhlichkeit, verspielt Sein und Leichtigkeit sind Qualitäten die viele Erwachsenen verlernt haben, das innere Kind kann helfen diese wieder zu entwickeln.

Es ist kein Widerspruch Erwachsen zu sein und sein inneres Kind zu bewahren.

Thesen

- Das kindliche, unverdorbene, intuitive Verhalten ist keineswegs als kindisch anzusehen. Kindliches Verhalten bedeutet im positiven Sinne, ohne Vorurteile auf seine inneren Bedürfnisse und sein Gefühl zu hören.
- Man kann auch ernst und konzentriert sein aber niemals verbissen, verbockt und verbohrt. Kinder gehen konzentriert aber spielerisch an eine Aufgabe heran, haben Spaß dabei und erreichen so ihr Ziel.
- Kinder vergessen niemals das Lachen, auch wenn sie noch so konzentriert sind. Wenn Erwachsene konzentriert bei einer Sache sind, lachen diese nicht mehr. Es ist eher Verbissenheit als Konzentration, die Energie und die Kreativität sind blockiert.
- Typisch kindlich ist auch der Wechsel der Gefühle. Einmal oben einmal unten, sie hängen nicht hinterher. Kein nachtragend Sein, kein Verzweifeln an Niederlagen. Sie probieren unzählige verschiedene Varianten und kommen so zum Ziel.

- Blockaden, die in der Kindheit entstanden sind, wo es nicht erlaubt wurde, Kind zu sein, hindern uns heute daran das Kindliche zu leben. Auflösen dieser Blockaden würde sehr viele kindliche, lockere, kreative Qualitäten wiederbringen, welche vielen Erwachsenen fehlen.
- Sich mit Kindern zu beschäftigen, Kinder zu beobachten, mit ihnen zu Spielen kann helfen diese Qualitäten wieder hervorzuholen. Kindlich sein mit dem Verantwortungsbewusstsein eines Erwachsenen würde die Welt um vieles verbessern.
- Kinder zu achten wie erwachsene, sein eigenes inneres Kind zu achten und zu lieben bereichert das Leben. Kinder als vollwertig annehmen und von ihnen lernen wollen, das macht das Leben vieler Erwachsenen vollständiger.
- Wenn man immer Kind sein will, keine Verantwortung übernehmen will, wird das Erwachsensein nicht angenommen und ein erfülltes Erwachsensein ist nicht möglich. Hier spielen Ängste eine sehr große Rolle. Immer versorgt werden wollen, nicht allein sein können, nicht älter werden wollen, dies verhindert das Erwachsenwerden. Menschen, die zwar äußerlich schon erwachsen aber innerlich in einer kindlichen Phase steckengeblieben sind, nehmen eine einfachere Variante in Anspruch, indem sie einfach die Vorzüge des Kindseins genießen. Ein Durchsetzen in der Erwachsenwelt ist diesen Menschen oft schwer möglich und sie werden meist nicht ernstgenommen von den „wirklich Erwachsenen“.

43. Geduld und Ausdauer

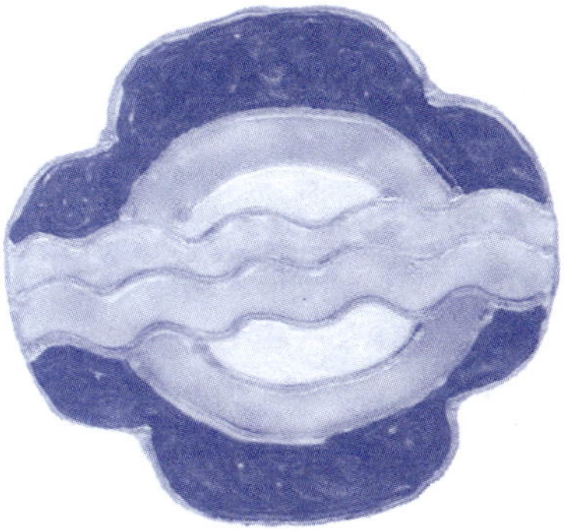

Dieses Symbol hilft mir, die Geduld und Ausdauer, die ich für das Erreichen meiner Ziele benötige, zu entwickeln. Manchmal ist es notwendig Geduld zu haben bis der richtige Moment gekommen ist. Vielleicht ist es gerade nicht der richtige Zeitpunkt eine bessere Arbeitsstelle, die Traumwohnung zu finden, den richtigen Partner kennenzulernen. Ich bleibe trotzdem auf mein Ziel ausgerichtet, verliere es nicht aus den Augen und gebe nicht auf. Ich versuche es wieder – am nächsten Tag, in der nächsten Woche, im nächsten Monat – wieder und wieder, mit Freude und Zuversicht. So werde ich bestimmt bald belohnt und das Richtige wird zu mir kommen. Ich überprüfe mein Ziel, verfolge es mit Vorfreude und Geduld, fühle es schon in mir als hätte ich es bereits erreicht. Ich arbeite mit Ausdauer, bis ich an meinem Ziel angelangt bin.

Ich muss einmal öfter aufstehen als niederfallen – wie ein kleines Kind, das das Gehen lernt. Es ist mit Eifer und Freude dabei, 1000 mal fällt es zu Boden und immer wieder steht es auf, bis es frei gehen kann. Wir Erwachsene haben diese Zielstrebigkeit oft verlernt und kapitulieren bereits nach wenigen Versuchen, wenn wir etwas Neues ausprobieren. Aber wieviele Versuche braucht ein Kleinkind bei seinen täglichen Lernschritten?

Auch ich werde es mit Geduld und Ausdauer schaffen. Wenn ich falle, stehe ich wieder auf und wähle eine andere Möglichkeit an mein Ziel zu gelangen. Ich habe gelernt, dass es so nicht geht, ich bin um eine Erfahrung reicher. Ich bin flexibel und probiere verschiedene Möglichkeiten, bis sich der Erfolg einstellt. Ich verfolge verschiedene Möglichkeiten, um gehen zu lernen, wie ein kleines Kind.

Ich überprüfe auch immer wieder mein Ziel. Wenn es notwendig ist, ändere ich das eine oder andere Detail, vielleicht haben sich die Umstände geändert. Ich passe mein Ziel den Gegebenheiten an und verfolge es mit Freude und Ausdauer. Ich kann es schon fühlen. Die Vorfreude gibt mir die Kraft, Geduld, die Ausdauer, die für meinen Erfolg notwendig sind. Das Training der Misserfolge und das Probieren stärken mich. Das Tempo jedes Einzelnen ist so verschieden wie die Menschen selbst. Verschiedene Taktiken und Wege zu finden macht mich stark für den Erfolg. Geduldig sein heißt nicht tatenlos zuzusehen, sondern mit Freude auf das Ziel hinarbeiten.

Mögliche Ursachenthemen

Geduld mit sich und anderen haben
Mit Geduld auf den richtigen Zeitpunkt hinarbeiten
Seine Ziele mit Geduld verfolgen
Seine Ziele mit Vorfreude und Ausdauer verfolgen
Flexibel sein, verschiedene Möglichkeiten einsetzen
Sich von Misserfolgen nicht entmutigen lassen
Aus Misserfolgen lernen
Sich aus der Vorfreude die Kraft für die Ausdauer holen
Misserfolge sind das Training für den Erfolg

Neues Denkmuster

Die Vorfreude gibt mir Kraft um mein Ziel mit Geduld und Ausdauer zu erreichen. Flexibel wähle ich aus den verschiedenen Möglichkeiten; sie sind das Training, um zum Erfolg zu kommen. Durch jeden Misserfolg werde ich um eine Erfahrung reicher. Immer wieder überprüfe ich mein Ziel auf geänderte Umstände und genieße erneut die Vorfreude. Jetzt bin ich stark genug, um mit Geduld und Ausdauer meine Siege zu feiern. Geduld bedeutet nicht tatenlos zu verharren, sondern auf sein Ziel freudig hinzuarbeiten.

Affirmation

Die Vorfreude ist mein Motor um mit Geduld und Ausdauer die Siege zu feiern!

Farben grün, rot, lila, weiß
Chakren Herz, Sexus, 3. Auge
Körperzonen Nerven, Solarplexus, Magen, Kopf, Blut

Die einzelnen Körperzonen

Nerven, Solarplexus

Nachrichtenübermittlung
Gefühlsübermittlung
Unklarheiten klären lernen
Sich Informationen holen und bearbeiten
Sich Informationen über sich selbst im Innen und Außen holen
Wege finden sinnvoll zu leben
Sich Energie aus fließender Information holen
Bei innerer Unruhe nach Information suchen
Sich Zeit nehmen über sich selbst nachzudenken
Sich über sich selbst klar werden
Sich eine Meinung über sich selbst bilden
Mit sich selbst an einem (Nerven-)Strang ziehen

Magen

Die wahre Identität, Sitz der inneren Weisheit finden
In der Mitte Geborgenheit finden
Erfüllung im Leben finden
Nahrung sowie Gefühle verarbeiten lernen
Ich liebe mich selbst!

Kopf

Zentrale akzeptieren und Geduld üben
Intellektuelles Wissen erwerben
Wissen über sich selbst annehmen
Sich selbst mit Gefühl erkunden und erforschen
Alles über sich selbst wissen wollen
Alles in Erfahrung bringen
Wissenswertes speichern und einordnen
Die eigene Orientierung behalten
Geistige Auseinandersetzung mit sich selbst
Geistige Fehlhaltungen korrigieren
Umstände und Einstellungen verändern

Blut

Lebensenergien
Sich Energie von sich selbst holen und produzieren

Fragen

- Was wäre anders, wenn ich ab jetzt mit mir und anderen Geduld hätte?
- Wer würde es als Erster bemerken, wenn ich meine Ziele mit Ausdauer verfolgen würde?
- Wie würde ich mich fühlen, wenn ich die Einstellung hätte, dass Misserfolge das Training für den Erfolg wären?
- Könnte ich mir vorstellen, mir aus der Vorfreude die Geduld und Ausdauer für den Erfolg holen zu können?
- Was wäre anders, wenn ich mich ab jetzt von Misserfolgen nicht mehr entmutigen lassen und daraus lernen würde?

Laufen lernen

Schau dir an wie ein kleines Kind gehen lernt, es versucht hunderte Male aufzustehen und fällt wieder und wieder. Sieh dieses Bild vor deinem geistigen Auge – wie es sich abmüht und sich dennoch über jeden kleinen Erfolg freut. Es braucht die Geduld warten zu können, bis die Muskeln durch das unaufhörliche Training gewachsen und stark genug sind, bis sie endlich das Körpergewicht tragen können.

Es bemüht sich aus der Krabbelbewegung aufzustehen, es versucht sich aus dem Sitzen und aus der Bauchlage aufzurichten, es zieht sich an einem Sessel oder Kasten hoch. Ein Kind wartet nicht auf ein Wunder, nein, es probiert unentwegt etwas anderes und versucht es mit verschiedensten Möglichkeiten. Es ist einfallsreich und findet immer wieder neue Wege. Es weint kurz, wenn es fällt, seine Mutter ermutigt es aufs Neue und spendet Trost. Ein anderes Mal versucht es mit Ausdauer an den Beinen der Mutter oder an der Hand und es freut sich über jeden kleinen Teilerfolg. Es fällt hin und rappelt sich wieder auf. Jedes Mal ist es etwas sicherer und stärker, jedes Mal ist es um eine Erfahrung reicher geworden. Schlussendlich wird es belohnt, es geht auf zwei Beinen aufrecht durchs Leben. Zuerst noch etwas unsicher und wackelig, aber mit Übung gewinnt es jeden Tag an Sicherheit und strahlt wie ein großer Sieger – zu Recht – es hat sein Ziel erreicht!

Das ist ein großer Sieg, den jeder Mensch am Ende seines ersten Lebensjahres erreicht. Wir alle sind große Sieger, wir schaffen es. Genau diese Geschichte könnt ihr euch als Vorbild für all eure Ziele nehmen, es ist unwichtig, ob es sich um kleine oder große Ziele handelt. Jeder kann mit Geduld und Ausdauer sein Ziel erreichen und seine Siege feiern!

Mögliche Erkenntnisse:

Es ist wichtig einmal öfter aufzustehen als niederzufallen.

Durch Geduld und Ausdauer wächst die Kraft die notwendig ist um Ziele zu erreichen.

Auch Freude über jeden Teilerfolg gibt die Kraft um weiterzugehen bis zum Endziel.

Jede Niederlage ist eine Erfahrung wie es nicht geht, um danach mit Ausdauer neue Varianten einzusetzen.

Jeder hat am Ende seines ersten Lebensjahres einen großen Sieg errungen, dieser Sieg kann ein Vorbild sein für viele noch folgende.

Thesen

- Geduld und Ausdauer ist wichtiger als Talent. Nur mit Geduld kann eine Fähigkeit perfektioniert werden. Geduld und Ausdauer bringen uns mit Sicherheit ans Ziel. Mit Geduld eine Fähigkeit zu üben bringt uns zur Meisterschaft.
- Geduld ist oft auch notwendig um den richtigen Zeitpunkt abzuwarten. Manchmal ist es nicht möglich zum Ziel zu kommen. Es gelingt einfach nicht zu diesem Zeitpunkt. Und plötzlich zum richtigen Zeitpunkt geschieht alles wie von selbst. Geduldig warten können auf die richtige Zeitqualität.
- Ein Ziel mit Geduld verfolgen können und Schritt für Schritt zum Ziel die einzelnen Entwicklungsstufen die notwendig sind durchleben. Nichts überspringen denn dies kann es unmöglich machen ein Ziel zu erreichen.
- Die Vorfreude auf ein erreichtes Ziel gibt die Kraft, um den Weg zum Ziel mit Geduld zu gehen.
- Geduld kann auch bedeuten, langsamer zu gehen als geplant, da manches einfache das richtige Maß an Zeit braucht.
- Geduld kann auch heißen, verschiedene Möglichkeiten einzusetzen, flexibel zu sein und mit Ausdauer andere neue Wege zu gehen. Aus Misserfolgen lernen, mit Geduld neue Möglichkeiten einsetzen und mit Mut und Ausdauer sich wieder auf den Weg machen.
- Geduld üben bis der Erfolg sich einstellt.

44. Achtsamkeit

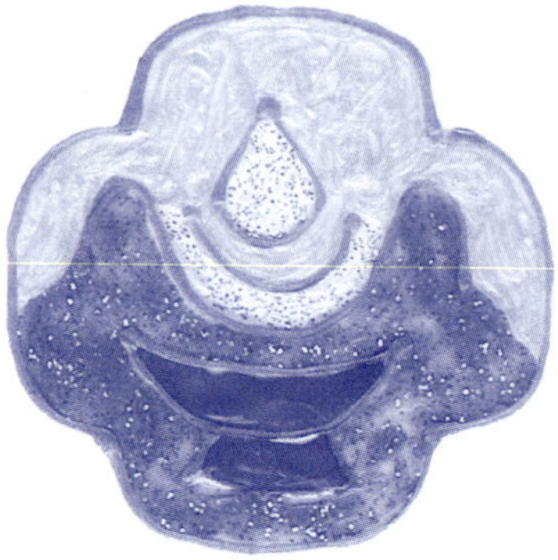

Dieses Symbol hilft mir, Achtsamkeit und Achtung für alles Lebendige und für mich selbst zu entwickeln, das Göttliche in allem und jeden als etwas Besonderes zu ehren, mich selbst zu achten als das glorreiche Wesen das ich bin. Ich achte mich, mache mich nicht klein, ich achte die anderen so groß wie sie sind, jeden auf seine Art. Jeder hat Achtung für seinen Weg und für sein Wesen verdient.

Ich achte die alten Menschen für ihre Weisheit und Lebenserfahrung, auch wenn ich sie manchmal als schrullig und langsam empfinde. Wir können von ihnen lernen. Ich achte die Kinder, sie sind vollständige Wesen. Wir können uns ein Beispiel an ihnen nehmen, sie handeln noch intuitiv und voll Freude, besonders die ganz kleinen. Ich achte alle Menschen, auch wenn ich mit ihrem Verhalten nicht einverstanden bin.

Umgekehrt, wenn ich von jemandem nicht geachtet werde, gehe ich fort, ich nehme von diesem Menschen Abstand oder sage ihm wie ich mich durch seine Missachtung fühle, vielleicht wird es angenommen und er bringt mir ab jetzt Achtung entgegen. Ich lasse es nicht zu, von anderen missachtet zu werden. Ich selbst ehre und achte die Werke jedes einzelnen, egal wie sie auf mich wirken und wie groß sie sind. Der Wille und der gute Gedanke, der dahinter steckt, sind beachtenswert. Der Wille etwas für sein eigenes Wohl oder das der anderen zu tun ist bemerkenswert, ebenso wie etwas für das Wohl der Erde oder der Tiere zu tun. Alles dient dem Großen Ganzen und ist zum Wohl aller. Jeder einzelne Teil ist ein Stück aus der Gesamtheit, ist beachtenswert und ergibt ein Gesamtbild. Jedes fehlende Stück, jeder fehlende Strich würde das Gemälde in seiner Schönheit schmälern. Jeder kleine Punkt oder Strich ist am kunstvollen Bild beachtenswert.

Ich habe Achtung gegenüber jedem Wesen, egal welcher Herkunft, egal welchem Berufsstand oder welchem Geschlecht, gegenüber allen Möglichkeiten und Methoden und den verschiedenen Wegen, die jeder Mensch beschreiten kann. Ich achte die Entscheidung eines anderen Menschen, auch wenn ich in dieser Situation einen anderen Weg einschlagen würde. Jeder verdient es geachtet zu werden – nur aus dem Grund, weil er ist, weil er hier ist, weil er hier auf Erden wandelt. Er dient sich selbst und dem Großen Ganzen. Wandeln heißt verändern, durch seine Anwesenheit entwickelt er. Jeder trägt mit seiner Energie zur Veränderung bei. Jeder hat die Wahl welche Möglichkeit und Richtung der Entwicklung er einschlägt. Dafür achte ich jedes Wesen.

Mögliche Ursachenthemen

Sich selbst als etwas Besonderes achten
Andere annehmen und achten
Frei von Wertung sein
Sich nicht missachten lassen
Alle Werke anderer achten
Andere Menschen handeln anders
Jeder ist es Wert auf Erden zu wandeln
Sich nicht gering schätzen
Jeder ist großartig, unabhängig von seiner Leistung

Neues Denkmuster

Ich achte mich, ich bin etwas Besonderes, dies ist unabhängig von meiner Leistung. Alle Wesen sind, für das was sie auf Erden tun, beachtenswert. Alle Wege und Möglichkeiten sich zu entwickeln sind es wert beachtet zu werden. Jeder Punkt oder jeder kleinste Strich ist wichtig um die Schönheit eines kunstvollen Gemäldes zu unterstreichen. Jeder trägt mit seiner Energie zur Veränderung bei, dafür wird er geachtet.

Affirmation

Ich bringe mir, allen Wesen und Werken Achtung entgegen!

Farben rot, weiß, gelb, rosa
Chakren Herz, Wurzel, Kronen
Körperzonen Herz, Kreuzbein, Steißbein, Niere, Nerven

Die einzelnen Körperzonen

Herz
Gefühlszentrum
Die Liebe annehmen
Liebe an andere weitergeben
Sein Herz für andere öffnen
Die Mitmenschen mit offenem Herzen annehmen

Herz	Andere in sein Herz aufnehmen Kann ich mein Gegenüber mit dem Herzen annehmen?
Kreuzbein, Steißbein	Beweglichkeit Ich liebe mich selbst! Seine Mitmenschen lieben und achten Sein Gutes und das Gute seiner Mitmenschen wahrnehmen und in Anspruch nehmen Die geistige Haltung gegenüber sich selbst und den Mitmenschen überprüfen Was halte ich von meinem Gegenüber?
Niere	Verhalten in Beziehungen Angst vor dem Versagen in zwischenmenschlichen Beziehungen Sein Verhalten gegenüber den Mitmenschen überprüfen und falsches Verhalten ändern Seine Gedanken über die Mitmenschen überprüfen Unreine Gedanken bereinigen
Nerven	Innere Harmonie herstellen und nach außen weiterleiten Wahrnehmungen von außen nach innen weiterleiten Nachrichten so wie sie sind annehmen können und nicht verändern, damit sie angenehm erscheinen Annehmen, dass alles gut ist wie es ist

Fragen

- Was wäre das Beste und was das Schlimmste, wenn ich tatsächlich mit dem Wissen „Ich bin etwas Besonderes!“ handeln würde?
- Was wäre anders, wenn ich anderen mit Achtung und Achtsamkeit begegnen würde?
- Wer würde es als Erster bemerken, wenn ich frei von Wertungen wäre?
- Könnte ich mir vorstellen nicht mehr zuzulassen von anderen missachtet zu werden und das sofort aufzuzeigen?

- Was ist das Positive, jemanden nur wegen seiner enormen Leistungen großartig zu finden?
- Woran würde ich es merken, wenn ich jedem Achtung entgegenbringen würde?

Das Mosaik der Freude

Ich habe Achtung gegenüber jedem Wesen. Beachtenswert ist das Besondere in jedem. Jede Kleinigkeit und jedes Detail verdienen Aufmerksamkeit. Die kleinen Dinge im Leben geben uns die Lebensfreude. Stein für Stein, wie in einem Mosaik, ergeben sie ein kraftvolles, freudvolles Bild. Würde ein Steinchen fehlen, wäre es nicht vollständig. Die Lücke, die entsteht, kann nur schwer oder gar nicht gefüllt werden. Es geht hier um die kleinen Dinge im Leben: der Kuss am Morgen vom Partner, die Sonne, die durchs Schlafzimmerfenster scheint, der Duft einer Schale Kaffee, die Rose, die im Garten neu erblüht ist, der Schmetterling, der gerade vorbeifliegt, die Kinder, die freudvoll laut sind, das schöne, angenehme Kleid, indem du dich wohl fühlst, das Lächeln, das man gerade zufällig beim täglichen Einkauf eingefangen hat, die Dankbarkeit, die man seiner Mutter entgegen bringt, oder ein Dankeschön, das man von anderen bekommt. Das sind die wundervollen Kleinigkeiten, die beachtenswert sind und Lebensfreude bringen.

Lege den Fokus auf die kleinen Dinge im Leben. Versäume sie nicht und beachte sie, sonst entsteht eine Lücke in deinem Mosaik. Es wäre schade um dein schönes Kunstwerk. Fange jetzt damit an die Kleinigkeiten in deinem Leben bewusst wahrzunehmen. Sieh die kleinen positiven Dinge – die Kollegin wie sie gerade einen Kunden nett behandelt, den Straßenkehrer, der sich über dein „Guten Morgen" freut, die Nachbarn, die wieder mal deine Hecke mitgeschnitten haben. Freue dich darüber und teile es den Menschen mit.

Jedes Mosaiksteinchen ist schön und vervollständigt dein tägliches Kunstwerk. Jedes einzelne Steinchen ist wichtig. Wenn du bemerkst, dass eines fehlt, dann denke darüber nach. Wie kannst du es in Zukunft besser machen? Am nächsten Morgen fange gleich damit an und lasse an diesem Tag keine Lücke entstehen. Wenn du merkst, dass du gestresst bist und schon wieder die Scheuklappen aufgesetzt hast, wenn dein Herz verschlossen ist und du deine Umwelt nicht mehr wahrnimmst, bist du wieder in deiner alten Schiene und die Freude ist weg. Sag „Stopp!" zu dir. Besinne dich! Das kannst du überall tun. Beginne diesen Tag neu und sag zu dir selbst: „Ich öffne meine Augen und sehe alles. Ich öffne meine Ohren und höre alles. Ich nehme alles Wundervolle wahr und schenke ihm Beachtung. Für das wundervolle Gesamtwerk des heutigen Tages brauche ich jedes Steinchen."

Nimm die schönen Farben der Blumen wahr, das Glitzern im Meer, den Wind, der dich streichelt, die Musik, die du aus einem Haus hörst, oder den Hubschrauber. Es ist wundervoll, wenn er gerade ein Leben rettet. Dem genervten Kollegen schenk ein Lächeln! Nimm die kleinen Freuden des Lebens nicht als selbstverständlich an. Mache sie durch dein Betrachten zu Mosaiksteinchen. Jedes weitere Steinchen vergrößert die Schönheit des Gesamtkunstwerkes. Jeden Tag kann das Kunstwerk schöner und du selbst reicher an Lebensfreude werden. Nach oben gibt es keine Grenze, es gibt immer wieder Neues. Du wirst es nicht glauben, was du alles siehst, hörst und wahrnimmst, wenn du es beachtest. Du hast dir nicht gedacht, dass es diese Dinge gibt, die du jetzt als schön wahrnimmst und achtest. Ich bringe mir und allen Wesen und Werken Achtung entgegen.

Durch Achtung und Beachtung kreiere ich
täglich ein wunderbares Mosaik.

Mögliche Erkenntnisse:

Auch Kleinigkeiten bringen Lebensfreude.
Die großen Monumente und Ereignisse versperren uns die Sicht auf die vielen wunderbaren Kleinigkeiten, sehr viel Lebensfreude kann dadurch verloren gehen.
Notiz nehmen und diesen Kleinigkeiten ihren Wert gebe indem es angesprochen wird, bringt viele wunderbare Glücksgefühle.
Sich auf die kleinen Dinge besinnen ist jederzeit möglich.
Die Sichtweise zu verändern, macht es erst möglich die kleinen Dinge wahrzunehmen und zu beachten, ihnen Achtung schenken.
Jeder und Jedes, sei es noch so klein verdient Achtung.
Es kommt auf den Winkel des Betrachters an ob man etwas erkennt und wahrnimmt, es war auch vorher da.

Thesen

- Achtsamkeit und Achtung basieren auf der Erkenntnis, dass jeder Mensch wertvoll ist und deshalb Respekt verdient. Jeder Mensch ist es Wert, beachtet zu werden.
- Jeder ist es wert als Mensch und Seele so angenommen zu werden wie er ist: Eine beachtenswerte Persönlichkeit.
- Achtung ist frei von Wertung, jede Seele ist beachtenswert. Dort wo die Seele steht ist es gut, ich nehme sie an.
- Selbstachtung erlaubt es nicht, von anderen Missachtet zu werden. Dort wo ich Missachtung bekomme, achte ich mich selbst nicht. Wo Missachtung herrscht entferne ich mich rasch. Ich habe den freien Willen.

- Achtung verdienen alle kreativen Werke – meine und die der anderen. Die Vielfalt der Menschen, die Vielfalt der Werke und deren Andersartigkeit verdient Achtung und Staunen.
- Achtung ist Wertschätzung jedes Einzelnen und aller Werke. Wertschätzung sich selbst gegenüber ist auch ein Annehmen der eigenen Seele und der eigenen Werke.
- Jeder verdient Achtung. Achtung und Wertschätzung ist unabhängig von der Leistung.

45. Erfolg

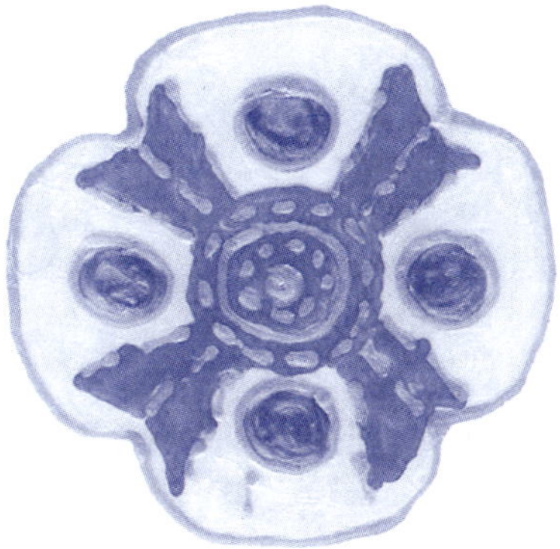

Dieses Symbol hilft mir, Erfolg in meinem Leben zu erreichen, was auch immer das für mich heißen mag. Es ist ein Ziel zu erreichen – ein kleines wie ein großes, es bedeutet etwas zu erlangen, wofür ich mich eingesetzt habe, etwas beenden was ich begonnen, wofür ich meine Begeisterung eingesetzt habe.

Erfolgreich sein heißt, seine Energie, seine Kraft für etwas einzusetzen und es zu erreichen. Der Reichtum folgt auf allen Ebenen: Der Erfolg kann Geld bringen – Reichtum im Außen, oder innerer Reichtum, ja nachdem welches Ziel ich verfolgt habe.

Ein berufliches Ziel, das ich erreiche, wird mir überwiegend äußeren Reichtum bringen, vielleicht auch verschiedene Erkenntnisse, wie ich effektiver arbeiten kann, oder Erfahrungen im zwischenmenschlichen Bereich im Umgang mit meinen Arbeitskollegen, auch mein innerer Reichtum wird größer. Setze ich mir Ziele der Veränderung in der Entwicklung meiner Persönlichkeit und erreiche ich diese, wird sich dieser Erfolg in erster Linie in meinem inneren Reichtum manifestieren. Die Harmonie, die innere Zufriedenheit und der Zugang zu meinem wahren

Kern werden verbessert, der Zugang zum wahren inneren Reichtum wird um vieles vermehrt. Das Erreichen des inneren Reichtums wirkt sich schließlich auch auf den materiellen Reichtum aus. Ich fördere meine Talente und Fähigkeiten, bin zur rechten Zeit am rechten Ort. Ich weiß intuitiv und gefühlsmäßig was zu tun ist, der Erfolg stellt sich automatisch ein.

Bin ich mir selbst wichtig genug, um mir Erfolg zu erlauben? – Ja, mein Erfolg ist wichtig! Ich setze mir Ziele und erlaube mir sie zu erreichen. Ich bin für den Erfolg bereit und setze meine Begeisterung dafür ein.

Ich beneide andere nicht für das, was sie erreicht haben, ich freue mich mit ihnen und sage: „Ja, genauso kann auch ich meine Erfolge erreichen, wenn ich es will!“ Ich feiere meine Erfolge und schöpfe daraus Kraft für mein nächstes Ziel. Erfolg kann man in jedem Alter haben, denn Ziele soll man in jedem Alter verfolgen. *„Jung ist man mit 20, liebevoll überwutzelt mit 40, aber alt ist , wer keine Ziele mehr hat!“* Andrea Koppensteiner

Mögliche Ursachenthemen

Sich halbherzig für seine Ziele einsetzen
Sich Erfolg nicht erlauben und zugestehen
Intuitiv seine Ziele verfolgen
Sich durch Misserfolg entmutigen lassen
Ich bin bereit für meinen Erfolg!
Andere um ihren Erfolg beneiden
Stolz auf seinen Erfolg sein und daraus Kraft schöpfen
Erfolg ist keine Frage des Alters

Neues Denkmuster

Ich setze mich mit Begeisterung für meine Ziele ein und der Erfolg wird sich einstellen. Der innere Reichtum wird immer größer und stärker. Ich erlaube mir Erfolg und glaube daran. Durch Misserfolge lasse ich mich nicht entmutigen, ich lerne daraus und bin bereit für den nächsten Erfolg. Den Erfolg der anderen feiere ich mit und weiß, das nächste Mal werde ich gefeiert. Ich bin erfolgreich im jedem Alter und erreiche meine Ziele.

Affirmation

Erfolgreich erreiche ich meine Ziele!

Farben weiß, grün, rot
Chakren Herz, Wurzel, Kronen
Körperzonen Thymus, Muskulatur, Augen und alle Sinne, Sexualdrüsen

Die einzelnen Körperzonen

Thymus	Sein Leben in Angriff nehmen Seinen Erfolg in Angriff nehmen Wer hat es auf mich abgesehen? Angriffe abwehren Bereit sein, seine Kraft für wichtige Ziele einzusetzen Kriegerische Maßnahmen für sich selbst einsetzen Bereit sein, alles für sein Wohl einzusetzen
Muskulatur	Sich fortbewegen Im Leben weiterkommen Fähig sein, sich voller Spannung auf ein Ziel hinzubewegen Überfordert sein Seinen eigenen Ansprüchen gerecht werden Seine Ziele mit Spannung und Tatkraft erreichen Sich körperlich und geistig ausreichend dehnen und regen können
Augen und alle Sinne	Seinen Erfolg sehen und mit allen Sinnen fühlen können Seine Sinne verschließen Die Sinne werden durch wunderbare Ziele gereizt Gefühle und Stimmungen über die Ziele sprechen lassen Gefühle und Eindrücke bearbeiten
Sexualdrüsen	Kreativität Seine kreative Kraft für seine Ziele einsetzen geistige Kinder gebären Seine kreative Kraft ausleben Eigene Werke erschaffen Mut zur Kreativität haben Bereit sein, sein kreatives Potential einzusetzen und zu leben

Fragen

- Wer würde es als erster bemerken, wenn ich an meinen Erfolg glauben würde?
- Was wäre anders, wenn ich mich nicht mehr halbherzig für meine.Ziele einsetzen würde?
- Woran würde ich es merken, dass ich mich von Misserfolgen nicht mehr entmutigen lasse?
- Könnte ich mir vorstellen, dass ich auf meine Erfolge stolz wäre und daraus Kraft schöpfen könnte?
- Was wäre das Beste und was das Schlimmste, wenn ich tatsächlich in allem, was ich tue, Erfolg hätte?
- Was ist das Positive daran, auch noch in hohen Alter Erfolg haben zu können?

Der Feuerlauf

„Letztes Wochenende war ich sehr erfolgreich!!“, erzählt Martin voller Enthusiasmus. Er sitzt mit Sanara im Garten bei einem erfrischenden Getränk. „Richtige Begeisterung ist aufgekommen und ich habe das Hochgefühl des Erfolgs richtig genossen!“, berichtet er weiter.

„Was war das für ein großartiger Erfolg?“, Sanara ist neugierig geworden. „Ich bin durch das Feuer gegangen, am Land, an einem See, auf einer Wiese, auf der anderen Seite Wald, überall unberührte Natur. Anfangs konnte ich mir überhaupt nicht vorstellen, dass es wirklich möglich ist, unbeschadet über das Feuer zu gehen. Wir wurden vom Feuerlauf-Trainer ein ganzen Tag mental darauf vorbereitet. Im Laufe des Tages sind die Zweifel mehr und mehr geschwunden. Die Gruppenenergie hat mich beflügelt und die mentalen Übungen haben die Energie erhöht und ihre volle Wirkung getan. So konnten wir etwas tun, was nach wie vor von der Wissenschaft nicht erklärt werden kann – unverletzt über 400 °C heiße, glühende Kohlen gehen. Es ist ein fantastisches Hochgefühl, das zu erreichen, ich fühle mich als Sieger und bade in meinem Erfolg.“, beendet Martin seine Seminargeschichte.

„Das hört sich gut an, da kannst du dir viel mitnehmen“, gratuliert ihm Sanara. „Wie meinst du das?“, fragt Martin. „Für dein Leben, für deine täglichen Erfolge! Es müssen nicht immer so große Erfolge sein. Könntest du dir vorstellen täglich deine Erfolge zu feiern und täglich dieses Erfolgsgefühl zu spüren?“ erwidert Sanara fragend. „Ja, das könnte ich schon!“, denkt Martin laut. „Wenn ich mir das Bild mitnehme, wie ich als Sieger triumphierend über das Feuer gehe. Wenn ich mir täglich kleine Ziele setze, was immer ich erledigen möchte, ob es ein unangenehmer Termin ist, ein

Anruf, den ich hinausschiebe, oder andere Wichtigkeiten, ein körperliches Programm oder kreative Dinge, wie ein berufliches Projekt ausarbeiten. Mit dem Bild ‚Feuerlauf' vor Augen, kann ich alles schaffen. Und jeden Abend schaue ich zurück – Was habe ich erreicht? Wo sind die täglichen kleinen Erfolge? Voller Stolz und Begeisterung sehe ich meine Erfolge und bade im Gefühlstriumph. Aus diesem Erfolg schöpfe ich die Kraft für den nächsten Tag", vollendet Martin sein inneres Bild.

„Genau so sehe ich das auch! Was wären die großen Erfolge ohne die kleinen? Die vielen kleinen täglichen Erfolge sind genauso wichtig wie die großen. Vorausgesetzt du hast Ziele, nur so kannst du Erfolge haben. Durch die vielen kleinen Teilerfolge sind die ganz großen erst möglich, so wie viele Puzzlesteine ein großes Bild ergeben!", freut sich Sanara über Martins Erkenntnisse. „Genau, jetzt weiß ich erst wie wertvoll dieser Feuerlauf war, jetzt weiß ich, ich kann alles erreichen, wenn ich es will und es mein Ziel ist. Das Bild des Feuerlaufes sagt mir immer: Unmögliches ist möglich, ich kann scheinbar Unmögliches zum Erfolg führen!!", beendet Martin begeistert das Gespräch.

Mögliche Erkenntnisse:

Ein Ziel das in der Vorstellung im Geiste bereits erreicht ist kann Wirklichkeit werden.

Durch die mentale Vorstellung kann Unmögliches möglich gemacht werden.

Erreichte Erfolge geben die Kraft für die Nächsten Ziele.

Durch die täglichen kleinen Teilerfolge sind die großen Erfolge erst möglich.

Beachte und feiere auch die kleinen Erfolge angemessen.

Thesen

- Erfolg ist ein Ziel, welches es auch immer sein mag, nach Arbeit und Bemühungen erreicht zu haben.
- Energien fokussieren und konzentriert ein Vorhaben umsetzen führt zum Erfolg. Sich erlauben, das Ziel zu spüren und es sich zuzugestehen sind notwendige Schritte dorthin.
- Intuitiv und mit Gefühl an die Vision glauben, ist ebenfalls ein Baustein des Erfolges.
- Wer Erfolg kennt, kennt auch den Misserfolg. Der Unterschied zwischen dem Erfolgreichen und dem Erfolglosen ist, dass sich der Erfolgreiche nicht von Misserfolgen entmutigen lässt.
- Den Erfolg erwarten, damit die Vorfreude darauf Kraft für den Erfolg geben und in Tatkraft umgesetzt werden kann.

- Andere um Erfolg beneiden und selbst nichts tun verursacht Blockaden und raubt Energie, der Erfolg rückt dadurch in weite Ferne.
- Der Erfolgreiche darf stolz sein auf seine Werke, dieser Stolz darf nicht in Überheblichkeit ausarten.
- Jeder Mensch, auch egal welchen Alters, darf Erfolge anstreben und verdient seine Erfolge, die kleinen wie die großen.

46. Anfang und Ende

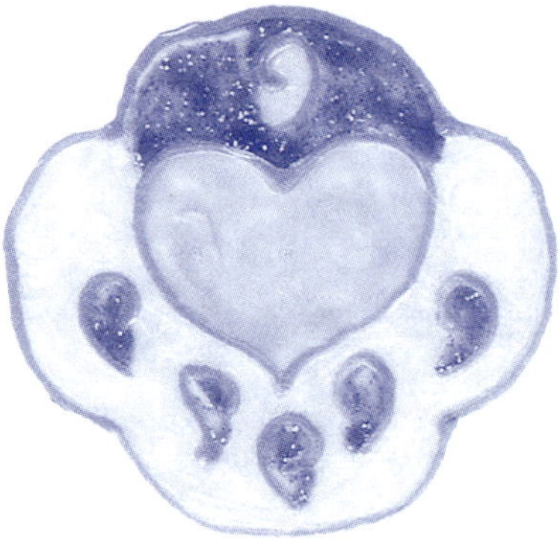

Dieses Symbol hilft mir, mich mit dem Thema des Todes und des Übergangs auseinanderzusetzen. Jeder kommt im Laufe seines Lebens in die Situation, sich von jemandem oder etwas verabschieden zu müssen. Die meisten Menschen haben Angst davor, weil sie nichts darüber wissen und es verdrängen. Der Tod gehört zum Leben wie der Anfang zum Ende. Ich stelle mich diesem Thema, ich gehe in meine Angst, nur so kann sie sich in Gelassenheit und Wissen wandeln. Es gibt kein Ende, die Seele ist ewig, der Tod ist ein Übergang in eine andere Dimension. Beim Sterben verlässt die Seele den Körper, ihren Tempel und ihre Herberge, die sie für dieses Leben hatte. Dafür gibt es viele Gründe – die Lebensaufgabe ist beendet, der Körper ist krank und dadurch nicht mehr lebensfähig, das Leben wird für die Entwicklung eines anderen Menschen geopfert, es ist keine Weiterentwicklung mehr möglich und vieles mehr.

Für den Sterbenden selbst ist der Tod nicht schlimm. Er hat geistige Begleiter an seiner Seite, die ihm helfen. Allerdings ist es für ihn wichtig (Materielles) loszulassen, zu verzeihen, Streitigkeiten zu lösen, Konflikte rechtzeitig auszutragen, Unstimmigkeiten zu bereinigen, Dinge sofort auszusprechen, die gesagt werden müssen denn man weißt nie, wann dieser Moment für einem selbst gekommen ist. Man weiß nicht, wann es Zeit ist hinüber zu gehen. Menschen, die sehr weit entwickelt sind, die Zugang zu ihrem Unterbewusstsein haben, werden es fühlen und vielleicht sogar den Zeitpunkt selbst bestimmen können. Bis man so weit ist, bedarf es eines großen Stückes Arbeit an sich selbst und der Entwicklung seiner Persönlichkeit.

Verstorbene sind hier, ihre Seele verlässt den Körper und geht in eine andere Dimension, die neben der unseren liegt, über einen anderen Kanal, vergleichbar mit einer Frequenz. Wir im Körper Verweilenden können diesen Kanal nicht empfangen. Es funktioniert vergleichsweise wie ein Radio, alle Kanäle sind verfügbar, um einen dieser empfangen zu können, muss die Frequenz geändert werden. Möchte ich Verstorbene wahrnehmen, muss ich meinen Körper verlassen, ich wechsle die Frequenz und kann das andere Programm empfangen. Es gibt wenige Ausnahmen – Hellsichtige, Hellhörige und dergleichen – die beide Frequenzen empfangen können.

Der Tod ist für die Hinterbliebenen schlimm, weil sie nicht wissen worum es geht, sie wollen die Verstorbenen aus Egoismus nicht loslassen. Sie fühlen sich allein gelassen, müssen alleine alles bewältigen und können oft nicht verzeihen und akzeptieren. Der Tod ist für die Hinterbliebenen ein großer Lernprozess, die Verstorbenen in Liebe ihren Weg gehen zu lassen.

Auch das Leben ist ein ständiges Loslassen. Loslassen von Partnern, Kindern, belasteten Beziehungen, Arbeitsstellen, überholten Situationen, materiellen Dingen, Unbrauchbarem, unnötigem Vermögen, das nur belastet, Verletzungen auf allen Ebenen im seelischen und im körperlichen Bereich. Das Leben ist Loslassen und Veränderung über den Tod hinaus, Loslassen im Sterben und in den anderen Dimensionen. Wer in diesem Leben nicht loslässt, wird auch nach dem Tod belastet und beschwert sein. Ich lerne rechtzeitig mich von Menschen und Dingen zu befreien, die mich belasten oder die ich horte und an mich binden will. Ich höre auf, mich in Situationen, die mich nichts angehen, die nicht zu mir gehören, einzumischen und Dinge für andere zu erledigen. Ich lege solches Verhalten ab, jeder kann für sich selbst sorgen.

Menschen, die bereits Tod- oder Nahtoderlebnisse miterlebten oder hatten, sehen dem Tod angstfrei entgegen. Alle anderen sollten sich damit beschäftigen, um vorbereitet zu sein und zu wissen, was auf sie zukommt. Bei anderen wichtigen Ereignissen, wie einer Geburt, Hochzeit, einem Schulanfang oder einem neuen Beruf, ist es für uns selbstverständlich, sich darauf vorzubereiten und sich damit auseinanderzusetzen und den Schritt zu planen. So soll es auch mit dem Tod sein. Die Äußerlichkeiten haben hier weniger Bedeutung, es kommt vielmehr auf die gefühlsmäßige Einstellung an. Wie stelle ich es mir vor? Wie werden die anderen reagieren? Wem muss ich noch verzeihen? Mit wem ist noch ein Gespräch offen? Wer und was wird mich im Jenseits erwarten? Glaube ich an meine Schutzengel? Werden sie mir beistehen? Werden meine Verwandten auf mich warten? Welchen Sinn haben das Leben und der Tod?

Es ist wichtig, jeden Tag so zu leben, dass ich mir vorstellen könnte, diese Erde zu verlassen. Ich gehe niemals im Groll weg und lasse Schwierigkeiten, in die ich andere hineinziehe, nicht zurück. Konflikte und Unstimmigkeiten trage ich sofort aus und bereinige sie. Jeder Tag hat Harmonie, Frieden und Liebe zum Ziel.

Mögliche Ursachenthemen

Loslassen von Überholtem
Loslassen von Materiellem
Veränderung annehmen
Alte Dinge sterben lassen
Angst vor Tod und Ungewissheit haben
Erkennen können
Alles kontrollieren wollen
Verstorbene loslassen
Dinge anderer auf sich nehmen
Akzeptieren, dass das Leben Veränderung ist
Schon im Leben lernen, dass „Vieles" zugunsten von „Neuem" stirbt
Sich gefühlsmäßig auf den Tod vorbereiten
Belastendes am Ende des Tages bereinigt haben
„Was ich heute kann besorgen, das verschiebe ich nicht auf morgen!"

Neues Denkmuster

Das Leben ist Veränderung! Im Leben ist ein ständiges Sterben und Gebären notwendig, ich akzeptiere und lasse los. Ich lebe so, dass ich jederzeit gehen könnte. Durch Vorbereitung wird die Angst vor dem Tod in Wissen und Gelassenheit gewandelt. Durch mein Wissen kann ich alles, was sterben will, loslassen und liebe gegangene Menschen verabschieden. Alles Verstorbene, Losgelassene macht Platz für Neues und für Veränderung. Das Ziel jedes Tages ist der Frieden. Und: „Was ich heute kann besorgen, das verschiebe ich nicht auf morgen!"

Affirmation

Das Leben ist Loslassen, Sterben und Gebären!

Farben weiß, lila, rosa
Chakren alle
Körperzonen Gesamter Körper, Lebensenergie, Blut

Die einzelnen Körperzonen

Gesamter Körper

Tempel der Seele
Zuhause sein
Sich daheim fühlen
Schwächezustände annehmen und den Körper erneuern
Bereit sein für sein Leben Verantwortung zu übernehmen
Wer nicht hören will, muss mit seinem gesamten Körper fühlen!
Gefühle über den Körper entladen
Sich mit dem ganzen Körper zur Wehr setzen

Lebensenergie, Blut

Motor des Lebens
Nachlassende Kraft erneuern
Betroffene Bereiche entlasten
Durch Bewegung die Energie im Fluss halten
Seine Energien lohnend einsetzen
Der Strom des Lebens fließt und pulsiert

Fragen

- Was sollte sich ändern, wenn ich mich mit meinem Tod auseinandersetze?
- Wer würde es als Erster bemerken, wenn ich nach dem Motto: ‚Was ich heute kann besorgen, das verschiebe ich nicht auf morgen!' handeln würde?
- Was ist das Positive daran, wenn ich alles kontrollieren will und das auch mache?
- Was wäre anders, wenn ich akzeptieren und leben könnte, dass das Leben ständige Veränderung ist?
- Was würde sich verändern, wenn ich am Ende jedes Tages alles bereinigt hätte, was mich belastet?
- Angenommen, ich würde mich gefühlsmäßig auf den Tod vorbereiten und mich mit dem Tod auseinandersetzen, welches neue Problem könnte jetzt auftreten?

So könnte es sein

Sanara: „Ich erzähle jetzt, wie es sein könnte:

An einem wunderschönen Tag, ich habe auf Erden alles erledigt, mich von allen verabschiedet und alles verziehen. Heute bin ich bereit in eine andere Dimension hinüberzugehen, in das Leben danach. Intuitiv fühle ich, dass jetzt der richtige Zeitpunkt ist diese Welt zu verlassen und zu gehen.

Seit einiger Zeit nehme ich meine geistigen Helfer wahr. Sie sind da, machen mir Mut und sind jederzeit bereit mir zu helfen. Viele Fragen schwirren in meinem Kopf herum. Augenblicklich werden sie von meinen geistigen Helfern und Engeln um mich herum beantwortet. Es sind wunderschöne, lichtvoll strahlende Wesen. Mit jeder Frage, die sie mir beantworten, werde ich ruhiger, friedvoller und ausgeglichener.

Zwischendurch nehme ich immer wieder wahr, wie von meinen liebevollen Angehörigen Trost und Energie ausgeht. Sie weilen an meinem Sterbebett. Sie beten und sprechen mit mir, obwohl die meisten von ihnen glauben, ich bekomme nichts mehr mit, weil ich schon sehr abwesend und oft mit meinen Engeln beschäftigt bin und auch schon die andere Dimension wahrnehme. Ich fühle mich sehr wohl und bin froh, dass gebetet und meine Hand gestreichelt wird. Am schönsten sind die Umarmungen und die Danksagungen, diese wunderbare herzliche Energie trägt mich liebevoll.

Leider haben auch ein paar meiner Angehörigen Angst, ich fühle es, sie haben sich noch nicht mit dem Tod auseinandergesetzt. Gerne würde ich sie trösten und ihnen erzählen, dass sie vor dem Übergang keine Angst zu haben brauchen. Aber ich bin schon im Zwischenstadium und kann keinen Kontakt mehr herstellen, obwohl meine Lunge noch atmet und mein Herz noch schlägt, aber nicht mehr lange. Mein Energiekörper ist schon ausgetreten, ich sehe mich von oben und bin noch mit der Silberschnur mit meinem physischen Körper verbunden. Meine weißen wunderschönen Engel lassen mir soviel Zeit wie ich brauche, es wird ein schonendes, liebevolles Hinübergehen, sie kennen den Zeitpunkt genau, wann sie die Silberschnur durchtrennen.

Jetzt ist es so weit, ganz sanft erfolgt die Trennung. Meine Engel nehmen mich an der Hand, ein letztes Verabschieden von meinen Lieben, die mich in diesem Erdenleben begleitet haben. Der Arzt stellt meinen Tod fest. Einige beginnen zu weinen, ich möchte ihnen sagen: ‚Es geht mir gut, du brauchst nicht weinen!' Aber ich weiß, sie können mich nicht mehr wahrnehmen, obwohl ich neben ihnen im Raum bin, aber in einer anderen Frequenz als sie es sind. Einige beten, das tut gut und die Energie des Gebetes sieht wunderschön aus. Einige halten und umarmen sich, auch das ist eine schöne und starke Energie.

Langsam erinnern mich meine Engel, dass es Zeit sei zu gehen. Ich sehe einen Lichtkanal, ich weiß, dass ich hier durchgehen muss. Auf der anderen Seite sehe ich schon meine bereits verstorbenen Angehörigen und Freunde, sie erwarten mich und veranstalten bereits ein Willkommensfest für mich.

Ich gehe durch den Kanal, ich sehe meinen Lebensfilm. Blitzschnell sehe ich alles und weiß alles, hier gibt es keine Zeit. Ich weiß genau, wo ich meine Aufgaben erfüllt und wo ich etwas versäumt habe. Es richtet niemand über mich, nur ich selbst ‚richte' über mich, weil ich augenblicklich weiß, wo ich noch Erfahrungen sammeln muss, da es mir in diesem Leben nicht geglückt ist. Über diese Missgeschicke bin ich kurz traurig, ich verzeihe mir selbst dafür sofort und nehme mir diese Aufgabe für mein nächstes Leben vor. Auch erkenne ich wo Wiedergutmachung notwendig ist im nächsten Leben, ich nehme es an.

Jetzt ist alles erledigt, alle Kapitel aus meinem Lebensfilm sind aufgearbeitet. Ich komme drüben an. Meine geistige Familie wartet schon auf mich, ich erkenne sie alle, es sich ungefähr 200 Wesen. Sie haben ein Fest vorbereitet und wir feiern gemeinsam mein vergangenes Leben."

Mögliche Erkenntnisse:

Viele Menschen fühlen wann der richtige Zeitpunkt zum „Gehen" ist.

Zum Zeitpunkt des Hinübergehens, stehen viele Helfer aus der geistigen Welt bereit.

Das Sterben ist der Zeitpunkt, indem es möglich ist in beide Welten Einblick zu haben.

Das Sterben ist ein Loslassen und ein losgelassen Werden.

Gebetsenergie ist eine stärkende Kraft.

Menschen die sterben werden drüben von schon früher verstorbenen Angehörigen erwartet.

Es gibt keinen Richter über das Leben, jeder bewertet selbst sein Leben, welche Lernprozesse und Wiedergutmachungsakte sind notwendig für das nächst Leben.

Jedes Leben ist es wert gefeiert zu werden.

Thesen

- Über etwas nicht Bescheid zu wissen macht Angst, sich mit einem Thema auseinanderzusetzen – mental und gefühlsmäßig – bringt Sicherheit. Besonders Themen die jeden einmal treffen, Themen die unabwendbar sind.
- Loslassen kann zu Lebzeiten geübt werden. Alle Probleme sofort bearbeiten und loslassen, nichts anhäufen, sammeln und horten – im Materiellen wie im Psychischen. Halte deine Umgebung rein von Dingen die du nicht mehr brauchst, halte auch deine Psyche rein, sei ehrlich. Sammle deine Probleme nicht son-

dern sprich diese aus. Jeder kann damit beginnen, egal wie alt er ist. Selbst wenn es in der letzten Minute seines Erdenlebens geschieht, so ist es doch ein Anfang des Loslassens.

- Erkennen können ist auch eine Sache des Wollens. Denn wenn man wirklich erkennen will muss man auch vieles verändern wollen. Will ich etwas verändern? Was nützen die wunderbarsten Erkenntnisse wenn ich nichts verändern will? Aus dem vorher genannten Grund entscheiden viele unbewusst, dass sie nicht erkennen wollen. Aber auch hier gilt, man kann seine Einstellung jederzeit verändern!
- Menschen, die hinüber gegangen sind, kann jeder loslassen in der Gewissheit es geht ihnen gut. Die Seele ist unsterblich und lebt jetzt in anderen Dimensionen. Sie wissen von uns und sehen wie es uns geht, es schadet ihnen, wenn wir sie mit zu großer und zu langer Trauer nicht loslassen wollen. Hinübergegangene werden begleitet von geistigen Helfern, Engeln, von unseren lieben Verwandten und Freunden die schon früher gestorben sind.
- Schon im Leben kann jeder lernen, dass, wenn man Altes, Verbrauchtes weggibt, Neues, Unbekanntes vielleicht noch viel Schöneres in unser Leben treten kann. Wenn sich eine Tür hinter uns verschließt, starren viele auf diese jetzt verschlossene Tür und sehen nicht die vielen wunderbaren Türen die sich jetzt öffnen.
- Lebe jeden Tag als wäre es dein letzter. Bereinige alles am Ende des Tages und nimm es nicht mit in den nächsten. Erledige alles nach dem Motto: „Was ich heute kann besorgen, das verschiebe nicht auf Morgen“. Jeder kann das lernen, unabhängig wieder von seinem Alter.

47. Verwirklichung und Wunscherfüllung

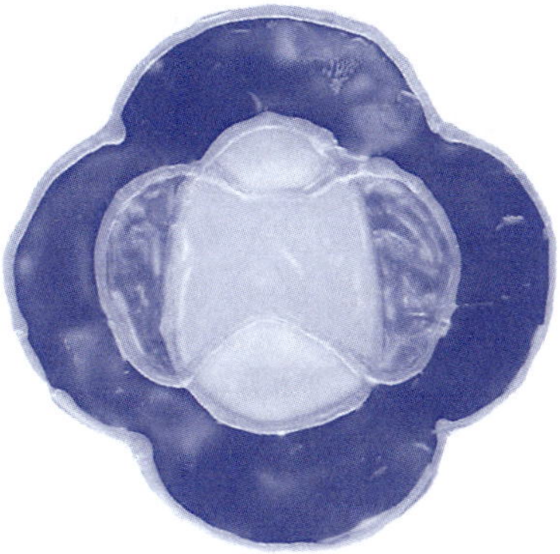

Dieses Symbol hilft mir, meine Wünsche und Visionen zu verwirklichen. Ich höre auf mein Gefühl. Ist mein Wunsch wichtig und erfüllend oder leer und egoistisch? Ein egoistischer Wunsch bringt mich nicht weiter und macht nicht glücklich. Ein egoistischer, triebhafter Wunsch steht nicht in meinem Lebensplan und dient nicht der persönlichen Entwicklung. Im Gegenteil, er bremst und lässt mich in eine niedrigere Schwingung zurückfallen. Stimmt er mit meinem Lebensplan überein? Erfüllende Wünsche bringen mich in meiner Entwicklung voran, ihre Verwirklichung macht mich glücklich.

Ich nehme meine Wünsche und Visionen ernst, sie sind keineswegs Hirngespinste. Wünsche, die aus meinem Inneren kommen sind wertvoll und bedürfen der Erfüllung. Die Verwirklichung dieser Wünsche gibt mir Erfüllung!

Ein Wunsch oder eine Vision ist ein Ziel. Ich gehe systematisch vor, komme zur Ruhe und schreibe alles auf. Ich formuliere es genau, setze mir einen Termin, wann ich das Ziel erreicht haben will und was dafür zu tun ist. Zuletzt notiere ich das Gefühl, das ich bei der Erreichung des Ziels fühlen werde, ich empfinde die Vorfreude. Dieses Gefühl gibt mir die Kraft, die ich für mein Vorhaben und Tun brauche.

Wenn ich Zweifel habe, nehme ich sie an. Wenn sie berechtigt sind, suche ich einen Weg auch diese Hindernisse zu überwinden. Wenn es notwendig ist, ändere ich mein Ziel oder den Weg dorthin. Dieser Prozess dauert so lange, bis mein Ziel greifbar und erreichbar ist und in voller Klarheit strahlt.

Jeder Mensch sollte in jedem Alter noch Ziele und Wünsche haben. Jeder sollte Ziele haben, auf die er sich freuen kann. Das Argument „Ich bin zu alt, um etwas zu verändern“ lasse ich nicht gelten, nein, es ist sogar selbstzerstörerisch! Das Leben ist Veränderung und Fluss, Stillstand bedeutet keine Ziele und Visionen zu haben und sein Leben nicht zu nutzen, aufzugeben und wegzuschmeißen.

Es bedeutet das Leben nicht als das, was es ist zu nutzen: ein Geschenk und eine große Chance.
Wünsche entstehen aus Gefühlen, gedanklich kann der Wunsch formuliert werden. Er wird wieder an die Emotionen zurückgegeben und Freude wird über das Erreichen der Vision auf dieser Ebene hinzugefügt. Die Vorfreude über das Erreichen des Ziels gibt uns die Kraft diesen Wunsch umzusetzen und ihn in unsere Hände und Tatkraft zu legen. Ein Wunsch wird nur dann Realität, wenn wir ihn umsetzen und ins Tun übergehen. Ein Verharren in der Vorstellung blockiert, erst das Tun lässt die Vision Wirklichkeit werden, wir verwirklichen uns selbst. Der Wunsch kommt aus uns selbst, unsere Hände verwirklichen diese Vision.

Mögliche Ursachenthemen

Sich seine Wünsche nicht zugestehen
Sich nicht erlauben wichtige Visionen zu haben
Egoistische Wünsche von echten inneren Wünschen unterscheiden
Seine Wünsche als Ziele formulieren
In Zweifeln stehen bleiben und „verzweifeln"
Sich Ziele der Veränderung setzen wollen
Veränderung als Lernziel sehen können

Neues Denkmuster

Ich gestehe mir meine innersten Wünsche und Visionen zu und erlaube mir, sie zu verwirklichen. Ich unterscheide die wichtigen, erfüllenden Wünsche von den unwichtigen. Zweifel, die kommen, sehe ich mir an und entwickle meinen Wunsch als Ziel weiter. Meine Ziele sehe ich als erfüllende Veränderung und als wichtige Lernerfahrungen in meinem Leben.

Affirmation

Ich verwirkliche meine erfüllenden Wünsche!

Farben blau, rosa, lila, orange, grün
Chakren 3. Auge, Sexualchakra, Handchakra
Körperzonen Leber, Galle, Verdauungsorgane, Lunge, Kreativität, Hände, Gehirn (Mentalkraft)

Die einzelnen Körperzonen

Leber, Galle	Giftige, nicht erfüllende Lebensführung aufgeben Sich wesentlichen Fragen zuwenden Den Stau aufgeben und abbauen Zwischen Giftigem und Ungiftigem (Wesentlichem und Unwesentlichem) unterscheiden lernen Den Preis für Wachstum und Veränderung kennen lernen Im Leben das richtige Ziel finden Festgehaltenes und Verklemmtes loslassen und dadurch entgiften Giftige, hintergründige Aggressionen über unerfüllte Wünsche und Visionen auflösen und zur Umsetzung schreiten
Verdauungsorgane	Die Welt verdauen können Zwischen Zuträglichem und Unzuträglichem unterscheiden Scharfe und stimmige Analyse des Aufgenommenen Bewusst aufnehmen, was man zur Entwicklung braucht Schädliches und Unverdauliches vermeiden Schädliches und Unverdauliches schnell ausscheiden und loslassen
Lunge	Freiheit Kann ich frei durchatmen? Wer oder was nimmt mir die Luft weg? Gibt es Leichtigkeit und Luft (Freiraum) in meinem Leben? Die Lungen sind Flügel, die Leichtigkeit verleihen Verbindung vom „Ich" zum „Wir" Verbindung zu meiner Innen- und Außenwelt Die Einheit der Menschen akzeptieren und leben lernen

Kreativität	Ganzheitliches Denken Sein Inneres verwirklichen und im Außen umsetzen Sein ganzes Wesen und Sein einsetzen, um seine Wünsche Wirklichkeit werden zu lassen Die menschliche Kraft schafft etwas Neues Sich getrauen Neues zu schaffen Lernen als Weiterentwicklung sehen Neues ausprobieren wollen
Hände	Anregungen und Ideen Aufgreifen lernen Sein Leben in der Hand haben und führen Mit Geschick sein Leben führen wollen Das eigene Handeln hinterfragen Das Handeln als wichtig erkennen wollen
Gehirn (Mentalkraft)	Die intellektuelle Steuerung bewusst einsetzen Die mentale Kraft erkennen Glauben wollen an die mentale Kraft Die mentale Kraft mit der kreativen Kraft verbinden lernen Das männliche und das weibliche Gehirn miteinander verbinden, ganzheitliches Denken lernen Mentalkraft für seine Ziele einsetzen lernen

Fragen

- Wer würde es als Erster bemerken, wenn ich mir ab jetzt Wünsche zugestehen würde?
- Woran würde ich es selbst bemerken, wenn ich ab jetzt erfüllende Wünsche von leeren, egoistischen Wünschen unterscheiden könnte?
- Was würde ich noch benötigen, um meine Wünsche als Ziel formulieren zu können?
- Wie würde ich mich fühlen, wenn ich im Zweifel stecken bleiben würde?
- Was ist das Positive daran, Veränderungen als Lernziel sehen zu können?
- Könnte ich mir vorstellen, meinen Willen für positive Veränderungen einzusetzen?

Der Kindergeburtstag

Ich verwirkliche meine Wünsche. „Wirklich" kommt von „wahr" und „wahrnehmen", die Wahrheit fühlen. Nur wenn ich den Wunsch fühle, kann er wahr werden. Nur wenn der Wunsch so stark, die Vorfreude so groß ist, dass ich innerlich vibriere, kann der Wunsch Wirklichkeit werden.

Erfüllende Wünsche kann ich spüren, so als wären sie schon verwirklicht. Beobachte ein Kind! Wenn sein Geburtstag naht, wächst seine Vorfreude ins Unermessliche. Das Kind hat den Wunsch als Ziel, denn die Vorfreude und der Termin sind da, so ist aus dem Wunsch ein Ziel geworden. Ein Wunsch kann Wirklichkeit werden, wenn das Gefühl stimmt und es einen Termin gibt. Ein Wunsch wird durch Gefühl und Termin zum Ziel. So kann das Leben dich unterstützen, um zum Ziel zu kommen. Nun schreite zur Tat, Schritt für Schritt, und gehe zum Ziel. Das Gefühl und die Vorfreude werden dich leiten, je näher du dem Ziel kommst umso größer wird deine Vorfreude sein. Die Vorfreude gibt dir auch die Kraft und Ausdauer mögliche Zweifel zu überwinden. Wenn Zweifel auftauchen lass dich nicht von deinem Ziel abbringen. Nimm sie an und löse sie auf, „verzweifle" nicht daran. Liste die Pro und Contra des Zweifels auf und bearbeite sie genau. Wenn der Wunsch von innen kommt, ist er wichtig für dich und das Pro wird überwiegen. Vielleicht kannst du ein Contra in Kauf nehmen, wenn du es genau beleuchtest. Du siehst es ist dennoch wichtig dieses Ziel zu erreichen. Es kann auch sein, dass du durch die Zweifel eine notwendige Kurskorrektur erkennst, oder ist vielleicht der Zeitpunkt nicht ideal.

Nimm die Zweifel an, freu dich darüber, schau sie dir an und löse sie auf. So kannst du wieder voll Vorfreude in Richtung deines Zieles weitergehen. Erkenne die Gelegenheiten der Hilfe, die dir das Leben bietet, und ergreife sie zu deinem Nutzen. Getragen von der Leichtigkeit, der Vorfreude ein Ziel zu erreichen, wirst du nie starrsinnig sein und über Leichen gehen. In dieser Qualität dienst du dem Großen Ganzen und bist weit vom Egoisten, der den Menschen rundherum Schaden zufügt, entfernt. Egoisten spüren die Vorfreude nicht, sie handeln aus reiner Besitzgier, koste es was es wolle, egal wer darunter leidet. Das ist kein erfüllender Wunsch, der dich weiterbringt. Er blockiert dich und deine Entwicklung, im Egoismus gefangen fällst du weit in deiner Persönlichkeitsentwicklung zurück.

Nimm deine erfüllenden, freudvollen Wünsche an und forme ein Ziel daraus. Formen heißt Form annehmen und Form geben, es wird bereits Wirklichkeit. Setze dir ein Ziel mit Datum und stelle dir vor wie du es erreichst. Visualisiere freudvoll wie du dein Glück genießt, weil du dein Ziel gerade jetzt erreicht hast. Wie das Kind, das freudvoll seinem Geburtstag entgegenfiebert. Es malt sich aus wie es sein wird, wenn ihm alle gratulieren, es die Kerzen ausbläst, alle freudvoll „Happy Birthday" singen und es die Geschenke auspackt. Es macht sich keine Sorgen und hat keine Zweifel. Das Kind vertraut darauf, dass es das Ziel des Geburtstagsfestes erreicht. Das Kind visuali-

siert sein Geburtstagsfest so als wäre das Fest gerade eben.

Schreite zur Tat, in dem Vertrauen, dass du die Unterstützung bekommst, die du brauchst, wie das Kind, das vertraut, dass sein Geburtstagsfest kommt. Erlaube dir deine Ziele zu erreichen.

So und jetzt gehen wir gemeinsam und feiern mit dem Kind den lange herbeigesehnten Geburtstag und packen mit ihm die wunderbaren Geschenke aus, lachen gemeinsam und genießen das Leben.

Mögliche Erkenntnisse:

Die spürbare Vorfreude, gibt die Kraft einen Wunsch wahr werden zu lassen, so wird aus einem Wunsch ein Ziel.

Zweifel sind da um ein Ziel zu überdenken und eine Kurskorrektur wenn notwendig vorzunehmen.

Ein erfüllender Wunsch dient dem Großen Ganzen dient aber nicht dem Egoismus.

Ist der erste Schritt getan kann das Ziel bereits Form annehmen, vor dem ersten Schritt ist es ein Wunsch.

Zur Wunschverwirklichung ist das eigene Glauben, Wollen, Können und Erlauben notwendig.

Thesen

- Jeder Mensch hat Wünsche und Visionen die verwirklicht werden wollen. Es ist eine Frage des sich eingestehen Wollens und Zulassens. Wünsche werden sehr häufig unterdrückt und irgendwann werden sie nicht mehr gespürt.
- Es kann auch sein, dass man sich manche Wünsche und Visionen nicht erlaubt. Auch hier ist es ein Unterdrücken des inneren, wahren Wesens. Die echten inneren Wünsche machen ein Wesen aus, im Unterschied zu den egoistischen Wünschen die nicht im Einklang sind mit der Umgebung, anderen Menschen schaden, nicht dem Großen Ganzen dienen.
- Ein Wunsch kann erst verwirklicht werden wenn er als Ziel formuliert wird. Das „Was", „Wann", „Wie" und das „Gefühl" – die Vorfreude die tiefen Frieden bringt – muss geklärt sein. So wird sich ein Weg auftun der es möglich macht, das Ziel zu erreichen.
- Wünsche und Ziele können nur verwirklicht werden, wenn Veränderung zugelassen wird.

- Jeder kann seine Ziele erreichen, seine Wünsche verwirklichen wenn er sich dafür entscheidet den Weg der Veränderung zu gehen. Das Leben ist Veränderung.
- Zweifel sind nicht dazu da, dass man an ihnen verzweifelt, sondern kurz stehen bleibt, den Wunsch, das Ziel überdenkt, vielleicht eine kleine Kurskorrektur vornimmt, sich bedankt und in Vorfreude weiter den Weg zum Ziel geht.
- Der Weg ist das Ziel. Die Veränderung auf dem Weg ist schon das Ziel. Der, der auf dem Weg der Veränderung und Weiterentwicklung ist, hat das Ziel jederzeit und immer, indem er die Veränderung lebt, erreicht. Der Wunsch, die Vision ist jetzt und jederzeit erreicht.

Der Weg ist das Ziel!

48. Klarheit

Dieses Symbol hilft mir, Klarheit zu entwickeln. Klarheit hilft, Entscheidungen zu treffen und hinter ihnen zu stehen. Ich erreiche Klarheit durch Wissen, dadurch dass ich möglichst viel über ein Thema in Erfahrung bringe, Details erkenne und in Betracht ziehe, Pros und Kontras aufliste.

Wenn ich Wissen zu einem Thema sammle, kommt es meistens zunächst zu Verwirrung und Chaos. Je mehr ich aber darüber weiß, desto klarer wird mein Bild von dem neuen Thema. Vom Chaos lasse ich mich nicht entmutigen, wenn ich im Chaos bin, habe ich bereits einen großen Schritt in die richtige Richtung gemacht. Ich forsche weiter und experimentiere weiter, ich setze die Wissenschaft fort. Aus dem Chaos entsteht eine neue Ordnung und ich kann klar, sicher und konkret meine Entscheidung treffen. So erreiche ich mehr und mehr Klarheit.

Ich lasse mich dabei immer von meiner Intuition führen. Klarheit ist mit Wahrheit verbunden. Auch spirituelle Weiterentwicklung erfolgt über äußeres Wissen verbunden mit dem „Bauch-Gehirn" und dem unendlichen inneren Wissen. Klarheit ist durchscheinend, transparent und übersichtlich. Durch mein Wissen, meine Auseinandersetzung ist ein Thema durchsichtig, übersichtlich und geordnet geworden.

Chaotische, geheimnisvolle und undurchsichtige Menschen haben es schwer, Entscheidungen zu treffen und verändern sich nur langsam, können oft nicht loslassen, weil sie keine Klarheit haben und nicht deutlich sehen können. Ich schaffe Klarheit in den verschiedensten Bereichen meines Lebens, es wird dadurch übersichtlich in einer höheren Ordnung erstrahlen.

Mögliche Ursachenthemen

Nicht klar sehen wollen
Keine Entscheidungen treffen wollen
Nicht alle Seiten eines Themas untersuchen wollen
Neues aus Verwirrung ablehnen
Aus seinem Chaos nicht heraus wollen
„Kopf-Wissen" mit dem „Bauch-Wissen" verbinden
Keine Transparenz im Leben schaffen wollen
Höhere Ordnung nicht erkennen wollen

Neues Denkmuster

Ich will Klarheit schaffen, um klare Entscheidungen treffen zu können. Pro und Kontra eines Themas schaffen zuerst Verwirrung, durch mehr Wissen entsteht nach und nach eine neue höhere Ordnung, die Veränderung bringt. „Kopf-Wissen", das mit dem „Bauch-Wissen" verbunden ist, schafft Transparenz und Übersicht im Leben.

Affirmation

Mein Leben ist klar und transparent, in allen Bereichen herrscht Ordnung!

Farben gelb, weiß, flieder
Chakren 3. Auge, Kronenchakra, Solarplexus
Körperzonen Augen, Bauch(-Gehirn), Kopf, Gehirn

Die einzelnen Körperzonen

Augen	Eindrücke hereinlassen und aufnehmen Gefühle und Stimmungen hinauslassen Die Welt wahrnehmen wollen Klar sehen wollen Etwas nicht sehen und erkennen wollen Den Kopf in den Sand stecken Ich öffne meine Augen für die Wahrheit!
Bauch(-Gehirn)	Gefühle, Instinkt, Intuition, Bauchgefühl, in seiner Mitte sein Die Welt und die Eindrücke verdauen und klar fühlen Vertrauen in die Zukunft haben Gefühl der Geborgenheit und Sicherheit
Kopf, Gehirn	Oberste Instanz Oberste Instanz mit dem Gefühl verbinden Einen kühlen Kopf bewahren, wenn Gefühle verunsichern Einseitiges Denken mit dem Gefühl verbinden Den Überblick behalten Nicht wissen, wo einem der Kopf steht Bei Problemen mit dem Kopf durch die Wand wollen Koordination der Kommunikation zwischen Innen und Außen Verarbeiten und entscheiden Klar denken können

Fragen

- Wie könnte es aussehen, wenn ich in meiner Situation klar sehen könnte?
- Wer würde es als Erster bemerken, wenn ich jetzt eine klare Entscheidung treffen würde?
- Was wäre anders, wenn ich mir alle Pros und Kontras auflisten würde?
- Könnte ich mir vorstellen, dass aus der Verwirrung, wenn ich sie mir ansehen würde, neue Ordnung entsteht?
- Was ist das Positive an meinem Chaos im Kopf?

- Wie würdest ich mich fühlen, wenn ich mehr Transparenz im Leben hätte?
- Was wäre anders, wenn ich das „Kopf-Wissen“ mit dem „Bauch-Wissen“, dem Gefühl, verbinden würde?

Ein reinigendes Gewitter

Klarheit ist gleichzusetzen mit Transparenz, dem Durchscheinenden. Ich kann durch etwas hindurchsehen und den Hintergrund erkennen. Wenn etwas klar ist, kann ich Entscheidungen treffen und wenn nötig etwas verändern. Ich habe den Durchblick und sehe warum etwas so ist wie es ist.

Vor einem Gewitter ist das Klima schwül, niemand fühlt sich wohl, viele leiden unter Kopfschmerzen und können nicht klar denken, sie fühlen sich niedergeschlagen. Die Gemüter sind erhitzt, die Menschen reagieren über und wissen nicht warum. Die Stimmung ist kaum mehr zu ertragen, richtig gespannt wie vor einer Explosion. Die Luft ist stickig und nimmt den Atem. Der Wind legt sich, die Luft bewegt sich nicht, die Zeit scheint stehen zu bleiben, es ist die Ruhe vor dem Sturm.

Im chaotischen Zustand der Undurchsichtigkeit herrscht Stillstand, nichts geht mehr, die Zeit scheint auch hier still zu stehen. Und da plötzlich, in dieser angespannten Stimmung explodiert das Chaos, das Gewitter geht los, die Situation eskaliert. Die Luft entlädt sich, der Regen setzt ein, der Streit bricht los und reinigt alles. Alles wird weggespült – die schlechte Luft, der Staub in der Luft, die negativen Gefühle und die miese Laune. Die Gemüter kühlen ab, die Gefühle fließen wieder, man kann wieder durchatmen, der Schmutz auf allen Ebenen ist gereinigt und weggespült. Klarheit ist wieder eingekehrt, die Sicht ist wieder gut, die Scheiben sind durchsichtig, der Schmutz ist weggespült und die Temperatur normal.

Das Leben fließt wieder, die Zeit läuft, alles atmet auf, die Spannung ist abgebaut. Klar denkend und klar fühlend blicke ich wieder durch und kann meine Entscheidungen treffen. Staunend über so ein klärendes Gewitter, staunend über so viel Transparenz, freue ich mich des Lebens! Das Geheimnis ist gelüftet, alles ist offen, ehrlich und transparent. Geheimnisumwittertes ist undurchsichtig und verursacht Chaos und Gewitter (umwittertes kommt von Unwetter). Ich schaffe selbst Klarheit, lege alles offen und vermeide den Stau der Gefühle (Gewitter). So baue ich Spannung erst gar nicht auf, es fließt immer alles gleich. Ich gebe keine Möglichkeit einen Stau (Gewitter) entstehen zu lassen. Es ist nichts da, um den Fluss zu blockieren. Ich sehe mir alles an bis ich die Ordnung und den Sinn dahinter erkenne. Wenn es auch manchmal lange dauert, gebe ich nicht auf. Auch wenn es schmerzlich ist oder ich es nicht sehen will, ich gebe nicht auf. Wenn es notwendig ist, hole ich Informationen von anderen ein, bis ich letztlich auch diesmal wieder den Hintergrund erkenne und klar sehe. Jetzt kann ich entscheiden und Veränderung herbeiführen. Mein Leben ist klar und transparent.

Mögliche Erkenntnisse:

Der Durchblick gibt die nötige Sicherheit für Entscheidungen.

Aus einem chaotischen Zustand kann durch Reinigung, durcharbeiten, Auseinandersetzung Klarheit entstehen.

Klarheit bedeutet auch, dass man Ursachen für Probleme erkennen kann.

Im chaotischem Zustand geht nichts mehr, es herrscht Stau, Entwicklung ist nicht – oder nur bedingt – möglich.

Herrscht Spannung oder Chaos, kann ein Gespräch wie ein reinigendes Gewitter helfen.

Thesen

- Nicht klar sehen wollen. Warum will jemand nicht klar sehen? Manchmal erscheint es einfacher, wenn man nicht alles deutlich sieht. Jeder kann sich dafür entscheiden klar zu sehen, die Wahrheit zu erkennen. Oft ist es jedoch schmerzlich. Nur in Klarheit kann man Veränderung herbeiführen.
- Die negativen Seiten eines Themas nicht sehen wollen, auch das macht einen unklaren, verzehrten Blick. Die Sicht ist nicht objektiv und schafft Unklarheit.
- Chaos macht Angst, bringt Stillstand und vertreibt den Wunsch, weitergehen zu wollen. Aus dem Chaos kann eine neue Ordnung entstehen. Wer im Chaos steckt ist schon weit gekommen, man darf aber dort nicht bleiben. Weiter gehen trotz Angst und Verwirrung bringt letztendlich Ordnung und Klarheit. Wenn sich jemand entscheidet Klarheit zu erreichen, schafft es die Angst nicht am Chaos festzuhalten. Wissen und Vertrauen schaffen es, das Chaos in Klarheit zu wandeln.
- Klarheit ist gleichzusetzen mit Transparenz. Es gibt nichts Geheimnisumwittertes, Dunkles und Undurchsichtiges, es ist alles offen, licht und ehrlich.
- Klarheit kann erreicht werden, wenn Kopfwissen mit dem Bauchwissen verbunden wird. Mentales wird mit dem Emotionalen verbunden, Gedanken und Gefühle bilden eine Einheit. Vorurteile verlieren ihre Bedeutung, eine neue Ordnung entsteht durch Klarheit. Staunend erkennend, entsteht eine wundervolle, neue, klare Ordnung ohne Bewertung.

49. Ruhe und Zufriedenheit

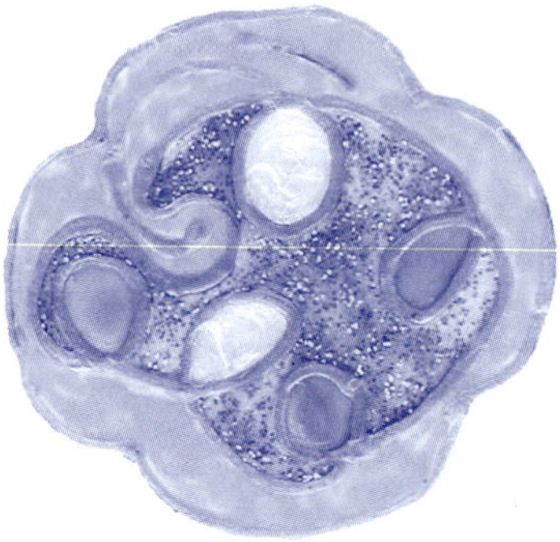

Dieses Symbol hilft mir, Ruhe und Zufriedenheit in meinem Inneren zu entwickeln. Innere Ruhe und Zufriedenheit bedeuten wahres Glück. Ich mache es mir zum Ziel Zufriedenheit zu erreichen und empfinden zu können. Ich überlege und definiere, was es für mich selbst bedeutet zufrieden und glücklich zu sein. Zufriedenheit ist nicht von äußeren Werten und materiellen Dingen abhängig. Zufriedenheit ist in mir, ist mit sich selbst im Reinen zu sein.

Bin ich in meinem Leben nicht zufrieden, dann ändere ich es. Ich setze meine Vorstellungen und Ziele, die zu meiner persönlichen Zufriedenheit führen, um. Ich schaue mir meine Ziele an, fühle hinein, fühle mein Ziel, so als ob ich es bereits erreicht hätte. Macht es mich auch zufrieden? Wenn ja, setze ich es um, Schritt für Schritt. Wenn nein, verwerfe ich es und suche weiter, so lange bis mich mein Ziel ruhig und zufrieden macht.

Ich fülle meinen Platz im Leben aus, mache etwas aus meinem Beruf, lege meine Kraft hinein, so werde ich zufrieden. Ich pflege meine Beziehungen zu Freunden, Verwandten und zu meinem Partner, ich arbeite daran, nehme es wichtig. Ich erfülle meine Beziehungen mit meiner Kraft. Ich nehme meine Gefühle und die der anderen wichtig, schenke ihnen Beachtung und reagiere darauf. So kann auch in meinem Privatbereich Zufriedenheit einkehren.

In meinem eigenen Leben vertiefe ich meine Hobbys, egal ob es Sport ist, Singen, Tanzen, Malen, Handarbeiten. Ich mache, was ich schon immer machen wollte. Ich drücke mein Selbst aus und lasse mein kreatives Potential frei, es führt mich zur Zufriedenheit. Wie kann ich meine Kreativität erkennen, wenn ich sie bis jetzt unterdrückt habe und sie verkümmert ist? Ich erlaube es mir langsam und behutsam nach langer Zeit wieder kreativ zu sein, anfangs setze ich nur kleine Dinge um. Langsam wird sich mein Selbst wieder trauen, Wünsche zu haben, weil es merkt, dass es angehört wird. Nach und nach wird auch hier Ruhe und Zufriedenheit einkehren.

Mögliche Ursachenthemen

Unzufrieden sein
Unruhe und getrieben sein
Inneres Glück und Frieden spüren
Nicht wissen was Zufriedenheit ist
Die Erfüllung im Leben nicht finden
Eigene Wünsche unterdrücken
Eigene Wünsche gar nicht mehr fühlen
Oberflächliche, unglückliche Beziehungen
Unruhe und Unfrieden annehmen, bearbeiten und wandeln

Neues Denkmuster

Zufriedenheit und Glück sind der Ausdruck meines freudvollen Lebens. Ich suche die Erfüllung im Leben in mir und durch mich. Bin ich unruhig und unzufrieden, bemühe ich mich, mich selbst einzubringen und mein Wesen in allen Belangen auszudrücken. So bringe ich Tiefe und Glück in alle Bereiche und Frieden kann einkehren. Ruhe und Zufriedenheit erfüllen die Herausforderungen meines Lebens. Dadurch kann ich auch meine Wünsche entwickeln.

Affirmation

Zufriedenheit und Glück bestimmen mein Dasein!

Farben weiß, grün, türkis, orange
Chakren Herz, Hals, Kronen
Körperzonen Stimme, Schilddrüse, Herzenstiefe, Niere

Die einzelnen Körperzonen

Stimme, Schilddrüse

Ausdruck, Stimmung
Angst vor seinen eigenen Wünschen
Zu sich selbst stehen
Unterdrückte Meinungen und Wünsche ausdrücken
Im Selbstausdruck stehen bleiben
Kritik nicht äußern wollen
Sich das Leben einverleiben
Sich vom Leben abschnüren
Zufriedenheit schaffen und sich alles, was den Hals zuschnürt, vom Leib schaffen

Herzenstiefe	Sein Herz für die Zufriedenheit öffnen Offen sein und Tiefe erlauben Angst vor Verletzung aufgeben, um wahren Frieden erfahren zu können In Herzensangelegenheiten loslassen können Seinem Herz bis ganz nach innen folgen Herzensenge nachfühlen, sich bewegen und voranschreiten
Niere	Sich mit Themen, die Unruhe bewirken, auseinandersetzen Themen des Unfriedens bearbeiten Unfrieden in Beziehungen ins Reine bringen Harmonie erlauben Streitkultur pflegen, um Frieden zu bekommen Chronische Starre und Stillstand auflösen Seinen Frieden in dieser Welt finden

Fragen

- Wer würde es als Erster bemerken, wenn ich Ruhe und Zufriedenheit ausstrahlen würde?
- Angenommen, ich könnte die Unruhe und das Getrieben-Sein wandeln, welches neue Problem könnte auftreten?
- Was wäre anders, wenn ich Glück und Zufriedenheit in mir fühlen würde?
- Woran würde ich es merken, dass ich meine Erfüllung gefunden habe?
- Was ist das Positive an oberflächlich glücklichen Beziehungen?
- Was würde sich verändern, wenn ich Unruhe und Unfrieden annehmen und wandeln würde?

Die Bank der Ruhe und des Friedens

Wahre Ruhe und wahres Glück kommen von innen. „Jeder ist seines Glückes Schmied" lautet ein Sprichwort. Ich bin selbst verantwortlich, ich kann selbst etwas zu meinem Glück tun, ich schmiede mein Glück selbst.

Suche, was dich glücklich macht in dir. Du findest es nirgendwo im Außen auch wenn es noch so glänzen mag und dich verleitet, es ist von kurzer Dauer. Findest du was dich glücklich macht in dir so wird dein Glück dauerhaft sein, dich zufrieden stellen und innere Ruhe bei dir einkehren.

Stell dir einen weisen Menschen vor. Er sitzt auf einer Bank auf einer Anhöhe und überblickt mit Zufriedenheit und Güte in den Augen seine Umgebung und die wunderbare Landschaft. Er strahlt das Glück, das er empfindet, aus. In der Abendsonne sitzt er da, Weisheit ausstrahlend und überschaut alles und bewundert die Schönheiten, die ihn umgeben, sei es die Landschaft, die Tiere, die Menschen, die Gefühle die wunderbaren Werke, er nimmt jede schöne Einzelheit wahr, einfach all die schönen Augenblicke und strahlt all das zurück in die Welt. Er hat die innere Zufriedenheit in den kleinen Dingen des Alltags gefunden, das macht ihn glücklich. Er hat alles im Herzen und ist in Frieden mit sich und der Welt.

Schmiede für dein Leben was dich im Herzen glücklich macht, setze es um. Du bist der Schmied. Irgendwann kannst auch du deinen Frieden und dein Glück alles überblickend in die Welt hinausstrahlen.

Mögliche Erkenntnisse:

Jeder ist seines Glückes Schmied.
Ruhe und Frieden ist im Inneren zu finden.
Ein Schmied des Glückes ist der, dem das geschmiedete Frieden im Herzen bringt.
Der weise Mensch strahlt das Glück in die Welt hinaus und überblickt alles.
Ruhe und Zufriedenheit im Herzen ist wahres Glück.
Der Suchende und Getriebene ist nicht angekommen in der Zufriedenheit.

Thesen

- Jemand kann sein Glück und die Zufriedenheit auch außerhalb der heutigen Wertvorstellungen und dem Leistungsdruck finden!
- Ein Mensch kann auch Ruhe im Getriebe des Alltags finden!
- Inneres Glück und innerer Frieden kann jeder in sich fühlen, auch wenn um ihn herum Getrieben-Sein und Chaos herrscht!
- Intuitiv weiß jeder Mensch wie sich Glück anfühlt, wenn er sich in sich selbst zurückzieht!
- Man kann seine Wünsche so lange unterdrücken, bis man glaubt und davon überzeugt ist, keine mehr zu haben. Aber wenn sich ein Mensch dazu entschließt, wieder Wünsche zu haben, so kann er auch den umgekehrten Weg gehen, in sich gehen, fühlen, sich Wünsche wieder eingestehen und zulassen!

- Beziehungen können unglücklich und oberflächlich sein, aber auch tiefgehend und glücklich, je nach dem wofür man sich entscheidet!
- Unruhe und Unfrieden im Inneren können von außen kommen und sich übertragen. Genau so funktioniert es umgekehrt. Finde den inneren Frieden und die Ruhe, so werden sich diese auch auf andere Ebenen übertragen!
- Jeder kann auch auf seine Gefühle Einfluss nehmen, seine Unruhe wandeln und Frieden spüren!
- Der Suchende und Getriebene ist unzufrieden, findet er die Wahrheit und seinen Sinn ist er angekommen und tiefe Zufriedenheit kann eintreten.

50. Mut

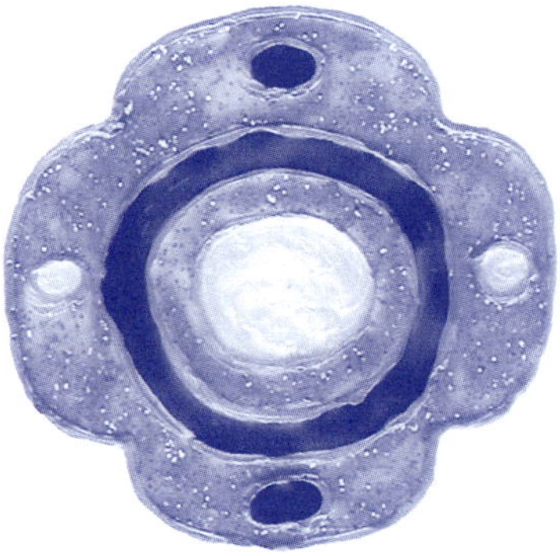

Dieses Symbol hilft mir, Mut auf allen Ebenen zu entwickeln, Mut zum Sprechen, Mut zum Denken, Mut zum Handeln und Mut zum Fühlen. Vieles im Leben erfordert Mut, Dinge umzusetzen um voranzukommen und aus alten Gewohnheiten auszubrechen. Veränderung um Entwicklung zu ermöglichen ist notwendig und erfordert Mut. Man muss mutig sein, um etwas zu wagen und zu sehen wie glücklich andere Wege machen können. Aber die Veränderung ist neu, alles Neue macht vorerst Angst. Nur wer es wagt, wird mit dem Glücklichsein, das in dem schönen neuen Weg steckt, belohnt. Nur wer seine Angst überwindet und besiegt, wird sein Glück finden. Das Glück wartet auf jene, die weinen und loslassen. Ursachen zu erkennen und zu lösen erfordert Mut. Mut aufzubringen bedarf auch einer intensiven inneren Kraft und innerem Antrieb. Mut ist mit Wollen gekoppelt, will ich etwas intensiv, so gibt mir dieses Wollen die Kraft und den Mut dafür. Mut hat auch mit Angst vor einer Niederlage zu tun. Ich mache mir bewusst, was passieren könnte, wenn ich es nicht schaffe. Ich untersuche die Konsequenzen genau, ich sehe der Wahrheit ins Auge. Mut zum

Risiko! Ja, die Sache ist es Wert ein Risiko einzugehen! Ich habe den Mut etwas umzusetzen, in meinen Gedanken habe ich es bereits erreicht. Ich sehe es in Gedanken schon vor mir, ich habe den Mut für meine gedanklichen Visionen. Diese Gedankenkraft ist großartig und hilft mir Veränderung herbeizuführen und zu erreichen. Das Gehirn kann nicht zwischen tatsächlich Realem und der Vorstellung unterscheiden. Beides hat die gleiche Kraft. Ein Schlüssel, um etwas zu erreichen, ist, es im Geiste viele Male zu erreichen und es durchzuspielen. Ich bleibe nicht in dieser Phase stecken, ich gehe den nächsten Schritt, ich spreche darüber, ich plane es, bringe es zu Papier und als nächstes habe ich den Mut und setze es um.

Ich bin mutig, lege allen Mut für Dinge, die wichtig sind, für die es sich lohnt ein Risiko einzugehen, in meine Hände. Ich gehe aber nichts ins andere Extrem und riskiere leichtfertig, das hat nichts mit Mut zu tun. Ich entwickle Mut, auch wenn ich anders bin und stehe voll und ganz dazu. Nur wer anders ist hinterlässt Spuren. Das bedeutet aber auch nicht mit der Masse zu schwimmen, herauszustechen, auch manchmal allein zu sein. Lerne allein zu sein und vertrete mutig deine Ideale. Ziel ist es allein sein zu können und die Liebe zu den Menschen zu entwickeln. Mut etwas Neues auszuprobieren ist stärkend, verbunden mit meinem inneren Wollen und führt mich zum Erfolg. Ich setze meine Vorhaben mutig um!

Mögliche Ursachenthemen

Mut nicht entwickeln können, weil das Ziel als unrealistisch gesehen wird
Übermütig sein
Ein zu großes Risiko eingehen
Den Mut haben, die Wahrheit auszusprechen
Den Mut haben, die Wahrheit zu denken
Den Mut haben, die Wahrheit zu fühlen
Den Mut haben, seine eigenen Wege zu gehen
Mut für Veränderung
Den Mut aufbringen ungewöhnliche Wege zu gehen
Mutig seine Ängste überwinden
Mutig zu seinem Anders-Sein stehen

Neues Denkmuster

Ich entwickle Mut für die Wahrheit. Mutig gehe ich ein kalkulierbares Risiko für meine Entwicklung ein. Von Übermut und unnötigem Risiko distanziere ich mich. Für die Wahrheit lohnt es sich Mut im Denken, Fühlen, Sprechen und Handeln zu haben und dies auch auszudrücken. Mutig überwinde ich meine Ängste und gehe neue Wege. Mutig stehe ich zu mir!

Affirmation

Ich habe Mut zur Entwicklung!

Farben rot, weiß, türkis

Chakren Wurzel, Herz, Thymus, Hals, Hand

Körperzonen Aktivität, Hände, Gefühle, Bauch, Kehlkopf, Herz, Brust, Immunsystem

Die einzelnen Körperzonen

Aktivität, Hände

Mutig umsetzen
Seine Tatkraft beweisen
Sein Inneres nach außen bringen
Sich trauen, etwas riskieren und es umsetzen
Seine Vorhaben mutig in die Hand nehmen
Die Hände führen aus, was der Kopf erdacht hat
Sein eigenes Handeln in den Mittelpunkt rücken
Die Aktivität in seine Hände legen
Durch seine Hände aktiv werden

Gefühle, Bauch

Für sich selbst sorgen
Mutig das Paradies verwirklichen
Sich Schutz geben
Aufrecht und mutig seine Verletzlichkeit zeigen
Fühlen, wenn es wichtig ist, Mut aufzubringen

Kehlkopf

Mut, seine Meinung auszudrücken
Seine Stimme weitergeben
Mutig jemanden belehren

Herz, Brust, Immunsystem

Seine Kraft mit geschwellter Brust zeigen können und daran glauben
Mutig sein Herz schützen
Seinen Raum einnehmen und sich behaupten

Sich mutig zur wehr setzen
Mutig sein Herz verschenken
Sein Herz öffnen und sich entwickeln
Äußere Feinde mutig abwehren
Seine Angelegenheiten verteidigen
Sich selbst mutig schützen

Fragen

- Was ist das Positive daran, kein klares Ziel zu haben?
- Woran würde ich es merken, wenn ich übermütig wäre und ein zu großes Risiko eingehen würde?
- Könnte ich mir vorstellen, den Mut zu haben die Wahrheit zu denken, zu fühlen, zu sprechen und danach zu handeln?
- Angenommen ich hätte den Mut meine eigenen Wünsche zu verwirklichen, welches Problem könnte jetzt auftreten?
- Was würde sich ändern, wenn ich mutig meine Ängste annehmen würde?

Das Geheimrezept

Ich spreche Dinge, die passiert sind und störend wirken, mutig aus. Nicht das Aussprechen ist das Schlimme, sondern das, was passiert ist schafft Probleme und macht es schwierig darüber zu reden. Durch Aussprechen kann das Probleme bereitende in eine Herausforderung gewandelt und bereinigt werden. Es war vorher schon da, aber jetzt kommt es ans Tageslicht, das Geheimnis wird gelüftet und offen auf den Tisch gelegt. Jetzt kann es angeschaut werden. Das Geheimnis war schon immer da, aber erst jetzt spricht man darüber, möglicherweise ist der andere froh über den ersten Schritt, da er das gleiche empfunden hat. Jedoch kann es auch sein, dass es die anderen nicht bemerkt haben und deswegen erstaunt und froh sind es zu erfahren.

Stell dir ein Kuchengeheimrezept vor, das jahrelang von der Großmutter als Geheimnis in ihrem Gehirn verschlossen ist. Immer zu besonderen Anlässen bäckt sie diesen Kuchen. Strahlend auf einem großen silbernen Tablett, mit schönster Kuchenspitze aus Seidenpapier wird er präsentiert und alle dürfen zulangen und sich ein großes Stück nehmen, so mancher auch zwei. Alle sind begeistert und rätseln darüber, warum er so gut schmeckt und wie er so gut gelingen kann, aber sie lässt sich nicht in die Karten schauen und verrät nichts. Es veranlasst immer wieder alle zum Rätselraten und interpretieren. Voller Genuss wird er auf den letzten Krümel verzehrt und währenddessen zerbrechen sie sich den Kopf, wie das Rezept wohl lauten mag. Aber wieder haben sie es nicht geschafft die Rezeptur zu durchschauen. Tausendmal wurde er schon nachgemacht, aber nie wurde das Original auch nur annähernd erreicht. Der Kuchen war immer schon da und das Rezept auch, aber das Geheimnis wurde nicht verraten.

Würde darüber gesprochen und das Geheimnis gelüftet werden, so wüsste man warum er so schmeckt, viele Rätsel wären gelöst. Alle könnten lernen wie man diesen wunderbaren Kuchen bäckt.

Geheimnisse veranlassen zum Rätselraten und sind äußerst interessant, die Menschen beginnen zu interpretieren und machen es nach. Würde jedes Geheimnis gelüftet, wäre vieles leichter und viele könnten aus den Erfahrungen anderer lernen. Ist es eine positive Erfahrung könnten sie Gutes fürs Leben lernen, ist es eine negative könnten sie lernen, es zu vermeiden. Einige, die versuchen den geheimen Kuchen nachzumachen, sind sicher kläglich gescheitert und haben sich fürchterlich die Finger verbrannt. Warum sollen sich andere die Finger verbrennen, wenn ich meine wertvollen Erfahrungen weitergeben kann?

Dies gilt für alle Erfahrungen im Leben. Mutig lüfte ich mein Geheimnis und lasse andere an meinem Rezept teilhaben, damit auch sie lernen guten Kuchen zu backen. Mutig sage ich was gesagt werden muss, damit andere nicht an ihren Rezepten scheitern, damit der Kuchen gelingt. Mutig stehe ich zu meinem anderen Kuchen und spreche auch darüber, auch das kann den Kuchen anderer verbessern. Rezepte gibt es viele, die schlecht verdaulichen bedürfen einer Verbesserung, mutig gehe ich an die Arbeit und beschreite außergewöhnliche Wege und wähle ungewöhnliche Zubereitungsarten für einen besser verdaulichen und bekömmlicheren Kuchen. Am Ende meiner Bemühungen belohnt mich ein wohlschmeckender Kuchen und ein verbessertes Rezept.

Mögliche Erkenntnisse:

Nach der Wahrheit zu fragen erfordert Mut, denn die Antwort entspricht nicht immer den Erwartungen.
Geheimnisse veranlassen zum Rätselraten und interpretieren.
Geheimnisse offen zu legen, ermöglicht einen Lernprozess.
Erfahrungen sind da um weitergegeben zu werden, guten Mutes gebe ich meine Erkenntnisse an andere.
Die Wahrheit zu sagen ist mutig und ermöglicht Entwicklung.
Mut ist notwendig um neue Wege zu gehen und neue Rezepte im Leben zu probieren.
Das Original kann mutig verändert werden, das Original muss nicht immer das Beste sein.
Auch Experimentieren erfordert Mut.

Thesen

- Nicht viele Menschen besitzen den Mut zur Veränderung. Wirklicher Mut gibt Kraft!
- Das Ziel muss realistisch sein, genau betrachtet und analysiert werden, dann kann man auch den Mut dafür entwickeln!
- Mut erfordert es, die Wahrheit zu vertreten und zu seinem Anders-Sein zu stehen. Mut erfordert es, sich von der Masse abzuheben!
- Mut ist nicht mit Übermut und großer Risikobereitschaft zu verwechseln. Übermut ist nur einen Schritt vom Mut entfernt!
- Nur wenige Menschen sind mutig, viele wollen sich in der Masse verstecken!
- Mut erfordert es, neue Wege zu gehen und Spuren zu hinterlassen, nicht die ausgetretenen Wege zu benutzen, wo die Spuren untergehen!
- Seinen Mut einzusetzen bedeutet fleißig zu sein, wer faul ist, ignoriert seinen Mut!

51. Entscheidungsstärke

Dieses Symbol hilft mir, Entscheidungen zu treffen, damit nicht ein anderer Mensch oder das Leben über mich bestimmt. Nicht zu entscheiden oder Entscheidungen vor sich herzuschieben, bedeutet Stillstand. Das Leben ist aber ein ständiger Energiefluss, es muss fließen. Wenn ich das Leben oder andere Menschen für mich entscheiden lasse, werde ich mich in Situationen wieder finden, die mir nicht gefallen und die ich nicht beeinflussen kann. Ich habe entschieden nicht zu entscheiden, nicht zu steuern und mein Lebensruder nicht

in die Hand zu nehmen. Da aber das Leben Bewegung und Fluss ist und ich nicht bereit bin es zu lenken, werden andere steuern und ich werde führerlos im Meer des Lebens treiben und einmal hier stranden und einmal dort, ob es mir gefällt oder nicht. Ich habe aber jederzeit die Möglichkeit einzugreifen und kann das Ruder wieder in die Hand nehmen. Jetzt kann ich die schönsten und wundervollsten Inseln ansteuern. Ich selbst bestimme jetzt mein Leben.
Ich beschließe, auf welche Insel ich zusteuere, welchen Weg ich einschlage, welches Fortbewegungsmittel für mich das Beste ist und welche Menschen mich dahin begleiten. Ich treffe meine Entscheidungen, wenn die richtige Zeit dafür gekommen ist. Ich nehme alle Hilfen, Medien, Menschen und Situationen an und entscheide mit Kopf und Bauch, dann sind auch das Leben und die Menschen gerne bereit mich zu unterstützen. Ich überwinde alle Ängste vor Versagen oder vor Verlust und trage gerne die Verantwortung für mein Handeln.

Jeder schafft es, die eigene Verantwortung zu tragen, denn die Aufgaben und Entscheidungen sind genau auf die Möglichkeiten des jeweiligen Menschen abgestimmt. Jeder bekommt die Lektionen und Entscheidungen, die er lösen und bewältigen kann, genau die Aufgaben, die er für seine Entwicklung braucht.

Ich entscheide nicht für andere, ich lasse meinen Mitmenschen ihre Verantwortung. Ich helfe nach meinen Möglichkeiten bei Entscheidungen, spreche aber jedem seine Eigenverantwortung zu. Die Entscheidung selbst muss letztlich jeder für sich treffen und tragen. Ich weise jeden bestimmt zurück, der möchte, dass ich ihm seine Entscheidungen abnehme!

Wenn es mir schwer fällt, die Entscheidungen meines Lebens selbst zu treffen, so fange ich mit kleinen Alltäglichkeiten an und treffe bewusst jeden Tag kleine Entscheidungen und steigere mich sukzessive.

Mögliche Ursachenthemen

Nicht entscheiden können oder wollen
Angst vor der falschen Entscheidung haben
Angst die Verantwortung zu tragen
Sein Leben selbst in die Hand nehmen
Über andere entscheiden wollen
Herumirren und ziellos sein wollen
Mit beiden Beinen im Leben stehen und entscheiden wollen

Neues Denkmuster

Sicher und zur rechten Zeit entscheide ich mich. Ich schiebe nichts vor mich her und übernehme voll Freude das Steuer meines Lebens. Meinen Weg, meine Möglichkeiten und meine lieben Begleiter wähle ich gerne selbst. Voll Freude stehe ich mit beiden Beinen im Leben. Ich lehne es bestimmt ab, wenn andere wollen, dass ich für sie entscheide. Jeder Mensch darf über seine Belange bestimmen und dafür die Verantwortung mit Leichtigkeit tragen.

Affirmation

Sicher und zur rechten Zeit entscheide ich mit Stärke!

Farben rot, weiß, lila, rosa
Chakren Wurzel, Herz, Krone
Körperzonen Kopf, Gehirn, Steuer, Beine, Blut, Immunsystem, Lebenskraft, Dickdarm

Die einzelnen Körperzonen

Kopf, Gehirn, Steuer

Oberste Instanz der körperlichen Institution
Äußerlich höchste Stelle
Einen kühlen Kopf bewahren
Sich nicht unterkriegen lassen
Den eigenen Kopf und Entscheidungen durchsetzen
Intellektuelle Steuerung
Von seiner Vernunft gesteuert werden
Ganzheitliches Denken zulassen

Beine

Durchs Leben getragen werden
Mit beiden Beinen fest im Leben stehen
Zu seinen Entscheidungen stehen
Entscheiden welchen Weg man einschlägt
Entscheiden und weitergehen
Entwicklung und Fortschritt zulassen

Blut

Ich trage mein Leben selbst.
Was mir im Blut liegt machen und sich dafür entscheiden

Immunsystem, Blut, Lebenskraft

Verteidigung seiner eigenen Interessen

Seine eigenen Belange verteten
Etwas für sich selbst, seine Zukunft und sein eigenes Wohl machen
Im Lebensfluss sein
Seine Energien fließen lassen
Sich für Gesundheit und Leben entscheiden
Seinem individuellen Sein Kraft geben und für sich selbst entscheiden

Dickdarm Gefühlshirn
Umgang mit der Materie
Geheimnis des Abfalls
Entscheiden, was man loslässt
Was ich loslasse, kann neu entstehen
Entscheiden, welche Veränderung notwendig ist, dann sterben und neu entstehen lassen
Altes weggeben oder verschenken, dies ist der Dünger, der Neues entstehen lässt

Fragen

- Was würde mir helfen, entscheiden zu können und zu wollen?
- Was wäre anders, wenn ich keine Angst vor Entscheidungen hätte?
- Woran würde ich es merken, dass ich Verantwortung für meine Entscheidungen übernehme?
- Was ist das Angenehme und Positive daran, herumzuirren und ziellos zu sein?
- Wer würde es als Erster bemerken, wenn ich zu meinen Entscheidungen stehen und damit fest im Leben stehen würde?
- Was würde sich verändern, wenn ich ab jetzt nicht mehr für andere entscheiden würde?

Die Schatztruhe

Mit Stärke entscheide ich sicher und zur rechten Zeit. Wenn ich nicht entscheide, entscheiden andere über mich. Will ich das? – Nein, ich will selbst entscheiden.

Schon kleine Kinder wollen selbst Entscheidungen treffen. In der Obhut der Eltern können sie bereits für kleine Aufgaben Verantwortung übernehmen. Schritt für Schritt lernen sie zu entscheiden und damit umzugehen.

Entscheiden heißt auch „scheiden“. Wenn ich an einer Weggabelung stehe, muss ich wählen: Gehe ich links oder rechts? Von einem Weg muss ich scheiden, mich abtrennen, mit all dem was damit verbunden ist, mich von den Menschen und den Umständen, die auf diesen Weg liegen, verabschieden. Im Leben müssen wir uns oft von etwas verabschieden und loslassen. Nimm dein Leben in die Hand und triff in Eigenverantwortung deine Entscheidungen!

Stell dir vor du hast Zuhause eine große Schatztruhe und diese ist dein Leben. Du darfst selbst entscheiden was du herausnimmst. Jedoch siehst du immer nur die oberste Schicht, du darfst nicht wühlen. Immer wenn du ein Stück herausnimmst musst du dich damit beschäftigen, etwas daraus lernen und die Sache zu Ende bringen. Erst wenn du dabei etwas gelernt hast löst es sich auf und du darfst eine neue Entscheidung treffen und wieder etwas aus deiner schönen Schatztruhe des Lebens auswählen. Du hast immer eine große Auswahl. Wenn du die Kiste aufmachst, siehst du viele Möglichkeiten und jedes Mal wieder andere und Neue, denn du hast dich wieder verändert. Wenn du etwas herausnimmst ist wieder Platz und etwas anderes kann nachrücken. Die Kiste wird niemals leer, die Schätze erschöpfen sich nie.

Lass dich nicht von Äußerlichkeiten blenden. Die schönen, glänzenden Dinge, sind oft die schwierigsten und mühsam zu erledigen. Du hast viele Entscheidungen zu treffen. Wie lange oder wie intensiv du dich mit einer neuen Sache beschäftigst, hängt von dir ab. Behalte die Schatztruhe deines Lebens immer im Auge. Je öfter du dir etwas herausnimmst, desto mehr wirst du geprüft. Sehr schnell schreitet deine Persönlichkeitsentwicklung voran. Die Verantwortung für deine Entscheidungen steigt auch gleichzeitig, denn du wirst immer bewusster und dein Weitblick vergrößert sich. Es lohnt sich oft in die Schatzkiste zu greifen und deine Schätze, die Lernerfahrungen, zu erledigen. Hüte deine Schatzkiste und sei dich ihrer bewusst. Sie wird von Tag zu Tag wertvoller. Mit jeder Entscheidung wird die Angst vor Entscheidungen kleiner. Steh zu deinen Entscheidungen. Entscheidungen sind Schätze, die dich weiterbringen.

Grundsätzlich gibt es nur richtige Entscheidungen, denn alles im Leben bringt dich weiter. Jede Entscheidung ist eine Erfahrung, die du gemacht hast. Diese kann dir niemand mehr nehmen und du kannst darauf aufbauen, selbst wenn es eine negative Erfahrung war. Du weißt jetzt wie es nicht geht und hast gelernt genau das zu vermeiden. Leider ist es so, dass wir Menschen immer noch am meisten aus den schmerzlichen Erfahrungen lernen. Sei dir auch dieser Tatsache bewusst. Jeder muss die Verantwortung für sein tun übernehmen und wenn andere geschädigt werden, muss auch dies getragen und wieder gutgemacht werden.

Nimm deine Schatztruhe an, mach den Deckel auf und hol dir deine Lernerfahrungen heraus. Triff deine Entscheidungen, bevor sie andere über dich treffen.

Ich bin entscheidungsstark.

Mögliche Erkenntnisse:

Wer nicht entscheidet, über den wird entschieden durch andere Menschen oder durch das Leben.

Entscheiden heißt, dass die abgewählte Möglichkeit losgelassen werden muss, Hintertürchen offen lassen ist halbherzig.

Es gibt grundsätzlich keine falschen Entscheidungen, es bringt alle seine wichtige Erfahrung mit sich.

Ist das Schöne und Leichte gewählt worden, muss das nicht heißen es ist leicht zu erledigen, Äußerlichkeiten können trügen.

Verantwortungsübernahme für getroffene Entscheidungen ist unumgänglich.

Jede Entscheidung bringt Fortschritt in der persönlichen Entwicklung.

Thesen

- Jeder kann sein Leben in Selbstverantwortung tragen, das Leben stellt Aufgaben, die genau auf die Person zugeschnitten sind!
- Auch wer noch nie gelernt hat, sich zu entscheiden, kann dies jetzt tun. Auch das Entscheiden kann immer gelernt werden, wenn man im Kleinen beginnt und sich allmählich steigert. Es ist noch kein Meister vom Himmel gefallen. Der Wille ist für den Erfolg entscheidend, er muss vorhanden sein!
- Wer sein Ziel vor Augen hat, wird sich leicht entscheiden können. Welche Entscheidung bringt mich zu meinem Ziel? Nur wenn ich weiß wohin ich fahren will, kann mich mein Auto dorthin bringen.
- Freudige Erwartung lässt die Entscheidung leichter werden. Es ist die Freude über das Neue, das die Entscheidung mit sich bringt. Freude ist rot und erdet, lässt jeden fest im Leben stehen und trägt im Fluss des Lebens! Mit beiden Beinen im Leben verhaftet sein, das Leben lieben und nur das Beste erwarten, Risiko in die Entscheidungen miteinbeziehen!

52. Selbstheilung

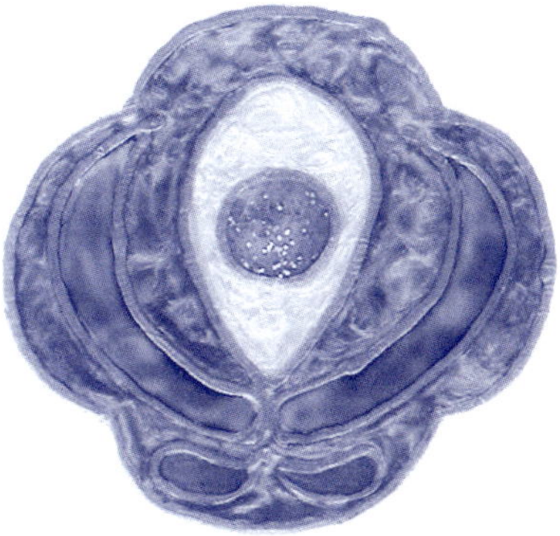

Dieses Symbol hilft mir, meine Selbstheilung zu entwickeln und zuzulassen. Jede Heilung ist eine Selbstheilung, Medikamente oder homöopathische Mittel, Behandlungen etc., können mir helfen meine Selbstheilung wieder zu aktivieren, Zuversicht zu entwickeln, wieder an die eigenen Gesundheit zu glauben und sie einzuladen.

Viele Menschen, die lange krank sind oder an chronischen Erkrankungen leiden, können sich nicht mehr vorstellen gesund zu sein. Ihr Lebensinhalt ist die Krankheit selbst, alles in ihrem Leben dreht sich um den Schmerz, die Medikation und die Behandlungen. Oft sind sie auch nicht bereit die Verantwortung für sich zu übernehmen. Sie machen sich keine Gedanken über die Ursachen ihrer Krankheit und sagen: „Der Arzt ist da um mich gesund zu machen." und übertragen ihm dadurch die ganze Verantwortung. Die Ursache muss gelöst werden, sonst können auch die besten Medikamente keine Selbstheilung in Gang setzen.

Löse die Ursache, so verliert die Krankheit ihren Sinn! Wenn der Körper erkrankt, will er dir etwas sagen. Schon der Arzt und Forscher Paracelsus sagte: *„Heile deinen Geist, so heilst du deinen Körper!"* Jede Heilung einer physischen Krankheit sollte von einer psychischen Therapie begleitet werden. So können die Ursachen gelöst und eine Selbstheilung auf Dauer herbeigeführt werden. Wird dies verabsäumt, wir die Krankheit früher oder später wiederkehren, oder sich an einer anderen Stelle des Körpers manifestieren. *„In den Symptomen wird sichtbar, was wir vorher nicht sehen wollten!"*, sagt Kurt Depperwein. Wenn sich der Körper nicht wohlfühlt, hat er Botschaften für mich. Wird diese Botschaft nicht gehört, muss er es deutlicher versuchen – mit Schmerz und Krankheit.

Hört der Mensch noch immer nicht, wird er mit seinem Leben bezahlen müssen. Aber bis es soweit ist, keine Sorge, dauert es lange. Unser wunderbarer Körper kann sehr viel selbst heilen. Bin ich dazu bereit, wird mich mein Körper unterstützen. Der Glaube verleiht Flügel, Glaube und Hoffnung verbunden mit Ursachenlösung und Veränderung, vermögen Berge zu versetzen. Wie viele Krankheiten wurden von Ärzten für unheilbar erklär, und wie oft wurden die Menschen, wie durch ein Wunder, wieder gesund. Viele Menschen müssen erst am Boden liegen, im ärgsten Schmutz, an der tiefsten und dunkelsten Stelle ihres Lebens, erst dann können sie erkennen und annehmen. Oft ist erst an diesem Punkt ist ihre Selbstheilung möglich. Gehe nach innen, höre die Botschaften deines Körpers – bevor Krankheit entsteht!

Mögliche Ursachenthemen

Heilung erlauben und zulassen
Den Glauben zu Selbstheilung nicht haben
Krank sein wollen
Keinen Lebensinhalt ohne Krankheit haben
Andere für die Krankheit verantwortlich machen
Glauben wollen, der Arzt macht mich gesund
Ursachen nicht annehmen können
Nicht erkennen wollen, dass der Körper dem Geist folgt
An die Selbstheilungskraft des Körpers glauben

Neues Denkmuster

Ich erlaube Selbstheilung, lasse sie zu und aktiviere meinen Selbstheilungsprozess. Nach dem Grundsatz „*Der Glaube versetzt Berge!*“ leite ich meine Selbstheilung ein. Im Gesundsein finde ich meinen Lebensinhalt. Für all meine Schmerzen und Krankheiten übernehme ich die Verantwortung, erkunde die Ursachen und löse sie. Wenn es notwendig ist, nehme ich Hilfe an und meine Selbstheilung kann einsetzen. In dem Wissen, dass der Körper dem Geist folgt, kann der Körper nach der Ursachenfindung gesunden. Arzt und Therapeuten sind Helfer bei meiner eigenen Selbstheilung, die ich in Selbstverantwortung gerne in Anspruch nehme.

Affirmation

Ich erkenne und aktiviere meine Selbstheilung!

Farben grün, blau, rot, gelb, pink
Chakren Wurzel, Kronen, Solarplexus
Körperzonen Blut, Lebenskraft, Knochen, Knochenmark, Nerven, Immunsystem, Verdauung

Die einzelnen Körperzonen

Blut, Lebenskraft

Träger der Lebensenergie und der Kraft
Träger der Immunkraft
Das Blut trägt das Leben und lässt es fließen
Seine ganz persönliche Dynamik zeigen
Seine ganz persönliche Art ausdrücken und fließen lassen
Wo ist meine Antriebskraft?
Wo ist meine Abwehr, meine eigene Polizei?
Sein Inneres mit Dynamik verteidigen, aber ohne Kampf und ohne Blutvergießen

Knochen, Knochenmark

Stabilität, Halt geben
Sich selbst den notwendigen Halt geben
Sich für etwas gerade machen und gerade stehen
Zu sich selbst stehen
An sich glauben
Regeneration der Lebenskraft
Glaube ich daran, dass ich mich selbst erneuern kann?
Die Einzigartigkeit des Organismus erkennen, heilen und wenn notwendig verteidigen

Nerven

Nachrichtendienst
Gibt Nachricht, wenn etwas nicht stimmt
Aktiviert bei Gefahr das Immunsystem
Auch von außen rechtzeitig Gefahr erkennen
Den Körper mit dem Bewusstsein (Seele) verbinden
Erfüllungshilfe des bewussten Wollens und Glaubens
Verbindungen schaffen

Immunsystem, Verdauung

Konflikte bearbeiten und loslassen
Eindringlinge vernichten
Gesunder Egoismus
Das Leben verdauen

Immunsystem, Verdauung

Unverdauliche Eindringlinge unschädlich machen
Womit man konfrontiert wird bearbeiten und verdauen, heilen und loslassen
Loslassen können
Gerne loslassen
Sich gerne verändern

Fragen

- Was würde sich ändern, wenn ich Heilung erlauben und zulassen würde?
- Was würde ich brauchen, um den Glauben an die Selbstheilung entwickeln zu können?
- Was ist das Positive daran, in der Krankheit den Lebensinhalt zu haben?
- Was wäre anders, wenn ich andere oder anderes nicht mehr für meine Krankheiten verantwortlich machen würde?
- Was würde mir helfen, daran zu glauben, dass der Körper dem Geist folgt?
- Wer würde es als Erster bemerken, wenn ich die Ursache erkennen und annehmen würde?

Jeder hat den Schalter

Ich erkenne und aktiviere die Selbstheilung. Es gibt viele Möglichkeiten die Selbstheilung zu aktivieren, sei es die Hilfe eines Arztes, Therapeuten, meiner eigenen Person oder einer Erkenntnis. Egal, alles bringt das gleiche Ergebnis – die Aktivierung meiner Selbstheilung. Es kann auch einfach der Glaube an Heilung den Schalter der Genesung aktivieren. Der Glaube versetzt Berge, schon Jesus sagte „Steh auf, gehe hin, dein Glaube hat dir geholfen!“ Lukas 17/19 Steh auf und gehe, heißt tue etwas um gesund zu werden, glaube daran und setze die ersten Schritte.

Was will dir der Körper mit dieser Krankheit sagen, mit diesen Beschwerden, höre in dich hinein. Wo liegt dein Beschwerdebild? Was lastet auf deinem Rücken? Was kannst du nicht verdauen? Was ist dir über die Leber gelaufen? Was willst du nicht sehen oder hören? Warum möchtest du aus der Haut fahren? So kann man jeden Körperteil, jede Körperregion und jedes Organ befragen. Gehe in dich und befrage deinen Körper, er gibt dir Antwort, vertraue darauf und glaube daran. Die Körperzuordnungen bei jedem Symbol können dir auch eine Hilfe dabei sein, schau nach bis du die entsprechende Zuordnung findest. Stell dir die Fragen, die dazu passen, integriere die Antworten in dein Leben und führe Veränderung herbei. Auch wenn die Schritte noch so klein sind, haben diese eine Auswirkung. Es ist noch kein Meister vom Himmel gefallen! Frage am nächsten Tag weiter bis du alle Antworten bekommen und die Selbstheilung aktiviert hast. Sprich auch mit deinem Arzt und Therapeuten darüber, viele werden dir weiterhelfen und glauben an die Einheit von Körper und Psyche. Die Psyche unterstützt den Körper. Materie folgt der Energie, der Körper folgt der Psyche. Heile deine Psyche (Seele, Geist) so heilst du deinen Körper. Dein Körper kann so vieles, aktiviere die Selbstheilung. Hilf ihm dabei!

Stell dir vor du hast am Brustbein einen Schalter. Es ist ganz einfach ihn zu betätigen, ähnlich einem Lichtschalter. Führe deine Hand dorthin und schalte ein, wenn du es nötig hast. Gleichzeitig suchst du auch nach der Ursache was dein Körper dir sagen will. So bleibt der Schalter auch wirklich aktiv. Während du veränderst und umsetzt was du aus den Ursachen erkannt hast bleibt der Schalter die ganze Zeit eingeschaltet. Es sei denn du schaltest wieder aus, weil du nicht daran glauben kannst. Ist der Glaube nicht da geht der Schalter wieder aus. Schalte wieder ein, bis du vollkommen beschwerdefrei bist und du alle Ursachen aufgelöst hast. Schalte ein und es geht dir fühlbar besser und besser.

Mögliche Erkenntnisse:

Der Glaube ist notwendig um Selbstheilung zu aktivieren.

Der Körper kann vieles, er braucht jedoch Hilfe durch den Geist, die mentale Kraft.

Veränderung und Umsetzen ist notwendig um die Selbstheilung einzuschalten.

Es ist legitim, Hilfe in Anspruch zu nehmen, erlaube dir selbst Hilfe zu suchen, der Schalter kann dadurch eingeschaltet werden.

Viele kleine Schritte ermöglichen auch ein Vorankommen, es ist noch kein Mister vom Himmel gefallen, die Schritte werden mit der Erfahrung größer.

Thesen

- Selbstheilung kann nur erfolgen, wenn die Ursache gelöst wurde. Tritt ein Symptom auf, will der Körper etwas mitteilen. Wird es gehört und umgesetzt, hat die Krankheit ihren Sinn verloren und die Selbstheilung (wenn notwendig mit der Hilfe von Arzt und Therapeuten) kann einsetzen.
- Der Glaube ist der Schlüssel zur Aktivierung der Selbstheilung. Durch den Glauben können auch „aussichtslose Krankheitsfälle" wieder zur Gesundheit geführt werden.

- Viele sind krank, weil sie dadurch Vorteile haben, sie bekommen z. B. Liebe und Aufmerksamkeit. Liebe Menschen kommen zu Besuch, die verhasste Arbeit kann nicht mehr verrichtet werden. Solange dies nicht erkannt und aufgegeben wird, kann keine Selbstheilung einsetzen.
- Der Arzt oder Therapeut macht nicht gesund, sondern hilft jemandem selbst gesund zu werden. Jeder hat selbst die Verantwortung für seine Gesundheit und Krankheit zu tragen.
- Materie folgt immer dem Geist. Heile deinen Geist, so heilst du deinen Körper. Nach dem Gesetz „Materie ist träger als das Feinstoffliche und Geistige" kann der Körper gesunden, wenn die Ursache für die Beschwerden erkannt worden sind. Eine Ursache kann durch Erkennen oft in Sekundenschnelle gelöst sein, wogegen der Körper länger braucht, um wieder gesund zu werden.

53. Ängste verabschieden

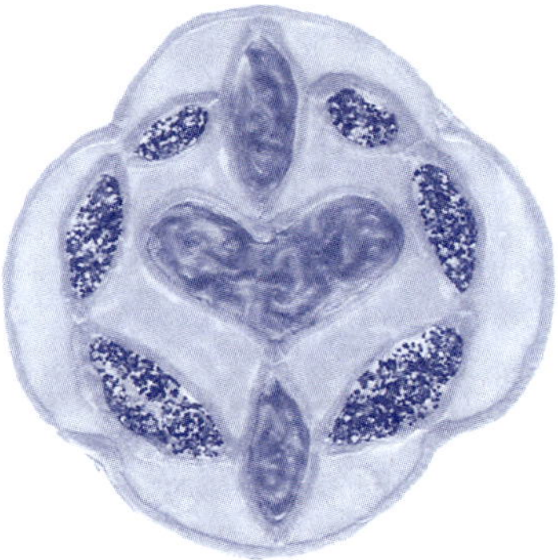

Dieses Symbol hilft mir, meine Ängste anzunehmen und mich von ihnen zu verabschieden. Die Angst vor der Angst selbst macht sie immer größer bis sie mich lähmt und handlungsunfähig macht. Sie kann mich zur Panik treiben und sich bis zur Depression oder Todesangst steigern. In einem solchen Zustand ist man der Angst vollkommen ausgeliefert, sie beherrscht den Menschen. Er ist nicht mehr Herr seiner selbst. Der Mensch wehrt sich mit allen Mitteln gegen die Angst, egal um welche es sich handelt, fast jede Angst kann bis ins Unerträgliche mehr werden.

Eine Möglichkeit, diesen Teufelskreis zu durchbrechen, ist seine Angst anzuschauen und sie anzunehmen. Es ist nicht immer einfach, oft gelingt es vielleicht beim ersten Mal nicht, aber trotzdem ist es kein Grund aufzuhören es zu versuchen. Ich beginne mit kleinen Ängsten, ich schaue sie an, gehe in sie hinein, nehme sie an. Wozu ist diese Angst gut? Wofür brauche ich sie? Warum habe ich sie? Welches negative Erlebnis habe ich dazu? Sind es Verlassensängste? Wer hat mich, vielleicht in der Kindheit, verlassen? Jetzt arbeite ich es auf. Ängste entstehen durch negative Erlebnisse oder Karma. Jetzt darf ich sie auflösen, in dem ich sie noch einmal durchlebe. Vielleicht ist es schmerzhaft, ich darf darüber weinen oder zu jemandem sprechen. Es gibt viele Ängste; die Angst allein zu sein, zum Beispiel. Wurde ich viel allein gelassen? Existenzängste – Warum habe ich diese Angst? Die Angst vor Menschen zu sprechen – Was schnürt mir den Hals zu? Angst nicht gut genug zu sein – Wurde ich als Kind zu wenig gelobt?

Ich nehme alle diese Ängste an! Jetzt ist es an der Zeit sie aufzulösen, denn sie behindern und blockieren mich. Ich setze mich mit jeder einzelnen Angst auseinander. Mit jeder aufgearbeiteten Angst wird es leichter. Ich nehme das Symbol zu Hilfe, es wird noch einfacher.

Angst löst sehr oft Druck im Bereich des Herzens und des Solarplexus aus; Druck der einschnürt und das Atmen erschwert. Je mehr Ängste ich auflösen kann, desto mehr Druck fällt von mir ab, bis ich wieder tief und intensiv durchatmen kann. Angst hat immer mit mir selbst zu tun. Ich selbst entscheide, ob ich die Angst besiegen möchte. Wo Angst ist, ist keine Liebe. Ich lasse mich nicht von der Angst besiegen und mich von der Liebe abschnüren. Ich nehme meine Angst und liebe sie, denn sie will mich etwas lehren. Mit meinem Willen mich zu entwickeln wird es mir gelingen. Manche Menschen können Angst erst an einem Tiefpunkt in ihrem Leben annehmen, an dem es nicht mehr schlimmer werden kann. Angst ist das Gegenteil von Liebe. Liebe vermag die Angst aufzulösen und umgekehrt. Wo Liebe ist, ist keine Angst!

Mögliche Ursachenthemen

Ängste verdrängen
Angst nicht wahrhaben wollen oder können
Sich von der Angst beherrschen lassen
Angst nicht annehmen wollen oder können
Vor Angst erstarren und gelähmt sein
Vor Angst keinen Ausweg sehen wollen oder können
Sich über die Angst erheben wollen oder können
Der Angst ins Auge sehen
Sich gegen die Angst wehren und sie nicht annehmen
Nicht aus der Angst lernen wollen oder können
Angst erst am Punkt der Hoffnungslosigkeit annehmen können

Neues Denkmuster

Ich nehme meine Angst an, auch wenn es schmerzhaft ist, nur so verliert sie an Kraft und löst sich auf. Wo Liebe ist kann keine Angst sein, in diesem Sinn lasse ich auf allen Ebenen Liebe fließen, besonders dorthin wo zu wenig davon ist. In der Angst bin ich blockiert. Wenn ich diese Blockade der Angst löse, kann die Kreativität wieder fließen, ich weiß was zu tun ist und Lösungswege tun sich auf. In der Liebe und im Annehmen erhebe ich mich über die Angst. Letztendlich lerne ich aus Angstsituationen, setze die Erkenntnisse daraus um und die Angst wandelt sich in Liebe.

Affirmation

Ich nehme meine Ängste an und wandle sie in Liebe!

Farben gelb, grün, türkis, orange

Chakren Herz, Hals, Solarplexus

Körperzonen Herz, Brustkorb, Kehlkopf, Magen, Leber, Schweiß, Blut

Die einzelnen Körperzonen

Herz, Brustkorb
- Sein Inneres schützen
- Energie für den Wandlungsprozess
- Sein Herz aus Angst einsperren
- Goldener Käfig
- Die Ängste des Herzens annehmen
- Sicherheit für das Herz
- Der Panzer des Charakters
- Angst herauslassen

Kehlkopf
- Ausdruck des Ichs und der Gefühle
- Angst schnürt den Hals zu
- Es verschlägt einem vor Schreck die Stimme
- Sich über vorgegebene Normen hinwegsetzen
- Seinen Körper sprechen lassen
- Sich Ausdruck verschaffen

Magen, Leber
- Angst schlägt sich auf den Magen
- Sich Kummerspeck anessen
- Sauer sein und die Gefühle nicht verdauen
- Speicher der Emotionen

Leber	Kraft Aggressionen auszudrücken Sitz von Ärger und Ekel Den Sinn im Leben finden
Blut	Lebenskraft Ruhig Blut sein Etwas lässt das Blut in den Adern stocken Etwas blockiert die Lebenskraft Vor Angst Blut schwitzen
Schweiß	Angstschweiß Vor Angst steht der kalte Schweiß Die Emotionen kühlen Etwas nach außen bringen und reinigen

Fragen

- Wie könnte es aussehen, wenn ich meine Ängste hochkommen lassen würde?
- Was würde geschehen, wenn ich meine Ängste annehmen würde?
- Was ist das Positive daran, wenn ich vor Angst erstarrt bin?
- Wer würde es als Erster bemerken, wenn ich aus meiner Angst lernen würde?
- Was wäre das Schlimmste und was das Beste, das geschehen könnte, wenn meine Angst hochkommen würde?
- Könnte ich mir vorstellen, meiner Angst ins Auge zu sehen?

Die Höhle des Löwen

Das Gegenteil von Liebe ist Angst und nicht Hass, wie häufig angenommen wird. In der Liebe kannst du jede Angst auflösen. Das klingt einfach und ist es auch. Nur wenn man mitten in einer bedrohlichen Angst steckt ist man wie gefangen und sieht keinen Ausweg. Sei dir gewiss und vertraue der Liebe. Wenn du die Verbindung zur Liebe in dir findest, kannst du jede Angst auflösen. Wo Liebe ist, hat Angst keinen Platz. Sie löst sich auf, denn die Liebe ist stärker. Wenn du die Angst annimmst und die Liebe in dir spürst, so wirst du einen Ausweg erkennen. Du findest Mittel, die die Tore deines Gefängnisses öffnen. Die Liebe macht dich stark und lässt dich ein Licht im Dunkel erkennen.

Stell dir vor du bist in einer finsteren Höhle gefangen, du erkennst nichts um dich herum, jedes Licht wird von Angst geschluckt. Diese Höhle ist so eng, dass du kaum mehr atmen kannst. Die Angst nimmt dir die Luft, sie lähmt dich, du hast Todesangst. Du fühlst: Schlimmer kann es nicht mehr werden. Du gibst auf, alles scheint sinnlos und unnötig... So sind deine Gedanken, du bist am tiefsten Punkt angelangt. Dir ist alles egal, plötzlich fällt die ganze Spannung ab, du nimmst die Angst an, weil du erkennst, dass es zwecklos ist sich zu wehren und es nicht mehr schlimmer kommen kann. Du gibst dich der Angst hin. Du weinst und alles entlädt sich, die Energie kann wieder fließen. Du hast Mitgefühl mit dir selbst. Das Gefühl ist wieder da, du fühlst wieder, vorher war nur Angst die dich gelähmt hat. Du findest wieder Zugang zu dir selbst und die Liebe in dir. Plötzlich scheint ein Licht, die Hoffnung keimt in dir, das Licht wird stärker, du kannst wieder etwas erkennen in deiner finsteren Höhle. Das Licht kommt von dir selbst, die Liebe keimt und wandelt die Angst, sie wird schwächer. Du erkennst Möglichkeiten um dich herum, Möglichkeiten aus der Höhle herauszukommen. In der Höhle wird es heller und heller, ganz deutlich erkennst du jetzt, dass die Höhle viele Wege hat, die jetzt offen sind und hinaus führen. Wo noch Angst da war, waren die Wege auch vorhanden, nur du konntest sie nicht erkennen. Die Angst hat dich blockiert. Je stärker du die Liebe fließen lassen kannst, umso schneller löst sich die Angst auf.

Vielleicht hast auch du Versagensängste: Gehe in die Angst hinein. Male dir aus was in deiner schwierigen Situation alles passieren kann und betritt deine Höhle. Dann stärke dich mit der Liebe zu dir selbst. Mache dir klar welch großartiges Wesen du bist, lobe dich selbst, stärke deinen Selbstwert. Jeder Mensch ist wichtig und wertvoll egal was passiert. Stärke die Liebe in dir. Sage dir selbst, dass du dich liebst. Die Liebe ist das wichtigste egal was geschieht. Beginne in dieser Liebe die Ausgänge aus der Höhle der Angst zu erkunden. Schau dir alle immer wieder an bis du den richtigen gefunden hast. Stärke dabei immer wieder die Liebe. Sie gibt dir den Mut zu suchen bis du den richtigen gefunden hast, die Höhle in strahlendem Licht erscheint und der Ausgang klar und deutlich zu sehen ist. Jetzt weißt du genau, dass du die Situation meistern wirst. Deine Versagensangst hat sich aufgelöst. In Zukunft hast du nur mehr Respekt vor solchen Herausforderungen, kannst klar denken und die Lösungsmöglichkeiten in der Energie der entspannten Selbstliebe sehen. Übe es immer wieder und es wird mit jedem Mal besser gehen. Mit jeder Angst, die du auflöst, wird es dir besser und schneller gelingen. Weiche der Angst nicht aus und verdränge sie nicht. Nimm sie an und betrete die Höhle der Angst, auch wenn sie noch so finster ist.

Gehe in die Höhle des Löwen und der Löwe wird zahm und streichelweich.
Der gefürchtete Löwe verwandelt sich in eine liebevolle Katze.
Die Angst verwandelt sich in Liebe.

Mögliche Erkenntnisse:

Das Gegenteil von Liebe ist Angst.

Die Liebe macht es möglich Angst aufzulösen.

Am tiefsten und schlimmsten Punkt der Angst ist es oft erst möglich die Angst anzunehmen und aufzulösen.

In der Angst ist alles gelähmt, Möglichkeiten werden nicht gesehen.

In der Selbstliebe kann die Angst angenommen werden.

Die Höhle der Angst zu betreten ermöglicht Entwicklung, die Angst zu verdrängen ist Stillstand.

Der Angst in die Augen zuschauen heißt, der Löwe verwandelt sich in eine streichelweiche Katze.

Thesen

- Angst ist alles, was nicht mit Liebe verbunden ist, es ist ein Gefühl, das keine Entspannung erlaubt. Menschen, die permanent angespannt sind, haben Angst. Oftmals sind die Ängste unbewusst und verdrängt. Die Ängste müssen erst zugelassen werden, damit sie nach außen kommen können und der Mensch sie annehmen kann. Das kann durch Schocksituationen ausgelöst werden. Eine andere Möglichkeit ist, sich bewusst mit diesen Themen auseinanderzusetzen bis die Angst hochkommt.
- Jeder kann im Vertrauen auf die Liebe seine Ängste annehmen, sie durchleben und auflösen. Hier ist oft therapeutische Hilfe vonnöten.
- Die meisten Ängste entstehen in der Kindheit aus Mangel an Liebe und Wertschätzung. Der Erwachsene kann sich selbst Liebe geben, deshalb ist er in der Lage Ängste hochkommen zu lassen und in Liebe zu wandeln.
- Angst blockiert. Um im Fluss des Lebens zu sein und zu seiner inneren Stärke zu gelangen, ist es notwendig, die Blockaden der Ängste zu lösen.

54. Unbewusstes bewusst machen

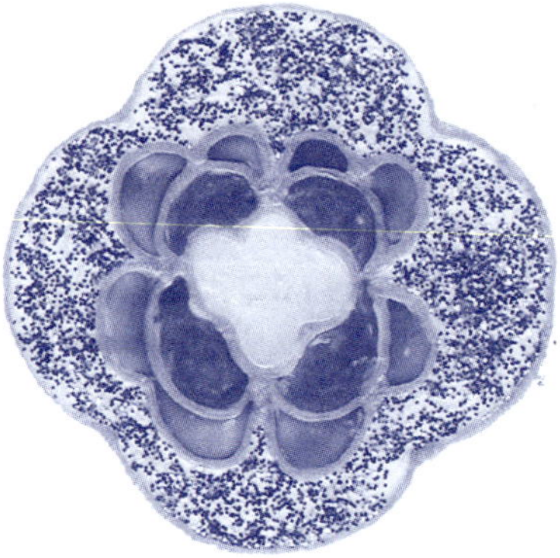

Dieses Symbol hilft mir, Gefühle, die aus dem Unbewussten kommen, zu erkennen, ihren Ursprung zu analysieren, sie zu benennen und sie bewusst zu machen. Ab dem Zeitpunkt, an dem ich diese Gefühle erkannt habe, kann ich daraus lernen und neues Tun in mein Leben integrieren. Oft ist es mir nicht bewusst warum ich verschiedene negative Gefühle habe. Wenn sie immer wieder auftauchen, setze ich mich mit ihnen auseinander. Es kann sich um Ärger, Wut, Unzufriedenheit, Hass oder vieles andere mehr handeln. Ich frage mich, warum in bestimmten Situationen immer wieder jenes negative Gefühl hoch kommt. Ich frage mich, welche Person hier mitspielt, welche Situation es auslöst. Bei einer bestimmten Person z. B. fühle ich mich immer herabgewürdigt und erniedrigt. Warum lasse ich das zu? Warum weise ich diese Person nicht in die Schranken? Ich mache mir bewusst, dass ich so fühle und lasse es nicht mehr zu, teile es dieser Person mit, wie ich mich fühle, weise sie mit Achtung in ihre Schranken oder breche den Kontakt ab, lerne daraus und ändere mein Verhalten. Ich bin nicht mehr unterwürfig.

Vielleicht empfinde ich Hass gegenüber einer bestimmten Person und ich weiß nicht warum. Ich mache mir bewusst, dass es so ist und beschäftige mich damit. Was ist passiert? Gab es mit dieser Person eine unangenehme Situation, die ich zunächst nicht beachtet habe? Wurde ich gekränkt? Vielleicht war es nur eine Kleinigkeit, die nicht ausgesprochen wurde? Ich lasse den Hass heraus, ich spreche und schreibe darüber. Ich lerne daraus und lasse es nicht mehr zu. Oft haben Situationen, die Ärger auslösen, ihren Ursprung in der Kindheit. Wann wurde ich nicht beachtet, nicht für voll genommen oder belächelt. Ich lasse das nicht mehr zu, nehme mich selbst für voll und beachte mich selbst. Ich bin ein großartiges Wesen und nehme mich als solches wahr. Ich zeige das meiner Umwelt und der Ärger wird sich auflösen. Wenn immer ungute Gefühle auftauchen, stelle ich mir die Fragen: Was ist hier passiert? Wodurch wurde dieses Gefühl ausgelöst? Was ist der wahre Hintergrund, die wahre Ursache? So kann ich mir immer mehr die Wahrheit in mein Bewusstsein integrieren und die unbewussten Gefühle auflösen.

Mein Bewusstsein wird um vieles erweitert, ich kann viele Wahrheiten bewusst erkennen und mich mehr und mehr zu meiner wahren Persönlichkeit entwickeln. Ich nehme die negativen Gefühle nicht einfach hin und verdränge sie nicht. Im Gegenteil, ich nehme sie an, mache mir ihre Ursachen bewusst und löse sie auf. Sie schaden mir, nur positive Gefühle sind von Nutzen. Negative Gefühle wollen mir etwas sagen, ich höre sie an und verändere mich dadurch. So können sie wieder gehen, wenn sie keinen Sinn mehr haben. Je bewusster der Mensch lebt, desto besser ist er mit Mutter Erde und seiner Intuition verbunden. Das Unbewusste kann nicht verändert werden, erst das Bewusstmachen bringt Veränderung und Leben. Das Bewusstsein bringt Energien zum Fließen und löst alte Blockaden auf. Bewusst machen heißt alte Muster, z. B. aus der Kindheit, aufzeigen. Was hat mich an meinen Eltern gestört? Ich verändere es in meinem Leben, löse damit die gestauten Emotionen und wandle sie in positive Gefühle. Ich benötige dazu meinen Willen und Erkenntnis. Ich habe erkannt, was ich ändern möchte und will es machen, ich setze es sofort um. Der Wille (das Gehirn) steuert die Energie (die Kraft), der Körper führt es aus und setzt es um.

Mögliche Ursachenthemen

Nicht erkennen können oder wollen
Nicht fühlen können oder wollen
Seine Gefühle verdrängen wollen
Aus Gewohnheit negative Gefühle hinnehmen
Erkennen, dass man alles verändern kann
Neue Wege erkennen können oder wollen
Es gibt keine Zufälle
Erkennen, dass alles seinen Sinn hat
Nicht sehen wollen, was nicht stimmt
Negative Gefühle als normal ansehen
Blockierte Gefühle nicht auflösen wollen
Sich unangenehme Gefühle nicht erlauben

Neues Denkmuster

Es gibt keine Zufälle, alles hat seinen Sinn. Ich lasse unangenehme Gefühle zu und mache mir bewusst, welche Ursache und Botschaft dahinter stecken. Durch Annehmen, Erkennen und Umsetzen löse ich diese Gefühle auf und lebe immer bewusster. Auch alte Themen der Kindheit kann ich dadurch nach und nach auflösen. Ich erlaube mir unangenehme Gefühle, weil ich durch ihr Auflösen weiter an meine wahre Persönlichkeit herankomme. Durch die Erweiterung meines Bewusstseins kann ich viele neue Wege erkennen.

Affirmation

Ich erweitere mein Bewusstsein indem ich Unbewusstes an die Oberfläche bringe!

Farben rot, lila, weiß
Chakren Kronen, Wurzel, 3. Auge
Körperzonen Herz, Dickdarm, Schlaf, Intuition, Haut

Die einzelnen Körperzonen

Herz
Das Herz öffnen
Inneres nach außen lassen
Die tiefsten Gefühle offenbaren
Die Seele zeigt sich aus dem Unbewussten

Dickdarm
Unterwelt, Unbewusstes
Schamhafte Verschwiegenheit
Loslassen von Altem, materiell und unbewusst
Verwandlung von Unbewusstem
Unbewusstes ans Tageslicht bringen

Schlaf
Leben im Unbewussten
Im Schlaf unbewusst etwas verarbeiten
Im Traum leben
Unbewusstes lässt dich nicht schlafen
In der anderen Welt leben

Intuition	Bauchgefühl Sitz des Unbewussten Sich mehr aus dem Bauch steuern lassen Dem Bauch vertrauen Unbewusstes aus dem Bauch ins Bewusstsein holen In seiner Mitte sein
Haut	Grenze Lernen Grenzen zu überwinden Wechsel von Bewusstem zu Unbewusstem Grenzen verschwimmen lassen Grenzen versetzen Grenzen durchlässig machen Vermittlung von Innen nach Außen

Fragen

- Was habe ich schon alles versucht, um zu erkennen was hinter meinem unguten Gefühl steckt?
- Was würde geschehen, wenn ich das negative Gefühl hinterfragen würde?
- Welchen Vorteil bringt es, wenn ich erkenne, dass ich alles verändern kann?
- Wer würde es als Erster bemerken, dass Unbewusstes ans Tageslicht gekommen ist?
- Was ist das Positive daran Gefühle zu verdrängen?

Der Eisberg

Ich erweitere mein Bewusstsein indem ich Unbewusstes an die Oberfläche bringe. Erst wenn etwas bewusst ist, kann es verändert werden. Es ist wie ein Eisberg. Solange es unter der Wasseroberfläche verborgen ist, sehe ich es nicht und weiß nicht wie gefährlich es sein kann. Ich weiß nicht wie es aussieht, wie groß und wie massiv es ist. Ein Eisberg ist unter dem Wasser wesentlich größer als an der Oberfläche. So ein Eisberg kann für Schiffe, die in seine Nähe kommen, heimtückisch und gefährlich sein, weil man seine Größe nicht abschätzen kann. Niemand kann sein Unbewusstes genau einschätzen, nur erahnen. Niemand kennt die Ecken, Kanten und Ausbuchtungen. Das Unbewusste verändert sich ständig, genau so wie ein Eisberg sein Aussehen verändert. Durch Temperatur, Witterung, Kollisionen mit anderen Eisbergen verändert er ständig seine Form. Wie auch unser Unbewusstes der Veränderung ausgesetzt ist. Das

Unbewusste ist nicht bewusst, ich kenne es nicht, durch äußere Umstände, Erlebnisse zwischenmenschliche Unstimmigkeiten (Kollisionen), Stress, Ärger aber auch positive Emotionen verändert sich auch unser Unbewusstes. Niemand weiß, wann vielleicht wieder Ungelöstes aus dem Unbewussten an die Oberfläche drängt. Jedoch kann ich daran arbeiten, den Eisberg nach oben zu bringen, ihn sichtbar zu machen, so dass sich die Wasserlinie weiter nach unten verlagert. Ein immer größerer Teil des Eisbergs taucht auf, so als würde das Wasser abfließen.

Das Verborgene kann man nicht nutzen, es liegt brach. Vielleicht sind es nicht entdeckte Talente und Fähigkeiten oder aber auch Gemeinheiten und ungehöriges Verhalten. Es lohnt sich den Eisberg sichtbar zu machen, um die Fähigkeiten nutzen zu können und Ungutes zu verändern.

Nutze alles was dir begegnet. Frage dich, was es für dich bedeutet, was es dich lehren will. So wirst du mehr und mehr im Leben aufdecken und die Wasserlinie wird sinken. Wann reagierst du, und wann agierst du? Frage dich immer: „Warum reagiere ich jetzt mit Ärger? Hier kannst du wieder ein Stück Unbewusstes aufdecken. Immer wenn reagieren mit negativen Emotionen verbunden ist, kannst du lernen und Unbewusstes aufdecken, indem du dahinter schaust und es sichtbar machst. Lerne daraus! Beim nächsten Mal kannst du in einer ähnlichen Situation bewusst und ruhig agieren.

Der Eisberg ist riesig. Ihn ganz aufzudecken, wird dir in diesem Leben wohl kaum gelingen. Lege ein großes Stück frei und es wird in der Sonne glitzern und funkeln. Es ist ein wunderschöner Schatz, den du freigelegt hast, sei stolz darauf. Jede Situation will dich etwas lehren, es gibt keine Zufälle, schaue dir alles genau an. Was ist die Ursache hinter jedem Ereignis?

Annehmen, Erkennen und Umsetzen und wieder sinkt die Wasserlinie.
Deine Persönlichkeit wird gestärkt und klar, wieder ein Stück sichtbar.
Ich erlaube meine Bewusstseinserweiterung und erkenne viele neue Wege.

Mögliche Erkenntnisse:

Um Unbewusstes zu verändern, muss es bewusst werden.
Das Verborgene kann nicht genutzt werden, es ist unbekannt.
Wird Unbewusstes aufgedeckt, werden die Möglichkeiten erweitert.
Jedes Ereignis kann helfen Unbewusstes freizulegen, indem nach der Ursache und der Bedeutung gefragt wird.
Unbewusstes ist Ungelöstes und kann Blockaden auslösen.
Wir ein Stück Unbewusstes freigelegt, entsteht mehr Klarheit.
Unbewusstes zu erkennen bringt mehr Verständnis für eigenes Handeln, Denken und Fühlen.

Thesen

- Wenn die Bereitschaft vorhanden ist und die Blockaden abfallen, kann vieles aus dem Unbewussten an die Oberfläche gelangen.
- Das Bewusstmachen von Verborgenem erweitert das Bewusstsein um ein Vielfaches und neue Wege werden sichtbar und erst jetzt möglich. Der eigene Blickwinkel wird erweitert. Erst wenn die Vorstellung einer Möglichkeit glückt, wird sie auch gesehen. Wird das Bewusstsein erweitert, werden Wege sichtbar, die schon immer da waren.
- Verdrängen schiebt Bewusstes ins Unterbewusstsein. Das geschieht oft aus Schutz vor dem Schmerz. Dieser Weg funktioniert auch in die andere Richtung. Durch ein Annehmen von Schmerz und negativen Gefühlen kann Unbewusstes wieder ins Bewusstsein geholt werden.
- Je mehr das Unbewusste bewusst gemacht wird, desto mehr wird die eigene Persönlichkeit entwickelt, desto mehr zeigt sich die wahre Seele. Der Mensch handelt und lebt dann aus seiner Seele und aus seiner Intuition heraus.

55. Verzeihen

Dieses Symbol hilft mir, zu vergeben, im Jetzt zu verzeihen und das Ungehörte aus der Vergangenheit loszulassen. Verzeihen heißt nicht vergessen, sondern loslassen. Das Entsetzliche ist in der Vergangenheit passiert, es schmerzt, ich lasse es los. Ich mache mir diesen Gefallen, tue mir selbst etwas Gutes, ich lasse es los und vergebe mir und den anderen.

Sich selbst zu vergeben ist die schwierigste Aufgabe. Habe ich diese Übung gelernt, kann ich auch anderen vergeben. Ich verzeihe alles und befreie mich von der Vergangenheit, nichts bindet mich mehr. Wenn die Vergangenheit schmerzt und mir Energie raubt, ist nicht alles verziehen, es ist noch nicht alles verarbeitet. Ich lasse den Schmerz zu und durchlebe ihn noch einmal. Jetzt kann ich bewusst verzeihen. Ich verzeihe wirklich alles – alle Schuldzuweisungen, allen Ärger, alle Kränkungen und allen Hass. Ich verzeihe mir selbst und alle negativen Gefühle wandeln sich in neutrale. Jetzt kann ich die Vergangenheit loslassen. Wenn ich nun an die Vergangenheit denke, ist mein Gefühl neutral, es sind einfach Erfahrungen, die ich gesammelt habe. Ich habe die Erkenntnisse gewonnen, die ich in der Zukunft umsetzen werde.

Ich mache mir selbst das Geschenk der Vergebung und befreie mich aus dem Gefängnis. Vergebung ist ein Geschenk, das wir uns selbst machen können. Wir befreien uns von einer großen Last. Ich mache mich frei, verzeihe mir selbst und den anderen Menschen, die mich verletzt haben, bis ich ihnen ein neutrales Gefühl entgegenbringen kann. Dafür muss ich nicht zwingend mit ihnen in Kontrakt treten, ich kann ihnen auch im Stillen vergeben. Es muss auch nicht bedeuten Freundschaft zu ihnen zu haben oder eine Beziehung aufrecht zu erhalten. Ich verzeihe auch, wenn sie anderer Meinung sind und eine andere Lebensweise bevorzugen. Alles, was der Vergebung bedarf wird verziehen und jegliche Bindung daran gelöst. Es zählt der freie Wille jedes einzelnen, er muss beachtet und akzeptiert werden. Ich lerne aus der Vergangenheit, ich lasse den Schmerz, der mir zugefügt wurde, hinter mir, vergebe und verzeihe alles. Ich verlasse, was hinter mir ist, meine Fehler, meine Schmerzen, bis ich sagen kann: „Es ist gut, so wie es ist!". Der göttliche Wille ist, dass ich glücklich bin. Verzeihen macht mich frei von Schuld, Scham und Sorge. Verzeihen heißt loslassen und loslassen bedeutet Heilung für die Seele.

Mögliche Ursachenthemen

Nicht verzeihen können und/oder wollen
Sich selbst von Schuld befreien
Sich selbst vergeben
Verbindungen lösen und loslassen
Alles Ungehörte aus der Vergangenheit hören und verzeihen
Erkenntnisse und Erfahrungen nicht umsetzen wollen
Schuldzuweisungen machen wollen
Sich nicht frei machen wollen oder können
Mit den Mitmenschen in Frieden sein wollen
Den freien Willen eines jeden akzeptieren können oder wollen
Ohne Schmerzen leben können oder wollen

Neues Denkmuster

Ich verzeihe alle Fehler, die ich selbst gemacht habe und vergebe all jenen, die mir Schmerzen zugefügt haben. Ich bin in Frieden mit meiner Vergangenheit, nichts bindet mich an sie. Ich befreie mich von Schuld und teile keine Schuldzuweisungen aus. Das Geschenk der Vergebung befreit mich aus meinem Gefängnis. Ich bin jetzt bereit alles Ungehörte aus der Vergangenheit zu hören und zu vergeben. Erkenntnisse und Erfahrungen nehme ich mit und setze sie um. In Frieden löse ich mich von Beziehungen und Mitmenschen, wenn es notwendig ist. Ich achte den freien Willen und die Andersartigkeit meiner Mitmenschen. Mein freier Wille ist es ein Leben in Freude zu leben und frei von Schmerz dem Großen Ganzen zu dienen.

Affirmation

Ich verzeihe und verlasse meine Fehler und meine Schmerzen!

Farben gelb, orange, grün, rosa
Chakren Herz, Hals, Solarplexus
Körperzonen Rücken, Leber, Galle, Bauchspeicheldrüse, Lunge

Die einzelnen Körperzonen

Rücken

Lastenträger des Lebens
Last und Anstrengung des Lebens
Sich für jemanden krumm machen
Sich gerade machen oder halten
Rückhalt haben
Wie viel kann ich tragen ohne zu brechen bzw. ohne krumm zu werden?
Messen der Aufrichtigkeit – der aufrechte Gang, das Gewicht der Existenz tragen, der „krumme Hund"

Leber, Galle

Gift und Galle spucken
Aggressives zerlegen
Aggressionen zähmen
Zähmung des Überflüssigen
Lebensenergie spontan und feurig fließen lassen
Begeisterungen ausleben
Die Schönheit des menschlichen Lebens- und Leidenswegs erkennen
Wiedergeburt neuen Lebens
Unsterbliche, sich immer erneuernde Leber
Wertung, Weltanschauung verändern, anpassen
Unterscheidung und Wertung
Den Sinn des Lebens finden
Eine Laus ist über die Leber gelaufen
Sitz von Ekel und Ärger

Bauchspeicheldrüse

Süßer Genuss
Krieg und Frieden
Zerlegen in kleine Einzelteile
Aufnahme der Süße des Lebens
Sich das Süße verwehren
Energie verfügbar machen

Lunge	Verbindung zwischen Innen und Außen Kommunikation, Austausch, Sprache Frei durchatmen können Die Lungenflügel machen uns zu geflügelten Wesen Verbindung zu allen Lebewesen – wir atmen alle die gleiche Luft

Fragen

- Was könnte mir dabei helfen, verzeihen zu können oder zu wollen?
- Angenommen ich könnte verzeihen und loslassen, welches Problem würde jetzt auftreten?
- Wer würde es als Erster bemerken, wenn ich keine Schuldzuweisungen mehr machen würde?
- Was hätte sich verändert, wenn ich ab jetzt Erkenntnisse und Erfahrungen umsetzen würde?
- Woran würde ich es merken, dass ich in Frieden mit meiner Umwelt und den Mitmenschen bin?
- Was ist das Positive daran, im Schmerz und im Leid zu leben und nicht verzeihen zu wollen?

Das Fest der Verzeihung

Verzeihen ist ein Geschenk, das wir uns selbst machen. Wie oft beschenkst du dich selbst? Denke einmal nach- Ich glaube, nein, ich bin mir sicher, du brauchst länger bis dir etwas einfällt.

Ärger und Kränkung sind Lasten, die wir tragen. Befreie dich so schnell wie möglich von allen Lasten, die dich hemmen. Sie sind ein Gefängnis und behindern dich in deiner Entwicklung.

Nimm eine wunderschöne Schachtel oder schmücke sie mit einem wundervollen Papier, schreib in großen schönen verzierten Buchstaben „Verzeihen“ darauf und mache dich an die Arbeit. Gib alles in diese Schachtel, deine ganze Last, jeden Ärger, jede Kränkung und alles, was du dir selber noch nicht verziehen hast. Schreib alles, was anliegt, auf und gib es in die Schachtel. Ich bin mir sicher du brauchst einige Zeit dazu, hast viel Arbeit und es fällt dir immer mehr ein. Gib auch die Kleinigkeiten hinein. Viele Kleinigkeiten können zu einer großen Last werden. Die schöne Schachtel wird immer voller und dein Herz und dein Bauch immer leichter.

Jetzt gehe noch einen Schritt weiter. Bei allem was du aufgeschrieben hast überlege dir, wo noch etwas offen ist. Wo musst du anderen Menschen noch etwas sagen, wo ist noch etwas zu erledigen. Schreib ihnen einen Brief oder sag es ihnen persönlich. Wenn Menschen nicht mehr auf dieser Erde weilen, schreib ihnen auch einen Brief, du kannst sicher sein, dass er ankommt auch wenn du ihn nie abschickst. Viele Menschen, die du ansprichst, werden froh darüber sein, dass du den ersten Schritt gemacht hast, denn auch sie haben es gefühlt und sich nicht getraut es anzusprechen. Sie haben auch die Last gespürt und es nicht gewagt den ersten Schritt zu tun. Sie sind über dein An- und Aussprechen erleichtert.

Wenn du fertig bist, sei geduldig. Es kann Tage oder Wochen dauern bis du es geschafft hast, verpacke das Geschenk mit einer schönen Masche. Fertig! Jetzt feiere das „Fest der Verzeihung an dich und andere“ mit schöner Musik, Kerzen, Blumen und was dir sonst noch gefällt. Überreiche dir selbst feierlich dieses wunderschöne Geschenk. Packe es aus und sage bei jedem einzelnen Fall den du verzeihst: “Ich verzeihe mir und allen beteiligten Menschen.“ Anschließend verabschiedest du dich in dem du die Zettel und Dinge dem Feuer übergibst. Bedanke dich noch für dieses Fest der Verzeihung und für die Befreiung von diesen Lasten.

Jetzt bin ich frei und leicht. Meine Lebensenergie kann wieder fließen und wird mir nicht geraubt, steht mir zur Verfügung. Im Wort „Befreiung“ steckt das Wort „frei“, ich bin frei, die Befreiung aus dem Gefängnis, das ich mir selbst geschaffen habe, ist mir gelungen. Wenn ich Lasten trage, nicht verzeihe, erschaffe ich mir selbst ein Gefängnis. Verzeihen heißt befreien und Mauern niederreißen. Verzeihen heißt nicht vergessen, sondern die Vergangenheit ehren, daraus lernen und loslassen. Verzeihen heißt verstehen, verstehen heißt nicht, dass ich es gut heiße und wieder so machen würde oder auch so machen würde, sondern es heißt lediglich ich verstehe, dass es passiert ist und es so war. Ich verstehe, dass es so war, ich erkenne und lerne daraus, jetzt kann ich verzeihen und loslassen.

Ich mache mir selbst dieses große Geschenk.
Ich feiere das Fest der Verzeihung.
Ich verzeihe und befreie mich und andere.

„Wasche mich und ich werde weißer sein als Schnee.“
Psalm 51,9

Mögliche Erkenntnisse:

Verzeihen ist ein Geschenk an uns selbst.
Verzeihen befreit von Lasten die Menschen tragen.
Viele Kleinigkeiten können zu einer großen Last werden, verzeihe auch diese.

Verzeihen ist möglich durch ansprechen von Missverständnissen im zwischenmenschlichen Bereich.
Verzeihen heißt: „Ich verstehe was passiert ist, lerne daraus und lasse los."
Einfacher ist es Verzeihen auszusprechen solange diese Menschen noch hier auf der Erde sind. Alles so schnell wie möglich zu verzeihen sollte ein Grundsatz sein.
Niemand weiß, wann es Zeit ist zu gehen.

Thesen

- Verzeihen zu können ist ein Geschenk, das man sich selbst macht. Es befreit von großen Lasten und aus dem selbst gemachten Gefängnis.
- Verzeihen löst Verbindungen, die Energie rauben und belastend sind. Verzeihen bringt die eigene Kraft zurück, es geht nichts mehr verloren.
- Nicht verzeihen können kann auch daraus entstehen einen Fehler nicht zugeben zu wollen oder zu können, vielleicht aus Angst sein Gesicht zu verlieren.
- Wer die Vergangenheit verdrängt, hört sie nicht und kann deshalb nicht verzeihen.
- Schuldzuweisungen zu machen bedeutet die Verantwortung abzuschieben und macht Vergebung unmöglich Selbstverantwortung haben heißt, die Reife zu haben verzeihen zu können.
- Zufrieden sein wollen und mit seinen Mitmenschen in Frieden sein wollen ermöglicht ein Verzeihen.
- Jeder hat den freien Willen. Will ich verzeihen, will ich Frieden? Jeder hat die Wahl und kann sich entscheiden.
- Im ständigen Schmerz leben kann auch bedeuten nicht mehr ohne Leid leben zu können. Auch das macht Vergeben unmöglich, weil der Lebensinhalt wegfallen würde. Ich entscheide, jeder entscheidet sich ob er verzeihen will oder nicht, ohne Leid aus der Vergangenheit leben will oder nicht.
- Die Vergangenheit loslassen bedeutet verzeihen und Erkenntnisse umsetzen.
- Starrsinnig sein, der andere solle doch zuerst verzeihen, kann oft eine Uneinsichtigkeit und Unfrieden bis ans Lebensende bedeuten. Verbitterung, Starrsinn und unangebrachter Stolz machen Vergebung unmöglich.

Nachwort und Empfehlung

Jedes der angesprochenen Themen ist wichtig. Es gibt keine Wertung. Für jeden Menschen gibt es andere Themen und Lernschritte, erkenne die für dich besonders wichtigen. Vielleicht hast du in deinem Leben gerade die Herausforderung, Vertrauen in deine eigenen Fähigkeiten zu finden. Oder von einem Menschen, der einen nicht mehr begleiten kann, loszulassen. Jeder, egal wo er gerade steht, muss einen Schritt zur Veränderung tun. Er kann nicht übersprungen werden, denn dieser würde dann bei der nächsten Station, bei der nächsten Prüfung fehlen

Gratulation an jeden, der seine notwendigen Lernschritte annimmt und auch geht, das ist eine große Leistung. Finde deinen gangbaren Weg für deine Lernschritte, dein Wille dazu ist notwendig, die Belohnung ist sicher: ein erfülltes, sinnvolles Leben. Auch hier wieder: „Es ist nicht wichtig wo wir im Leben stehen sondern wie wir unseren Platz ausfüllen." Finde für dich eigene Wege, die Energie-Symbole zu nutzen sie sind eine wertvolle Hilfe zur Persönlichkeitsentwicklung.

Wenn du gerne meditierst ziehe ein Symbol und meditiere mit diesem Symbol, so wie du es gewohnt bist, die wertvollen Energien geben dir noch zusätzlich Verstärkung. Oder genauso mit autogenem Training oder anderen Techniken. Stelle innerlich eine Frage, die dir am Herzen liegt und ziehe ein Symbol, das Symbol gibt Hinweise um die für dich richtige Antwort zu finden.

Eine gute Möglichkeit ist es Energie-Symbole in Verbindung mit EFT-Technik anzuwenden, bei meiner therapeutischen Tätigkeit habe ich sehr gute Ergebnisse erzielt. Mehr zu EFT: www.eft-austria.at

Wähle am Neujahrstag ein Energie-Symbol aus, so kann uns das Symbol besondere Entwicklungspotentiale und Themen für das neue Jahr zeigen. Wähle das Symbol im Gedanken „Meine Botschaft für das Neue Jahr" aus. Die anschließende Beschäftigung mit den Themen des Symbols zeigt die wichtige Entwicklung deiner Persönlichkeit auf.

Erkenntnisse haben und umsetzten bringt im Leben Veränderung und Entwicklung der Persönlichkeit. Nimm deinen Alltag zum Anlass; aus allem in deinem Umfeld können Erkenntnisse gezogen und umgesetzt werden. Aus jeder Situation kann gelernt werden um das nächste Mal das Gelernte mit einzubeziehen und die Situation anders zu gestalten, jeder ist Gestalter seines Lebens. Alles was uns begegnet kann Lehrmeister sein, geschäftliche Situationen, körperliches Geschehen, unangenehme zwischenmenschliche Beziehungen. Frage immer: Was hat das zu bedeuten für mich, was will mich das Leben hier lehren? Warum kommt es zu dieser Situation? Die Ehrlichkeit zu dir selbst hilft dir zu erkennen und wieder ist ein Schritt getan. Was soll man in einem Schulzimmer

– und ein solches ist unsere wunderbare Erde – wenn man nicht lernen will. Ein Mensch der Fragen hat, wird zu den Antworten geführt und diese wahrnehmen, vielleicht sogar darüber stolpern, durch seine lernende Haltung, die er durch seine Einstellung einnimmt.

Jesus sprach: *„Bittet, so wird euch gegeben; suchet, so werdet ihr finden; klopfet an, so wird euch aufgetan."*

Lukas 11,9

Literaturempfehlung

Der Körper als Spiegel der Seele / Ruediger Dahlke
Die Botschaft des Wassers / Masaru Emoto
Naturheilkunde / Dr. med. Thomas Kroiss
Was Krankheiten uns sagen / Dr. Elfrieda Müller-Kainz
Die geistigen Gesetze / Kurt Tepperwein
Kryon-Lehrbücher 1-6 / Lee Carroll
Kompaktwissen Management / Gertrud Neges, Richard Neges
Analytische Bioenergetik / Reinhold Dietrich
Hilfen / Reinhold Dietrich

Verwendete Literatur

Heile deinen Körper / Louise L. Hay
Die Botschaft deines Körpers / Kurt Tepperwein
Krankheit als Symbol / Ruediger Dahlke

Andrea Koppensteiner ist 1964 in Amstetten geboren, aufgewachsen in Euratsfeld und lebt seit ihrem 16. Lebensjahr in Wien. Auf sich alleine gestellt, war es ihr möglich durch ihre starke Verbindung zur geistigen Welt, die Herausforderungen zu meistern die das Leben brachte. Später gründete sie mit ihrem Lebenspartner eine Familie, die ein wichtiger Grundpfeiler ihres Lebens ist. Weitere wichtige Grundpfeiler ihres Lebens sind ein freudvoller erfüllender Beruf, Erkenntnisse umzusetzen zur Persönlichkeitsentwicklung, für das Seelenwachstum und regelmäßig Sport und Bewegung für den gesunden Körper. Die Krisen die ihr das Leben gebracht hat, waren für sie immer eine Herausforderung diese als Chance zur Veränderung zu nutzen.

Die Suche nach dem Sinn des Lebens brachte Andrea Koppensteiner nach 10 jähriger Berufslaufbahn im kaufmännischen Bereich und einer 6jährigen Kinderpause zu ihrer heutigen Tätigkeit. Ausbildungen in Bereich Körperarbeit (Heilmassage, Lymphdrainage) und im Bereich Energietherapie (Reikimeister, Silvamindmethode, Meridianmassage, Kinesiologie, Reflexzonenarbeit, EFT Balance Technik, Morpho-Kybernetik nach Dr. Töth, Engelsymbolarbeit) komplettieren ihre Ausbildung. Diese Arbeit in eigener Praxis brachte sie auch zur Symbolarbeit die ein Wesentliches zur Ursachenfindung beiträgt. Ein wichtiger Bestandteil ihrer Arbeit, ist es auch Seminare zum Thema ihres Buches abzuhalten. Das Seminarangebot finden sie unter: **www.energiearbeit.net**

Bestellung von besonders schönen handgearbeiteten Energie-Symbolen.
Gerne senden wir ihnen auch gratis besondere Praxistipps zur
Anwendung der Symbole. Auf Bestellung gibt es auch ihr Symbol auf Leinwand
in Acrylfarben für ihr Zuhause mit passendem Hintergrund.
unter: **www.energiesymbole.com**

Buchbestellung unter: **buch@aekoppensteiner.com**

Gemeinsame Seminare von Andrea und Erwin Koppensteiner zum Thema:
Feuerlauf zur Visionsverwirklichung, Kommunikation in der Beziehung,
Besser reden ist erfolgreicher Leben

www.koppensteiner.eu

Die Botschaft des Herzens

oder der Tag an dem mein Leben einstürzte ...
... Neuaufbau und der Weg zurück

Die Autorin beschreibt wie sie es schaffte aus der größten Krise wieder zurückzufinden in ein erfülltes Leben. Wie sie ihre Trauer aufgearbeitet hat und wie man gestärkt aus einer großen Krise hervorgehen kann. Weiters findet sie auf der Suche nach der Ursache und des Verstehen Wollens die Strukturen der verletzenden Person heraus. Energetische Disharmonien und Blockaden können beteiligte Personen in ihrer Entwicklung massiv einschränken, oft ist eine unerklärliche negative Stimmung, Unzufriedenheit und depressive Verstimmung die Folge. Die Analyse der Muster der Verletzung die ausführlich dargestellt werden und die Thesen die daraus resultieren, machen es Betroffenen möglich zu verstehen und Blockaden aufzuarbeiten.

Durch ihre Suche nach der Wahrheit und Veränderung auf vielen Ebenen gelang es Andrea Koppensteiner wieder in ihre Mitte zu finden. Dieses Buch ermutigt Betroffenen zu ihren Gefühlen zu stehen und zu verzeihen, ebenso bringt es Hilfestellung wie sie sich aus emotionalen Verletzungen befreien können. Es ist möglich durch Erkennen der verletzenden Muster im Vorfeld, diese Menschen zu erkennen und ein herankommen nicht zu erlauben.

Erstauflage: Oktober 2008

Koppensteiner Verlag

Eigene Heilkräfte aktivieren

Selbstheilungskräfte sind allgemein bekannt und jeder hat sie, fast keiner weiß wie man sie aktiviert. In den Medien wird so viel darüber berichtet, dass es schon fast abgedroschen klingt. Es ist möglich, Heilströme zu aktivieren und dann auch bewusst in diesem Energiestrom zu bleiben und zu verstärken. Körperliche Heilung setzt die seelische Heilung voraus und macht diese Selbstheilung auf Dauer möglich. Jede Heilung und Gesundung ist im Grunde ein Selbstheilungsprozess. Um die Selbstheilung bewusst herbeiführen zu können ist es notwendig, offen und bereit dafür zu sein. In diesem Buch werden auf sehr anschauliche Weise Übungen und Werkzeuge erklärt, um diese Selbstheilung zu verspüren. Es ist möglich, dadurch seine eigene Kraft zu verstärken und unabhängig zu werden. Es wird aufgezeigt wozu Menschen fähig sind, wenn wir die Absicht haben und unser Bewusstsein darauf lenken. Selbstheilung wird auch verstärkt, wenn aus der Ursache Erkenntnisse gewonnen und umgesetzt werden. Dies bewirkt auch eine Schwingungserhöhung und Aktivierung der Heilströme. Andrea Koppensteiner zeigt in diesem Buch praxisnahe und effektive Möglichkeiten auf, die keine bestimmten Voraussetzungen und Vorkenntnisse erfordern.

Erstauflage: Oktober 2009

Koppensteiner Verlag

Seminarangebot von Erwin Koppensteiner:
Die Kraft die eigenen Grenzen zu überschreiten

Für ein Ziel über das Feuer gehen – dem Feuerlauf einen Sinn geben. Während dieses Seminars kann Altes losgelassen und neue Ziele verankert werden. An diesem Tag stehen die Freude an der eigenen Kraft und eine neue Lebendigkeit im Mittelpunkt, die ihren Ursprung in der reinigenden und transformierenden Qualität des Feuers haben. Das eigene Feuer entzünden, das innere Feuer heraus lassen, meine Aufgaben annehmen. Kann ich mich freuen? Was ist das Wichtige in meinem Leben? Wo ist meine Aufgabe im Leben? Wann hab ich das letzte Mal herzhaft gelacht?
Es gibt keine wissenschaftliche Erklärung dafür, nur Thesen warum wir es können, unbeschadet über heiße Glut zu gehen. Aufgrund der Kraft unseres menschlichen Geistes und ihrer Freisetzung ist Unmögliches möglich.

Seminare für Unternehmen zu folgenden Themen:

Konfliktlösung
Empfängerorientierte-Kommunikation
Führungskräftetrainings/-Coachings
Projekt- und Zeitmanagement
Präsentationstechniken

Nicht die Produkte oder Arbeitsmittel, sondern die Menschen selbst, die gegeneinander arbeiten, sind in den meisten Fällen die Ursache für mangelnde Motivation und letztlich fehlenden Geschäftserfolg. Missverständnisse prägen somit den Arbeitsalltag.

Der nachhaltige Erfolg Ihres Unternehmens kennzeichnet sich dadurch, dass Menschen als Menschen, egal ob auf Mitarbeiter- oder Kundenseite, geschätzt und respektiert werden. Natürlich stimmen wir die Seminare mit ihrer Geschäfts- oder Firmenvision ab.

Mehr dazu: **www.koppensteiner.eu**